TABLE OF CONTENTS

Polish-English Dictionary   1

English-Polish Dictionary   73

Phonetics for English Speakers   230

Phonetics for Polish Speakers   234

POLISH-ENGLISH DICTIONARY

by

Iwo Cyprian Pogonowski

COMPLETE PHONETICS
POGONOWSKI'S SIMPLIFIED
PHONETIC NOTATION

ABREVIATIONS -- SKRÓTY

a.	- attribute	- przydawka
adj.	- adjective	- przymiotnik
adj. f.	- adjective feminine	- przymiotnik żeński
adj. m.	- adjective masculine	- przymiotnik męski
adj. n.	- adjective neuter	- przymiotnik nijaki
adv.	- adverb	- przysłówek
am.	- American	- amerykański
chem.	- chemistry	- chemia
conj.	- conjunction	- spójnik
constr.	- construction	- budowa
etc.	- and so on	- i tak dalej
excl.	- exclamation	- wykrzknik
expr.	- expression	- wyrażenie
f.	- substantive feminine	- rzeczownik żeński
gram.	- grammar	- gramatyka
hist.	- history	- historia
hyp.	- hyphen	- łącznik
indecl.	- indeclinable	- nieodmienny
inf.	- infinitive	- bezokolicznik
m.	- substantive masculine	- rzeczownik męski
m. in	- among others	- między innymi
n.	- substantice neuter	- rzeczownik nijaki
num.	- numeral	- liczebnik
part.	- particle	- partykuła
pl.	- substantive plural	- rzeczownik liczba nmoga
poet.	- poetry	- poezja
polit.	- politics	- polityka
p.p.	- past participle	- imiesłow czasu przeszłego
prep.	- preposition	- przyimek
pron.	- pronoun	- zaimek
s.	- substantive	- rzeczownik
sb.	- somebody	- ktoś
slang	- slang	- gwara, żargon
v.	- verb	- czasownik
vulg.	- vulgarity	- ordynarność
wg.	- according to	- według
W.W.II	- World War II	- druga wojna światowa
zob.	- see	- zobacz

A

a [a][as"a" in car] conj. and; or; but; then; at that time
a jakże! [a-yak-zhe] excl.: oh yes... ; yes indeed!
abonament [a-bo-na-ment] m. subscription, season ticket
absurd [ab-soord] m. absurdity
aby [a-bi] conj. to; in order to, in order that, only to; that
adres [ad-res] m. address
adwokat [ad-vo-kat] m. lawyer
akt kupna [akt koop-na] f. purchase deed; deed
akta [ak-ta] pl. documents; deeds; dossier; files; records
akuszerka [a-koo-sher-ka] f. midwife; accoucheuse
albo [a-lbo] conj. or; else
ale [a-le] conj. however; but; still; yet; not at all; n. defect
aleja [a-le-ya] f. avenue; alley
alkohol [al-ko-khol] m. alcohol
aluzja [a-looz-ya] f. hint; allusion; insinuation; dig
amant [a-mant] m. lover; beau
ambasada [am-ba-sa-da] f. embassy; ambassador and his staff; the embassy building
ambicja [am-beets-ya] f. ambition; aspiration; self esteem
Amerykanin [A-me-ri-ka-ñeen] m. American; man native of America
Amerykanka [A-me-ri-kan-ka] f. American; American woman
amerykański [a-me-ri-kań-skee] adj. m. American; of America
amunicja [a-moo-ñee-tsya] f. ammunition; munitions
analiza [a-na-lee-za] f. analysis; parsing; analysis of a sentence
analogia [a-na-log-ya] f. analogy; parallelism; parallel; parity
angielski [an-gel-skee] adj. m. English; English language

Angielka [an-gel-ka] f. English woman; Enflish girl
Anglia [an-glya] f. England
Anglik [an-gleek] m. Englishman
anioł [a-ñow] m. angel
apetyt [a-pe-tit] m. appetite
apostolski [a-pos-tol-skee] adj. m. apostolic; missionary
apteka [ap-te-ka] f. pharmacy
arena [a-re-na] f. arena; stage
areszt [a-resht] m. arrest; jail
arkusz [ar-koosh] m. sheet
armia [ar-mya] f. army; array
artykuł [ar-ti-koow] m. article
artysta [ar-ti-sta] m. artist
arytmetyka [a-rit-me-ti-ka] f. arithmetic
asekuracja [a-se-koo-ra-tsya] f. insurance; assurance
aspiryna [as-pee-ri-na] f. aspirin
asygnata [a-sig-na-ta] f. order (of payment, early check
asystować [a-sis-to-vać] v. accompany; court; assist
atak [a-tak] m. attack; charge (fit); spasm; offensive
atlas [at-las] m. atlas
atom [a-tom] m. atom
atrakcja [a-trak-tsya] f. attraction; high light
atrament [a-tra-ment] m. ink
atut [a-toot] m. trump
audycja [aw-dits-ya] f. broadcast; program; pop
autentyczny [aw-ten-tich-ni] adj. m. authentic; genuine
auto [aw-to] n. motor car
autor [aw-tor] m. author
autostrada [aw-to-stra-da] f. superhighway; freeway
awans [a-vans] m. promotion; advancement; preferment
awantura [a-van-too-ra] f. brawl; fuss; row; scandal
azot [a-zot] m. nitrogen
aż [ash] part. as much; up to; till; until; as far as; down
ażeby [a-zhe-bi] conj. that; in order that; so that; to

B

babka [bab-ka] f. grandmother; lass; chick; cake; flat hammer
baczność [bach-noshch] f. attention; watchfulness; care
bać się [bach shan] v. fear
bagaż [ba-gash] m. luggage
bajka [bay-ka] f. fairy-tale; gossip; scandal; story; fable
bak [bak] m. gasoline tank; can; pl. side-whiskers; sideburns
bal [bal] m. ball; bale; log
balkon [bal-kon] m. balcony
bałagan [ba-wa-gan] m. mess; disorder; disarray; confusion
bandaż [ban-dash] m. bandage
bank [bank] m. bank; pool
banknot [bank-not] m. banknote
barak [ba-rak] m. barrack
bardziej [bar-dźhey] adv. more; (emphatic "bardzo"); worse
bardzo [bar-dzo] adv. very
barwa [bar-va] f. color; hue
baryłka [ba-riw-ka] f. barrel
basen [ba-sen] m. pool; tank
bateria [ba-ter-ya] f. battery
bawełna [ba-vew-na] f. cotton
bawić [ba-veech] v. amuse; entertain; recreate; stay
baza [ba-za] f. base; basis
bąbel [bown-bel] m. blister
bądź [bownch] v. be this; conj. either-or; anyhow at any rate
bąk [bownk] m. horse fly; blunder; vulg. fart
beczka [bech-ka] f. barrel
befsztyk [bef-shtik] m. beef-steak (broiled or fried)
benzyna [ben-zi-na] f. gasoline
beret [be-ret] m. beret; cap
beton [be-ton] m. concrete
bez [bes] prep. without
bez [bes] m. lilac
bez- [bes] prefix = suffix less
bezbolesny [bez-bo-les-ni] m. painless; without pain

bezbronny [bez-bron-ni] adj. m. defenseless; helpless; unarmed
bezdomny [bez-dom-ni] adj. m. homeless; houseless; m. homeless person; outcast
bezgotówkowy [bez-go-toov-ko-vi] adj. m. without cash
bezład [bez-wat] m. disorder
beznadziejny [bez-na-dźhey-ni] adj. m. hopeless; desperate
bezokolicznik [bez-o-ko-leech-ńeek] m. infinitive (mood)
bezpieczeństwo [bez-pye-cheń-stvo] m. security; safety
bezpłatnie [bez-pwat-ńe] adv. free of charge; gratuitously
bezpośrednio [bez-po-śhred-ńo] adv. directly; personally
bezradny [bez-rad-ni] adj. m. helpless; baffled; at a loss
bezrobotny [bez-ro-bo-tni] adj. m. unemployed; out of work
bezsilny [bez-śheel-ni] adj. m. powerless; weak; helpless
beztroski [bez-tros-kee] adj. m. carefree; careless; jaunty
bezwstydny [bez-vstid-ni] adj. m. shameless; lewd; flagrant
bezwzględny [bez-vzgland-ni] adj. m. ruthless; despotic
białaczka [bya-wach-ka] f. leukemia; leukaemia
białko [byaw-ko] n. egg white; protein; white of the eye
biały [bya-wi] adj. m. white
biblia [beeb-lya] f. Bible
bić [beech] v. beat; defeat
biec [byets] v. run; trot; flow
bieda [bye-da] f. poverty; want; trouble; distress; evil days
biedny [byed-ni] adj. m. poor
bieg [byek] m. run; race; course
biegle [bye-gle] adv. fluently
biel [byel] f. whiteness; white
bierny [byer-ni] adj. m. passive
bieżący [bye-zhown-tsi] adj. m. current; flowing; running
bilet [bee-let] m. note; ticket
biodro [byod-ro] n. hip; huckle
bitwa [beet-va] f. battle; fight
biust [byoost] m. bust; breast
biżuteria [bee-zhoo-ter-ya] f. jewelry; jewels

blady [bla-di] adj. m. pale

bliski [blees-kee] adj. m. near;
imminent; near by; close

bliźni [bleeż-ńee] m. fellow
man; fellow creature; twin;
identical; neighbor

blok [blok] m. block; pulley

blokować [blo-ko-vaćh] v.
block; blockade; obstruct;
stall; take up space; interlock

blondynka [blon-din-ka] f. blonde
(girl); fair haired girl

bluzka [blooz-ka] f. blouse

błąd [bwownt] m. error; mistake;
lapse; slip-up; fallacy; fault

błąkać się [bwown-kaćh śhan]
v. wander; stray; roam; rove

błona [bwo-na] f. membrane;
coat; film; tunic; velum; web

błotnik [bwot-ńeek] m. (car)
fender; mudguard; (front and
fender) splash-board

błoto [bwo-to] n. mud; muck

bo [bo] conj. because; for; or;
as;since; or else; but then

boczny [boch-ni] adj. m. lateral;
side; collateral (line)

bogaty [bo-ga-ti] adj. m. rich

bohater [bo-kha-ter] m. hero

boisko [bo-ees-ko] n. stadium;
field; threshing floor; gridiron

bok [bok] m. side; flank

boks [boks] m. boxing; stall

boleć [bo-lećh] v. pain; ache

bosy [bo-si] adj. m. barefoot

Bóg [book] m. God

ból [bool] m. pain; ache; sore

brać [braćh] v. take; hold

brak [brak] m. lack; need; want;
scarcity; shortage; absence;
fault; privation; poverty

brama [bra-ma] f. gate; gateway;
front door; wicket; port

brat [brat] m. brother; mate

brednie [bred-ńe] n. nonsense

brew [brev] f. eyebrow

broda [bro-da] f. beard; chin

brodzić [bro-dźheećh] v. wade

bronić [bro-ńeećh] v. defend;
protect; shield; interdict

broń [broń] f. weapon; arms

broszka [brosh-ka] f. brooch

brud [brood] m. dirt; filth

brunetka [broo-net-ka] f.
brunette; dark-haired woman

brwi [brvee] pl. eye brows

brzeg [bzhek] m. shore; margin

brzuch [bzhookh] m. belly;
abdomen; stomach; tummy;
guts; abdomen (of an insect)

brzydki [bzhid-kee] adj. m. ugly;
unsightly; hideous; foul

brzytwa [bzhit-va] f. razor

bucik [boo-ćheek] m. shoe; boot

buda [boo-da] f. shed (stall)

budowa [boo-do-va] f.
construction; erection; framew
ork; structure

budować [boo-do-vaćh] v.
build; construct

budowla [boo-dov-la] f. building
(large); edifice; house

budzić [boo-dźheećh] v. wake
up; awaken; rouse; stir; arise

budzik [boo-dźheek] m. alarm
clock; alarm

burza [boo-zha] f. tempest;
storm; wind storm; rain storm

but [boot] m. boot; shoe; sabot

butelka [boo-tel-ka] f. bottle

by [bi] conj. in order that;
(conditional) as if; at least

być [bićh] v. be; exist; live

byle [bi-le] conj. in order to; so
as to; pron. any; slap-dash

C

cal [tsal] m. inch

cała [tsa-wa] adj. f. whole

całkiem [tsaw-kem] adv. quite;
entirely; completely; totally

całkowity [tsaw-ko-vee-ti]
adj. m. total; complete

cało [tsa-wo] adv. (in one piece)
safely; safe and sound

całować [tsa-wo-vaćh] v. kiss;
embrace; give a kiss

całus [tsa-woos] m. kiss

cały [tsa-wi] adj. m. whole

cebula [tse-boo-la] f. onion

cegła [tseg-wa] f. brick
cel [tsel] m. purpose; aim
cement [tse-ment] m.cement
cena [tse-na] f. price; value
cera [tse-ra] f. complexion; skin;
  mend; darn; darned place
cęgi [tsan-gee] pl. tongs; pliers;
  nippers; pincers; pipe-wrench
charakter [kha-rak-ter] m.
  disposition; character; quality
chcieć [khćhećh] v.want
chęć [khanćh] f. wish; desire
chinina [khee-ńee-na] f. quinine
chętna [khant-na] adj. f. willing; eager; forward
chętny [khant-ni] adj. m. will-
  -ing; eager; forward
chirurg [khee-roorg] m. surgeon;
  sawbones (slang)
chlapać [khla-paćh] v. splash
chleb [khleb] m. bread
chłodzić [khwo-dźeećh] v.
  cool; refresh; refrigerate
chłop [khwop] m. peasant; man
chłopiec [khwo-pyets] m. boy
chłód [khwoot] m. cold;
  freshness; coolness; iciness;
  shiver; chilly atmosphere
chmura [khmoo-ra] f. cloud
chociaż [kho-ćhash] conj. albeit;
  even if; though, tho'; while
chodnik [khod-ńeek] m.
  sidewalk; pathway; stair
  carpet; foot-path; pavement
chodzić [kho-dźheećh] v. go;
  walk; move; creep; pace;
  attend; come; thread; stalk
choroba [kho-ro-ba] f. sickness
chory [kho-ri] adj. m. sick; ill;
  ailing; infirm; unwell
chować [kho-vaćh] v. hide
chód [khoot] m. gait; walk
chór [khoor] m. choir
chrapać [khra-paćh] v. snore
chrypka [khrip-ka] f. hoarseness;
  sore throat
Chrystus [khris-toos] m. Christ
chudnąć [khood-nownćh] v.
  lose weight; grow thin; lose
  flesh; become thin; thin
chuda [khoo-da] adj. f. lean;
  thin (female)
chudy [khoo-di] adj. m. lean;

thin (male)
chustka [khoost-ka] f.
  handkerchief; kerchief; scarf
chwalić [khva-leećh] v. praise
chwila [khvee-la] f. moment
chwycić [khvi-ćheećh] v.
  grasp; seize; get hold; grip
chwyt [khvit] m. grasp; grip
chyba [khi-ba] part. maybe
chybić [khi-beećh] v. miss
chytry [khit-ri] adj. m. sly
ci [ćhee] pron. these; they;
  part.: for you; well, well!
ciało [ćha-wo] n. body; substance; frame; anatomy; staff;
  aggregate; corpse; carcass
ciastko [ćhast-ko] n. cake; pie
ciąć [ćhownćh] v. cut; clip
ciągły [ćhowng-wi] adj. m. un-
  ceasing; continuous; perpetual
ciągnąć [ćhowng-nownćh] v.
  pull; draw; tag; lug; drag;
  haul; have in tow; trail;;
  obtain; pump; deduce; infer;
  suck; inhale; attract; stretch;
  expand; extend; continue;
  proceed; blow; sweep; run;
  tend; lean; dilate; wear on
ciąża [ćhown-zha] f. pregnancy
cicho [ćhee-kho] adv. silently;
  noiselessly; softly; privately
cichy [ćhee-khi] adj. m. quiet;
  still; low; gentle; calm; serene
ciec [ćhets] v. leak; flow
ciekawy [ćhe-ka-vi] adj. m.
  cute; curious; interesting;
  prying; inquiring; inquisitive
ciemno [ćhem-no] adv. darkly
ciemny [ćhem-ni] adj. m. dark
ciekli [ćhan-kee] adj. m. thin
cień [ćheń] m. shade; shadow
ciepło [ćhep-wo] adv. warm
ciepły [ćhep-wi] adj. m. warm
cierpieć [ćher-pyećh] v. suffer;
  anguish; be troubled; endure
cierpliwość [ćher-plee-
  -vośhćh] f. patience; endu-
  rance; forbearance
cierpliwy [ćher-plee-vil] adj. m.
  enduring; patient; forbearing
cieszyć [ćhe-shićh] v. cheer
cieśla [ćheś-la] m. carpenter;
  wood worker; shipwright;

wood construction worker
cięcie [chán-che] n. cut; gash
ciężar [chán-zhar] m. weight;
burden; gravity; onus; duty;
charge; task; encumbrance
ciężki [chánzh-kee] adj. m.
heavy; weighty; bulky;
oppressive; clumsy; dull; inept
ciężko [chánzh-ko] adv. heavily
ciocia [cho-chá] f. auntie; aunt
cisnąć [chees-nównćh] v.
press; squeeze; bear; urge;
hurt; pinch; crowd; tighten
cisza [chee-sha] f. calm; silence
ciśnienie [cheesh-ńe-ńe] n.
pressure; blood pressure;
thrust; stress
ciuch [chóokh] m. used clothing
clo [tswo] n. customs
co [tso] pron. part. what; which
codzień [tso-dźheń] adv. daily
cofać się [tso-fach śhań] v.
back up; retreat; regress;
retire; remove; withdraw
cokolwiek [tso-kol-vyek] pron.
anything; whatever; somewhat
coś [tsośh] pron. something
córka [tsoor-ka] f. daughter
cud [tsoot] m. wonder; miracle
codzoziemiec [tsoo-dzo-źhe-
-myets] m. alien; foreigner
cukier [tsoo-ker] m. sugar
cyfra [tsif-ra] f. number
cyna [tsi-na] f. tin
cyngiel [tsin-gyel] m. trigger
cytryna [tsi-tri-na] f. lemon
czajnik [chay-ńeek] m. tea-pot
czapka [chap-ka] f. cap; pileus
czar [char] m. spell; charm
czarno [char-no] adv. blackly
czarny [char-ni] adj. m. black
czas [chas] m. time; duration
czasem [cha-sem] adv. some-
-times; occasionally; by any
chance; now and then
cząstka [chownst-ka] f. particle
czego [che-go] conj. why? what?
czek [chek] m. check (in
banking); cheque
czekać [che-kach] v. wait;
await; stand by; expect;
waste time; be in store for
czekolada [che-ko-la-da] f.

chocolate; slab of chocolate
czemu [che-moo] part. why? to
what? what to? what for?
czerpać [cher-pach] v. scoop;
draw; ladle; derive (benefit)
czerstwy [chers-tvi] adj. m.
stale; robust (man); firm
czerwiec [cher-vyets] m. June
czerwienić się [cher-vye-ńeećh
śhań] v. blush (redden)
czerwony [cher-vo-ni] adj. m.
red; scarlet; crimson; ruddy
czesać [che-sach] v. comb;
brush; dress hair; do hair
czeski [ches-kee] adj. m. Czech
cześć [cheśhćh] f. honor;
cult; worship; respect;
adoration; reverence; good
name; greeting: huilo! cheeriol
często [chans-to] adv. often
częsty [chans-ti] adj. m.
frequent; repeated often
część [chanśhćh] f. part;
share; section; piece; quota
czoło [cho-wo] n. forehead
czterdzieści [chter-dźheśh-
-chee] num. forty
czternaście [chter-naśh-che]
num. fourteen, 14
cztery [chte-ri] num. four
czterysta [chte-ri-sta] num.
hour hundred; 400
czucie [choo-che] n. feeling;
smelling; sense perception
czuć [choochh] v. feel; smell
czuły [choo-wi] adj. m. tender;
affectionate; sensitive; keen
czwartek [chvar-tek] m.
Thursday
czwarty [chvar-ti] num. fourth
czy [chi] conj. if; whether
czyj [chiy] pron. whose
czyli [chi-lee] conj. or; otherwise;
that is to say; in other words
czynić [chi-ńeeĉh] v. do;
render; act; amount; cause
czyrak [chi-rak] m. boil; furuncle;
abscess; anbury; rising
czysto [chi-sto] adv. clean
czysty [chi-sti] adj. m. clean
czyścić [chiśh-ĉheećh] v.
clean; scour; brush; rub; purge
czytać [chi-taćh] v. read

czytelnik [chi-tel-ńeek] m.
reader; reading individual
czytelny [chi-tel-ni] adj. m.
legible; readable
ćwierć [chvyerćh] f. one
fourth (of a liter etc.)
ćwiczenie [chvee-che-ńe] n.
exercise; instruction; drill

D

dach [dakh] m. roof; shelter
dać [dáćh] v. give; pay; result
dalej [da-ley] moreover; further
off; so on; later; further back
daleki [da-le-kee] adj. m. distant; remote; far-away
dalszy [dal-shi] adj. m. further;
later; outlying; another
danie [da-ńe] n. serving (of
food); dish; course
dar [dar] m. gift; present
darmo [dar-mo] adv. free;
gratuitously; to no avail
darować [da-ro-vaćh] v. give;
forgive; overlook; spare
data [da-ta] f. date
dawno [dav-no] adv. long ago
dążyć [down-zhićh] v. aspire;
tend; aim; be bound; trend
dbać [dbáćh] v. care; set store
dech [dekh] m. breath; gust
decyzja [de-tsis-ya] f. decision;
ruling; resolve; resolution
defekt [de-fekt] m. defect; flaw
denerwować [de-ner-vo-vaćh]
v. bother; make nervous; vex;
irritate; upset; exasperate
dentysta [den-tis-ta] m. dentist
depesza [de-pe-sha] f. wire;
telegram; cable; dispatch
depozyt [de-po-zit] m. deposit
derka [der-ka] f. rug; blanket
deska [des-ka] f. plank; board
deszcz [deshch] m. rain
dewiza [de-vee-za] f. foreign
money; motto; slogan; device
dątka [dant-ka] f. pneumatic tire;

tube; air chamber
dieta [dye-ta] f. diet; regimen
dla [dla] prep. for; to; towards
dlaczego [dla-che-go] prep. why;
what for; why are you ...?
dlatego [dla-te-go] prep.
because; this is why; and so
dłoń [dwoń] f. palm of the
hand; hand; metacarpus; quart
dług [dwook] m. debt; obligation
długi [dwoo-gee] adj. m. long
dłuto [dwoo-to] n. chisel
dno [dno] n. bottom; utterness
do [do] prep. to; into; up; till
doba [do-ba] f. 24 hours
dobranoc [do-bra-nots] (indecl.)
good-night
dobroć [dob-roćh] f. kindness
dobry [dob-ri] adj. m. good; kind;
right; hearty; retentive
dobrze [dob-zhe] adv. well; OK;
rightly; properly; okay
dochód [do-khoot] m. income;
revenue; profit; returns
dodać [do-daćh] v. add; sum
up; join; affix; impart
dodzwonić się [do-dzvo-
-ńeećh śhan] v. get through
on the phone; ring the door
bell and get an answer
dogadzać [do-ga-dzaćh] v.
please; accommodate; satisfy
dogodny [do-god-ni] adj. m.
convenient; suitable; handy
dojazd [do-yazt] m. access;
drive; approach; means of
transport; journey
dojechać [do-ye-khaćh] v.
reach; arrive; approach; bang;
hit; give a blow; jeer; peck
dojrzały [doy-zha-wi] adj. m.
ripe; mellow; mature; adult
dojście [doy-śhćhe] n. access;
(avenue of) approach
dokąd [do-kownt] adv. where;
till when? whither; where to?
how far? till when? how long?
dokładny [dok-wad-ni] adj. m.
accurate; exact; precise
dokoła [do-ko-wa] adv. round;
round about; all round
doktor [dok-tor] m. doctor
dokuczać [do-koo-chaćh] v.

vex; annoy; nag; bully; sting;
trouble; spite; worry; torment

dolina [do-lee-na] f. valley; dale;
glen; coomb; (slang) pocket

dolny [dol-ni] adj. m. lower

dom [dom] m. house; home

domagać się [do-ma-gach
śhan] v. demand; claim; insist

domowy [do-mo-vi] adj. m.
domestic; homemade; private

domysł [do-misw] m. guess

donośny [do-nośh-ni] adj. m.
resounding; ringing; loud

dookoła [do-o-ko-wa] adv. round;
round about; all around; all
around; right round

dopalać [do-pa-lach] v.
after burn; finish burning; burn
out; finish smoking

dopasować [do-pa-so-vach] v.
fit; adapt; adjust; match; tone

dopiero [do-pye-ro] adv. only;
just; hardly; barely; not till

dopłata [do-pwa-ta] f. extra
payment; surcharge; extra fare

dopóki [do-poo-kee] conj. as
long; as far; while; until; till

dopóty [do-poo-ti] conj. till; until;
so far; up to here; as long as

doprowadzić [do-pro-va-
dźheećh] v. lead to; cause;
provoke; reduce; achieve;
convey; result; bring

dorabiać [do-ra-byach] v. make
additionally; replace; finish

doradzić [do-ra-dźheećh] v.
advise (to do something)

doręczyć [do-ran-chich] v.
hand in; deliver; transmit

dorosły [do-ros-wi] adj. m. adult;
grown up; mature; grown

dorywczy [do-riv-chi] adj. m.
occasional; improvised; fitful;
off-and-on; hit-and-run

dosięgać [do-śhan-gach] v.
reach; attain; catch up with

doskonalić [do-sko-na-leećh] v.
perfect; improve; cultivate

dosłowny [do-swov-ni] adj. m.
literal; verbal; textual

dostać [dos-tach] v. obtain;
reach; take out

dostosować [do-sto-so-vach] v.

accommodate; subordinate; fit

dostrzec [dos-tshets] v. notice;
behold; perceive; spot; spy;
see

dosyć [do-sich] adv. enough;
plenty; sufficient

dość [dośhćh] adv. enough

doświadczyć [do-śhvyad-
-chićh] v. experience; sustain;
feel; undergo; suffer; scourge

dotąd [do-townt] adv. up till
now; here to fore; hitherto;
thus far; so far; yet; by then;
till then; still; not...as yet

dotknąć [dot-knownćh] v.
touch; finger; offend; hurt

dotrzymać [do-tshi-mach] v.
keep; stick to one's
commitment; adhere; redeem

dotychczas [do-tikh-chas] adv.
up to now; hitherto; to date

dowcip [dov-ćheep] m. wit;
joke; jest; gag; quip; sally

dowiedzieć się [do-vye-dźheećh
śhan] v. get to know; learn

do widzenia [do vee-dze-ńa]
good bye; see you later

dowolny [do-vol-ni] adj. m.
optional; any; whichever

dowód [do-voot] m. proof;
evidence; record; token

dozorca [do-zor-tsa] m.
caretaker; watchman; overseer

drabina [dra-bee-na] f. ladder

drapać [dra-pach] v. scratch

dreszcz [dreshch] m. chill;
shudder; thrill; flutter; shiver

drobne [drob-ne] pl. small
change; petty cash; small coin

droga [dro-ga] f. 1. road; 2.
journey; 3. adj. f. dear

drogi [dro-gee] adj. m. dear;
expensive; costly; beloved

drogowskaz [dro-gov-skas] m.
road sign; signpost

drugi [droo-gee] num. second ;
other; the other one; latter

druk [drook] m. print; printing

drzemka [dzhem-ka] f. nap

drzewo [dzhe-vo] n. tree

drzwi [dzhvee] n. door

duch [dookh] m. spirit; ghost;
state of mind; intendment

dusza [doo-sha] f. soul; psyche

dużo [doo-zho] adv. much; many

duży [doo-zhi] adj. m. big; large; great; fair-sized; pretty large

dwa [dva] num. two; 2

dwadzieścia [dva-dżheśh-́che] num. twenty; 20

dwanaście [dva-naśh-che] num. twelve; 12

dwieście [dvyeśh-che] num. two hundred; 200

dworzec [dvo-zhets] m. (rail) station; depot

dwunastka [dvoo-nast-ka] f. twelve; (team) of twelve

dwunasty [dvoo-nas-ti] adj. m. twelfth; 12th

dykta [dik-ta] f. plywood

dym [dim] m. smoke; fumes

dyplom [di-plom] m. diploma

dyrekcja [di-rek-tsya] f. management; headquarters

dyskusja [dis-koo-sya] f. discussion; debate; controversy

dystans [dis-tans] m. distance

dywan [di-van] m. carpet; rug

dyżurny [di-zhoor-ni] adj. m. on call; on duty; orderly

dziadek [dźha-dek] m. grandfather

dział [dżhaw] m. section

działać [dżha-waćh] v. act; work; be active; be effective

dzieci [dżhe-chee] pl. children

dziecko [dżhets-ko] n. child; baby; trot; brat; kiddie; kid

dziedzina [dżhe-dżhe-na] f. realm; area; sphere; domain

dzieje [dźhe-ye] pl. history

dzielnica [dżhel-ñee-tsa] f. province; quarter; section

dzielny [dżhel-ni] adj. m. brave; resourceful; efficient

dzieło [dżhe-wo] n. achievement; work; composition

dziennik [dżhen-ñeek] m. daily news; daily; journal; diary

dziennikarz [dżhen-ñee-kash] m. reporter; juornalist

dzienny [dżhen-ni] m daily; diurnal; day's (pay, work, etc.)

dzień [dżheń] m. day; daylight

dzień dobry [dżheń dob-ri] exp. good morning; good day

dzierżawa [dżer-zha-va] f. lease; rental; holding; household

dziesiąta [dżhe-śhown-ta] adj. f. num. tenth; 10th (girl)

dziesiątka [dżhe-śhownt-ka] f. ten; (team of) ten

dziesiąty [dżhe-śhown-ti] num. adj. m. tenth; 10th

dziesięć [dżhe-śhanćh] num. ten; 10

dziewczyna [dżhev-chi-na] f. girl; lass; wench; maid

dziewica [dżhe-vee-tsa] f. virgin; maiden

dziewięć [dżhe-vyanćh] num. nine; 9

dziewiętnaście [dżhe-vyant-naśh-che] num. nineteen

dziękować [dżhan-ko-vaćh] v. thank; give thanks

dzisiejszy [dżhe-śhey-shi] adj. m. today's; modern

dziś [dżheeśh] adv. today

dzisiaj [dżhe-śhay] adv. today; at the present time

dziura [dżhoo-ra] f. hole

dziwactwo [dżhe-vats-tvo] n. crank; fad; craze; peculiarity

dziwić [dżhe-veećh] v. astonish; surprise; wonder

dziwić się [dżhe-veećh śhan] be astonished; be surprised; wonder

dziwny [dżhee-vni] m. strange; odd; queer; peculiar; singular

dzwonić [dzvo-ñeećh] v. ring up someone

dźwięk [dżhvyank] m. sound

dźwigać [dżhvee-gaćh] v. lift; hoist; raise; heave; erect; carry; upheave; elevate; erect

dżet [dżhet] m. jet

dżinsy [dzheen-si] pl. blue jeans

E

echo [ekho] n. echo; response

efekt [e-fekt] m. effect

efektowny [e-fek-tov-ni] adj. m. showy; striking; attractive

egoista [e-go-ees-ta] m. egotist

egzamin [eg-za-meen] m. examination; exam; standing a test; a set of questions

egzemplarz [eg-zem-plazh] m. copy (specimen); specimen

ekipa [e-kee-pa] f. team; crew

ekonomia [e-ko-no-mya] f. economics; thrift; economy

ekran [ek-ran] m. screen; shield

ekspedient [eks-pe-dyent] m. salesperson; clerk; salesman

elegancja [e-le-gan-tsya] f. elegance; fashion; style

elektryczność [e-lek-trich-noshćh] f. electricity

emeryt [e-me-rit] m. retired person; pensioner; pensionary

energia [e-ner-gya] f. energy

energiczny [e-ner-geech-ni] adj. m. energetic; vigorous

epoka [e-po-ka] f. epoch

erotyczny [e-ro-tich-ni] adj. m. erotic; sexual; amatory

etap [e-tap] m. stage (of development); halting place

ewangelia [e-van-gel-ya] f. gospel; gospel truth

ewentualnie [e-ven-too-al-ńe] adv. possibly; if need be

ewolucja [e-vo-loo-tsya] f. evolution; development

prank; trick; ill turn

figura [fee-goo-ra] f. figure; shape; form; image; big wig

filiżanka [fee-lee-zhan-ka] f. cup; cupful; coffee-cup

film [feelm] m. film; picture

fiołek [fyo-wek] m. violet

firanka [fee-ran-ka] f. curtain; drapery; pl. hangings

firma [feer-ma] f. business; firm; name of a firm; establishment

forma [for-ma] f. shape; mold

forsa [for-sa] f. dough; chink; bread; tin; a pot of money

fortepian [for-te-pyan] m. grand piano; stringed keyboard

fotel [fo-tel] m. armchair

fotograf [fo-to-graf] m. photographer

fotografia [fo-to-gra-fya] f photograph; snap shot; picture

fragment [frag-ment] m. fragment; episode; excerpt; scrap

frazes [fra-zes] m. platitude

fryzjer [fri-zyer] m. barber; hairdresser; beautician

fryzjerka [friz-yer-ka] f. hairdresser; beautician

fryzura [fri-zoo-ra] f. hair do; hair style

funkcja [foon-ktsya] f. function; functions; office; duties

funt [foont] m. pound (weight)

futro [foot-ro] n. fur (skin, coat)

F

fabryka [fa-bri-ka] f. factory

fajka [fay-ka] f. pipe (for smoking); wild boar's tusk

faktycznie [fak-tich-ńe] adv. in fact; actually; indeed; truly

fałsz [fawsh] m. falsehood

farba [far-ba] f. paint; dye color; dyeing; oil color; ink; blood

fasola [fa-so-la]f. bean

figiel [fee-gel] m. practical joke;

G

gabardyna [ga-bar-di-na] f. gabardine; twilled cloth

galareta [ga-la-re-ta] f. jelly

gałąź [ga-wownżh] f. branch

garaż [ga-razh] m. garage

garderoba [gar-de-ro-ba] f. wardrobe; dressing-room

gardło [gard-wo] n. throat

garnek [gar-nek] m. pot; potful

garnitur [gar-ńee-toor] m. set; suite (clothes); assortment garnuszek [gar-noo-shek] m. cup

garść [garśhćh] f. handful

gasić [ga-sheech] v. expire; go out; die down; extinguish; quench; put out; eclipse

gazeta [ga-ze-ta] f. newspaper

gazolina [ga-zo-lee-na] f. gasoline; gasolene; petrol

gaźnik [gaźh-ńeek] m. carburettor (for air-gasoline mixing)

gąbka [gownb-ka] f. sponge

gdy [gdi] conj. when; as; that

gdyby [gdi-bi] conj. if

gdzie [gdźhe] adv. conj. where

gdziekolwiek [gdźhe-kol-vyek] adv. anywhere; wherever

gdzieś [gdźheśh] adv. somewhere; (vulg. exp.: in my ass)

generalny [ge-ne-ral-ni] adj. m. general; widespread; full-scale

geneza [ge-ne-za] f. origin; genesis; birth; the beginning

geografia [ge-o-gra-fya] f. geography; the physical traits

giąć [gyownćh] v. bow; bend

giętki [gant-kee]adj. m. flexible; nimble; elastic; adaptable

gimnastyczny [geem-na-stich-ni] adj. m. gymnastic; athletic

gimnastykować się [geem-nas-ti-ko-vaćh śhań] v. do physical exercises

ginekolog [gee-ne-ko-log] m. gynecologist

glina [glee-na] f. clay; loam

gładki [gwat-kee] adj. m. plain; smooth; sleek; even; level; glib; straight; lank; fluent

głąbokł [gwan-bo-kee] adj. m. deep; distant; remote; intense

głodny [gwod-ni] adj. m. hungry

głos [gwos] m. voice; sound; tone; tost; vote; opinion

głośno [gwośh-no] adv. loud

głośny [gwośh-ni] adj. m. loud

głowa [gwo-va] f. head; chief

głód [gwoot] m. hunger; famine

główny [gwoov-ni] adj. m. main; predominant; foremost; chief

głuchy [gwoo-khi] adj. m. deaf

głupi [gwoo-pee] adj. m. silly; stupid; foolish; asinine

głupota [gwoo-po-ta] f. stupidity;

imbecility; foolishness

gmach [gmakh] m. large building

gnić [gńeećh] v. rot; decay

gniew [gńev] m. anger; wrath

gniewać się [gńe-vaćh śhań] v. resent; be irritated by

gnój [gnooy] m. manure; dung; stinker (vulg.); lousy bum

godność [god-nośhćh] f. dignity; name; pride; self-esteem; self-respect; post; high rank

godzina [go-dźhee-na] f. hour

golić [go-leećh] v. shave

gołosłowny [go-wo-swov-ni] adj.goły [go-wi] adj. m. naked

gorący [go-rown-tsi] adj. m. hot; sultry; warm; hearty; lively

gorączka [go-rownch-ka] f. fever; shakes; excitement; fever; temperature; heat; passion

gorszy [gor-shi] adj. m. worse

gorzej [go-zhey] adv. worse

gorzki [gozh-kee] adj. m. bitter

gospodarstwo [gos-po-dar-stvo] n. household; farm; property; possession; holding

gospodyni [gos-po-di-ńee] f. landlady; hostess; manageress

gościć [gośh-ćheećh] v. receive; entertain; treat; stay at; to enjoy hospitality

gość [gośhćh] m. guest; caller; visitor; customer

gotować [go-to-vaćh] v. cook; boil; get ready; prepare

gotowy [go-to-vi] adj. m. ready; done; complete; willing

gotówka [go-toov-ka] f. cash

góra [goo-ra] f. mountain

górnik [goor-ńeek] m. miner

górny [goor-ni] adj. m. upper

górski [goor-skee] adj. m. mountainous; mountain-

grabić [gra-beećh] v. rake; plunder; rob; sack; rake up

grać [graćh] v. play; act; gamble; pretend; pulsate

granica [gra-ńee-tsa] f. border; boundary; limit; frontier; range; reach; confines; bounds

gratulacja [gra-too-lats-ya] f. congratulations; felicitation

groch [grokh] m. pea; pea plant

gromada [gro-ma-da] f. crowd;
throng; community; team

grono [gro-no] n. bunch of
grapes; cluster; group; body of
people; company; circle

groz [groeh] m. grosz; penny

grot [grot] m. dart; spike

grozić [gro-żheećh] v. threaten

grób [groop] m. grave; tomb

gruby [groo-bi] adj. m. thick; fat;
big; stout; large; low-pitched

grudzień [groo-dźheń] m.(the
month of) December

grupa [groo-pa] f. group; class

gruźlica [groożh-lee-tsa] f.
tuberculosis; consumption

grypa [gri-pa] f. flu; influenza

gryźć [griżhćh] v. bite;
gnaw; chew; prick; torment

grzebień [gzhe-byeń] m. comb;
crest of a wave; teaser

grzeczność [gzhech-nośhćh]
f. politeness; favor; attentions

grzyb [gzhip] m. mushroom;
fungus; snuff; dry-rot

gubić [goo-beećh] v. loose; ruin

guma [goo-ma] f. rubber

gwałcić [gvaw-ćheećh] v.
rape; violate; compel; coerce;
force; outrage; transgress

gwałtowny [gvaw-tov-ni] adj. m.
outrageous; urgent; violent

gwarancja [gva-ran-tsya] f.
warranty; guarantee; pledge

gwóźdź [gvoożhćh] m. nail

hańba [hań-ba] f. disgrace

harcerz [khar-tsezh] m. boy
scout

hasło [khas-wo] m. password

haust [khaust] m. gulp; swing

herbata [kher-ba-ta] f. tea

herbatnik [kher-bat-ńeek] m.
biscuit; small dry cake

historia [khee-stor-ya] f. story;
history; affair; show; fuss

historyjka [khees-to-riy-ka] f.
(a little) story; tale

hodować [kho-do-vaćh] v. rear;
breed; rise; keep; nurse

holować [kho-lo-vaćh] v. tow;
haul; drag; tug; truck

hotel [kho-tel] m. hotel

huk [khook] m. bang; roar

humor [khoo-mor] m. humor

huta [khoo-ta] f. metal or glass
mill; smelting works

H

hak [khak] m. hook; clamp;
clasp; grapnel; upper-cut (box)

halka [khal-ka] f. petticoat

hałas [kha-was] m. noise; din

hamować [kha-mo-vaćh] v.
apply brakes; restrain; hamper;
curb; cramp; delay; retard

hamulec [kha-moo-lets] m. brake

handlować [khand-lo-vaćh] v.
trade; deal; be in business

I

i [ee] conj. and; also; too

ich [eekh] pron. their

idea [ee-de-a] f. idea; aim

idealny [ee-de-al-ni] adj. m. ideal;
perfect; visionary; sublime

igła [eeg-wa] f. needle

ile [ee-le] adv. how much

ilość [ee-lośhćh] f. quantity

im [eem] conj. the more...

imię [ee-myęn] n. name (given)

impreza [eem-pre-za] f.
entertainment; spectacle;
show; stunt; meet; venture

inaczej [ee-na-chey] adv.
otherwise; differently; unlike

indyk [een-dik] m. turkey

indywidualny [een-di-vee-doo-al-
-ni] adj. m. individual

inkasować [een-ka-so-vaćh] v.
collect (money); get a blow

inny [een-ni] adj. m. other;
different; another (one)

instrument [een-stru-ment] m.
instrument; tool; deed; legal

instrument; appliance
instynkt [een-stinkt] m. instinct; inborn aptitude; knack
inteligentny [een-te-lee-gent-ni] adj. m. intelligent; clever; wise
interes [een-te-res] m. interest; business; store; matter
interesujący [een-te-re-soo-yown-in-zhi-ner] m.
engineer; graduate engineer
irytacja [ee-ri-tats-ya] f. irritation; vexation; chafe; annoyance
istota [ees-to-ta] f. being; essence; gist; sum; entity
istotny [ees-tot-ni] adj. m. real; substantial; vital; radical
istotnie [ees-tot-ñe] adv. indeed; truly; really; in fact; in reality
iść [eeśhćh] v. go; walk
izba [eez-ba] f. room; chamber
iżby [eezh-bi] conj. m. in order that; in order to; lest

J

ja [ya] pron. I; (indecl.) self
jabłko [yab-ko] n. apple
jad [yat] m. venom; poison
jadać [ya-daćh] v. eat (regularly)
jadalnia [ya-dal-ña] f. dining-room; mess; mess-hall
jadło [yad-wo] n. food; edibles
jadłospis [yad-wo-spees] m. menu; bill of fare
jajko [yay-ko] n. egg (small)
jak [yak] adv. how; as; if; than
jaka [ya-ka] pron. f. what; which
jaki [ya-kee] pron. m. what; which one? that; some; like
jakiś [ya-keeśh] pron. some
jakość [ya-kośhćh] f. quality
jasny [yas-ni] adj. m. clear; bright; light; shining; noble
jazda [yaz-da] f. ride; driving
ją [yown] pron. her
jąkać [yown-kaćh] v. stutter
jechać [ye-khaćh] v. ride; drive

jeden [ye-den] num. one; some
jedenaście [ye-de-naśh-ćhe] num. eleven; 11
jednak [yed-nak] conj. however; yet; still; but; after all; though
jedno [yad-no] num. one; 1
jedno- [yed-no] one-; uni-; single-
jednocześnie [yed-no-cheśh-ñe] adv. simultaneously; also
jednokrotnie [yed-no-krot-ñe] adv. one time; once (only)
jednostka [yed-nost-ka] f. unit; individual; entity; measure; digit; specimen; denomination
jedność [yed-nośhćh] f. unity
jedzenie [ye-dze-ñe] n. meat; food; victuals; feed; eats
jego [ye-go] pron. his; him
jej [yey] pron. her; hers
jasień [ya-śheñ] f. autumn; fall; the fall of the leaf
jest [yest] (he, she, it) is
jestem [yes-tem] (I) am
jeszcze [yesh-che] adv. still; besides; more; yet; way back
jeść [yeśhćh] v. eat; feed sb
jeśli [yeśh-lee] conj. if
jezdnia [yezd-ña] f. roadway
jezioro [ye-źho-ro] n. lake
jeżdżenie [yezh-dzhe-ñe] n. riding; driving; tyrannizing
jeżeli [ye-zhe-lee] conj. if
jęk [yank] m. groan; moan; wail
język [yan-zik] m. tongue
jodyna [yo-di-na] f. tincture of iodine (antiseptic); iodine
juta [yoo-ta] f. jute; jute plant
jutro [yoot-ro] adv. tomorrow
jutrzejszy [yoo-tshey-shi] adj. m. tomorrow's; future
już [yoozh] conj. already; at any moment; by now; no more

K

kaczka [kach-ka] f. duck
kajuta [ka-yoo-ta] f. ship-cabin
kakao [ka-ka-o] n. cocoa

kaktus [kak-toos] m. cactus

kalafior [ka-la-fyor] m. cauliflower (a vegetable)

kaleka [ka-le-ka] m. f. cripple

kalendarz [ka-len-dash] m. calendar; almanac

kalesony [ka-le-so-ni] pl. underwear; drawers; shorts; underpants; trunk drawers

kalkulować [kal-koo-lo-vaćh] v. calculate; compute; work out

kalosz [ka-losh] m. rubber overshoe; galosh; rubber boot

kał [kaw] m. excrement; stool

kamień [ka-myeń] m. stone

kamizelka [ka-mee-zel-ka] f. waistcoat; vest; camisole

kanał [ka-naw] m. channel; dike; (storm) sewer; duct; ditch; conduit; tube; gully; canal

kanapka [ka-nap-ka] f. sandwich; small size sofa; love seat

kapać [ka-paćh] v. dribble; trickle; drip; fall drop by drop

kapelusz [ka-pe-loosh] m. hat

kapitan [ka-pee-tan] m. captain

kapusta [ka-poos-ta] f. cabbage; a dish of cabbage

kara [ka-ra] f. penalty; fine; punishment; correction; chastisement; retribution; requital; a judgement; nuisance; pest

karać [ka-raćh] v. punish

kariera [ka-rye-ra] f. career

kark [kark] m. neck; nape

karmić [kar-meećh] v. feed; nourish; nurse; suckle; nurture

karoseria [ka-ro-se-rya] f. car (truck) body; enclosing frame

karp [karp] m. carp (fish)

karta [kar-ta] f. card; page; note; sheet; leaf; ticket; charter

karton [kar-ton] m. cardboard

karuzela [ka-roo-ze-la] f. merry-go-round; carousel

karykatura [ka-ri-ka-too-ra] f. cartoon; caricature; parody

kasa [ka-sa] f. cashier's desk; cash register; ticket office

kasjer [kas-yer] m. cashier

kasjerka [kas-yer-ka] f. woman cashier

kasza [ka-sha] f. grits; groats;
cereals; gruel; porridge; mess

kaszel [ka-shel] m. cough

katar [ka-tar] m. head cold; running nose; catarrh

kawa [ka-va] f. coffee

kawiarnia [ka-vyar-ńa] f. cafe

kazać [ka-zaćh] v. order; tell; make sb. do sth; command

każdy [kazh-di] pron. every; each; respective; any; all

kąpać [kown-paćh] v. v. bathe; bath; bask; soak; be steeped

kąpiel [kown-pyel] f. bath

kąt [kownt] m. corner; angle

kciuk [kćhook] m. thumb

kelner [kel-ner] m. waiter

kelnerka [kel-ner-ka] f. waitress; bar maid; woman waiter

kichać [kee-khaćh] v. sneeze

kiedy [ke-di] conj. when; as; ever; how soon?; while; since

kiedy indziej [ke-di een-dźhey] some other time

kiedykolwiek [ke-di-kol-vyek] adv. whenever; at any time

kiedyś [ke-diśh] adv. someday; in the past; once; one day

kiedyż ? [ke-dish] adv. when then?; when on earth ?

kierować [ke-ro-vaćh] v. steer; manage; run; show the way

kierowca [ke-rov-tsa] m. driver; chauffer; truck driver

kierownik [ke-rov-ńeek] m. manager; director; supervisor

kierunek [ke-roo-nek] m. direction; course; trend; line

kij [kiey] m. stick; cane; staff

kilka [keel-ka] num. a few; some

kilkakroć [keel-ka-kroćh] adv. repeatedly; again and again

kilkakrotny [keel-ka-krot-ni] adj. m. repeated; recurring

kilogram [ke-lo-gram] m.
kilogram = 2.2 pounds

kilometr [ke-lo-metr] m.
kilometar = 3,280.8 feet

kino [kee-no] n. cinema; movies

kiosk [kyosk] m. kiosk; booth

klasa [kla-sa] f. class; classroom; rank; order; division

[klat-ka] f. cage; crate

klatka schodowa [klat-ka skho-

-do-va] f. staircase; stairway

klatka piersiowa [klat-ka pyer-´ého-va] f. rib cage; chest

klej [kley] m. glue; cement

klient [klee-ent] m. customer

klientka [klee-ent-ka] f. woman customer

klimat [klee-mat] m. climate

klin [kleen] m. wedge; cotter

klozet [klo-zet] m. toilet

klub [kloop] m. club; union

klucz [klooch] m. key; wrench

kluska [kloos-ka] f. boiled dough strip; dumpling; lump

kłamać [kwa-mach] v. lie

kłaniać się [kwa-ñach ´shan] v. salute; bow; greet; worship

kłaść [kwashch] v. lay; put down; place; set; deposit

kłopot [kwo-pot] m. trouble

kłopotliwy [kwo-pot-lee-vi] adj. m. troublesome; baffling

kłócić [kwoo-cheech] v. stir; agitate; mix; disturb; quarrel

kłódka [kwood-ka] f. padlock

kłótnia [kwoot-ña] f. quarrel

kłuć [kwooch] v. stab; prick

kobieta [ko-bye-ta] f. woman

koc [kots] m. blanket; coverlet

kochać [ko-khach] v. love

kochać się [ko-khach ´shan] v. be in love

kochany [ko-kha-ni] adj. m. beloved; loving; affectionate

koić [ko-eech] v. soothe

kokaina [ko-ka-ee-na] f. cocaine; an alkaloid addicting drug

koklusz [kok-loosh] m. whooping cough; hooping cough

kolacja [ko-lats-ya] f. supper

kolano [ko-la-no] n. knee; bend

kolega [ko-le-ga] m. buddy; colleague; fellow worker

kolej [ko-ley] f. railroad

kolejno [ko-ley-no] adv. by turns; one after the other; in turns

kolejny [ko-ley-ni] adj. m. next; successive; following

koleżeństwo [ko-le-zheň-stvo] n. fellowship; comradeship

kolor [ko-lor] m. color; tint; hue

kolorowy [ko-lo-ro-vi] adj.m. colorful; colored

kolumna [ko-loom-na] f. column

koło [ko-wo] n. wheel; circle

koło [ko-wo] prep. around; near; about; by; in vicinity; close to

kołysać [ko-wi-sach] v. rock; sway; toss to and fro; roil

komar [ko-mar] m. mosquito

komiczny [ko-meech-ni] adj. m. comic; amusing; funny; droll

komorne [ko-mor-ne] n. (apartment) rent; rental

komplet [kom-plet] m. complete set; complete (full) group

kompot [kom-pot] m. compote

komunikat [ko-moo-ñee-kat] m. bulletin; report; communique

komunista [ko-moo-ñees-ta] m. communist (party member)

koncert [kon-tsert] m. concert

konferansjer [kon-fe-rans-yer] m. master of ceremonies

konferencja [kon-fe-rents-ya] f. conference; meeting

koniec [ko-ñets] m. end; finish

koniecznie [ko-ñech-ñe] adv. absolutely; necessarily

konkretny [kon-kret-ni] adj. m. concrete; definite; real

konopie [ko-no-pye] pl. hemp

konsekwentny [kon-se-kvent-ni] adj. m. consistent

konsulat [kon-soo-lat] m. consulate (office of a consul)

konto [kon-to] n. account

kontynuować [kon-ti-noo-´ovach] v. continue; carry on

końcowy [koň-tso-vi] adj. m. final; terminal; last; late

kończyć [koň-chich] v. end; finish; quit; be dying; stop

kopać [ko-pach] v. kick; dig

kopalnia [ko-pal-ña] f. mine

koper [ko-per] m. dill; fennel

koperta [ko-per-ta] f. envelope; quilt-case; (watch)case

korale [ko-ra-le] pl. bead necklace; coral beads; gills

korniszon [kor-ñee-shon] m. pickled cucumber; gherkin

korytarz [ko-ri-tash] m. corridor; passage-way; lobby; tunnel

koryto [ko-ri-to] n. through; river-bed; channel; chute; road-bed korzeń [ko-zheń] m. root; spice

korzystny [ko-zhist-ni] adj. m. profitable; favorable

kosmetyczka [kos-me-tich-ka] f. vanity bag; beautician

kosmetyk [kos-me-tik] m. cosmetic; makeup (skin and hair); cosmetic preparation

kostium [kos-tyoom] m. suit; dress; garb; tailor made suit

kostka [kost-ka] f. small bone; ankle; knuckle; die; dice; lump

kosz [kosh] m. basket; grab-bag; Tartar military camp

koszt [kosht] m. cost; price; expense; charge; economic costs; production cost etc.

kosztować [kosh-to-vaćh] v. cost (of something); taste

koszula [ko-shoo-la] f. shirt

kościół [kośh-ćhoow] m. church; church organization

kość [kośhćh] f. bone; spine

koślawić [kośh-la-veećh] v. deform; distort; crook

kot [kot] m. cat; pussy cat; puss

kółko [koow-ko] m. small wheel; small circle; (soc.) circle

kpić [kpeećh] v. jeer; sneer

kradzież [kra-dźhesh] f. theft

kraj [kray] m. country; verge; edge; hem of a garment; land

krajać [kra-yaćh] v. cut; slice; carve; operate; hack; saw

kraść [kraśhćh] v. steal; rob

krawat [kra-vat] m. neck (tie)

krawcowa [krav-tso-va] f. seamstress; tailor's wife

krawędź [kra-vandźh] f. edge

kreska [kres-ka] f. dash (line); stroke; hatch; accent

krew [krev] f. blood; race

krewny [krev-ni] m. relative

kręgosłup [kran-go-swoop] m. spine; vertebral column; spinal column; backbone; willpower

kroić [kro-eećh] v. cut; slice

krok [krok] m. step; pace; march

kropka [krop-ka] f. dot; point

kropla [krop-la] f. drop

krowa [kro-va] cow; mine

król [krool] m. king; rabbit

królewski [kroo-lev-skee] adj. m. royal; kingly; majestic; king's

krótki [kroot-keel] adj. m. short; brief; terse; concise; curt

krótko [kroot-ko] adv. briefly; shortly; tersely; (hold) tightly

kruchy [kroo-khi] adj. m. brittle; frail; tender; crisp; crusty

kruszyć [kroo-shićh] v. crush; crumb; destroy; shatter; disrupt; break into pieces

krwawić [krva-veećh] v. bleed

krzesło [kzhes-wo] n. chair

krztusić się [kzhtoo-śheećh śhan] v. choke; stifle

krzyczeć [kzhi-chećh] v. shout; cry; scream; yell; clamor

krzyk [kzhik] m. cry; scream; shriek; yell; outcry; call

krzywda [kzhiv-da] f. harm; a sense of wrong; wrong; injury

krzywo [kzhi-vo] adv. crooked

krzywy [kzhi-vi] adj. m. crooked; skew; distorted; slanting

krzyż [kzhish] m. cross

książka [kśhownzh-ka] f. book

księgarnia [kśhan-gar-ńa] f. bookstore; books; book shop

księżyc [kśhan-zhits] m. moon

kto [kto] pron. who; all; those

ktoś [ktośh] pron. somebody

którędy [ktoo-ran-di] adv. which way; how to get there?

który [ktoo-ri] pron. who; which; that; any; whichever; the

kubek [koo-bek] m. cup; mug

kubeł [koo-bew] m. pail; bucket

kucharka [koo-khar-ka] f. cook

kuchnia [kookh-ńa] f. kitchen; kitchen stove; cooking range

kultura [kool-too-ra] f. culture; good manners; cultivation

kupić [koo-peećh] v. buy

kurczę [koor-chan] n. chicken

kur [koor] m. cock; cock crow

kura [koo-ra] f. hen; hen bird

kurczę [koor-chan] n. chicken

kurek [koo-rek] m. tap; cock

kurz [koozh] m. dust

kuzyn [koo-zin] m. cousin

kuzynka [koo-zin-ka] f. cousin

kwadrans [kvad-rans] m. quarter of an hour; fifteen minutes

kwiaciarka [kvya-ćhar-ka] f.

florist; flower girl
kwiaciarnia [kvya-char-ńa] f.
flower shop; florist's
kwiat [kvyat] m. flower
kwit [kveet] m. receipt

L

lać [lach] v. pour; shed; (spill)
lada [la-da] part. any; whatever;
lakier [la-ker] m. varnish
lalka [lal-ka] f. doll; puppet
lampa [lam-pa] f. lamp
las [las] m. wood; forest; thicket
lata [la-ta] pl. years
lato [la-to] n. summer
ląd [lownd] m. 1.land;
2. mainland; 3. continent
lądować [lown-do-vach] v.
land; disembark; go ashore;
alight; save oneself
lecieć [le-chech] v. fly; run;
hurry; wing; drift; drop; fall
lecz [lach] conj. but; however
leczyć [le-chich] v. heal; treat;
nurse; practice medicine
ledwie [led-vye] adv. hardly; no
sooner; scarcely; barely; almost; nearly; only just
legitymacja [le-gee-ti-mats-ya] f.
i-d card; identification papers;
membership card etc.; warrant
lek [lek] m. medicine; drug
lekarstwo [le-kar-stvo] n. drug;
medicine; exp: hardly any
lekarz [le-kash] m. physician
lekceważyć [lek-tse-va-zhich] v.
slight; scorn; neglect; disdain
lekcja [lek-tsya] f. lesson; class
lekki [lek-kee] adj. m. light; light
-hearted; graceful; slight
lekko [lek-ko] adv. easily; lightly
len [len] m. flax; linen
leniwy [le-ńee-vi] adj. m. lazy
lepiej [le-pyey] adv. better;
rather; (feel) better
lepki [lep-kee] adj. m. sticky
lepszy [lep-shi] adj. m. better;

improved; superior; preferable
letni [let-ńee] adj. m. lukewarm;
half-hearted; summer
lewo [le-vo] adv. to the left
lewy [le-vi] adj. m. left; false
leżeć [le-zhech] v. lie; (fit)
lęk [lank] m. fear; anxiety; dread
licho [lee-kho] adv. poorly; badly; indifferently; scantily
licho [lee-kho] n. evil; devil
liczba [leech-ba] f. number;
figure; integer; group; class
liczny [leech-ni] adj. m.
numerous; large; abundant;
plentiful; frequent
liczyć [lee-chich] v. count;
reckon; compute; calculate
linia [leen-ya] f. line; lane
linijka [lee-ńeey-ka] f. ruler
lipa [lee-pa] f. 1. linden tree;
2. fake; cheat; fraud; trash
list [leest] m. letter; note
listonosz [lees-to-nosh] m.
postman
listopad [lees-to-pad] m.
November
liść [leeshch] m. leaf; frond
litera [lee-te-ra] f. letter
literat [lee-te-rat] m. writer
litr [leetr] m. liter
lodówka [lo-doov-ka] f. refrigerator; ice box; ice chest
lody [lo-di] pl. ice cream
lok [lok] m. curl; coil
lokator [lo-ka-tor] m. tenant
los [los] m. lot; fate; chance;
lottery ticket; destiny; hazard
lot [lot] m. flight; speed
lotnisko [lot-ńees-ko] n. airport;
airfield; aerodrome
lód [loot] m. ice; pl. ice cream
lub [loop] conj. or; or else
lubić [loo-beech] v. like; be
fond; enjoy; be partial
lud [loot] m. people; nation
ludność [lood-noshch] f.
population (of a given
territory, city, country, etc.)
ludzie [loo-dźhe] pl. people
luty [loo-ti] m. February
lżej [lzhey] adv. lighter; easier;
with less weight
lżejszy [lzhey-shi] adj. m.

lighter; easier; not serious

Ł

ład [wad] m. order; orderliness

ładny [wad-ńi] adj. nice

ładować [wa-do-vaćh] v. load; charge(a battery); cram; fill

łagodny [wa-god-ni] adj. m. gentle; mild; soft; meek; easy

łamać [wa-maćh] v. break; crush; quarry; shatter; crack; snap; smash; fracture (a bone)

łapać [wa-paćh] v. catch; get hold (of); snatch; grasp; seize

łatać [wa-taćh] v. patch up

łatwy [wat-vi] adj. m. easy; simple; effortless; light

ławka [wav-ka] f. pew; bench

łazienka [wa-żhen-ka] f. bathroom; toilet; bath

łączyć [wown-chićh] v. join; unite; merge; link; bind; weld

łąka [wown-ka] f. meadow

łokieć [wo-kyećh] m. elbow

łowić [wo-veećh] v. trap; fish; catch (sounds); hunt; chase

łódź [woodźh] f. boat; craft

łóżko [woozh-ko] n. bed; berth

łuk [wook] m. bow; arch; bent; curve; vault; flying buttress

łyk [wik] m. gulp; sip; draft

łyżeczka [wi-zhech-ka] f. teaspoon; dessert spoon; curette; small spoonful

łyżka [wizh-ka] f. spoon; spoonful; tablespoonful

łza [wza] f. tear

M

machać [ma-khaćh] v. wave; whisk; swing; swish; lash; wag; run; flap; brandish

macica [ma-chee-tsa] f. uterus; womb; screw nut; tap root

magazyn [ma-ga-zin] m. store; warehouse; repository; store

magnetofon [mag-ne-to-fon] m. tape-recorder

maj [may] m. May; verdure

majątek [ma-yown-tek] m. fortune; estate; property; wealth; one's possessions

majtek [may-tek] m. deck hand

majtki [may-tkee] pl. panties

malarz [ma-lash] m. painter

maleńki [ma-ień-kee] adj. m. very small; tiny; insignificant

malować [ma-lo-vaćh] v. paint; stain; color; make up; depict

mało [ma-wo] adv. little; few; seldom; lack; not enough

małpa [maw-pa] f. ape; monkey

mały [ma-wi] adj. m. little; small size; low; modest; slight

małżeństwo [maw-zheń-stvo] n. married couple; wedlock

mam [mam] v. I have (please see mieć)

mama [ma-ma] f. mamma; mother; mum; mummy; mama

manatki [ma-nat-kee] pl. personal belongings; traps; chattels

mandat [man-dat] m. mandate; traffic ticket; fine

mapa [ma-pa] f. map; chart

marka [mar-ka] f. mark; brand; stamp; trade mark; reputation

marnować [mar-no-vaćh] v. run to waste; squander; spoil

marszczyć [mar-shchićh] v. wrinkle; frown; crease; ripple

martwić [mar-tveećh] v. distress; grieve; vex; worry; sadden; afflict; (cause) trouble

martwy [mar-tvi] adj. m. dead

marynarz [ma-ri-nash] m. mariner; sailor; seaman

marzec [ma-zhets] m. March

marznąć [marz-nownćh] v. be frozen; freeze; freeze to death

masa [ma-sa] f. bulk; mass

masarnia [ma-sar-ńa] f. pork-meat (pork butcher's shop

masło [ma-swo] n. butter

masowo [ma-so-vo] adv. wholesale; in a mass; in masses; in great numbers (quantities)

masywny [ma-siv-ni] adj. m. massive; solid; bulky; massy

maszyna [ma-shi-na] f. machine

materiał [ma-te-ryaw] m. material; substance; stuff; cloth; fabric; assignment

matka [mat-ka] f. mother

mądry [mownd-ri] adj. m. sage

mąka [mown-ka] f. flour; meal

mąż [mownsh] m. husband; man

mdleć [mdleóh] v. faint; lose consciousness; fail; weaken; go off into a faint; droop; flag

mechanik [me-kha-ńeek] m. mechanic; Jack of all trades

medyczny [me-dich-ni] adj. medical; medicinal

megafon [me-ga-fon] m. loudspeaker; megaphone

meldować [mel-do-vaćh] v. report; register; announce; inform; notify; give an account

metal [me-tal] m. metal

metalowy [me-ta-lo-vi] adj. m. metallic (luster, sound etc.)

metr [metr] m. meter; 39.97in.

metro [met-ro] n. subway

metryka [met-ri-ka] f. birth -certificate; the public register

męczyć [man-chićh] v. bother; torment; oppress; tire; exhaust; trouble; torture; agonize

męski [man-skee] adj. m. masculine; manly; man's; virile; male; gentleman's; manlike

mężczyzna [manzh-chiz-na] m. man (on toilets: Gentleman)

mgła [mgwa] f. fog; mist; cloud

miara [mya-ra] f. measure; gauge; yard-stick; foot-rule; amount; measuring rod; limit

miasteczko [mya-stech-ko] n. borough; small country town

miasto [mya-sto] n. town

mieć [myećh] v. have; hold; run; own; keep; have to do

miedź [myedźh] m. copper

miejsce [myey-tse] n. place; location; spot; room; space; seat; employment; berth; point; scene; occupation; job

miejscowość [myey-stso-vośhćh] f. locality; place; town; village; spot

miesiąc [mye-shownts] m. month; moon; lunar month

mieszać [mye-shaćh] v. mix; mingle; shuffle; confuse

mieszać się [mye-shaćh śhan] v. meddle; become confused

mieszkać [myesh-kaćh] v. dwell; live; stay; have a flat; lodge; reside; inhabit; abide

mieszkalny [myesh-kal-ni] adj. m. inhabitable; habitable

mieszkanie [myesh-ka-ńe] n. apartment; rooms; lodgings

między [myan-dzi] prep. between; among; in the midst

międzynarodowy [myan-dzi-na-ro-do-vi] adj. m. international

miękki [myank-kee] adj. m. soft; flabby; limp; supple

miękko [myank-ko] adv. softly; gently; tenderly; limply; supply

mięsień [myan-śheń] m. muscle; muscular strength

mięso [myan-so] n. flesh; meat

migrena [mee-gre-na] f. migraine; sick headache; hemicrania

mijać [mee-yaćh] v. go past; pass by; pass away; go by

mila [mee-la] f. mile (1609.35 m.; 5,280 ft.;)

milczeć [meel-chećh] v. be silent; quit talking; be quiet

milicja [mee-leets-ya] f. militia; police; constabulary

miło [mee-wo] adv. nicely; pleasantly; agreeably

miło poznać [mee-wo poz-naćh] exp. glad to meet; delighted to meet; nice to meet

miłość [mee-wośhćh] f. love

miły [mee-wi] adj. m. pleasant; beloved; likable; nice; enjoyable; prepossessing; attractive

mimo [mee-mo] adv. past; by

mimo woli [mee-mo vo-lee] involuntarily; unintentional

mina [mee-na] f. facial expression; look; appearance

mina [mee-na] f. mine; air

minuta [mee-noo-ta] f. minute

miotła [myot-wa] f. broom
miód [myoot] m. honey; mead
mistrz [meestsh] m. master;
  maestro; champion; expert
mleko [mle-ko] n. milk
młodość [mwo-dośhćh] f.
  youth; early stage
młody [mwo-di] adj. m. young
młodzież [mwo-dźhesh] f.
  youth; young generation
młotek [mwo-tek] m. hammer;
  tack-hammer; clapper
mniej [mńey] adv. less; fewer
mniej więcej [mńey vyan-tsey]
  more or less; about; round
mniejszy [mńey-shi] adj. m.
  smaller; lesser; less; minor
mnożyć [mno-zhićh] v. multiply
moc [mots] f. power; might;
  great-deal; vigor; strength
mocny [mots-ni] adj. m. strong
mocz [moch] m. urine
moda [mo-da] f. fashion; style
mogę [mo-gan] v. I can; I may
mokry [mo-kri] adj. m. wet;
  moist; watery; rainy; sweaty
moment [mo-ment] m. moment
momentalny [mo-men-tal-ni] adj.
  m. instantaneous; immediate
morski [mor-skee] adj. m.
  maritime; sea; nautical; naval
morze [mo-zhe] n. sea; ocean
most [most] m. bridge
motać [mo-tać] v. reel;
  embroil; entangle; intrigue;
  spool; involve in difficulty
motocykl [mo-to-tsikl] m.
  motorcycle; motor bike
mowa [mo-va] f. speech; language; tongue; talk; address
może [mo-zhe] adv. perhaps;
  maybe; very likely; how a-
  bout? suppose...?
możliwy [mozh-lee-vi] adj.
  possible; fairly good; passable
można [mozh-na] v. imp. it is
  possible; one may; one can
móc [moots] v. be free to; to
  be able; be capable of (doing)
mój [mooy] pron. my; mine
mól [mool] m. moth
mól książkowy [mool
  kśhownzh-ko-vi] bookworm

mówić [moo-veećh] v. speak;
  talk; say; tell; say things
mózg [moozg] m. brain; mind
mrok [mrok] m. dusk; twilight
mróz [mroos] m. frost; the cold
mruk [mrook] m. mumbler; man
  of few words; growler
mu [moo] pron. him
mur [moor] m. brick wall
murzyn [moo-zhin] m. negro
musieć [moo-śhećh] v. be ob-
  liged to; have to; be forced;
  must do; got to have it; want
muzeum [moo-ze-oom] n.
  museum; exhibition building
muzyk [moo-zik] m. musician
muzyka [moo-zi-ka] f. music
my [mi] pron. we; us
myć [mićh] v. wash
mydło [mid-wo] n. soap; soft
  soap; cake of soap
mylić [mi-leećh] v. mislead;
  misguide; confuse; deceive
mysz [mish] f. mouse
myśl [miśhl] f. thought; idea
myśliwy [miśh-lee-vi] m. hunter

N

na [na] prep. on; upon; at; for;
  by; in (NOTE : verbs with
  prefix na NOT INCLUDED
  HERE: CHECK WITHOUT THE
  PREFIX na")
nabierać [na-bye-rach] v. take;
  take in; tease; cheat; amass
nabożeństwo [na-bo-zheń-stvo]
  n. church service
nachylać [na-khi-lach] v. stoop;
  bend; incline; lean; tilt; slant
naczelny [na-chel-ni] adj. m.
  chief; head; paramount; pri-
  mate; principal; main; front
nad [nad] prep. over; above; on;
  upon; beyond; at; of; for
nadal [na-dal] adv. still; in future;
  continue (to do); as before
nadawać [na-da-vaćh] v. confer

bestow; grant; endow; christen; invest; vest; offer; cause
nadążać [na-**down**-zhaćh] v. keep up with; cope with; keep pace; lag behind; follow
nadchodzić [nad-kho-**d**źheećh] v. approach; arrive; come; be forthcoming; be imminent
nadejście [na-dey-śhćhe] n. coming; arrival; oncoming
nadjechać [nad-ye-khaćh] v. drive up; come up; arrive
nadmiar [nad-myar] m. excess
na dół [na doow] adv. down; downstairs; downwards
nadwyżka [nad-vizh-ka] f. surplus; excess amount
nadzieja [na-dźhe-ya] f. hope
nagi [na-gee] adj. m. naked; in buff; bare; nude; bald; empty
nagle [nag-le] adv. suddenly
nagły [nag-wi] adj. m. sudden; urgent; instant; abrupt; pressing; unexpected; immediate
naiwny [na-eev-ni] adj. m. naive
najbardziej [nay-bar-dźhey] adv. most (of all)
najeść się [na-yeśhćh śhan] v. eat plenty of; eat a lot
najgorzej [nay-go-zhey] adv. worst of all
najgorszy [nay-gor-shi] adj. m. worst of all; worst possible
najlepiej [nay-le-pyey] adv. best; best of all
najlepszy [nay-lep-shi] adj. m. best; best of all; best possible
najmniej [nay-mńey] adv. least
najpierw [nay-pyerv] adv. first of all; in the first place; at first
najwięcej [nay-vyan-tsey] adv. most of all (worst of all)
nakręcać [na-**kran**-tsaćh] v. wind up; shoot (movie); turn; direct; set on; cheat; swindle
nakrętka [na-**krant**-ka] f. (screw) nut; female screw; jam nut
nalać [na-laćh] v. pour in; pour on (liquid only, no sand etc.)
nalewać [na-le-vaćh] v. pour in
na lewo (na le-vo] adv. to the left (go to the left)
należeć [na-le-zhi] adj. m. due; owing; rightful; proper
namawiać [na-ma-vyaćh] v.

persuade; prompt; urge; exhort; instigate; encourage
na niby [na nee-bi] adv. make believe; pseudo
na nowo [na no-vo] adv. anew
na odwrót [na od-vroot] adv. inversely; the other way around; directly opposite
na ogół [na o-goow] adv. (in general) generally; on the whole; not specifically
na około [na o-ko-wo] adv. all around; about; right round
naokoło [na-o-ko-wo] prep. all around; about; on all sides
na opak [na o-pak] adv. backward; perversely; the wrong way; upside-down
na ostatek [na o-sta-tek] adv. finally; in the end; at last
na oścież [na ośh-ćhesh] adv. wide open; opened all the way
napad [na-pat] m. assault; fit; attempt; attack; outburst; invective; outbreak; onset
napis [na-pees] m. inscription
napisać [na-pee-saćh] v. write; write down
na pomoc! [na po-mots] excl.: help! give help! please, help!
na powrót [na po-vroot] adv. return; again; on the way back
napój [na-pooy] m. drink
naprawa [na-pra-va] f. repair; redress; renovation; reform
naprawdę [na-prav-dan] adv. indeed; really; truly; positively
naprawiać [na-pra-vyaćh] v. repair; fix; mend; rectify; reform; mend; set (put) right
na prawo [na pra-vo] adv. to the right (go to the right)
na próżno [na proozh-no] adv. in vain; uselessly; to no avail
na przełaj [na pzhe-way] adv. shortcut (across obstacles)
naprzód [na-pzhood] adv. in front; forwards; first; in the first place; forward; onward
na przykład [na pzhi-kwad] adv. for instance; for example
naraz [na-raz] adv. suddenly
na razie [na ra-źhe] adv. for the

time being; for the present
nareszcie [na-resh-che] adv. at last; finally; at long last
narodowy [na-ro-do-vi] adj. m. national; of national character
naród [na-root] m. nation; people; the nation; crowd
narzeczona [na-zhe-cho-na] f. fiancee; an engaged woman
narzeczony [na-zhe-cho-ni] m. fiance; an engaged man
narzekać [na-zhe-kaćh] v. complain; grumble; lament
nas [nas] pron. us
nastać [na-staćh] v. set in; enter; occur; come about
natawiać [na-sta-vyaćh] v. set up; set right; tune in; point
następny [na-stanp-ni] adj. m. next; the next; the following
nastrój [na-strooy] m. mood
nasz [nash] pron. our; ours
naśladować [na-shle-do-vaćh] v. imitate; mimic; reproduce
natomiast [na-to-myast] adv. however; yet; on the contrary
naturalny [na-too-ral-ni] adj. m. natural; true to life
natychmiast [na-tikh-myast] adv. at once; instantly; right away
nauczać [na-oo-chaćh] v. teach; instruct; tutor; train
nauczyciel [na-oo-chi-chel] m. teacher; instructor
nauka [na-oo-ka] f. science; research work; learning; study; teaching; knowledge; lesson
nawet [na-vet] adv. even
nawet gdyby [na-vet gdi-bi] adv. even if; even though; even
na wpół [na vpoow] adv. half; semi-; half-(finished, boiled)
na wylot [na vi-lot] adv. through and through; right through
nawzajem [na-vza-yem] adv. mutually; same to you
na wznak [na vznak] adv. on one's back; supine
nazwa [naz-va] f. designation; name; appellation; title
nazwisko [naz-vees-ko] n. family name; surname; reputation
nazywać [na-zi-vaćh] v. call;

name; term; denominate; label; christen; give a name
nazywać się [na-zi-vaćh śhan] v. be called; be named
nerka [ner-ka] f. kidney
nerw [nerv] m. nerve; vigor; ardor; coolness in danger
nerwowy [ner-vo-vi] adj. m. nervous (breakdown); made up of nerves; fearful; excitable
nędza [nan-dza] f. misery
ni to ni owo [ńee to ńee o-vo] adv. neither this nor that
niby [ńee-bi] adv. as if; pretending; as it were; like; a sort of; as though; supposedly
nic [ńeets] pron. nothing at all; not a bit; nothing whatever
nic a nic [ńeets ah ńeets] expr.: nothing at all; nothing whatever; not a bit
niczego [ńee-che-go] pron. not bad; quite good; not unsightly
niczyj [ńee-chiy] adj. m. nobody's; no one's; ownerless
nić [ńeećh] f. thread
nie [ńe] part; no; not (any)
nie jeszcze [ńe yesh-che] not yet; not for a long time
niebieski [ńe-byes-kee] adj. m. blue; heavenly; of the sky
niebo [ńe-bo] n. sky
nie byle jak [ńe bi-le yak] expr.: not just any way; not carelessly; unusually well
niech [ńekh] part. let; suppose
niechcacy [ńekh-tsown-tsi] adv. unintentionally; unawares
niecierpliwy [ńe-cher-plee-vi] adj. m. impatient; restless
nieco [ńe-tso] adv. somewhat; a little; a trifle; slightly
niedaleki [ńe-da-le-kee] adj. m. near; not distant; at hand
niedaleko [ńe-da-le-ko] adv. near; not far; a short way off
niedawno [ńe-dav-no] adv. recently; not long ago; newly
niedbale [ńed-ba-le] adv. neglectfully; carelessly; casually; nonchalantly; heedlessly
niedługo [ńed-woo-go] adv. soon; not long; before long;

by and by; a short time
niedobrze [ńe-dob-zhe] adv. not
well; badly; wrong; improperly
niedogodny [ńe-do-god-ni]
adj. m. inconvenient; undesirable; causing bother, etc.
niedozwolony [ńe-do-zvo-lo-ni]
adj. m. not allowed; illicit
niedziela [ńe-dźhe-la] f. Sunday
niegrzeczny [ńe-gzhech-ni] adj.
m. rude; impolite; unkind; bad
niejaki [ńe-ya-kee] adj. m. one;
certain; some; slight
niejeden [ńe-ye-den] adj. m.
many a; quite a number
niekiedy [ńe-ke-di] adv. now
and then; sometimes; at times
nieletni [ńe-let-ńee] adj. m. under
age; juvenile; minor
nieludzki [ńe-loodz-kee] adj. m.
inhuman; atrocious; ruthless
nielatwy [ńe-wat-vi] adj. m.
not easy; fairly difficult
niemiły [ńe-mee-wi] adj. m.
unpleasant; unsightly; harsh;
surly; disagreeable; offensive
niemodny [ńe-mod-ni] adj. m.
outmoded; out of fashion
niemowlę [ńe-mo-vlan] n. baby
niemożliwy [ńe-mo-zhlee-vi] adj.
m. impossible; unfeasible
nienawiść [ńe-na-veeśhćh] f.
hate; abomination; detestation
nieobecny [ńe-o-bets-ni] adj. m.
absent; not present; not in
niepalący [ńe-pa-lown-tsi]
adj. m. not smoking; non
smoking; m. non-smoker
niepewny [ńe-pev-ni] adj. m.
uncertain; insecure; unsafe
niepodległość [ńe-po-dleg-
-wośhćh] f. independence;
sovereignty (of state, ruler)
niepokój [ńe-po-kooy] m. anxiety; unrest; trouble; agitation; concern; worry; disquiet
nieporozumienie [ńe-po-ro-zoo-
-mye-ńe] n. misunderstanding
nieporządek [ńe-po-zhown-dek]
adj. m. disorder; mess
niepotrzebny [ńe-po-tzheb-ni]
adj. m. unnecessary; useless
nieprawda [ńe-prav-da] f.

untruth; falsehood; lie; exp.:
impossible! isn't that so?
nieprawdopodobny [ńe-prav-do-
-po-dob-ni] adj. m. improbable
niepunktualny [ńe-poon-ktoo-al-
-ni] adj. m. unpunctual; late
nieraz [ńe-raz] adv. often; again
and again; many a time
niesmak [ńe-smak] m. bad
taste; disgust; repugnance;
nasty taste (in the mouth)
niespodzianka [ńe-spo-dźhan-
-ka] f. surprise; surprise gift
nie sposób [ńe spo-soop] adv.
it's impossible; by no means
niestety [ńe-ste-ti] adv. alas;
unfortunately; exp.: I am sorry
nieść [ńeśhćh] v. carry;
bring; bear; lay; afford; drive;
bear along; give as a sacrifice
nie tyle [ńe ti-le] adv. not so
much; not exactly; but; rather
nie tylko [ńe til-ko] adv. not
only; anything but; not merely
nieuwaga [ńe-oo-va-ga] f.
inattention; absentmindedness
nieuważny [ńe-oo-vazh-ni]
adj. m. inattentive; careless
nie warto [ńe var-to] adv. not
worth (talking about it); not
worthwhile (considering it)
niewątpliwy [ńe-vownt-plee-vi]
adj. m. sure; doubtless
niewiele [ńe-vye-le] adv. not
much; not many; little; few
nie wolno [ńe vol-no] v. not allowed; not permitted
niewygoda [ńe-vi-go-da] f.
discomfort; trouble; hardship
niezadowolenie [ńe-za-do-vo-le-
-ńe] n. discontent; displeasure
niezbędny [ńe-zband-ni] adj. m.
indispensable; essential
niezgoda [ńe-zgo-da] f. discord;
disagreement; dissension
niezwykły [ńe-zvik-wi] adj. m.
unusual; extreme; rare; odd
nieżonaty [ńe-zho-na-ti] adj. m.
unmarried; single; bachelor
nigdy [ńeeg-di] adv. never
nigdzie [ńeeg-dźhe] adv.
nowhere; anywhere (after
negation)

nikotyna [ńee-ko-ti-na] f.
nicotine; poisonous tobacco
extract causing nicotinism

nikt [ńeekt] pron. nobody

nim [ńeem] conj. before; till

niski [ńees-kee] adj. m. low

nisko [ńees-ko] adv. low

niszczyć [ńeesh-chich] v.
destroy; spoil; ruin; wreck;
damage; demolish; lay waste

nizina [ńee-źhee-na] f. lowland

niż [ńeesh] m. lowland; depression; atmospheric low; low

niż [ńeesh] conj. than

niżej [ńee-zhey] adv. lower;
below; down; further down

noc [nots] f. night

nocny [nots-ni] adj. m.
nocturnal; night

nocować [no-tso-vach] v.
spend night; stay (accommodation) overnight; sleep

noga [no-ga] f. leg; foot

normalny [nor-mal-ni] adj. m.
normal; standard; ordinary

nos [nos] m. nose; snout

nosić [no-śheech] v. carry;
wear; bear; have about one

notować [no-to-vach] v. make
notes; take notes; write down

nowela [no-ve-la] f. short story;
amendment (to a constitution)

nowina [no-vee-na] f. news

nowoczesny [no-vo-ches-ni] adj.
m. modern; up to date; present day; newest; progressive

nowy [no-vi] adj. m. new

nożyczki [no-zhich-kee] pl.
scissors; small scissors

nóż [noosh] m. knife; cutter

nudny [nood-ni] adj. m. boring;
nauseating; dull; sickening

nudzić [noo-dźheech] v. bore

nudzić się [noo-dźheech
śhan] v. be bored

numer [noo-mer] m. number

nurek [noo-rek] m. diver

nurt [noort] m. current (flowing);
stream; trend; wake

nuta [noo-ta] f. (sound) note

nylon [ni-lon] m. nylon

O

o [o] prep. of; for; at; by; about;
against; with; to; over; oh!

obawa [o-ba-va] f. fear;
apprehension; phobia; anxiety

obawiać się [o-ba-vyach śhan]
v. be anxious; fear; dread

obcęgi [ob-tsan-gee] pl. tongs

obchodzić [ob-kho-dźheech] v.
go around; evade; elude;
celebrate; inspect; by-pass

obcy [ob-tsi] adj. m. strange;
foreign; unfamiliar; unrelated

obecnie [o-bets-ńe] adv. at
present; just now; to-day

obejrzeć [o-bey-zhech] v.
inspect; glance at; see

oberwać [o-ber-vach] v. tear
off; cop it; pluck; get a nock

objaśniać [ob-yaśh-ńach] v.
explain; make clear; gloss

objąć [ob-yownch] v. embrace;
assume; grasp; encompass;
enfold; hug; span; take over

obliczać [ob-lee-chach] v.
count; reckon; figure out; calculate; estimate; design; mean

obniżać [ob-ńee-zhach] v.
lower; sink; drop; abate; level
down; draw down; reduce

oboje [o-bo-ye] num. both

obojętny [o-bo-yant-ni] adj. m.
indifferent; neutral

obok [o-bok] adv. prep. beside;
next; about; close by; by;
close; next door; alongside

obowiązek [o-bo-vyown-zek] m.
duty; obligation; responsibility

obracać [ob-ra-tsach] v. turn
-over; turn into; rotate; crank

obraz [ob-raz] m. picture; image;
painting; drawing; likeness

obrazek [ob-ra-zek] m.
illustration; small picture

obrazić [ob-ra-źheech] v.
offend; affront; insult; sting

obrączka [ob-rownch-ka] f. ring

obrona [o-bro-na] f. defense

obrót [ob-root] m. turn; turn -over; revolution; slew; sales

obrywać [ob-ri-v아́ch] v. tear off; tear away; pluck; wrench off; curtail; get (spanking)

obserwować [ob-ser-vo-vać] v. watch; observe; take stock

obudzić [o-boo-dźheeśh] v. wake up; awaken; excite; stir up; rouse from sleep; arise

obywatelstwo [o-bi-va-tel-stvo] m. citizenship; nationality

ocalić [o-tsa-leeśh] v. survive (danger); rescue; save

ocean [o-tse-an] m. ocean

ocena [o-tse-na] f. grade; estimate; appraisal; criticism

ochota [o-kho-ta] f. eagerness; forwardness; willingness

oczekiwać [o-che-kee-vać] v. wait for; await; expect; hope

oczywisty [o-chi-vees-ti] adj. m. obvious; self-evident; plain

oczywiście [o-chi-veeśh-che] adv. obviously; of course

od [od] prep. from; off; of; for; since; out of; with; per; by (the line); then (idiomatic)

odbierać [od-bye-rać] v take away; deprive; take back

odbiornik [od-byor-ńeek] m. (radio) receiver; collector

odbudować [od-boo-do-vać] v. rebuild; restore; reconstruct

odbywać [od-bi-vać] v. do; perform; be in progress

odczytać [od-chi-tać] v. read over; take the reading; call

oddać [od-dać] v. give back; pay back; render; deliver

od dawna [od daw-na] since a long time; long since

oddychać [od-di-khać] v. breathe; take breath; respire

oddział [od-dźhaw] m. division; section; ward; branch; detail

odejmować [o-dey-mo-vać] v. subtract; deduct; take away; diminish; withdraw; deprive

odejść [o-deyśhćh] v. depart; go away; leave; abandon

odjazd [od-yazt] m. departure

odkręcić [od-kran-ćheećh] v.

unscrew; turn around

odkryć [od-kriśh] v. discover; uncover; lay bare; expose; dig up; unearth; notice; reveal

odległość [od-leg-wośhćh] f. distance; remoteness; interval

odległy [od-leg-wi] adj. m. distant; remote; far away; long ago; far removed

odlot [od-lot] m. departure (by plane); take-off; start

odłożyć [od-wo-zhićh] v. set aside; put off; put back

odmawiać [od-ma-vyaćh] v. refuse; say prayers; decline (an offer, etc.); recite

odnająć [od-na-yownćh] v. sublet (rent) a room (from)

odnajdywać [od-nay-di-vać] v. recover; find; discover

odnieść [od-ńeśhćh] v. bring back; take back; sustain

odnowić [od-no-veećh] v. renew; renovate; reform; revive; restore; condition; do up

odpiąć [od-pyownćh] v. unfasten; unbuckle; unclasp

odpisać [od-pee-sać] v. copy; write back; answer; deduct

odpłynąć [od-pwi-nownćh] v. float away; sail away; swim away; put to sea; row away

odpoczynek [od-po-chi-nek] m. rest; repose; relax from work

odpoczywać [od-po-chi-vać] v. rest; have a rest; take a rest; repose (on a sofa, etc.)

odpowiadać [od-po-vya-dać] v. answer to; correspond to

odpowiedni [od-po-vyed-ńee] adj. m. respective; adequate; suitable; fit; right; due; opportune; competent (official)

odprasować [od-pra-so-vać] v. press; iron; press out; express

odprowadzać [od-pro-va-dzać] v. divert; drain off; escort

odradzać [od-ra-dzać] v. advise against; regenerate; revive; infuse new life (into)

odróżniać się [od-roozh-ńećh śhani] v. differ; be different

odrzutowiec [od-zhoo-to-vyets]

m. jet-propelled plane; jet
odstąpić [od-stown-peech] v.
step back; secede; cede
odsyłać [od-si-wach] v. send
back; refer; return; direct
odtąd [od-townt] adv. hence
-forth; from now on; from
here; thereafter; since then
odwaga [od-va-ga] f. courage
odważny [od-vazh-ni] adj. m.
brave; courageous; bold
(man); daring; plucky; spunky
odważyć się [od-va-zhich
śhan] v. dare; have the
courage (the pluck); risk
odwiedzać [od-vye-dzach] v.
visit; call on; pay a visit; pay a
call; come and see; frequent
odwijać [od-vee-yach] v.
unwrap; draw back one's fist
odwilż [od-veelzh] f. thaw
odwołać [od-vo-wach] v. take
back; appeal; refer; recall
odzież [od-dżhesh] f. clothes
odznaka [od-zna-ka] f. badge
odzyskać [od-zis-kach] v.
retrieve; regain; recover; win
back; resume possession
odzywać się [od-zi-vach
śhan] v. speak up; drop a line;
respond; address; pass a word
oferta [o-fer-ta] f. offer
ofiara [o-fya-ra] f. victim;
offering; sacrifice; dupe
ogień [o-gyeń] m. fire; flame
oglądać [o-glown-dach] v.
inspect; consider; see
ogolić [o-go-leech] v. shave
ogółem [o-goo-wem] adv. on the
whole; as a whole; altogether
ogórek [o-goo-rek] m. cucumber
ogromny [o-grom-ni] adj. m.
huge; tremendous; colossal
ogród [o-groot] m. garden
ogrzewać [o-gzhe-vach] v. heat
o ile [o ee-le] conj. as far as
ojciec [oy-chets] m. father
ojczyzna [oy-chiz-na] f. native
country (land, soil); mother-
land; homeland; fatherland
okazać [o-ka-zach] v. show;
demonstrate; evidence; exhibit
okazja [o-ka-zya] f. opportunity

okno [o-kno] n. window
oko [o-ko] n. eye; eye sight
okolica [o-ko-lee-tsa] f. region;
surroundings; vicinity
okoliczność [o-ko-leech
-nośhch] f. circumstance;
fact; occasion
około [o-ko-wo] prep. near;
about; more or less; on; or
okres [o-kres] m. period; phase
okręt [o-krent] m. ship; boat
okropny [o-krop-ni] adj. m.
horrible; fearful; awful; extreme; ghastly; atrocious
okrutny [o-kroot-ni] adj. m. cruel;
savage; excessive; sore
okrywać [o-kri-vach] v. cover
okulary [o-koo-la-ri] pl.
eyeglasses; eyepiece
olej [o-ley] m. oil; oil paint
ołówek [o-woo-vek] m. lead
pencil; drawing in pencil
ołtarz [ow-tash] m. altar
omal [o-mal] adv. nearly
omdlały [om-dla-wi] adj. m.
fainted; faint; languid
on [on] pron. he; this (man)
ona [o-na] pron. she
oni [o-ńee] pron. m. pl. they
ono [o-no] pron. it
opakowanie [o-pa-ko-va-ńe] n.
wrapping; packing; wrappage
opał [o-paw] m. fuel for heating
opanować [o-pa-no-vach] v.
master; conquer; seize; learn
opera [o-pe-ra] f. opera; opera
house; no end of a joke
opieka [o-pye-ka] f. care
opinia [o-pee-ńya] f. opinion;
view; reputation; sentiment
opowiadać [o-po-vya-dach] v.
tell-tale; relate; record
opowiadanie [o-po-vya-daňe]
n. tale; narrative; story
opóźniać [o-poożh-ńach] v.
delay; retard; slow down;
defer; hold back; detain
opóźnienie [o-poożh-ńe-ńe] n.
delay; deferment; tardiness
oprocentowanie [o-pro-tsen-to-
va-ńe] n. interest (on money)
oprócz [o-prooch] prep. except;
besides; apart from; but; save

opublikować [o-poo-blee-ko-
-vaćh] v. publish; make public
oraz [o-ras] conj. as well as
organizm [or-ga-ńeezm] m.
organism; any living thing
orkiestra [or-kes-tra] f.
orchestra; orchestra pit
ortografia [or-to-gra-fya] f.
orthography; correct spelling
oryginalny [o-ri-gee-nal-ni]
adj. m. original; inventive; new
osiedlać [o-shed-laćh] v.
settle; make a settlement
osiedle [o-shed-le] n. housing
development; settlement
osiem [o-shem] num. eight; 8
osiemdziesiąt [o-shem-dźhe-
-shownt] num. eighty; 80
osiemnaście [o-shem-naśh-
-ćhe] num. eighteen; 18
osiemset [o-shem-set] num.
eight hundred; 800
oskarżać [os-kar-zhaćh] v.
accuse; charge with; indict
oskrzela [os-kshe-la] pl. n.
bronchia; two main branches
of the windpipe
osłabiać [o-swa-byaćh] v. impair; weaken; reduce; lessen;
diminish; attenuate; abate
osoba [o-so-ba] f. person
osobisty [o-so-bees-ti] adj. m.
personal; private; particular
osobiście [o-so-beeśh-ćhe]
adv. personally; in person
osobny [o-sob-ni] adj. m.
separate; private; individual
ostatni [o-stat-ńee] adj. m. last;
late; end; closing; parting
ostatnio [o-sta-tńo] adv. of late;
lately; not long ago; recently
ostrożność [o-strozh-nośhćh]
f. caution; prudence; care
ostrożny [o-strozh-ni] adj. m.
careful; prudent; cautious;
wary; circumspect; discreet
ostry [o-stri] adj. m. sharp
oszczędności [osh-chand-nośh
-ćhe] pl. savings (money)
oszukać [o-shoo-kaćh] v. cheat
ość [ośhćh] f. (fish) bone
ośmieszać [o-śhmye-shaćh]
v. ridicule; deride; make fun of

ośrodek [o-śhro-dek] m. center
oświetlenie [o-śhvet-le-ńe] n.
lighting; light; illumination
oto [o-to] part. here; there
otruć [o-trooćh] v. poison
otrzymać [o-tzhi-maćh] v.
receive; get; be given; acquire
otwarcie [o-tvar-ćhe] adv.
1. openly; frankly; in plain
words; outright; 2. n. opening
otwierać [o-tvye-raćh] v. open
otyły [o-ti-wi] adj. m. obese
owad [o-vad] m. insect
owszem [ov-shem] part. yes;
certainly; on the contrary

Ó

ósma godzina [oos-ma go-
-dźhee-na] eight o'clock
ósmy [oos-mi] num. the eighth;

P

pacha [pa-kha] f. armpit
pachnąć [pakh-nownćh] v.
smell (good); have a fragrance
pacierz [pa-ćhesh] m. prayer
pacjent [pa-tsyent] m. patient
paczka [pach-ka] f. parcel
pająk [pa-yownk] m. spider
pakunek [pa-koo-nek] m. baggage; package; parcel; bundle
palić [pa-leećh] v. burn; smoke
cigarette; heat; scorch; shoot
paliwo [pa-lee-vo] n. fuel
palto [pal-to] m. overcoat
pałac [pa-wats] m. palace
pamiętać [pa-myen-taćh] v.
remember; recall; be careful
pan [pan] m. lord; master;
mister; you; gentleman; squire
pani [pa-ńee] f. lady; you;
madam; mistress (in school)

panna [pan-na] f. miss; girl; lass

państwo [pań-stvo] n. state; nation; married couple

papieros [pa-pye-ros] m. cigarette; a small cigar

papież [pa-pyesh] m. pope

para [pa-ra] f. 1. couple; 2. steam; the power of steam under pressure; vigor; energy

parasol [pa-ra-sol] m. umbrella

parasolka [pa-ra-sol-ka] f. woman's umbrella

park [park] m. park (wooded)

parkować [part-ko-vać] v. park (a car, a truch, etc.)

parter [par-ter] m. ground floor; first floor; parterre

partia [par-tya] f. party; card game; political party; game

pas [pas] m. belt; traffic lane

pasażer [pa-sa-zher] m. passenger; chap; fellow; liner

pasażerka [pa-sa-zher-ka] f. (woman or girl) passenger

pasek [pa-sek] m. belt; band

pasować [pa-so-vać] v. fit

pasta [pas-ta] f. paste

pastylka [pas-til-ka] f. tablet

paszport [pash-port] m. passport; certificate of identity

patelnia [pa-tel-ńa] f. frying pan

patrzeć [pa-tshech] v. look at; look on; stare at; see in retrospect; glare at; watch

paznokieć [paz-no-kyech] m. (finger) nail; toe nail

październik [pażh-dźher-ńeek] m. October

pchać [pkhach] v. push; thrust; shove; impel; propel; urge; egg on; drive; cram; stuff; dispatch; send; rush

pchnięcie [pkhńan-che] n. push; thrust; jostle; shove

pech [pekh] m. bad luck

pełnoletni [pew-no-let-ńee] adj. m. adult; of age; mature

pełny [pew-ni] adj. m. full

penicylina [pe-ńee-tsi-lee-na] f. penicillin (antibiotic)

pensja [pens-ya] f. salary; pension; allowance; wages

pensjonat [pen-syo-nat] m. boarding house; pension

peron [pe-ron] m. train-platform

pestka [pest-ka] f. kernel; pip; drupe; stone; trifle

pewien [pe-vyen] adj. m. certain; one; a; an; some; sure

pewnik [pev-ńeek] m. axiom

pewny [pev-ni] adj. m. sure; secure; dependable; safe

pędzić [pan-dźheech] v. drive; run; lead; distill; hurry

pękać [pan-kach] v. burst; split; crack; go off; flaw; snap; cleave; rift; break

papek [pan-pek] m. navel

pianino [pya-ńee-no] n. piano

piasek [pya-sek] m. sand

piątek [pyown-tek] m. Friday

piątka [pyownt-ka] f. five; 5

piąty [pyown-ti] num. fifth; 5th

pić [peech] v. drink; booze

piec [pyets] v. bake; roast; burn; scorch; sting; smart

pieg [pyek] m. freckle; ephelis

piegowaty [pye-go-va-ti] adj. m. freckled (with brownish spots)

piekarz [pye-kash] m. baker

piekło [pye-kwo] n. hell

pielęgniarka [pye-lan-gńar-ka] f. nurse; hospital nurse

pielęgnować [pye-lan-gno-vach] v. nurse; tend; care; cultivate

pielucha [pye-loo-kha] f. diaper; baby's napkin; napkin

pieniądz [pye-ńownts] m. money; coin; currency; funds

pień [pyeń] m. trunk; stem; stump; snag; stock; root

pieprz [pyepsh] m. pepper

piernik [pyer-ńeek] m. 1. ginger bread; 2. an old fogey; duffer

pieróg [pye-rook] m. dumpling

pierś [pyerśh] f. breast; chest

pierwotny [pyer-vot-ni] adj. m. primitive; primary; original

pierwszy [pyerv-shi] num. first

pierze [pye-zhe] n. feathers

pies [pyes] m. 1. dog; 2. cur

piesek [pye-sek] m. little dog

piesko [pye-sko] adv. badly

pieszo [pye-sho] adv. on foot

pieśń [pyeśhń] f. song

pięciobój [pyan-cho-booy] m.

pentathlon (of five events)

pięć [pyanćh] num. five; 5

pięćdziesiąt [pyanćh-dźhe-
-śhownt] num. fifty; 50

pięćset [pyanćh-set] num.
five hundred; 500

piękny [pyánk-ni] adj. m.
beautiful; lovely; fine; handsome; good-looking; pretty

pięść [pyanśhćh] f. fist

pięta [pyan-ta] f. heel

piętnastoletni [pyan-tna-sto-let-
-ńee] adj. m. fifteen years old

piętnasty [pyant-nas-ti] num.
fifteenth; 15th

piętnaście [pyant-naśh-ćhe]
num. fifteen; 15

piętro [pyant-ro] n. story; floor;

pijany [pee-ya-ni] adj. m. drunk;
tipsy; intoxicated; elated

pilnik [peel-ńeek] m. file

pilność [peel-nośhćh] f.
diligence; urgency; industry;
care; assiduity; urgency

pilny [peel-ni] adj. m. diligent;
urgent; industrious; careful

piła [pee-wa] f. saw; bore

piłka [peew-ka] f. ball; handsaw;
football; soccer; shot

pilnować [peel-no-vaćh] v.
watch; guard; look after

piłować [pee-wo-vaćh] v. saw;
bore (a person); rasp on...

pionowy [pyo-no-vi] adj.
m. vertical; upright; plumb

piorun [pyo-roon] m. thunderbolt;
lightning shaft; lightning

piosenka [pyo-sen-ka] f. song

pióro [pyoo-ro] n. feather; pen

pisać [pee-saćh] v. write

pisarz [pee-sash] m. writer

pismo [pees-mo] n. writing;
letter; newspaper; scripture;
alphabet; type; print

pisownia [pee-sov-ńa] f.
spelling; orthography

piwo [pee-vo] n. beer

plac [plats] m. square; area;
ground; building site; field

plan [plan] m. plan; design; map

planeta [pla-ne-ta] f. planet

plastyk [plas-tik] m. artist;
plastic (substance)

plaża [pla-zha] f. beach

plątać [plown-taćh] v. entangle

plecy [ple-tsi] pl. back; backing

plomba [plom-ba] f. lead seal;
tooth filling; stopping

plotka [plot-ka] f. gossip; rumor;
piece of gossip; pl. tales

pluć [plooćh] v. spit; abuse

płaca [pwa-tsa] f. wage; salary

płacić [pwa-ćheećh] v. pay

płakać [pwa-kaćh] v. cry; weep

płaszcz [pwashch] m. overcoat

płot [pwot] m. fence; hoarding

płuco [pwoo-tso] n. lung

płynąć [pwi-nownćh] v. flow;
swim; sail; drift; go by; come

płynny [pwin-ni] adj. m. liquid;
fluent; fluid; smooth; graceful

płyta [pwi-ta] f. plate; slab; disk;
sheet; board; (musical) record

płytki [pwit-ki] adj. m. shallow;
flat; trivial; pointless

pływać [pwi-vaćh] v. 1. swim;
float; navigate; be afloat; sail
2. quibble; be evasive

po [po] prep. after; to; up to; till;
upon; for; at; in; up; of; next;
along; about; over; past;
behind; as far as; how (much)

pobić [po-beećh] v. beat up;
defeat; beat in; thrash; spank

pobierać [po-bye-raćh] v. take;
collect; receive; get; draw (ra-
tions, etc.); charge; derive

poboczny [po-boch-ni] adj. m.
lateral; secondary; accessory

pobyt [po-bit] m. stay; visit

pocałować [po-tsa-wo-vaćh] v.
give a kiss; kiss (good-bye)

pochodzenie [po-kho-dze-ńe] n.
origin; descant; source

pochyły [po-khi-wi] adj. m.
inclined; stooped; sloping; out
of the vertical; oblique

pociąg [po-ćhownk] m. train;
affinity; inclination

po cichu [po ćhee-khoo] adv.
secretly; silently; softly

pocić [po-ćheećh] v. sweat

po ciemku [po ćhem-koo] adv.
in the dark; while in the dark

pocieszać [po-ćhe-shaćh] v.
console; comfort; cheer up;

solace; bring consolation
po co ? [po tso] what for ?
początek [po-chown-tek] m.
beginning; start; outset; fore-
part; early stage; outset
poczekalnia [po-che-kal-ńa] f.
waiting room; waiting hall
poczta [poch-ta] f. post; mail
pocztówka [poch-toov-ka] f.
postcard; picture postcard
pod [pod] prep. under; below;
towards; on in underneath
podać [po-dáćh] v. give; hand;
pass; serve; shake (hand)
podanie [po-da-ńe] n.
application; request; legend
podarek [po-da-rek] m. gift
podarty [po-dar-ti] adj. m. torn
podatek [po-da-tek] m. tax; duty
podaż [po-dash] f. supply
podbródek [pod-broo-dek] m.
chin; bib; feeder
podciągać [pod-ćhown-gaćh]
v. draw up; pull up; improve;
raise; elevate; include; class
podczas [pod-chas] prep. during;
while; when; whereas
pod dostatkiem [pod do-stat-
-kem] adv. plenty; enough
podejmować [po-dey-mo-vaćh]
v. take up; entertain; pick up
podejrzany [po-dey-zha-ni] adj.
m. suspect; suspicious; shady
podejść [po-deyśhćh] v. approach; walk up; steal up; advance; come near; come
nearer; seep up; outwit
podeszwa [po-desh-fa] f. sole
podkreślać [pod-kre-śhlaćh]
v. stress; underline (an error);
emphasize; accentuate; insist
podłoga [pod-wo-ga] f. floor
podług [pod-wook] prep.:
according to; in conformity
with; after (masters, etc.)
podłużny [pod-woozh-ni] adj. m.
oblong; longitudinal; elongated
podły [pod-wi] adj. m. mean
podmiejski [pod-myey-skee] adj.
m. suburban; of the suburbs
podmiot [pod-myot] m. subject
podnieść [pod-ńeśhćh] v.
lift; hoist (a flag); rise; elevate;

rear; increase (wages, etc.)
podobać się [po-do-baćh
śhan] v. please; be attractive;
take somebody's fancy; enjoy
podobny [po-dobni] adj. m.
similar; like; congenial
podoficer [pod-o-fee-tser] m.
noncommissioned officer
podpis [pod-pees] m. signature
podpora [pod-po-ra] f. prop
podręcznik [pod-ranch-ńeek] m.
handbook; textbook; manual
podróż [pod-roosh] f. travel;
voyage; journey; passage
podróżnik [pod-roozh-ńeek] m.
traveler; voyager; wayfarer
po drugie [po droo-ge] adv. in
the second place; second
podstawa [pod-sta-va] f. base;
basis; footing; mount; rest;
foundation; principle
podstawić [pod-sta-veećh] v.
substitute; put under; bring
round; place under; push to
podszewka [pod-shev-ka] f.
lining; inside information
poduszka [po-doosh-ka] f. pillow;
pad; cushion; ball (of the
thumb); cushion pad; finger tip
podwieczorek [pod-vye-cho-rek]
m. afternoon tea (snack)
podwładny [pod-vwad-ni] adj. m.
subordinate (to somebody);
inferior; m.subordinate
podwozie [pod-vo-żhe] n.
chassis; under-carriage
podwórko [pod-voor-ko] n.
backyard; farmyard; court;
courtyard; barnyard
podział [po-dźhaw] m. division
podzielić [po-dźhe-leećh] v.
divide (into parts)
podziękować [po-dźhan-ko-
-vaćh] v. thank; decline with
thanks (for something)
poeta [po-e-ta] m. poet
poetka [po-et-ka] f. poet
pogarda [po-gar-da] f.contempt
pogląd [po-glownd] m. opinion
pogoda [po-go-da] f. weather;
cheerfulness; fine weather
pogodny [po-god-ni] adj. m.
serene; cheerful; sunny

pogotowie [po-go-to-vye] n.
ambulance service; readiness
pogrom [po-grom] m. rout;
pogrom; crushing defeat
pojechać [po-ye-khahćh] v. go;
leave; take (train; boat etc.)
pojedynczy [po-ye-din-chi]
adj. m. single; individual; one-
fold; single-entry (books)
pojemnik [po-yem-ńeek] m.
container; vessel; receptacle
pojęcie [po-yan-ćhe] n. notion;
idea; concept; comprehension
pojutrze [po-yoot-zhe] adv. the
day after tomorrow
pokazywać [po-ka-zi-vahćh] v.
show; point; exhibit; let see
pokład [po-kwat] m. deck; layer
pokłócić się [po-kwoo-ćheećh
śhan] v. fall out with; quarrel
pokochać [po-ko-khahćh] v. fall
in love; become fond of
pokoik [po-ko-eek] m. little room;
little cozy room
pokój [po-kooy] m. room; peace
po kryjomu [po kri-yo-moo] adv.
secretly; on the sly; in secret
pokuta [po-koo-ta] f. penance
pokwitować [po-kvee-to-vaćh]
v. receipt; acknowledge
receipt (of a sum, etc.)
pokwitowanie [po-kvee-to-va-ńe]
n. receipt; written receipt
Polak [po-lak] m. Polonian; Pole;
Polonius (as in Hamlet)
pole [po-le] n. field; area
polegać [po-le-gaćh] v. rely
policja [po-leets-ya] f. police
policzek [po-lee-chek] m. cheek
policzyć [po-lee-chićh] v.
count up; reckon; total
politechnika [po-lee-tekh-ńee-ka]
f. polytechnic institute; technical university or college
polka [pol-ka] f. polka (dance)
Polka [pol-ka] f. Polish girl; Polish
women; Pole; Polish lady
polski [pol-skee] adj. m. Polish;
Polish language
polubić [po-loo-beećh] v. get to
like; become fond of; take a
fancy to; take a liking to
połknąć [pow-knonćh] v.

swallow; gulp down; drink
down; gulp back (tears, etc.)
połowa [po-wo-va] f. half
położyć [po-wo-zhićh] v. lay
down; place; deposit; fell; ruin
południe [po-wood-ńe] n. noon;
south; midday; the South
pomagać [po-ma-gaćh] v. help
pomocnik [po-mots-ńeek] m.
helper; assistant; helpmate;
(an) aid; one who assists
pomóc [po-moots] v. help; assist
pomyłka [po-miw-ka] f. error
pomysł [po-misw] m. idea
ponad [po-nat] prep. above;
over; beyond; upwards of;
super-; more than; over and
above; besides; apart from
ponadto [po-nad-to] prep.
moreover; besides; over and
above; furthermore; also
ponaglać [po-na-glaćh] v. rush;
urge; remind; press; urge on
poniechać [po-ńe-khaćh] v.
give up; relinquish; renounce;
forsake; desist; forbear; drop
poniekąd [po-ńe-kownt] adv.
partly; in a way; in a sense
ponieść [po-ńeśhćh] v. sustain; carry; bear; suffer; incur;
push; take; overcome; bolt
ponieważ [po-ńe-vash] conj.
because; as; since; for
poniżej [po-ńee-zhey] adv.
below; beneath; hereunder;
under; lower down; less than
ponowny [po-now-ni] adj. m.
repeated; renewed; reiterated
pończocha [poń-cho-ha] f.
stocking; piece of hosiery
popielniczka [po-pyel-ńeech-ka]
f. ash-tray; ash pan
popierać [po-pye-raćh] v.
support; back; promote; favor;
uphold; give one's backing to
popić [po-peećh] v. rinse down
popiół [po-pyoow] m. ashes;
ash; cinders; slag
popołudnie [po-po-wood-ńe] n.
afternoon; after 12 at noon
po południu [po po-wood-ńu] in
(during) the afternoon
poprawa [po-pra-va] f.

improvement; change for the
better; (signs of) recovery

poprawiać [po-prav-yáćh] v.
correct (something)

poprawny [po-prav-ni] adj. m.
correct; faultless; proper

poprosić [po-pro-śheećh] v.
ask; beg; invite; request

po prostu [po pros-too] adv.
simply; openly; candidly; un-
ceremoniously; in plain words

poprzedni [po-pshed-ńee]
adj. m. previous; preceding;
former; foregoing; anterior

popsuć się [po-psooćh śhan]
v. break down; go bad

popychać [po-pi-khaćh] v.
push (along, up, down, aside);
shove; ill treat; hustle; jostle

popyt [po-pit] m. demand

pora [po-ra] f. time; season

porada [po-ra-da] f. advice

poradnik [po-rad-ńeek] m. guide;
handbook; reference book

poranek [po-ra-nek] m. morning

porcelana [por-tse-la-na] f. china;
porcelain; crockery; dishes

porcja [por-tsya] f. portion

poręcz [po-ranch] f. banister

poród [po-root] m. child delivery;
childbirth; parturition

porównać [po-roov-naćh] v.
compare; draw a comparison;
liken; parallel (two items)

port [port] m. port; harbor

portfel [port-fel] m. wallet

portier [por-tyer] m. doorman

poruszać [po-roo-shaćh] v.
move; touch; sway; set in motion; keep in motion; wag

porywać [po-ri-vaćh] v. snatch;
carry off; whisk away; grab;
thrill; snap up; sweep away

porywacz [po-ri-vach] m.
kidnaper; abductor; ravisher

porządek [po-zhown-dek] m.
order; tidiness; regularity; system; arrangement; sequence

porządny [po-zhownd-ni] adj. m.
neat; decent; accurate; reliable

posada [po-sa-da] f. employment

posiadać [po-śha-daćh] v.
hold; own; possess; acquire;

dominate; be in possession

posiłek [po-śhee-wek] m. meal;
refreshment; reinforcement

posłać [po-swaćh] v. send;
make a bed; dispatch somewhere; dispatch; forward

posłodzić [po-swo-dźheećh] v.
sweeten; add sugar

posłuchać [po-swoo-khaćh] v.
listen; obey; take advice

posłuszny [po-swoosh-ni] adj. m.
obedient; submissive; docile

posolić [po-so-leećh] v. add
salt (once); salt

pospolity [pos-po-lee-ti] adj. m.
vulgar; common; ordinary;
commonplace; everyday

post [post] m. fast; fast day

postać [po-staćh] v. form;
human shape; personage

postanowić [po-sta-no-veećh]
v. decide; enact; resolve; determine; make up one's mind

postawić [po-sta-veećh] v.
set up; put up; put on; bet;
raise; erect; build; stake

postęp [po-stanp] m. progress;
advance; march; headway

postępować [po-stan-po-vaćh]
v. act; behave; deal; proceed

postępowanie [po-stan-po-va-
ńe] n. behavior; advance;
conduct; (legal) procedure

postój [pos-tooy] m. halt; stop;
stand; parking; stopping place

posuwać [po-soo-vaćh] v.
move; shove; push on; carry;
dash; speed; shift; advance

posyłać [po-si-waćh] v. send
over; send to; dispatch

poszerzać [po-she-zhaćh] v.
widen; broaden; extend; ream;
spread; open out; let out

poszukiwać [po-shoo-kee-vaćh]
v. search; look for; inquire;
seek; claim; be in want of

pościć [po-śhćheećh] v. fast

pościel [pośh-ćhel] f. bed-
clothes sheets and blankets

pośpiech [pośh-pyekh] m.
haste; hurry; dispatch

pośpieszyć się [po-śhpye-
-shićh śhan] v. hurry

pośrednik [po-śhred-ńeek] m.
go-between; intermediary
pośród [po-śhroot] prep. in
the midst of; among; amid(st)
pot [pot] m. sweat; perspiration
potąd [po-townt] adv. up to
here; up to this place
potem [po-tem] adv. after;
afterwards; then; later on
potomstwo [po-tom-stvo] pl.
issue; progeny; offspring;
breed of animals; young
potrafić [po-tra-feećh] v. know
how to do; manage to do; be
able to do; be capabule to do
potrawa [po-tra-va] f. dish
po trochu [po tro-khoo] little by
little; gradually; by driblets
potrzeba [po-tzhe-ba] f. need;
want; call for; emergency; ex-
tremity; necessity; evacuation
potrzebny [po-tzheb-ni] adj. m.
necessary; needed; wanted
potrzymać [po-tzhi-mach] v.
hold for some time
powaga [po-va-ga] f. gravity;
seriousness; dignity; prestige
poważny [po-vazh-ni] adj. m.
earnest; grave; dignified; serious; solemn; business-like
powiadomić [po-vya-do-meećh]
v. inform; notify; let know
powiedzieć [po-vye-dźhećh] v.
say to; tell; intend to say;
express; declare; make known
powieka [po-vye-ka] f. eyelid
powierzchnia [po-vyezh-khña] f.
surface; plane; area; acreage
powiesić [po-vye-śheećh] v.
hang (a person, picture, etc.);
suspend; hung up; ring off
powieść [po-vyeśhćh] f.
novel; v. lead somebody
powietrze [po-vyet-zhe] n. air
powikłać [po-vee-kwaćh] v.
complicate; embroil; confuse
powitać [po-vee-taćh] v.
welcome; salute; bid welcome
powlekać [po-vle-kaćh] v.
cover; drag; coat; smear;
spread; put on bed-linen
powodować [po-vo-do-vaćh] v.
cause; bring about; touch off;

effect; induce; give occasion
powoli [po-vo-lee] adv. slow
powolny [po-vol-ni] adj. m. slow;
tardy; leisurely; gradual
powołanie [po-vo-wa-ńe] n.
vocation; call; appointment;
quotation; reference; plea of
powód [po-voot] m. cause;
reason; ground; motive; rise;
provocation; the plaintiff
powróz [po-vroos] m. rope
powszedni [po-vshed-ńee]
adj. m. everyday; common-
place; daily; ordinary; common
powtarzać [po-vta-zhaćh] v.
say again; go over; repeat;
reproduce; reiterate; retell
po wtóre [po vtoo-re] adv.
secondly; in the second place;
in the second group; then
powtórny [po-vtoor-ni] adj. m.
repeated; renewed; second
poza [po-za] f. pose; attitude;
posture; affection; sham
poza [po-za] prep. beyond;
besides; except; apart; outside; apart from; past; extra-
poziom [po-żhom] m. level
poznać [po-znaćh] v. get to
know; come to know; recognize; taste; acquaint; see
pozostać [po-zos-taćh] v.
remain; stay behind; continue
pozwalać [po-zva-laćh] v. let;
allow; permit; tolerate; suffer
pozwolenie [po-zvo-le-ńe] n.
permission; consent; permit
pożar [po-zhar] m. fire (woods,
buildings); conflagration
pożądany [po-zhown-da-ni] adj.
m. desirable; welcome; desired
pożegnać [po-zheg-naćh] v. bid
goodbye; see off; dismiss
pożyczka [po-zhich-ka] f. loan
pożyczyć [po-zhi-chićh] v.
lend; borrow to (and from)
pożyteczny [po-zhi-tech-ni] adj.
m. useful; profitable
pożytek [po-zhi-tek] m. use;
advantage; usefulness; benefit
pójść [pooyśhćh] v. go; go
(home, school) away; go up...;
leave; fly; drift; pan out

pół [poow] num. half; semi-; demi; a one half; mid (way); in mid course; half-way; hemi

półka [poow-ka] f. shelf; ledge

północ [poow-nots] f. midnight; north; North; the North

północny [poow-nots-ni] adj. m. north; Northern;

póty [poo-ti] conj. as long

późno [poozh-no] adv. late; well on; tardily; late-

późny [poozh-ni] adj. m. late

praca [pra-tsa] f. work; job

pracować [pra-tso-vaćh] v. work; have a job; act; operate; busy oneself with

pracownik [pra-tsov-neek] m. worker;employee;clerk;official

prać [praćh] v. wash clothes; launder; thrash; strike; beat up

pragnienie [prag-ńe-ńe] n. wish; thirst; desire; lust for

praktyczny [prak-tich-ni] adj. m. practical; sensible; expedient

prasować [pra-so-vaćh] v. iron (linen etc.); press; print

prawda [prav-da] f. truth

prawie [pra-vye] adv. almost; nearly; practically; all but

prawny [prav-ni] adj. m. legal; lawful; legitimate; rightful

prawo [pra-vo] n. law; (driving) license; statute; claim

prąd [prownd] m. current; flow stream; air flow; tendency; trend; movement (air, water)

precz [prech] adv. go away; do away with; down (off) with

premia [pre-mya] f. premium;

prezerwatywa [pre-zer-va-ti-va] f. contraceptive sheath; condom

prezent [pre-zent] m. gift

prędki [prand-kee] adj. m. swift; quick; rapid; fast; prompt; immediate; hasty; instant; nimble

prędzej [pran-dzey] adv. quicker; sooner; rather; with all haste

problem [pro-blem] m. problem

procent [pro-tsent] m. percentage; interest on money

proces [pro-tses] m. lawsuit

proch [prokh] m. powder; dust

produkcja [pro-dook-tsya] f. production; (factory, literary) output; produce; performance

profesor [pro-fe-sor] m. (university) professor; teacher

program [pro-gram] m. program; plan; agenda (of a meeting)

projektować [pro-yek-to-vaćh] v. design; plan; lay out; draft

promień [pro-myeń] adj. m. ray beam; gleam; radius; fin ray

proponować [pro-po-no-vaćh] v. propose; put forwards; suggest; submit (a plan); offer

prosić [pro-śheećh] v. beg; pray; ask; invite; request

prosto [pros-to] adv. straight; right; upright; simply; candidly

prosty [pros-ti] adj. m. straight; direct simple; vulgar; plain

proszę [pro-shan] please

prośba [prośh-ba] f. request; demand; petition; application

protekcja [pro-tek-tsya] f. pull; patronage; backing; influence; push; a person that protects

proteza [pro-te-za] f. artificial limb, tooth, or denture, etc.

protokół [pro-to-koow] m. record; protocol; minutes; official record; formal record

prowadzić [pro-va-dźheećh] v. steer; lead; conduct; guide; keep; live; carry on (a conversation); show the way; escort; run; manage (an institution)

prowadzić auto [pro-va-dźheećh aw-to] drive a car

próba [proo-ba] f. trial; test; proof; ordeal; acid test; try; go

prócz [prooch] prep. save; except; besides; apart from; moreover

próg [proog] m. threshold

próżny [proozh-ni] adj. m. 1. empty; void; 2. vain; futile

pryskać [pris-kaćh] v. splash; spray; splatter; sputter; fly; clear out; bolt; scamper away; burst; hop it; dissolve; vanish

pryszcz [prishch] m. pimple

prysznic [prish-ńeets] m. shower bath; shower (fixture)

prywatny [pri-vat-ni] adj. m. private; personal; confidential

przebaczać [pshe-ba-chаćh] v.
forgive; pardon; condone
przebiegać [pshe-bye-gаćh] v.
run cross; take place; proceed
przebierać [pshe-bye-rаćh] v.
choose; sort; change clothes;
sift; disguise; manipulate
przebywać [pshe-bi-vаćh] v.
stay; reside; dwell; inhabit
przechadzka [pshe-khadz-ka] f.
walk; stroll; tour; airing
przechodzić [pshe-kho-
dźhećh] v. pass (through)
przechowanie [pshe-kho-va-ńe]
n. safekeeping; storage
przechylić [pshe-khi-leeћh] v.
tilt; lean; tip; incline
przecie [pshe-ćhe] conj. yet; of
course but; after all; still
przecież [pshe-ćhesh] conj. yet;
still; after all; now; though
przeciętny [pshe-ćhеnt-ni]
adj. m. average; ordinary; indifferent; mediocre; common
przeciw [pshe-ćheev] prep.
against; versus; contrary to
przeciwko [pshe-ćheev-ko] prep.
against; contrary; versus
przecznica [pshech-ńee-tsa] f.
side-street; cross street
przeczyć [pshe-chićh] v. deny;
belie; negate; contradict
przeczytać [pshe-chi-taćh] v.
read through; peruse; read
over again; re-read
przed [pshed] prep. before; in
front of; ahead of; previous
to; from; since; ago; against
przede wszystkim [pshe-de
vshist-keem] adv. above all;
first and foremost; first of all;
in the first place; to start with
przedmieście [pshed-myeśh-
ćhe] n. suburb; a district on
the outskirts of a city
przedmiot [pshed-myot] m.
object; subject; subject matter
przedpokój [pshed-po-kooy] m.
(waiting-room) lobby; ante-
chamber; anteroom; entry hall
przedpołudnie [pshed-po-wood-
-ńe] n. morning; forenoon
przedstawić [pshed-sta-veećh]

v. present; represent; introduce to; recommend; imagine
przedstawienie [pshed-sta-vye-
-ńe] n. performance; show;
version; play; introduction
przedtem [pshed-tem] adv.
before; beforehand; before
that; before then; formerly; in
advance; before now; earlier
przedwczoraj [pshed-vcho-ray]
adv. the day before yesterday
przegapić [pshe-ga-peećh] v.
let slip; over look; miss
przegrać [pshe-gráćh] v. lose
(war, game, battle, lawsuit,
fortune, etc.); gamble away
przegryzać [pshe-gri-zаćh] v.
bite through; bite in two
przejazd [pshe-yazt] m. crossing;
passage; thoroughfare; journey
przejść [psheyśhćh] v. pass;
cross; experience; go across
przekaz [pshe-kas] m. transfer;
money order; remittance
przekłuć [pshe-kwooćh] v.
prick (a bubble); pierce; puncture (a tire); perforate
przekonać [pshe-ko-naćh] v.
convince; persuade; bring
round; reason with; urge; talk
przekreślić [pshe-kreśh-leećh]
v. cross out; delete; annul
przekroczenie [pshe-kro-che-ńe]
n. crossing; offence; transgression; sin (against)
przelot [pshe-lot] m. overflight;
flight; passage; transit by air
przelamać [pshe-wa-máćh] v.
break through; break in two
przełożyć [pshe-wo-zhićh] v.
transfer; prefer; shift; reach
przełyk [pshe-wik] m. gullet; eso-
phagus; oesophagus; throat
przemawiać [pshe-ma-vyаćh] v.
speak; harangue; address
przemysł [pshe-misw] m.
industry; trade; ingenuity
przenieść [pshe-ńeśhćh] v.
transfer; surpass; carry over;
remove; convey; move (to);
retrace; exceed; overshoot
przepis [pshe-pees] m. regulation
przepis [pshe-pees] m. recipe

przepisać [pshe-pee-sach] v. prescribe; write over again

przepłacać [pshe-pwa-tsach] v. overpay; pay too much; bribe

przepłynąć [pshe-pwi-nownch] v. swim across; row across

przepocić [pshe-po-cheech] v. sweat through; sweat (a shirt)

przepustka [pshe-poost-ka] f. pass; permit; liberty; sluice

przerażenie [pshe-ra-zhe-ńe] n. terror; horror; dread; dismay

przerwa [psher-va] f. pause; break; recess; interval

przesada [pshe-sa-da] f. exaggeration; overstatement

przesadzać [pshe-sa-dzach] v. exaggerate; jump (leap) over

przesłać [pshes-wach] v. send

przespać [pshes-pach] v. sleep over; fail to wake up for

przestać [pshes-tach] v. cease

przestawiać [pshe-sta-vyach] v. displace; transpose; shift

przestępstwo [pshe-stanp-stvo] n. offense; crime; transgression; misdemeanor; felony

przestraszyć [pshe-stra-shich] v. scare; startle; alarm

przesuwać [pshe-soo-vach] v. move; shift; shove; transfer

przeszkadzać [pshe-shka-dzach] v. hinder; trouble; prevent

przeszkoda [pshe-shko-da] f. obstacle; hitch; obstruction

przeszłość [pshesh-woshch] f. past; record; antecedents

prześcieradło [pshe-shche-ra-dwo] n. bedsheet; sheet

przetłumaczyć [pshe-twoo-ma-chich] v. translate; explain

przeważnie [pshe-vazh-ńe] adv. mainly; mostly; chiefly; largely

przewód [pshe-woot] m. conduit; channel; wire; procedure

przez [pshes] prep. across; over (the fence); through; during; within; in; on the other side

przeżegnać się [pshe-zheg-nach śhan] v. cross oneself

przód [pshoot] front; ahead; bow

przy [pshi] prep. by; at; nearby; with; on; about; close; beside

przybić [pshi-beech] v. nail down; fasten; fix; dishearten

przybywać [pshi-bi-vach] v. arrive; come; reach; attain

przybywać [pshi-bi-vach] v. increase; rise; attain; reach

przychodzić [pshi-kho-dźheech] v. come over, a-round, along, to, again; turn up; arrive; be first at; follow; incline; comply; bend

przyciąć [pshi-chee-nach] v. 1. cut off; shorten; clip; trim

przyciąć [pshi-chee-nach] v. 2. make fun of; sting; peck at

przyczepić [pshi-che-peech] v. attach; fasten; link; fix; pin; hook; charge with an offense

przyczepić się [pshi-che-peech śhan] v. cling; pick a quarrel; find fault; hold tight; attach

przyczyna [pshi-chi-na] f. cause; reason; ground; intersection

przydać [pshi-dach] v. add; append; lend; add weight

przydział [pshi-dźhaw] m. allotment; ration; allowance

przyglądać się [pshi-glown-dach śhan] v. observe; look on; scan; see; watch; survey

przygnębienie [pshi-gnan-bye-ńe] n. depression; low spirits

przygoda [pshi-go-da] f. adventure; accident; experience (pleasant, unpleasant)

przygotować [pshi-go-to-vach] v. prepare; get ready; worn; fit; coach; train; make ready; pack up; turn on (the bath)

przyjaciel [pshi-ya-chel] m. friend; good friend; close friend; intimate friend

przyjaciółka [pshi-ya-choow-ka] f. girl friend; close friend

przyjaźń [pshi-vazhń] m. friendship; friendly relations; amity; kindest regards etc.

przyjąć [pshi-yownch] v. receive; accept; take; take on; take upon (oneself); pass a resolution; carry (a motion)

przyjechać [pshi-ye-khach] v. come (over); arrive; come

przyjemność [pshi-yem-
-noshch] f. pleasure; (keen)
enjoyment; gusto; zest

przyjemny [pshi-yem-ni] adj. m.
pleasant; attractive; nice; cosy

przyjęcie [pshi-yan-che] n.
admission; adoption; reception

przyjść [pshiyshch] v. come
-over; come along; come in
(around); arrive; turn up

przykład [pshi-kwat] m. example;
instance; pattern; sample

przykrość [pshi-kroshch] f.
annoyance; irritation; vexation

przykry [pshi-kri] adj. m.
disagreeable; painful; nasty;
bad; unpleasant; annoying

przylegać [pshi-le-gach] v. fit;
cling; adhere; lie close

przylegać [pshi-le-gach] v.
adjoin; abut; be contiguous

przylot [pshi-lot] m. plane arrival

przymiot [pshi-myot] m. (man's)
quality; trait; attribute

przymrozek [pshi-mro-zek] m.
slight frost; ground frost

przymus [pshi-moos] m.
compulsion; constraint; pressure; coercion; phrase

przynajmniej [pshi-nay-mney]
adv. at least; at any rate; anyway; in the smallest degree

przynależeć [pshi-na-le-zhech]
v. belong; be a member (of a
party); be affiliated with

przynosić [pshi-no-sheech] v.
1. bring (up, down etc.); fetch

przynosić [pshi-no-sheech] v.
2. bear; yield; bring (profit,
honor, ill luck, news); afford

przypadek [pshi-pa-dek] m.
event; chance; case; incident

przypadkiem [pshi-pad-kem]
adv. by chance; accidentally

przypadkowo [pshi-pad-ko-vo]
adv. accidentally; by chance;
unintentionally; by accident

przypatrzyć się [pshi-pa-tshich
shen] v. observe; look at; see
(in detail); contemplate

przypiąć [pshi-pyownch] v. pin;
fasten; attach; buckle; pin on

przypominać [pshi-po-mee-

-nach] v. remind; recollect;
resemble; recall(to mind)

przypuszczać [pshi-poosh-
-chach] v. suppose; let approach; admit; let enter

przyroda [pshi-ro-da] f. nature

przyrząd [pshi-zhownt] m.
instrument; tool; appliance;
device; gadget; contraption

przysłowie [pshi-swo-vye] n.
proverb; byword

przyśpieszać [pshi-shpye-
-shach] v. accelerate; urge;
speed up; hasten; rush; hurry

przystanek [pshi-sta-nek] m.
stop; station; bus stop etc.

przystępny [pshi-stanp-ni]
1. adj. m. accessible; easy to
approach; affable

przystępny [pshi-stanp-ni]
2. adj. m. intelligible; clear; lucid; plain; straightforward;
moderate (conditions, prices)

przystojny [pshi-stoy-ni] adj. m.
handsome; decent; suitable

przystosować [pshi-sto-so-
-vach] v. adjust; fit; accommodate; adapt; conform

przysyłać [pshi-si-wach] v.
send; send along; send up

przyszłość [pshish-woshch] f.
the future; days to come

przyszły [pshi-shwi] adj. m.
future; next; coming; prospective; the one that is to be

przyszyć [pshi-shich] v. sew on

przytomność [pshi-tom-
-noshch] f. consciousness;
(one's) senses; lucid intervals

przytomny [pshi-tom-ni] adj. m.
conscious; quick-witted

przy tym [pshi tim] adv. besides

przywitać [pshi-vee-tach] v.
welcome; greet; bid (each
other) good morning

przyznać [pshi-znach] v. admit; award; allow; grant; acknowledge; recognize; concede

przyzwoity [pshi-zvo-ee-ti] adj.
m. decent; proper; seemly; becoming; suitable; appropriate

psi los [pshee los] adj. m. dog's
life; dog's luck, etc.

psiek [pśhak] m. pup; doggie

psiakość [pśha-kośhćh]
exp.: (dog's bone) what a
nuisance! dash! shoot!

psiakrew [pśha-krev] exp.:
(dog's blood) scoundrel!
damn! hell! bastard!

psiara [pśha-ra] f. dog lover;
dog fancier (woman)

psica [pśhee-tsa] f. bitch

psioczyć [pśho-chićh] v. complain over; grumble about

psisko [pśhees-ko] n. big dog

psuć [psooćh] v. spoil; decay;
waste; corrupt; deprave; damage; put out of order; injure

ptak [ptak] m. bird; fowl

ptaszek [pta-shek] m. little bird;
small bird; confidence man

puch [pookh] m. down; fluff

pudełko [poo-dew-ko] n. (small)
box; tin; can; hand box

puder [poo-der] m. powder

pukać [poo-kaćh] v. knock; rap

punkt [poonkt] m. point; mark

punktualny [poon-ktoo-al-ni] adj.
m. punctual; exact; prompt

pusty [poos-ti] adj. m. empty

puszczać [poosh-chaćh] v. let
go; let fall; set afloat; free;
fade; drop; let out; emit; start;
release; relinquish (a hold)

puszczać się [poosh-chaćh
śhan] v. draw apart; dart after; let go; be a permissive
girl; go to bed with; set out

puszka blaszana [poosh-ka bla-
sha-na] tin can; tin box

puścić [poośh-ćheećh] v. let
go; let free; release; let fall

pytać [pi-taćh] v. ask; inquire;
question; interrogate

pytanie [pi-ta-ńe] n. question;
inquiry; query; interrogation

R

rabat [ra-bat] m. discount;

rebate; reduction (in price)

rabować [ra-bo-vaćh] v. rob;
maraud; plunder; pirate; take
by force; steal; pirate

rachunek [ra-khoo-nek] m. bill to
be paid or settled; account;
calculation; sum; addition

racja [ra-tsya] f. reason; right;
ration; propriety; correctness;
argument; cause; justification

raczej [ra-chey] adv. rather;
sooner (than); rather than

rada [ra-da] f. advice; counsel

radio [ra-dyo] n. radio; wireless;
broadcasting (system)

radość [ra-dośhćh] f. joy;
gladness; delight; merriment;
glee; feeling of happiness

radzić [ra-dźheećh] v.
deliberate; suggest; give an
advice; (give, hold) counsel

raj [ray] m. paradise; heaven

rana [ra-na] f. wound; injury;
sore; hurt (to man, plant etc.)

randka [rand-ka] f. date

ranek [ra-nek] m. morning; day
-break; break of day

ranny [ran-ni] adj. m. 1. wound-
-ed, injured person; casualty

rano [ra-no] adv. early

rano [ra-no] adv. morning;
forenoon; too early

rasa [ra-sa] f. race; stock; breed;
(plant) variety; blood

rata [ra-ta] f. instalment
(payment); part payment (plan)

ratować [ra-to-vaćh] v. rescue
(from drowning); save; deliver
(from danger, predicament)

raz [ras] m. 1. one time

raz [ras] m. 2. blow; stroke

raz [ras] adv. 3. once; at one
time; at last; time being

razem [ra-zem] adv. together

rączka [rownch-ka] f. handle;
small hand; handgrip; holder

recepta [re-tsep-ta] f.
prescription; doctor's order

redaktor [re-dak-tor] m. editor

refleks [re-fleks] m. reflex

rejon [re-yon] m. region

religia [re-lee-gya] f. religion

renta [ren-ta] f. rent; fixed

income; annuity; pension

reperować [re-pe-ro-vaćh] v.
mend; repair; fix; set right

reportaż [re-por-tash] m. account

reportaż [re-por-tash] m. reporting; commentary; coverage (of an event, news report, etc.)

restauracja [res-taw-rats-ya] f.
1. restaurant; diner

restauracja [res-taw-rats-ya] f.
2. restoration (of objects of art, historic buildings, etc.)

reszta [resh-ta] f. rest; reminder; change; residue; the rest

reumatyzm [rew-ma-tizm] m.
rheumatism (pain in the joints)

rezerwować [re-zer-vo-vaćh] v.
reserve; set aside; book

reżyser [re-zhi-ser] m. stage manager; (film) director

ręcznik [rɛnch-ñeek] m. towel

ręka [rɛn-ka] f. hand; arm; touch

rękaw [rɛn-kav] m. sleeve

rękawiczka [rɛn-ka-veech-ka] f.
glove (fur lined, velvet, etc.)

robak [ro-bak] m. worm; beetle; grub; maggot; anxiety; worry

robić [ro-beech] v. make; do; act; work; become; get; feel; turn; knit; raise (an alarm)

robota [ro-bo-ta] f. work; job

robotnica [ro-bot-ñee-tsa] f.
workwoman; operative; factory girl; female farmhand

robotnik [ro-bot-ñeek] m.
worker; operative; mechanic

roczny [roch-ñi] adj. m. annual; one year's (duration etc.)

rodzaj [ro-dzay] m. kind; sort; gender; type; race; manner; aspect; nature; type; genre

rodzice [ro-dźhee-tse] pl.
parents; father and mother

rodzina [ro-dźhee-na] f. family

rok [rok] m. year; a twelvemonth

rolnik [rol-ñeek] m. farmer

ropa [ro-pa] f. 1. puss

ropa [ro-pa] f. 2. crude oil; rock oil; naphtha; petroleum

rosnąć [ro-snonćh] v. grow

rosół [ro-soow] m. broth; bouillon; clear soup; pickle

roślina [rośh-lee-na] f. plant; vegetable; living plant

rower [ro-ver] n. bike; cycle

rozbić [roz-beećh] v. smash; defeat; wreck; shatter; disrupt

rozbierać [roz-bye-raćh] v.
undress (somebody); strip; dismount; seize; analyze; divide

rozejść się [ro-zeyśhćh śhañ] v. split; part; separate

rozgłos [roz-gwos] m. publicity; fame; renown; repute; notoriety; publication; promulgation

rozgniewać [roz-gñe-vaćh] v.
anger; vex; irritate

rozkaz [roz-kas] m. order

rozkazać [ros-ka-zaćh] v. order

rozkosz [roz-kosh] f. delight

rozkwit [roz-kveet] m. bloom

rozładować [roz-wa-do-vaćh] v.
unload; discharge (a battery)

rozłączyć [roz-wonn-chićh] v.
disconnect; sever; uncouple

rozłąka [roz-wonn-ka] f.
separation (of people)

rozmaity [roz-ma-ee-ti] adj. m.
varied; miscellaneous; diverse

rozmawiać [roz-ma-vyaćh] v.
converse; talk; speak with

rozmiar [roz-myar] m. dimension; size; proportion; scale

rozmowa [roz-mo-va] f.
conversation; talk; discourse

rozmyślić się [roz-miśh-leećh śhañ] v. change one's mind

rozpacz [roz-pach] f. despair; distress; (utter) desperation

rozpakować [roz-pa-ko-vaćh] v.
unpack (one's luggage); unwrap (a parcel, a package)

rozpęd [roz-pɛnt] m. impetus; dash; momentum; taking a run

rozpoczynać [roz-po-chi-naćh] v. begin; start going; open; initiate; launch; embark upon

rozpogodzić się [roz-po-go-dźheećh śhañ] v. clear up; brighten up; cheer up

rozporek [roz-po-rek] m. fly; slit

rozprawa [roz-pra-va] f. trial; showdown; dissertation; debate; court trial (hearing)

rozpusta [roz-poos-ta] f.

debauch; riot; licentiousness

rozrywka [roz-riv-ka] f. amusement; recreation; entertainment; pastime; diversion

rozsądek [roz-sown-dek] m. good sense; discretion; intellect; reason; judgement; sense

rozsądny [roz-sownd-ni] adj. m. sensible; reasonable; advisable; sound; judicious

rozstać się [roz-stać shen] v. part; give up; part with

rozstrój [roz-strooy] m. upset; disorder; confusion; derangement; (nervous) breakdown

rozsypać [roz-si-pać] v. disperse (a granular substance); spill; scatter; spread

rozszerzać [roz-she-zhać] v. widen; broaden; enlarge; expand; spread out; extend; dilate; open; propagate; spread

roztargniony [roz-tar-gńo-ni] adj. m. absentminded; distracted; scatterbrained; far-away

rozum [ro-zoom] m. mind; reason; intellect; understanding; wit; senses; judgment; brains; intelligence; senses; judiciousness; wits

rozumieć [ro-zoo-myeć] v. understand; get; perceive

rozwiązać [roz-vyown-zać] v. untie; solve; undo; dissolve; loosen; unbind; unravel; undo

rozwód [roz-vood] m. divorce

rozwódka [roz-vood-ka] f. divorcee; divorced woman

rozwój [roz-vooy] m. development; evolution; extension; progress; (up)growth

ród [rood] m. clan; breed; family; stock; race; origin; line

róg [roog] m. horn; corner; antler; bugle; corner kick (sport); pl. woman's marital infidelity

rój [rooy] m. swarm; hive; bevy; cluster; colony; galaxy

równa [roov-na] adj. f. equal; even; plain; level; flat; steady; uniform; regular; whole (hour); round (sum of money)

równać [roov-nać] v. equalize;

level; make even; smooth out

równie [roov-ńe] adv. equally

również [roov-ńesh] conj. also; too; likewise; as well

równik [roov-ńeek] m. equator

równoczesny [roov-no-ches-ni] adj. m. simultaneous

równowaga [roov-no-va-ga] f. equilibrium; balance; poise

równoważny [roov-no-vazh-ni] adj. m. equivalent; equipollent; equiponderant

równy [roov-ni] adj. m. equal; even (number); plain; level; flat; even tempered; regular; steady; whole (year); round (sum of money)

róża [roo-zha] f. rose

różnica [roozh-ńee-tsa] f. difference; disparity; dissimilarity; result of subtraction

rubaszny [roo-bash-ni] adj. m. coarse; ill-mannered; gruff

rubin [roo-been] m. ruby (red)

rubryka [roo-bri-ka] f. space; column; blank space; rubric

ruch [rookh] m. move; movement; traffic; motion; gesture; circulation; agitation; rush

ruchawka [roo-khav-ka] f. riot

ruchliwy [rookh-lee-vi] adj. m. busy; mobile; agile; active

ruchomości [roo-kho-mośh-ćhee] pl. movables (personal property); belongings; chattels personal effects; one's things

ruchomy [roo-kho-mi] adj. m. mobile; moving; shifting; flexible; floating;dis-placeable

ruczaj [roo-chay] m. brook

ruda [roo-da] f. ore (metallic)

rudera [roo-de-ra] f. run-down house; shanty; ruin; hovel

rudy [roo-di] adj. m. red (haired); russet; ginger; foxy; ruddy

rufa [roo-fa] f. stern; poop

rugować [roo-go-vać] v. eject; oust; evict; eliminate; displace

ruina [roo-ee-na] f. ruin; wreck

ruja [roo-ya] f. heat; rut

rujnować [rooy-no-vać] v. ruin; undo; destroy; wreck

ruleta [roo-le-ta] f. roulette

rulon [roo-lon] m. roll; rouleau

rum [room] m. rum (drink)

rumak [roo-mak] m. charger; steed; palfrey; courser

rumianek [roo-mya-nek] m. camomile; chamomile (tea)

rumiany [roo-mya-ni] adj. m. rosy; ruddy; browned; florid

rumienić [roo-mye-ńeeh] v. blush; brown; redden; color

rumieniec [roo-mye-ńets] m. blush; ruddiness; floridity

rumor [roo-mor] m. racket; uproar; rumble; clatter; din

rumowisko [roo-mo-vees-ko] n. debris; rubble; brash

rumuński [roo-mooń-skee] adj. m. Rumanian; of Rumania

runąć [roo-nownćh] v. fall down; collapse; crash; swoop; come down; topple; resound

runda [roon-da] f. bout; round; lap; fall (in wrestling)

runo [roo-no] n. fleece; nap

rupiecie [roo-pye-ćhe] pl. rubbish; rash; junk; stuff; oddments; odds and ends

ruptura [roop-too-ra] f. hernia

rura [roo-ra] f. tube; pipe

rurka [roor-ka] f. small pipe

rurociąg [roo-ro-ćhowng] m. pipeline; run of pipes; piping

rusałka [roo-saw-ka] f. undine; naiad; water nymph; vanessa

ruszać [roo-shaćh] v. move; stir; start; take away; withdraw; touch; tamper; remove

rusznikarz [roosh-ńee-kash] m. gunsmith (man or shop)

rusztowanie [roosh-to-va-ńe] n. scaffold; cradle (hanging)

rutyna [roo-ti-na] f. routine

rutynowany [roo-ti-no-va-ni] adj. m. experienced; competent

rwać [rvaćh] v. pluck; tear; pull out; pull up; rush; burst

rwący [rvown-tsi] adj. m. rapid; racking (pain); swift

rwetes [rve-tes] m. bustle; ado; racket; turmoil; agitation; stir

ryba [ri-ba] f. fish; the Fish

rybak [ri-bak] m. fisherman

rybny staw [rib-ni stav] fish pond (artificially made pond)

rybołóstwo [ri-bo-woos-tvo] n. fishery; fishing industry

rycerski [ri-tser-skee] adj. m. chivalrous; courteous; gallant

rycerz [ri-tsesh] m. knight

rychło [rikh-wo] adv. soon; quickly; early; soon after

rychły [rikh-wi] adj. m. speedy; early; prompt; approaching

rycina [ri-ćhee-na] f. engraving; illustration; cartoon; drawing; plate; figure; picture

rycynus [ri-tsi-noos] m. castor oil; castor oil plant

ryczałt [ri-chawt] m. lump sum; global sum; the lump

ryczeć [ri-chećh] v. roar; moo; bellow; low; growl; bray; (elephant) trumpet; hoot; yell

ryć [rićh] v. dig; root; engrave; carve; excavate; burrow; incise; plough; tunnel; inscribe

rydel [ri-del] m. spade; spud

rydwan [rid-van] m. chariot

rygiel [ri-gel] m. bolt; bar; lock

rygor [ri-gor] m. rigor; severity; discipline; penalty; strictness

ryj [riy] m. snout; phiz; mug

ryk [rik] m. roar; moo; low; yell

rylec [ri-lets] m. burin; graver; chisel; etching needle; dry point; (cyclostyle) pen

rym [rim] m. 1. rhyme; 2. bang!

rymarz [ri-mash] m. saddler

rymować [ri-mo-vaćh] v. rhyme

rynek [ri-nek] m. market (square)

rynna [rin-na] f. gutter; chute

rynsztok [rin-shtok] m. sewer

rynsztunek [rin-shtoo-nek] m. armor; armature; outfit; kit

rys [ris] m. feature; trait

rysa [ri-sa] f. crack; flow; fissure; scratch; rift; crevice; chink; cranny; a partial break

rysopis [ri-so-pees] m. description (of a person for a passport, military service, etc.)

rysować [ri-so-vaćh] v. draw; design; sketch; draft; trace; pencil; describe; delineate; line

rysownica [ri-sov-ńee-tsa] f. drawing board; drafting table

rysownik [ri-sov-ńeek] m. draftsman; illustrator; designer

rysunek [ri-soo-nek] m. sketch; drawing; draft; outline; delineation; draftsmanship; cartoon

rysunkowy [ri-soon-ko-vi] adj. m. tracing; drawing (board, block, etc.); cartoon (film); drawn

ryś [riśh] m. lynx

rytm [ritm] m. rhythm; cadence

rytmiczny [rit-meech-ni] adj. m. rhythmic; regular; measured

rytownictwo [rit-ov-ńeets-tvo] n. engraving (trade); dye sinking

rytownik [ri-tov-ńeek] m. engraver; master dye sinker

rytuał [ri-too-aw] m. ritual

rywal [ri-val] m. rival; contestant

rywalizacja [ri-va-lee-zats-ya] f. rivalry; competition; emulation

ryza [ri-za] f. ream; restraint

ryzyko [ri-zi-ko] n. risk; venture

ryzykować [ri-zi-ko-vaćh] v. risk; venture; gamble; hazard

ryzykowny [ri-zi-kov-ni] adj. m. risky; hazardous; venturesome

ryż [rizh] m. rice; rice paddy

ryży [ri-zhi] adj. m. red (haired); russet; ginger; foxy (person); red-brown; ginger-haired

rzadki [zhad-kee] adj. m. rare; thin; watery; weak; loose

rzadko [zhad-ko] adv. seldom; thinly; rarely; far apart; exceptionally; sparsely

rzadkość [zhad-kośhćh] f. rarity; sparseness; curiosity; curio; rareness; thinness

rząd [zhownt] m. row; rank; file; line up; government; rule

rzec [zhets] v. say; utter

rzecz [zhech] m. thing; matter; act; stuff; deal; work; subject; theme; object; business; concern; point; purpose; agenda

rzeczowo [zhe-cho-vo] adv. factually; terse; making like; to the point; objectively

rzeczpospolita [zhech-pos-po-lee-ta] f. republic; commonwealth

rzeczywistość [zhe-chi-vees-tośhćh] f. reality; actuality

rzeka [zhe-ka] f. river; stream

rzekomo [zhe-ko-mo] adv. would be; allegedly; supposedly; by all accounts; pretendably

rzekomy [zhe-ko-mi] adj. m. make believe; reputed; supposed; sham; alleged; imaginary; so called; would be

rzemieślnik [zhe-myeśhl-ńeek] m. artisan; craftsman; mechanic; tradesman

rzeźnik [zheźh-ńeek] m. butcher; brutal killer

rzucać [zhoo-tsaćh] v. throw; fling; pitch; dash; hurl; toss; chuck at; lay down; leave

rzut [zhoot] m. throw; cast; projection; view; sketch

S

sadło [sad-wo] n. lard; suet

sala [sa-la] f. hall; room

sala [sa-la] f. audience (in a hall)

salon [sa-lon] m. drawing-room

sałata [sa-wa-ta] f. lettuce; salad

sam [sam] adj. m. alone; oneself; myself; yourself; nothing but; very; right; mere

samica [sa-mee-tsa] f. female

samiec [sa-myets] m. male

samochód [sa-mo-khood] m. mobile; car; motor car

samolot [sa-mo-lot] m. airplane

samouczek [sa-mo-oo-chek] m. handbook (for self-instruction)

sąd [sownd] m. judgment; court

sądzić [sown-dźheećh] v. try; judge; think; believe; expect; guess; pass judgement; doom

sąsiad [sown-śhad] m. neighbor

schemat [skhe-mat] m. scheme; plan; draft; outline; diagram

schody [skho-di] pl. stairs

schodzić [skho-dźheećh] v. get down; go down stairs; step down; come (walk) down

schronisko [skhro-ńees-ko] n. shelter; hiding place; refuge

sedno [sed-no] n. crux; core; gist; essence (of the matter)

sekunda [se-koon-da] f. second

sen [sen] m. sleep; slumber; dormancy; torpidity; dream

sens [sens] m. sense; significance; meaning; point

ser [ser] m. (cottage etc.) cheese

serce [ser-tse] n. heart; kindness

serdeczny [ser-dech-ni] adj.m. hearty; cordial; sincere

serio [ser-yo] adv. seriously

setka [set-ka] f. hundred, 100

sezon [se-zon] m. season

sędzia [san-dzha] m. judge; referee; magistrate; umpire

siadać [sha-dach] v. sit down; take a seat; get stranded; go flat; squat down; go aground

siatka [shat-ka] f. net; screen

siebie [she-bye] pron. (for) self; oneself; one; each other

siedem [she-dem] num. seven

siedemdziesiąt [she-dem-dzhe-shownt] num. seventy; 70

siedemdziesiąty [she-dem-dzhe-shown-ti] num. seventieth; 70th

siedemnasty [she-dem-nas-ti] num. seventeenth; 17th

siedemnaście [she-dem-nash-che] num. seventeen; 17

siedemset [she-dem-set] num. seven hundred; 700

siekiera [she-kye-ra] f. hatchet; small axe; small hatchet

sień [sheñ] f. hallway; corridor; vestibule; entrance hall (of a manorial residence)

sierota [she-ro-ta] f. m. orphan; lonesome person; poor fellow

sierpień [sher-pyeñ] m. August

się [śhan] pron. self (oneself, myself, etc.; of itself, by itself, one, you); each other

sięgać [śhan-gach] v. reach

silnik [śheel-ñeek] m. motor

silnik spalinowy [śheel-ñeek spa-lee-no-vi] m. combustion engine (oil or gas fuel)

silny [śheel-ni] adj. m. strong; powerful; mighty; hefty; lusty; sturdy; stiff; robust; nasty

siła [śhee-wa] f. many; much

siostra [śhos-tra] f. sister

siódemka [śhoo-dem-ka] f. seven; 7

siódmy [śhood-mi] num. seventh; 7th

siwy [śhee-vi] adj. m. gray; blue; grizzly; gray-haired; hoary; darkish; dreary

skakać [ska-kach] v. jump; spring; bounce; leap; pop; skip; dive; gambol; plunge

skala [ska-la] f. scale; extent

skaleczyć [ska-le-chich] v. hurt; injure; cut; prick; wound

skała [ska-wa] f. rock; stone

skandal [skan-dal] m. scandal

skarb [skarb] m. treasure; treasury; riches; beloved person; darling; love; hoard

skarga [skar-ga] f. complaint; suit; claim; charge; grievance

skarpetka [skar-pet-ka] f. sock; a short stocking

skaza [ska-za] f. tarnish; brab; blot; flaw; spot; speck

skąd [skownd] adv. from where; since when; where from?

skąpy [skown-pi] adj. m. stingy; scanty; meager; avaricious; niggardly; miserly; mean

sklep [sklep] m. store; shop

skład [skwat] m. composition; warehouse; store; framework

składać [skwa-dach] v. make up; compose; piece; fold; set together; assemble; deposit

skłonny [skwon-ni] adj. m. disposed; inclined; prone; apt

skoczyć [sko-chich] v. leap; jump; make a dash; hurry

skok [skok] m. jump; leap; hop

skomplikowany [skom-plee-ko-va-ni] adj. m. complex; intricate; full of details

skończyć [skoñ-chich] v. finish; end; stop; have done

skoro [sko-ro] conj. after; at; since; as; soon; if; once; as soon as; now that; seeing that

skorowidz [sko-ro-veetz] m. index; indexed note book

skóra [skoo-ra] f. skin; hide;

leather; coat; pelt; fell
skórka [skoor-ka] f. skin; peel;
crust; cuticle; agnail; pelt; fur
skórny [skoor-ni] adj. m.
cutaneous; dermal; skin-
(disease department, etc.)
skórzany [skoo-zha-ni] adj. m.
leather made; leathery;
leather-(gloves, shoes, etc.)
skradać się [skra-dach éhan]
v. steal up; creep up; advance
stealthily; slink; sneak up
skrobać [skro-bach] v. scrape;
rasp; scratch; scale (fish);
tread on; stab; spear; scribble
skromny [skrom-ni] adj. m. coy;
modest; simple; lowly; chaste;
unassuming; scant; frugal
skroń [skroń] f. temple
skrócić [skroo-ćheech] v. abbreviate; shorten; cut down;
curtail; lessen; abridge
skrót [skroot] m. abbreviation
skrzydło [skshid-wo] n. wing of
(bird, plane, insect); leaf; brim;
(fan) arm; extension; flank
skrzynia [skshi-ńa] f. chest; bin;
box; hutch; case; crate; coffer
skrzyżowanie dróg [skshi-zho-va-
-ńe droog] pl. f. cross-roads;
crossing; intersection
skuteczny [skoo-tech-ni] adj. m.
effective; efficient; operative
skutek [skoo-tek] m. effect;
result; outcome; consequence
słaby [swa-bi] adj. m. weak;
frail; feeble; infirm; faint;
flimsy; poor; lacking character
sławny [swav-ni] adj. m. famous; glorious; celebrated; il-
lustrious; well-known; of note
słodki [swod-kee] adj. m. sweet
słony [swo-ni] adj. m. salty
słoń [swoń] m. elephant
słońce [swoń-tse] n. sun;
sunlight (self-luminous)
słota [swo-ta] f. foul weather
słowianin [swo-vya-ńeen] m.
Slav (of the Slavic group)
słowo [swo-vo] n. word
słuch [swookh] m. hearing
słuchać [swoo-khach] v. hear;
obey; listen; obey orders

słynny [swin-ni] adj. m. famous
słyszeć [swi-sheć h] v. hear
smacznego [smach-ne-go] exp.
(have a) good apatite!
smaczny [smach-ni] adj. m. tasty
smak [smak] m. taste; relish;
savor; palate; liking; appetite
smakować [sma-ko-vać h] v.
taste; relish; delight (in)
smażyć [sma-zhićh] v. fry;
scorch; bake in the sun
smutek [smoo-tek] m. sorrow;
sadness; grief; mournfulness
smutny [smoot-ni] adj. m. sad
sobota [so-bo-ta] f. Saturday
soda [so-da] f. soda
sok [sok] m. sap; juice
solidarność [so-lee-dar-
-nośćh] f. solidarity
solidarność [so-lee-dar-
-nośćh] s. Solidarity Labor
Union formed in Poland (1980)
solniczka [sol-ńeech-ka] f.
salt-shaker; saltcellar
solo [so-lo] adv. solo
sonda [son-da] f. probe; feeler;
sonde; searcher; explorer;
plummet; lead
sos [sos] m. gravy; sauce
sól [sool] f. salt (mineral)
spacerować [spa-tse-ro-vać h]
v. walk; stroll; walk about
spać [spać h] v. sleep; slumber
spec [spets] m. specialist;
expert; craftsman; dab hand;
dab; sharp-(shooter, etc.))
specjalizacja [spe-tsya-lee-zata-
-ya] f. specialization; major
spełniać [spew-ńach] v. perform; fulfill; comply with; accomplish; answer; satisfy; do
spędzać [spen-dzać h] v. round
up (cattle); spend (time); a-
bort; drive away; gather; pass
(time); gather; bring together
spirytus [spee-ri-toos] m. spirits;
alcohol; rectified (proof) spirit
spis [spees] m. list; register;
inventory; record; roll; census
spłata [spwa-ta] f. refund;
instalment payment; amortiza-
tion; repayment; part payment
spod [spod] prep. from under

spodek [spo-dek] m. saucer

spodnie [spod-ńe] pl. trousers; pants; slacks; breeches

spodziewać się [spo-dźhe--vaćh śhaŋ] v. expect; hope for; think that it will happen

spojrzeć [spoy-zhećh] v. look; glance at; gaze at; view

spokojny [spo-koy-ni] adj. m. quiet; calm; peaceful; still

spokój [spo-kooy] m. peace; calm; quiet; serenity; placidity

sporny [spor-ni] adj. m. controversial; debatable; questionable; contestable; litigious

sporo [spo-ro] adv. good deal; a lot of; briskly; quite a few

spory [spo-ri] adj. m. pretty big; fast; useful; considerable; fair

sposób [spo-soop] m. means; way; manner; fashion; method

spotkać [spot-kaćh] v. come across; meet; run across; befall; come across; happen; find

spotkanie [spot-ka-ńe] n. meeting; date; encounter

spowiedź [spo-vyedźh] f. confession; confided secrets

spożycie [spo-zhi-ćhe] n. consumption; intake (food, calories, fluids, etc.)

spożywca [spo-zhiv-tsa] m. consumer (of food, etc.)

spód [spoot] m. bottom; foot

spódnica [spood-ńee-tsa] f. skirt; petticoat; apron strings

spółka [spoow-ka] f. partnership; (joint stock) company; society

spóźniać się [spooźh-ńaćh śhaŋ] v. be late; be slow; be behind time; be delayed; lose

spragniony [sprag-ńo-ni] adj. m. thirsty; thirsting for

sprawa [spra-va] f. affair; matter; cause; case; question; job; business; deal; action

sprawdzić [sprav-dźheećh] v. verify; examine; test; check

sprawiać [spra-vyaćh] v. cause; bring to pass; occasion; afford; bring about; give

sprawunek [spra-voo-nek] m. purchase (made while shop-

ping); pl. shopping

sprężyna [sprąn-zhi-na] f. spring; mainspring; impulse; incentive

sprytny [sprit-ni] adj. m. tricky; clever; cunning; cute

sprzątać [spshown-taćh] v. tidy up; clean up (the mess, etc.); clear up; pitch up; take away; snatch away; remove

sprzeciwiać się [spshe-ćhee--vyaćh śhaŋ] v. object; oppose; stand against; resist

sprzeczać się [spshe-chaćh śhaŋ] v. fight; argue; dispute (about); squabble; quarrel (about parking, etc.); contend

sprzedać [spshe-daćh] v. dispose of; sell; trade away

sprzedawczyni [spshe-dav-chi--ńee] f. saleslady; saleswoman; vendor; seller

sprzęt [spshant] m. implement; furniture; accessories; utensils; tackle; outfit; chattels

spuszczać [spoosh-chaćh] v. let down; drop; droop; lower; drain; let fall; throw down; roll down; put down; let loose

srebro [sreb-ro] n. silver

srogi [sro-gee] adj. m. fierce; cruel; severe; strict; grim

stacja [stats-ya] f. station

stacja benzynowa [stats-ya ben--zi-no-va] f. filling or service station; gas station

stać [staćh] v. stand; be stopped; farewell; ill-afford; rise; be at a station; stagnate

stal [stal] f. steel

stale [sta-le] adv. constantly; always; for ever; incessantly

stały [sta-wi] adj. m. stable; permanent; solid; fixed; firm

stamtąd [stam-townt] prep. from there; from over there; out of it

stan [stan] m. state; status; condition; order; estate; class

stanąć [sta-nownćh] v. stand up; stop at; put up; rise; set foot; get on one's feet, etc.

stanowić [sta-no-veećh] v. establish; determine; con-

stitute; decide; proclaim
stanowisko [sta-no-vees-ko] n.
position; post; status; stand;
rank; appointment; attitude
starać się [sta-rách śhan] v.
take care; try one's best
staranny [sta-ran-ni] adj. m.
careful; accurate; nice; exact
starczyć [star-chích] v. suffice
stary [stá-ri] adj. m. old; old-
looking; former; stale
statek [sta-tek] m. ship; craft;
vessel; boat; steamship
stawać się [sta-váćh śhan] v.
become; grow (scarce, big)
stawiać [sta-vyáćh] v. place;
erect; put; stand; offer; lay
down; post; station; put upright; give (grades); defy; rise;
set (sail); move (a resolution)
stąd [stownt] prep. from here;
away; therefore; that is why
stocznia [stoch-ńa] f. shipyard
stolica [sto-lee-tsa] f. capital (of
a country, state, island, etc.)
stolik [sto-leek] m. small table;
nice little (card, etc.) table
stołek [sto-wek] m. small stool
stołówka [sto-woov-ka] f. mess
(dining) hall; mess; canteen
stopa [sto-pa] f. foot; standard
stopa życiowa [sto-pa zhi-ćho-
va] f. living standard
stopień [sto-pyeń] m. (stair)
step; degree; grade; extent
stosunek [sto-soo-nek] m. rate;
relation; proportion; attitude
stół [stoow] m. table; fare
strach [strakh] m. fear; fright
strajkować [stray-ko-váćh] v.
go on strike; strike; be out
strata [stra-ta] f. loss
strawić [stra-veeśh] v. digest;
consume; bear; stomach; sap;
stand; ruin; destroy; etch
strefa [stre-fa] f. zone; area
streszczenie [stresh-che-ńe] n.
resume; summary; digest
stromo [stro-mo] adv. steeply;
abruptly; precipitously; sheer
stromy [stro-mi] adj. m. steep
strona [stro-na] f. page; side;

region; aspect; part; party
strych [strikh] m. attic
stryj [striy] m. uncle
strzelać [stshe-laćh] v. shoot;
fire; slap; score; blunder
strzyc [stshits] v. cut; clip;
shear; mow; trim; graze
student [stoo-dent] m. student
studia [stoo-dya] pl. university
studies; university research
studio [stoo-dyo] n. atelier;
(film, artist's, etc.) studio
studiować [stoo-dyo-váćh] v.
study; investigate; peer
styczeń [sti-cheń] m. January
stygnąć [stig-nownćh] v. cool
down; cool off; be cooling off
stykać się [sti-kaćh śhan] v.
contact; touch; adjoint; meet
suchy [soo-khi] adj. m. dry;
withered; lean; uninteresting
sukces [sook-tses] m. success
sukienka [soo-kyen-ka] f. dress
suknia [sook-ńa] f. gown; dress
suma [soo-ma] f. sum; total;
high mass; entirety; whole
sumienie [soo-mye-ńe] n.
conscience (clear, guilty etc.)
supersam [soo-per-sam] m.
supermarket (of groceries)
surowy [soo-ro-vi] adj. m.
severe; raw; coarse; harsh
sutka [soot-ka] f. nipple
swój [svooy] pron. his; hers; my;
its; our; your; their; one's own
sympatyczny [sim-pa-tich-ni] adj.
m. congenial; attractive
sympatyzować [sim-pa-ti-zo-
váćh] v. like; go along; feel
with; share the feelings, ideas
syn [sin] m. son; (a descendant)
synowa [si-no-va] f. daughter-in-
-law (the wife of a son)
sypialnia [si-pyal-ńa] f. bedroom;
bedroom furniture suite
sypki [sip-kee] adj. m. loose
(rocks); granular (substance);
friable; dry (goods, etc.)
sytuacja [si-too-ats-ya] f.
situation; circumstances; position; things; state of affairs
szachy [sha-khi] pl. chess
szacunek [sha-tsoo-nek] m.

1. valuation; assessment

szacunek [sha-tsoo-nek] m.
2. respect; esteem; deference

szafa [sha-fa] f. chest; wardrobe;
bookcase; cupboard

szalenie [sha-le-ńe] adv. madly;
terribly; awfully; like mad

szanować [sha-no-vać] v.
respect (person, tradition)
honor; have regard; respect

szanowny [sha-nov-ni] adj. m.
honorable; worthy; dear (sir)

szarfa [shar-fa] f. scarf; sash

szarpać [shar-pać] v. jerk;
pull; tear; tousle; knock about;
assail; prey; impair; slander

szary [sha-ri] adj. m. gray; drab

szatan [sha-tan] m. satan; devil;
a very strong coffee drink

szatnia [shat-ńa] f. locker room;
coat-room; a large coat closet

szatynka [sha-tin-ka] f. dark
-blond girl; auburn haired
(woman, girl, lady, etc.)

szczególny [shche-gool-ni] adj.
m. peculiar; special; specific

szczegół [shche-goow] m. detail

szczegółowy [shche-goo-wo-vi]
adj. m. detailed; minute;
thorough; lengthy (document)

szczelny [shchel-ni] adj. m.
(water, air, etc.) tight

szczepić [shche-peećh] v.
graft; vaccinate; inoculate

szczery [shche-ri] adj. m.
sincere; frank; candid

szczęka [shchan-ka] f. jaw;
mandible; clamp; denture plate

szczęście [shchanśh-che] n.
happiness; good luck; success

szczęśliwy [shchan-śhlee-vi]
adj. m. happy; lucky; successful; thriving; prosperous; joyful

szczupły [shchoop-wi] adj. m.
slim; slender; thin; lean

szczyt [shchit] m. top; summit;
peak; apex; climax; vortex

szef [shef] m. boss; chief

szeptać [shep-tać] v. whisper

szereg [she-rek] m. row; file;
series; range; chain (of events)

szeroki [she-ro-kee] adj. m. wide
range; broad; ample; extensive

szesnastka [shes-nast-ka] f. the
figure sixteen; 16

szesnastoletni [shes-nas-to-let-
-ńee] adj. m. sixteen-year-old

szesnastowieczny [shes-nas-to-
-vyech-ni] adj. m. sixteenth-
century; of the 16th century

szesnasty [shes-nas-ti] num.
sixteenth; 16th

szesnaście [shes-naśh-che]
num. sixteen; 16

sześcian [sheśh-chan] m.
cube (number's third power)

sześć [sheśhch] num. six; 6

sześćdziesiąt [sheśhch-dźhe-
-śhownt] num. sixty; 60

sześćdziesiąty [sheśhch-dźhe-
-śhown-ti] adj. m. sixtieth

sześćdziesięcioletni [sheśh-
-dźhe-śhan-ćho-let-ńee] adj.
m. sixty years old; of sixty
(60) years' duration

sześćset [sheśhch-set] num.
six hundred; 600

szew [shev] m. seam; stitch;
juncture; raphe; suture

szewc [shevts] m. shoemaker;
boot-maker; (mending) cobbler

szkic [shkeets] m. outline;
sketch; essay; study; tracing

szklanka [shklan-ka] f. (drinking)
glass; glassful (of water etc.)

szkło [shkwo] n. glass; pane

szkoda [shko-da] f. damage;
harm; detriment; mischief; injury; hurt; exp.: that's too
bad! what a pity! what a
shame! how annoying!

szkodzić [shko-dźheećh] v.
do harm; injure; be harmful;
cause damage; disagree with

szkoła [shko-wa] f. school

szlafrok [shlaf-rok] m.
house-robe; woman's wrapper
(at home); dressing gown

szmata [shma-ta] f. clout; rag

szminka [shmen-ka] f. lipstick;
paint; rouge; make up

szofer [sho-fer] m. chauffeur;
driver (bus) driver; (truck)
driver; (lorry) driver

szowinizm [sho-vee-ńeezm] m.
chauvinism;jingoism

szóstka [shoost-ka] f. the figure six; 6

szósty [shoos-ti] adj. m. num. sixth; 6th

szpachla [shpakh-la] f. spatula; putty-knife; palette knife

szpetny [shpet-ni] adj. m. ugly; unsightly; shabby; base; vile

szpilka [shpeel-ka] f. pin (small)

szpital [shpee-tal] m. hospital

szrama [shra-ma] f. scar; slash

szranki [shran-kee] pl. lists; bounds; reins; tilt (tournament) yard; barriers; leash

sztandar [shtan-dar] m. banner; (national) flag; infantry colors

sztuczny [shtooch-ni] adj. m. artificial; sham; false; imitation

sztuka [shtoo-ka] f. art; piece; head of cattle; (stage) play; stunt; craft; art (of war); unit

sztukować [shtoo-ko-vaćh] v. piece; patch up; eke out (a living); lengthen (dress, etc.)

sztych [shtikh] m. stab; engraving; etching; woodcut; spade thrust (in fencing, etc.)

sztywny [shtiv-ni] adj. m. stiff; rigid; inflexible; unbending; fixed; stark; puffed up; offish

szuflada [shoo-fla-da] f. drawer; shunting; shelving

szukać [shoo-kaćh] v. look for; seek; search; cast about for; be bent on; be out for

szumowiny [shoo-mo-vee-ni] pl. scum; scum, dregs, lees of society; scum of society

szyb [shib] m. shaft; (oil) well; pit; coal shaft; groove; stack

szyba [shi-ba] f. (glass) pane; wind-shield; sheet of water

szybciej [shib-ćhey] adv. hurry up! jump to it!

szybki [shib-kee] adj. m. quick fast; prompt; rapid; sharp (walk); smart (pace)

szybko [shib-ko] adv. quickly; fast; promptly; swiftly; rapidly; speedily; apace; hurry up!

szyć [shićh] v. sew; sew up

szyja [shi-ya] f. neck; bottleneck;

gullet; throat

szyk [shik] m. order; elegance; (battle) array; formation

szykować [shi-ko-vaćh] v. make ready; prepare; get ready; array; marshal

szynk [shink] m. bar; saloon; pub

szynka [shin-ka] f. ham

Ś

ściana [śhćha-na] f. wall

ściek [śhćhek] m. sewer; gutter; sink; sewage; drain; gully; sullage

ściekać [śhćhe-kaćh] v. drain off; flow down; trickle down; drip; gutter

ścierka [śhćher-ka] f. duster; rug; kitchen towel; clout

ściek [śhćheesk] m. throng; press; crowd; squeeze; crush; clamp; cleat; hand-screw

ściskać [śhćhees-kaćh] v. compress; shake (hand); hug; squeeze; press; clench; pack

ścisłość [śhćhees-wośhćh] f. exactness; accuracy; compactness; density; reliability; cohesion; strictness; fidelity

ślad [śhlat] m. trace; track; (foot) print; footstep

śledzić [śhle-dźheećh] v. spy; watch; investigate; observe; shadow; follow

śledź [śhledźh] m. herring

ślepy [śhle-pi] adj. m. blind

śliczny [śhleech-ni] adj. m. pretty; lovely; dandy

ślina [śhlee-na] f. saliva

śliski [śhlees-kee] adj. m. slippery; slimy; scabrous

śliwka [śhleev-ka] f. plum

ślub [śhloop] m. wedding; vow

śmiać się [śhmyaćh śhan] v. laugh; laugh at; chuckle; scoff at; make sport of

śmiech [śhmyekh] m. laughter

śmieci [śhmye-ćhee] pl.
rubbish; garbage; rag; shred;
scrap of paper; refuse
śmiecić [śhmye-ćheećh] v.
litter; throw litter about
śmiecie [śhmye-ćhe] pl.
rubbish; garbage; rag; shred;
scrap; refuse; sweepings
śmieć [śhmyećh] m. litter;
rag; scrap; shred
śmierć [śhmyerćh] f. death
śmieszny [śhmyesh-ni] adj. m.
funny; ridiculous; comic;
absurd; amusing; droll
śmietana [śhmye-ta-na] f. sour
cream; clotted cream
śmietanka [śhmye-tan-ka] f.
cream; flower (of society etc.)
śmietnik [śhmyet-ńeek] m.
garbage can; garbage dump
śmiga [śhmee-ga] f. (windmill)
sail
śmigło [śhmeeg-wo] n. pro-
peller; adv. swiftly; nimbly
śmigłowiec [śhmee-gwo-vyets]
m. helicopter
śniadanie [śhńa-da-ńe] n.
breakfast; luncheon
śniady [śhńa-di] adj. m.
swarthy; sun-tanned; dusky;
tawny; dark-skinned
śnieg [śhńek] m. snow;
snow-scape
śpieszyć się [śhpye-shićh
śhaṅ] v. hurry; hasten; be in
a hurry; make haste; be fast
śpiew [śhpyev] m. song;
singing; singing lesson
śpiewać [śhpye-vaćh] v. sing
śpiwór [śhpee-voor] m.
sleeping bag
średni [śhred-ńee] adj. m.
average; medium; mean; intermediary; middle; mediocre
średnio [śhred-ńo] adv.
average; medium-; fairly well
środa [śhro-da] f. Wednesday
środek [śhro-dek] m. center;
middle; measures; means;
remedy; interior; midst; inside;
agent; medium; device
środowisko [śhro-do-vees-ko]
n. surroundings; environment;

habitat; range; (chem.)
medium
śruba [śhroo-ba] f. screw
śrubokręt [śhroo-bo-kręnt] m.
screwdriver; turn-screw
świadectwo [śhvya-dets-tvo] n.
certificate; bill of health
świadek naoczny [śhvya-dek
na-och-ni] m. exp.: an
eyewitness
świat [śhvyat] m. world
światło [śhvyat-wo] n. light
światłomierz [śhvya-two-
-myesh] m. light meter
photometer
światowy [śhvya-to-vi] adj. m.
world; worldly; global; society-
świąteczny [śhvyown-tech-ni]
adj. m. festive; holiday
(mood); solemn
świder [śhvee-der] m. drill;
auger; bore; borer; perforator
świeca [śhvye-tsa] f. candle
świecić [śhvye-ćheećh] v.
light up; shine; glitter; sparkle
świetny [śhvyet-ni] adj. m.
splendid; excellent; first rate
świeżo [śhvye-zho] adv. fresh
świeży [śhvye-zhi] adj. m.
fresh; new; recent; fresh; raw;
ruddy; brisk; crisp; breezy
święcić [śhvyan-ćheećh] v.
celebrate; keep a holiday;
bless; observe; ordain
święta [śhvyan-ta] pl. holiday
święto [śhvyan-to] n. holiday
święty [śhvyan-ti] adj. m.
saint; holy; saintly; pious;
sacred; sacrosanct; inviolate
świnia [śhvee-ńa] f. swine;
hog; pig; exp.: dirty pig

T

tancerz [tan-tsesh] m. dancer
tani [ta-ńee] adj. m. cheap
taniec [ta-ńets] m. dance
tańczyć [taṅ-chićh] v. dance

tapczan [tap-chan] m. couch;
convertible bed

taras [ta-ras] m. terrace

tarcza [tar-cha] f. shield; disk

targ [tark] m. country market

targować [tar-go-vaćh] v. sell;
bargain; trade; haggle; deal

taśma [taśh-ma] f. band; tape

tchórz [tkhoosh] m. skunk;
coward; craven; poltroon; funk

teatr [te-atr] m. theatre; the
stage; the play

teatralny [te-a-tral-ni] adj.
theatrical; scenic; stage-
(effects, manager, etc)

techniczny [tekh-ńeech-ni] adj.
m. technical (terms, school,
staff); technological (progress)

technik [tekh-ńeek] m.
technician; engineer; mechanic

teczka [tech-ka] f. briefcase;
folder; portfolio; jacket; binder

tekst [tekst] m. text; wording

telefon [te-le-fon] m. telephone;
phone; phone receiver

telefonować [te-le-fo-no-vaćh]
v. ring up; telephone; call up

telegraf [te-le-graf] m. telegraph;
telegraph office

telegrafować [te-le-gra-fo-vaćh]
v. cable; wire; telegraph

telegram [te-le-gram] m.
telegram; cable; wire;
cablegram

telewizja [te-le-veez-ya] f.
television; TV

telewizor [te-le-vee-zor] m.
television set; TV set

temat [te-mat] m. subject

temperament [tem-pe-ra-ment]
m. temper; nature; mettle

temperatura [tem-pe-ra-too-ra] f.
temperature; fever

tempo [tem-po] n. rate; tempo

temu [te-moo] adv. ago

ten; ta; to [ten, ta, to] m.f.n.
pron. this; this one

teoria [te-o-rya] f. theory

teraz [te-ras] adv. now;
nowadays; at present

teren [te-ren] m. terrain

termin [ter-meen] m. term;
expression; apprenticeship;

time limit; fixed date

termometr [ter-mo-metr] m.
thermometer

tędy [tan-di] adv. this way

tęgo [tan-go] adv. stoutly; ably;
amply; mightily; powerfully

tępy [tan-pi] adj. m. dull; point
less; slow-witted; stolid

tęsknić [tank-ńeećh] v. long
(for); yearn; be nostalgic

tętno [tant-no] n. pulse rate;
heartbeats; vibrations

tężec [tan-zhets] m. tetanus

tężyzna [tan-zhiz-na] f. vigor

tło [twoi] n. background

tłok [twok] m. piston; crowd

tłuc [twoots] v. pound; hammer;
batter; smash; shatter

tłuczek [twoo-chek] m. pestle

tłum [twoom] m. crowd; mob;
host; throng; multitude

tłumacz [twoo-mach] m.
interpreter; translator

tłumić [twoo-meećh] v. muffle;
put down; dampen; suppress;
stifle; stamp out; deaden

tłusty [twoos-ti] adj. m. obese;
fat (meat; pig etc.); rich; oily;
greasy; corpulent; fatty

tłuszcz [twooshch] m. fat;
grease

to [to] pron it; this; that; so

toaleta [to-a-le-ta] f. toilet;
dress; dressing table

toaletowe przybory [to-a-le-to-ve
pzhi-bo-ri] pl. toilet-articles;
cosmetics

tobół [to-boow] m. pack; bundle

toczyć [to-chićh] v. roll;
machine; wage (war); wheel;
carry on; shape; fester

tom [tom] m. volume

ton [ton] m. sound; tone; note

tona [to-na] f. ton (metric etc.)

tonąć [to-nownćh] v. drown

topić [to-peećh] v. drown;
thaw; melt down; smelt
(metals); sink; flux

tor [tor] m. track; lane; path

torować [to-ro-vaćh] v. clear;
pave; clear a path; show the
way; pave the way for

tort [tort] m. tort (multi-layer)

fancy cake
towar [to-var] m. merchandise
towarzystwo [to-va-zhist-vo] n.
company; society; companion-
ship; entourage
towarzyszyć [to-va-zhi-shìch] v.
accompany; escort; keep company; attend; go together
tożsamość [tozh-sa-mośhćh]
f. identity; sameness
tracić [tra-ćheećh] v. lose;
waste; shed (leaves); execute
trafiać [tra-fyaćh] v. hit
(target); guess right; home
trafny [traf-ni] adj. m. exact;
correct; right; fit; apt
tragarz [tra-gash] m. porter
traktować [trak-to-vaćh] v.
deal; treat; negotiate; discuss
tramwaj [tram-vay] m. tramway
transport [trans-port] m. transport; haulage; consignment
tranzyt [tran-zit] m. transit
trasa [tra-sa] f. route; (bus) line
tratwa [trat-va] f. raft; float
trawa [tra-va] f. grass
trawić [tra-veećh] v. digest
trąbić [trown-beećh] v. bugle;
toot; hoot; roar; proclaim
trącać [trown-caćh] v. jostle;
elbow; tip; knock; nudge
strike; touch; nudge
treść [treśhćh] f. contents;
jist; substance; essence; pith;
marrow; tenor; purview; plot
trochę [tro-khan] adv. a little bit;
a few; some; awhile; a spell
troje [tro-ye] num. three
tropić [tro-peećh] v. track
troszczyć się [trosh-chićh
śhan] v. care; be anxious
about; take care; look after
troszeczkę [tro-shech-kan] adv.
little bit; tiny; just a little
trotuar [tro-too-ar] m. sidewalk;
pavement (for pedestrians)
trójbarwny [trooy-barv-ni] adj. m.
tricolor; three-colored
trójca [trooy-tsa] f. trinity
trójka [trooy-ka] f. three
trójkąt [trooy-kownt] m. triangle;
set square; triangular shape
trud [troot] m. pains; toil

trudnić się [trood-ńeech
śhan] v. occupy oneself; be
engaged; do (for a living)
trudno [trood-no] adv. with
difficulty; too bad; hard
trudny [trood-ni] adj. m. difficult;
hard; tough; laborious
trumna [troom-na] f. coffin
truskawka [troos-kav-ka] f.
strawberry
trwać [trvaćh] v. last; persist;
stay; remain; linger on
trwały [trva-wi] adj. m. durable
tryb [trib] m. manner; mode;
mood; gear; procedure; course
trząść [shownśhćh] v. shake
trzeba [tshe-ba] v. imp. ought to;
one should; it is necessary
trzeci [tshe-ćhee] num. the third
trzewik [tshe-veek] m. shoe;
slipper; skid; trig
trzeźwy [tsheźh-vi] adj. m.
sober; clear headed; level
headed; wide awake
trzonek [tsho-nek] m. shaft;
shank; handle (of a hammer,
axe, etc.); helve
trzy [tshi] num. three
trzydziestokrotny [tshi-dźhes-to-
krot-ni] adj. m. thirty-fold
trzydziestoletni [tshi-dźhes-to-
-let-ńee] adj. m. thirty year
old (man, oak, etc.)
trzydziesty [tshi-dźhes-ti] num.
thirtieth
trzydzieści [tshi-dźhesh-ćhee]
num. thirty; 30
trzykrotny [tshi-krot-ni] adj. m.
threefold
trzyletni [tshi-let-ńee] adj. m.
three year old (boy, car, etc.)
trzymać [tshi-maćh] v. hold;
keep; cling; clutch; hold on to
trzynaście [tshi-naśh-ćhe]
num. thirteen; 13
trzypiętrowy [tshi-pyant-ro-vi]
adj. m. three-story high
(house)
trzysta [tshis-ta] num. three
hundred; 300
tu [too] adv. here; in here
turysta [too-ris-ta] m. tourist
turystyczny [too-ris-tich-ni] adj.

m. tourist; touring-
tusz [toosh] m. 1. shower; hit;
2. India ink; mascara
tusza [too-sha] f. corpulence
tutaj [too-tay] adv. here
tutejszy [too-tey-shi] adj. m.
local (custom, man); of this
place; of our (place, country)
tuzin [too-źheen] m. dozen
tuż [toosh] adv. near by; close
by; just before; just after
tuż obok [toosh o-bok] adv. next
too; near by; close by
twardy [tvar-di] adj. m. hard
twarz [tvash] f. face;
physiognomy; aspect
twarzowy [tva-zho-vi] adj. m.
becoming; facial (bone etc.)
tworzyć [tvo-zhićh] v. create;
form; compose; produce;
make; bring to life
twój [tvooy] pron. yours; your
ty [ti] pron. you (familiar form)
tyczka [tich-ka] v. pole; perch
tyć [tićh] v. grow fat
tydzień [ti-dźheń] m. week
tyfus [ti-foos] m. typhus
tygodnik [ti-god-ńeek] m.
weekly (magazine etc.)
tygodniowy [ti-god-ńo-vi]
adj. m. weekly (pay etc.)
tygrys [ti-gris] m. tiger; type of
German tank in World War II
tyle [ti-le] adv. so much; so
many; that much (was done)
tylekroć [ti-le-krlćh] adv. so
many times; that many times
tylko [til-ko] adv. only; but; just
tylko co [til-ko tso] adv. just
now; a moment ago; this instant; just a minute ago
tylny [til-ni] adj. m. back; hind
(leg etc.); rear (light etc.)
tył [tiw] m. back; rear; stern
tym lepiej [tim le-pyey] adv. so
much better
tymczasem [tim-cha-sem] adv.
meantime; during; at the time
tymczasowo [tim-cha-so-vo] adv.
provisionally; temporarily
tymczasowy [tim-cha-so-vi] adj.
m. temporary; provisional
tynk [tink] m. plaster (work)

typ [tip] m. type; model; guy
tysiąc [ti-śhownts] num.
thousand; 1,000
tysiąclecie [ti-śhownts-le-ćhe]
n. millennium
tysiącletni [ti-śhownts-let-ńee]
adj. m. millenary
tysiączny [ti-śhanch-ni] num.
thousandth; 1,000th
tytoń [ti-toń] m. tobacco
tytuł [ti-toow] m. title
tytułować [ti-too-wo-vaćh] v.
entitle; address; style as a...

U

u [oo] adj. mbeside; at; with; by;
on; from; in; (idiomatic)
u boku [oo bo-koo] exp.: at
one's side (to have a helper, a
sabre...)
ubezpieczać [oo-bez-pye-chaćh]
v. insure; secure; protect
ubiegać się [oo-bye-gaćh
śhan] v. solicit; compete for
ubiegły [oo-byeg-wi] adj. m.
past; last (year,week etc.)
ubierać [oo-bye-raćh] v. dress
ubierać się [oo-bye-raćh śhan]
v. dress oneself
ubikacja [oo-bee-kats-ya] f.
toilet; rest room; powder
room; men's room; W.C.
ubogi [oo-bo-gee] adj. m. poor
ubrać [oob-raćh] v. dress
ubranie [oob-ra-ńe] n. clothes;
decoration; putting in a fix
ucho [oo-kho] n. ear; handle;
(needle) eye; ring (of anchors)
uchwała [oo-khva-wa] f.
resolution; vote; law
ucicha [oo-ćhe-kha] f. joy
ucieczka [oo-ćhech-ka] f.
escape; flight; desertion;
recourse
uciekać [oo-ćhe-kaćh] v. flee
ucisk [oo-ćheesk] m. oppression
uczciwy [ooch-ćhee-vi] adj. m.

honest; upright; straight
uczelnia [oo-chel-ńa] f. school;
  college; academy; university
uczennica [oo-chen-ńee-tsa] f.
  schoolgirl; (girl) pupil
uczeń [oo-cheń] m. schoolboy
uczesać [oo-che-sáćh] v. comb
  (hair); brush hair; dress hair
uczta [ooch-ta] f. feast; banquet
uczucie [oo-choo-ćhe] n. feeling
uczyć [oo-chićh] v. teach; train
uczyć się [oo-chićh śhan] v.
  learn; study; take lessons
uczynek [oo-chi-nek] m. deed
uczynny [oo-chin-ni] adj. m.
  obliging; helpful; cooperative
udany [oo-da-ni] adj. m.
  successful; put-on; sham
udawać [oo-da-vaćh] v.
  pretend; imitate
uderzenie [oo-de-zhe-ńe] n.
  blow; stroke; hit; bump;
  impact; slap; percussion
udo [oo-do] n. thigh
udusić [oo-doo-śheećh] v.
  strangle; smother; stifle;
  throttle; suffocate; stew
udział [oo-dźhaw] m. share;
  part; quota; participation
ufać [oo-faćh] v. trust; confide
ufarbować [oo-far-bo-vaćh] v.
  dye; dye somebody's hair
ufny [oof-ni] adj. confident;
  trustful; hopeful; reliant;
  sanguine (self-confident)
ugoda [oo-go-da] f. agreement
ugodowy [oo-go-do-vi] adj. m.
  conciliatory; amicable
ujechać [oo-ye-khaćh] v.
  be well on one's way
ujemny [oo-yem-ni] adj. m.
  negative (value etc.);
  unfavorable; detrimental
ujęcie [oo-yan-ćhe] n. grasp
ukarać [oo-ka-raćh] v. punish
  inflict punishment; penalize
ukazać [oo-ka-zaćh] v. show;
  (appear); exhibit; reveal
układ [ook-wat] m. scheme;
  agreement; disposition;
  system; arrangement
ukłonić się [oo-kwo-ńeećh
  śhan] v. bow (to sb); tip

one's hat; greet
ukochana [oo-ko-kha-na] adj. f.
  beloved; darling; pet (female)
ukochany [oo-ko-kha-ni] adj. m.
  beloved; darling; pet (male)
ukoić [oo-ko-eećh] v. soothe
ukojenie [oo-ko-ye-ńe] n. relief;
  consolation; alleviation
ukrajać [oo-kra-yaćh] v. cut off
ukrywać [oo-kri-vaćh] v. hide;
  cover up; conceal; hold back
ul [ool] m. beehive; hive
ulatniać się [oo-lat-ńaćh
  śhan] v. evaporate; volatile;
  vanish; melt away; leak;
  escape; cease; disappear
ulegać [oo-le-gaćh] v. yield
uległy [oo-leg-wi] adj. m.
  submissive; docile; compliant
ulewa [oo-le-va] f. rainstorm
ulga [ool-ga] f. relief; solace
ulica [oo-lee-tsa] f. street
uliczka [oo-leech-ka] f. lane
ulicznica [oo-leech-ńee-tsa] f.
  prostitute; streetwalker
ulicznik [oo-leech-ńeek] m.
  gamin; guttersnipe; nipper
ulubiony [oo-loo-byo-ni] adj. m.
  beloved; favorite; pet
ułomny [oo-wom-ni] adj. m.
  disabled; defective; lame;
  faulty
ułożony [oo-wo-zho-ni] adj. m.
  arranged; well-mannered; set
umawiać się [oo-mav-yaćh
  śhan] v. make a date (or
  plan); appoint; fix (a price)
umeblowanie [oo-meb-lo-va-ńe]
  n. furniture; furnishings
umieć [oo-myećh] v. know-
  -how; be able to
umierać [oo-mye-raćh] v. die
umocnić [oo-mots-ńeećh] v.
  strengthen; fortify; beef up
umowa [oo-mo-va] f. contract
umożliwić [oo-mozh-lee-veećh]
  v. make possible; enable
umyć [oo-mićh] v. wash up
umysł [oo-misw] m. mind;
  intellect; brain; spirit
umysłowy [oo-mis-wo-vi] adj. m.
  mental; intellectual; brain
umyślnie [oo-miśl-ńe] adv. on

purpose; specially; purposely

umyślny [oo-miéhl-ni] adj. m. intentional; deliberate; special

umywalnia [oo-mi-val-ńa] f. washroom; washstand

unia [ooń-ya] f. union

uniemożliwić [oo-ńe-mozh-lee-veećh] v. make impossible

unieść [oo-ńeśhćh] v. lift up

unieważnić [oo-ńe-vazh-ńeećh] v. annul; void; cancel; repeal; abrogate

uniewinnienie [oo-ńe-veen-ńe-ńe] n. acquittal

unikać [oo-ńee-kaćh] v. avoid; shun; steer clear; abstain from

uniwersytet [oo-ńee-ver-si-tet] m. university

upadać [oo-pa-daćh] v. fall down; collapse; topple over

upadek [oo-pa-dek] m. fall; drop

upaść [oo-paśhćh] v. have a fall; fall down; topple over; drop (on one's knees); decay; decline; go to ruin; crash

upić się [oo-peećh śhań] v. get drunk; be intoxicated

upiec [oo-pyets] v. bake (bread); roast (meat, etc.)

upodobać [oo-po-do-baćh] v. take a liking to; take to; fancy

upokorzyć [oo-po-ko-zhićh] v. humiliate; make eat crow; abase; mortify; hurt the pride

upominać [oo-po-mee-naćh] v. admonish; warn; rebuke

upominek [oo-po-mee-nek] m. gift; souvenir; present; token

uporać się [oo-po-raćh śhań] v. get over; cope with; settle; negotiate; handle; manage

upoważnienie [oo-po-vazh-ńe-ńe] n. authorization; full powers; warrant; authority

upór [oo-poor] m. obstinacy

uprzejmy [oo-pzhey-mi] adj. m. kind; polite; nice; suave; affable; complaisant; bland

uratować [oo-ra-to-vaćh] v. save; salvage; rescue

uraz [oo-ras] m. injury; complex; resentment; grudge

urazić [oo-ra-źheećh] v. hurt;

offend; wound sb's feelings

urlop [oor-lop] m. leave; furlough; vacation; holiday

uroczystość [oo-ro-chis-tóshćh] f. celebration; festivity; feast; ceremony

uroda [oo-ro-da] f. beauty; loveliness; attraction; charm

urodzaj [oo-ro-dzay] m. good harvest; abundance; harvest; crop; good yield; yield

urodzić [oo-ro-dźheećh] v. give birth; breed; bear; yield a rich crop; be delivered

urodziny [oo-ro-dźhee-ni] n. birthday; birthday party

urok [oo-rok] m. charm; spell

urozmaicenie [oo-roz-ma-ee-tse-ńe] n. variety; diversity; change; variation

urwać [oor-vaćh] v. tear off; pull off; wrench away; deduct

urwisko [oor-vees-ko] n. precipice; crag; cliff; (dangerously) steep rock

urząd [oo-zhownt] m. office

urządzać [oo-zhown-dzaćh] v. arrange; settle; set up

urządzenie [oo-zhown-dze-ńe] n. furniture; installation; gear

urządzić się [oo-zhown-dźheećh śhań] v. settle down; fix oneself up

urzędnik [oo-zhand-ńeek] m. official; white-collar worker

urzędowy [oo-zhan-do-vi] adj. m. official (document,capacity..)

usiąść [oo-śhownśhćh] v. sit down; take one's seat; perch; take a seat; alight

usiłować [oo-śhee-wo-vaćh] v. strive; try hard; attempt

usługa [oo-swoo-ga] f. service; favor; good turn; help

uspokoić [oo-spo-ko-eećh] v. calm down; soothe; set at ease; pacify; tranquilize

usprawiedliwić [oos-pra-vyed-lee-veećh] v. justify; explain

usta [oos-ta] n. mouth; lips

ustawa [oo-sta-va] f. law; rule

ustawiać [oo-stav-yaćh] v. arrange; place; put; set up

ustąpić [oos-town-peech] v. retire; retreat; withdraw; recede; yield to; make concessions; meet half-way; give in; resign; relent; cease; give way; knuckle down; let have way (life etc.)

ustęp [oos-tanp] m. rest-room; paragraph; passage

ustępować [oos-tan-po-vach] v. yield; withdraw; recede; cease; retreat; surrender

ustrój [oos-trooy] m. structure; government system; organism

usuwać [oo-soo-vach] v. clear away; remove; dismiss; retire

uszanować [oo-sha-no-vach] v. respect; spare (life etc.)

uszkodzenie [oosh-ko-dze-ñe] n. damage; injury; impairment

uszkodzić [oosh-ko-dźheech] v. damage; injure; impair; spoil

uścisk dłoni [oósh-ćheesk dwo-ñee] m. handshake

uśmiech [oósh-myekh] m. smile; (silly) smirk; simper

uśmiechać się [oósh-mye-khach śhan] v. smile; (give a smile); simper; grin; sneer

uśmiechnięty [oósh-myekh-ñan-til] adj. m. smiling

uśpić [oósh-peech] v. put to sleep; anesthetize; etherize

utargować [oo-tar-go-vach] v. make a bargain; realize

utracić [oo-tra-ćheech] v. loose (health, job, etc.); waste; forfeit a right etc.

utwór [oot-voor] m. work; composition; production; work; creation; formation

uwaga [oo-va-ga] f. attention; remark; notice; heed; note; exp.: caution!; look out!

uważać [oo-va-zhach] v. pay attention; be careful; mind; take care; look after; watch out; consider; reckon

uważny [oo-vazh-ni] adj. m. careful; attentive; watchful

uwodzić [oo-vo-dźheech] v. seduce (men or women)

uzależnić [oo-za-lezh-ñeech] v. make dependent; subordinate

uzasadnić [oo-za-sad-ñeech] v. substantiate; justify; motivate

uzdrawiać [ooz-dra-vyach] v. heal; cure; bring back to health; reorganize; sanify

uzdrowisko [ooz-dro-vees-ko] n. health resort

uzgadniać [ooz-gad-ñach] v. reconcile; coordinate; adjust

uznawać [ooz-na-vach] v. acknowledge; do justice; confess; recognize; admit

uzyskać [oo-zis-kach] v. obtain; gain; get; acquire; secure

użyć [oo-zhich] v. use; exert; take (medicine); profit; employ

użyteczny [oo-zhi-tech-ni] adj. m. useful; serviceable; helpful; effective

użytek [oo-zhi-tek] m. use

użytkownik [oo-zhit-kov-ñeek] m. user (of apartment etc.)

używać [oo-zhi-vach] v. use; enjoy; exercise a right; make use; exert (strength etc.)

używany [oo-zhi-va-ni] adj. m. used; second-hand; worn

W

w [v] prep. in; into; at

we [ve] prep. in; into; at

wabić [va-beech] v. lure

wada [va-da] f. fault; defect; flaw

waga [va-ga] f. weight; balance; pair of scales; importance

wagon [va-gon] m. car; wagon

wagon restauracyjny [va-gon res-taw-ra-tsiy-ni] dining car

wahać się [va-khach śhan] v. hesitate; sway; rock; swing

wakacje [va-kats-ye] pl. vacation; holidays; taking a holiday; taking a vacation

walać [va-lach] v. soil; stain; dirty; roll; draggle; wallow

walić [va-leech] v. demolish;

hit; pile; bring down; beat

walizka [va-leez-ka] f. suitcase; valise; portmanteau

walka [val-ka] f. struggle; fight; war; battle; wrestling

waluta [va-loo-ta] f. currency

wanna [van-na] f. bath tub

warga [var-ga] f. lip; labium

wariat [var-yat] m. lunatic; insane; madman; fool; crazy man; crank

warstwa [vars-tva] f. layer; stratum; coat; coating; class

warto [var-to] adv. it's worth (while); it's proper; it's worth one's while; it pays

wartość [var-tośhćh] f. value; worth; quality; power; magnitude

warunek [va-roo-nek] m. condition; requirement; term; stipulation; circumstance

wasz [vash] pron. your; yours

wazon [va-zon] m. flower pot

ważny [vazh-ni] adj. m. important; valid; significant

ważyć się [va-zhićh śhan] v. dare; weigh oneself; poise; venture; rock oneself

wąchać [vown-khaćh] v. smell

wąski [vown-skee] adj. m. narrow; tight (fitting); narrow-(gage); bottle-neck

wątpić [vownt-peećh] v. doubt

wątpliwy [vownt-plee-vi] adj. m. doubtful; open to doubt; toss-up; questionable; precarious

wątroba [vown-tro-ba] f. liver

wąż [vownsh] m. snake; hose

wbrew [vbref] prep. in spite of; in defiance; against

wcale [vtsa-le] adv. quite

wcale nie [vtsa-le ńe] not at all (expl); not in the least

wchłaniać [vkhwa-ńaćh] v. absorb; soak up; take in; soak in; incept; imbibe

wchodzić [vkho-dźheećh] v. enter; get in; set in; climb

w ciągu [v chown-goo] adv. during; while; in time of

wciąż [vchownsh] adv. continually; constantly;

persistently; as ever

w czas [v chas] on time

wczasy [vcha-si] pl. vacations

wczesny [vches-ni] adj. m. early; in the small hours

wcześnie [vcheśh-ńe] adv. early; at an early date

wczoraj [vcho-ray] adv. yesterday; during yesterday

wczoraj wieczorem [vcho-ray vye-cho-rem] adv. last night

wdech [vdekh] m. aspiration

wdowa [vdo-va] f. widow

w dół [v doow] adv. down; downwards; downstairs; (go) lower; (move) lower

wdzięczność [vdźhanch-nośhćh] f. gratitude; thankfulness; indebtedness

wdzięk [vdźhaŋk] m. grace; charm; attraction

według [ved-wook] prep. according to; after; along; near; next to; in accordance

wejście [veyśh-ćhe] n. entrance; way in; admission ticket; entry

wejść [veyśhćh] v. enter; get in; step in; walk in; go in

wełna [vew-na] f. wool

wełniany [vew-ńa-ni] adj. m. woolen; worsted; wool-(blanket, fabric, etc.)

weneryczna choroba [ve-ne-rich-na kho-ro-ba] f. venereal disease

wesele [ve-se-le] n. wedding

wesoły [ve-so-vi] adj. m. merry; gay; jolly; gleeful; funny

wet za wet [vet za vet] exp. tit for tat; retaliate

wetknąć [vet-knownćh] v. stick in; slip in; tuck away; stuff; insert; shove

wewnątrz [vev-nowntsh] prep. adv. inside; within; intra-

węch [vankh] m. smell; nose

wędlina [vand-lee-na] f. meat products; pork products

węgiel [van-gel] m. coal; carbon; crayon

wiadomo [vya-do-mo] v. (imp.) it is known; everybody knows

wiadomość [vya-do-mośhćh]
f. news; information; message

wiadro [vya-dro] n. bucket; pail

wiara [vya-ra] f. faith; belief

wiarogodny [vya-ro-god-ni] adj.
m. reliable; credible; veracious

wiatr [vyatr] m. wind; gale;
breeze; (dog's or horse's) nose

wiaz [vyownw] m. elm (Ulmus)

widelec [vee-de-lets] m. fork

widmo [veed-mo] n. ghost;
phantom; spectrum; specter

widocznie [vee-doch-ńe] adv.
evidently; apparently; clearly

widok [vee-dok] m. view; sight

widokówka [vee-do-koov-ka] f.
picture postcard

widywać [vee-di-vaćh] v.
see (often, regularly, etc.)

widz [veets] m. spectator

widzenie [vee-dze-ńe] n. sight;
vision; visit; hallucination

widzieć [vee-dźhećh] v. see

wieczny [vyech-ni] adj. m.
eternal; perpetual; endless

wieczorem [vye-cho-rem] exp. in
the evening; during the
evening

wieczór [vye-choor] m. evening

wiedza [vye-dza] f. knowledge;
learning; erudition; science

wiedzieć [vye-dźhećh] v.
know; be aware; be conscious

wiejski [vyey-skee] adj. m.
village; rural; rustic; country

wiek [vyek] m. age; century

wiekuistość [vye-koo-ees-
tośhćh] f. eternity; all time

wielce [vyel-tse] adv. very;
greatly; extremely; very much

wiele [vye-le] adj. m. many; a
lot; much; far out; a great
deal; how much?

wielki [vyel-kee] adj. m. big;
large; great; vast; keen;
mighty; intense; important

wielkość [vyel-kośhćh] f.
greatness; size; dimension;
value; quantity; vastness

wieprzowina [vyep-zho-vee-na] f.
pork (meat)

wierny [vyer-ni] adj. m. faithful;
true; loyal; exact

wiersz [vyersh] m. verse; poem

wierzba [vyezh-ba] f. willow

wierzyć [vye-zhićh] v. believe;
trust; rely; believe in God

wieś [vyeśh] f. village;
countryside; hamlet; the
villagers

wieźć [vyeźhćh] v. carry (on
wheels, horse, sledge);
transport; convey; drive

wieża [vye-zha] f. tower; rook

więc [vyants] conj. now; well;
therefore; so; consequently

więcej [vyan-tsey] adv. more

większość [vyank-shośhćh] f.
majority; the bulk; most

większy [vyank-shi] adj. m.
bigger; larger; greater

więzienie [vyan-źhe-ńe] n.
prison; confinement; jail; gaol;
restraint

wigilia [vee-geel-ya] f. Christmas
Eve; Christmas Eve supper

wilgoć [veel-goćh] f. humidity

wilgotny [veel-got-ni] adj. m.
moist; humid; damp; wet

wina [vee-na] f. guilt; fault

winda [veen-da] f. elevator

wino [vee-no] n. wine; grapevine

winszować [venn-sho-vaćh] v.
congratulate (on having
success); wish well

wiosenny [vyo-sen-ni] adj. m.
spring- (flowers, month etc.)

wiosło [vyos-wo] n. oar; paddle

wiosna [vyos-na] f. Spring (time)

wisieć [vee-śhećh] v. hang;
sag

wisiorek [vee-śho-rek] m.
pendant

wiśnia [veeśh-ńa] f. cherry
(tree)

witać [vee-taćh] v. greet;
welcome; meet to welcome;
bid welcome

witamina [vee-ta-mee-na] f.
vitamin (A, B, C, D, E etc)

wizyta [vee-zi-ta] f. call; visit; be
on a visit

wizytówka [vee-zi-toov-ka] f.
calling card; visiting card

wjazd [vyazt] m. (car) entrance

wkładać [vkwa-daćh] v. put in

w koło [v ko-wo] adv. round; in circles; over and over again

wkoło [vko-wo] prep. round; about in circles

w lewo [v le-vo] adv. to the left (go to the left)

w lot [v lot] adv. in a flash; quickly; in a harry

wlot [vlot] m. inlet; intake

władza [vwa-dza] f. authority

własność [vwa-snóshch] f. property; characteristic feature

własny [vwa-sni] adj. m. own; very own; of one's own

właściciel [vwash-chee-chel] m. proprietor; holder; owner

właściwy [vwash-chee-vi] adj. m. proper; right; suitable; due; adequate; becoming; fit

właśnie [vwash-ńe] adv. exactly; just so; precisely; very; just as; just now; just then; only just; quite so

włączać [vwown-chach] v. include; switch on; plug in

włącznie [vwownch-ńe] adv. inclusively; inclusive; including

włożyć [vwo-zhich] v. put in; put on; clothe; invest

wnet [vnet] adv. soon; directly; shortly; before long presently

wnętrze [vnan-tzhe] n. interior

wniosek [vńo-sek] m. conclusion; proposition; suggestion; motion

wnuczka [vnooch-ka] f. granddaughter

wnuk [vnook] m. grandson

wobec [vo-bets] prep. in the face of; before; towards

woda [vo-da] f. water; froth; bull

wodór [vo-door] m. hydrogen

w ogóle [v o-goo-le] adv. generally; on the whole; in the main; all in all; altogether

województwo [vo-ye-voodz-tvo] n. province; voivodeship

wojna [voy-na] f. war; warfare

wojna domowa [voy-na do-mo-va] f. civil war

wojsko [voy-sko] n. army; troops

wojskowy [voy-sko-vi] adj. m. military; army (post etc.)

wokoło [vo-ko-wo] adv. all around; round; about

wola [vo-la] f. will; volition

woleć [vo-lech] v. prefer

wolno [vol-no] adv. slowly

wolny [vol-ni] adj. m. free

wolt [volt] m. volt

wołać [vo-wach] v. call; cry

wołowina [vo-wo-vee-na] f. beef

worek [vo-rek] m. bag; sack

wosk [vosk] m. wax

wozić [vo-źheech] v. carry (on wheels); transport; drive; cart

woźnica [voźh-ńee-tsa] m. coachman; driver; waggoner

wódka [vood-ka] fr. vodka

wódz [voots] m. commander; chief; leader; headman

wół [voow] m. ox; steer; bullock

wówczas [voov-chas] adv. then; that time; at the time

wóz [voos] m. car; cart; wagon

wpierw [vpyerv] adv. first

wpis [vpees] m. enrollment

wplątać [vplown-tach] v. entangle; impicate; involve

wpływ [vpwif] m. influence; income; effect; impact of

wpływowy [vpwi-vo-vi] adj. m. influential

w pobliżu [v po-blee-zhoo] adv. near; in the vicinity; close by

w poprzek [v po-pzhek] prep. adv. across; crosswise

wpół [vpoow] adv. in half; halfway; half past; half-; semi-

w pośród [v pośh-root] adv. among; in the midst of

wprawa [vpra-va] f. skill; practice; proficiency

wprawdzie [vprav-dźhe] adv. in truth; to be sure; indeed

wprost [vprost] adv. directly; straight ahead; outright; simply; in a straight line

wprowadzać [vpro-va-dzach] v. usher; introduce; lead in; put in; walk into; march into

wprzód [vpshoot] adv. ahead; before; first; in the first place

wracać [vra-tsach] v. return

wraz [vras] prep. together

wrażenie [vra-zhe-ńe] n. 1.

impression; sensation; feeling;
thrill; 2. implant; engraft

wreszcie [vresh-ché] adv. at
last; finally; after all;
eventually; last of all

wrącz [vronch] adv. down right

wrogi [vró-gee] adj. m. hostile

wróg [vrook] m. foe; enemy

wrzeć [vzhećh] v. boil; rage

wrzesień [vzhe-śheń] m.
September

wschód słońca [vskhoot swoń-
-tsa] m. sunrise

wsiadać [vśha-daćh] v. get in;
mount; get on board; take
one's seat; mount (a horse)

wskazówka [vska-zoov-ka] f.
hint; direction; (clock) hand

wskazujący palec [vska-zoo-
-yown-tsi pa-lets] m. forefinger

wskaźnik [vskaźh-ńeek] m.
index; pointer; indicator; signal

w skos [v skos] adv. slant

wskroś [vskrośh] prep. through

wskutek [vskoo-tek] prep. as a
result; due to; thanks to

wspaniały [vspa-ńa-wi] adj. m.
superb; glorious; grand; great;
smashing; magnificent; lordly;
gorgeous; luxurious; splendid

wspomagać [vspo-ma-gaćh] v.
help; aid; assist; succor

wspominać [vspo-mee-naćh] v.
remember; recall; mention

współczesny [vspoow-ches-ni]
adj. m. contemporary; modern;
present-day (music, writers)

współczucie [vspoow-choo-ćhe]
n. sympathy; compassion; pity

wstawać [vsta-vaćh] v. get up

wstecz [vstech] adv. backwards

wstęp [vstanp] m. entrance;
admission; preface; opening

wstrząs [vstzhowns] m. shock

wstrzymać [vstzhi-maćh] v.
stop; abstain; put off; hold
back; delay; suspend; cease

wstyd [vstit] m. shame;
disgrace; dishonor; indecency

wszakże [vshak-zhe] conj. adv.
yet; however; nevertheless

wszechświat [vshekh-śhvyat]
m. universe; cosmos;

macrocosm

wszelki [vshel-ki] adj. m. every;
all; any (possible); whatever

wszędzie [vshan-dźhe] adv.
everywhere; on all sides; all
over; far and near

wszystek [vshis-tek] adj. m.
whole; all; ever; the whole

wszystko [vshist-ko] n. all;
everything; anything; all this;
all that; the whole lot

wszystko jedno [vshist-ko yed-
-no] exp.: all the same; no
matter; never mind

w ślad [vśhlad] adv. following
in tracks; following closely

wtedy [vte-di] adv. then

wtem [vtem] adv. suddenly

wtenczas [vten-chas] adv. then;
at that time; at this junction

wtorek [vto-rek] m. Tuesday

w tył [v tiw] adv. back

wuj [vooy] m. uncle

wy [vi] pron. you; you people

wybić [vi-beećh] v. knock out
(something); strike; cover; kill

wybierać [vi-bye-raćh] v.
choose elect; select; pick out;
mine; extract; scoop; excavate

wybierać się [vi-bye-raćh
śhan] v. set out; be about to
go; be planning to go (on a
trip, etc.); be about to leave

wyborny [vi-bor-ni] adj. m.
excellent; prime; choice;
splendid; delicious; exquisite

wybór [vi-boor] m. choice;
option; selection; adoption

wybrzeże [vi-bzhe-zhe] n. coast;
beach; seashore; seacoast

wybuch [vi-bookh] m. explosion;
eruption; outbreak; outburst

wychodzić [vi-kho-dźheećh] v.
get out; walk out; climb out

wychowanie [vi-kho-va-ńe] n.
upbringing; manners;
education; breeding

wychudły [vi-khood-wi] adj. m.
gaunt; skinny; haggard;
emaciated; hollow-cheeked

wychwalać [vi-khva-laćh] v.
praise; exalt; extol; speak
highly of; crack up

wychylać się [vi-khi-lach śhan] v. lean out; stick one's neck out; hang out; appear; be visible

wyciągać [vi-chown-gach] v. pull out; stretch out; derive

wycieczka [vi-chech-ka] f. trip; excursion; outing; ramble; hike

wycierać [vi-che-rach] v. wipe; erase; efface; dust; wear out; blow (nose); rub

wyciskać [vi-chees-kach] v. squeeze out; impress; wring

wyczyn [vi-chin] m. feat; stunt

wydarzenie [vi-da-zhe-ńe] n. event; happening; occurrence

wydatek [vi-da-tek] m. expense

wydatny [vi-dat-ni] adj. m. prominent; salient; distinct

wydawać [vi-da-vach] v. spend; give the change; give away; publish

wydech [vi-dekh] m. exhalation

wydychać [vi-di-khach] v. breathe out; exhale; emit

wydział [vi-dźhaw] m. department; section; division

wygląd [vig-lownd] m. appearance; aspect; air; looks; semblance

wyglądać [vig-lown-dach] v. look out; appear; appear; look

wygoda [vi-go-da] f. comfort

wygodny [vi-god-ni] adj. m. comfortable; cozy; handy

wygrać [vi-grach] v. win; score

wyjaśnić [vi-yaśh-ńeech] v. explain; clear up; elucidate

wyjawić [vi-ya-veech] v. disclose; reveal; bring to light

wyjazd [vi-yazt] m. departure

wyjątek [vi-yown-tek] m. exception; excerpt; extract

wyjeżdżać [vi-yezh-dźhach] v. leave; drive away; set out

wyjście [viyśh-ćhe] n. exit; way out; departure; egress

wykaz [vi-kas] m. list; register; roll; schedule; docket

wykład [vik-wat] m. lecture

wykonać [vi-ko-nach] v. execute; do; fulfill; carry out; perform

wykorzystać [vi-ko-zhis-tach] v. take advantage; exploit; use up

wykryć [vi-krich] v. discover; detect; reveal (the truth etc.)

wyleczyć [vi-le-chich] v. cure

wylew krwi [vi-lev krvee] hemorrhages; blood effusion

wyliczać [vi-lee-chach] v. count up; count out; recite

wyładować [vi-wa-do-vach] v. unload; discharge; cram; pack

wymawiać [vi-mav-yach] v. pronounce; reproach; cancel; express

wymiana [vi-mya-na] f. exchange

wymieniać [vi-mye-ńach] v. exchange; convert; replace

wymierać [vi-mye-rach] v. die out; become extinct (gradually)

wymierzać [vi-mye-zhach] v. aim; measure; assess; survey; mete out

wymiotować [vi-myo-to-vach] v. vomit; be sick; spew up (one's food)

wymowa [vi-mo-va] f. pronunciation; significance (of facts); eloquence

wymówka [vi-moov-ka] f. reproach; pretext; excuse; put-off; evasion; rebuke

wymusić [vi-moo-śhich] v. extort; wring; force; compel

wymyślać [vi-miśh-lach] v. think up; call names; invent; abuse; devise; contrive

wynajmować [vi-nay-mo-vach] v. hire; rent; lease out

wynalazek [vi-na-la-zek] m. invention; device; contrivance

wynik [vi-ńeek] m. result; score

wynosić [vi-no-śheech] v. carry out; elevate; amount; wear out; praise; nurse

wyobraźnia [vi-o-braźh-ńa] f. imagination; fancy; empty fancy

wypad [vi-pat] m. sally; attack

wypada [vi-pa-da] v. it is proper; it is becoming; it is fitting; it behoves; it is the right (proper) thing to do

wypadać [vi-pa-dáćh] v. fall out; rash out; become; turn out; happen; occur; work out

wypadek [vi-pa-dek] m. accident; case; event; chance; instance

wypełniać [vi-pew-ńaćh] v. fulfill; fill up; while away; fill in; perform; execute (a duty)

wypijać [vi-pee-yaćh] v. drink (empty); drink to; drink off

wypłata [vi-pwa-ta] f. pay (day)

wypocić [vi-po-ćhećh] v. sweat out; perspire; be soaked in sweat; exude

wypoczynek [vi-po-chi-nek] m. rest; repose

wypowiadać [vi-po-vya-daćh] v. pronounce; declare; express

wyprać [vi-praćh] v. wash out

wyprawa [vi-pra-va] f. expedition; excursion; outfit; tanning; dowry; plaster

wyprowadzać [vi-pro-va-dzaćh] v. lead out; move out; trace

wyprzedaż [vi-pzhe-dash] v. (clearance) sale

wyrabiać [vi-ra-byaćh] v. 1. make; form; 2. play pranks

wyraz [vi-ras] m. word; expression; look; term (of praise, indignation, etc.)

wyraźny [vi-ráżh-ni] adj. m. explicit; clear; distinct

wyrażać [vi-ra-zhaćh] v. express; say; signify

wyrok [vi-rok] m. sentence; verdict; judgment; pronouncement (by doctors, etc.)

wyrób [vi-roob] m. manufacture

wyruszyć [vi-roo-shíćh] v. start out; set out; march out; sail away; start on a journey

wyrzucać [vi-zhoo-tsaćh] v. expel; throw out; dump; reproach; remove; eject

wyrzut [vi-zhoot] m. reproach

wysłać [vi-swáćh] v. send off; dispatch; emit; let fly

wysoce [vi-so-tse] adv. highly

wysoki [vi-so-kee] m. tall; high; soaring; lofty; towering

wysokość [vi-so-kośhćh] f.

height; altitude; level; extent

wyspa [vis-pa] f. island; isle

wystarczyć [vi-star-chíćh] v. suffice; do enough; be enough

wystawa [vi-sta-va] f. exhibition; display (window dressing)

wystawać [vi-sta-vaćh] v. stand long time; stick out

występ [vi-stanp] m. protrusion; (stage) appearance; utterance

wysuwać [vi-soo-vaćh] v. shove forward; protrude; put out; put up; advance; propose

wysychać [vi-si-khaćh] v. dry out; get parched; shrivel up

wytargować [vi-tar-go-vaćh] v. buy by haggling; haggle a lot

wychnąć [vi-tkhnownćh] v. rest up; relax; take a rest; have a rest; breathe

wytłumaczyć [vi-twoo-ma-chíćh] v. explain; excuse; justify; account for

wytrwały [vi-trva-wi] adj. m. enduring; persevering; dogged

wytrzymać [vi-tzhi-maćh] v. endure; stand; hold out; keep

wywiad [vi-vyat] m. interview; reconnaissance; espionage

wywierać [vi-vye-raćh] v. exert

wywód [vi-voot] m. deduction

wywóz [vi-voos] m. export; removal; disposal; transport

wyzdrowieć [vi-zdro-vyećh] v. recover; get well; recuperate

wyzysk [vi-zisk] m. exploitation; sweating (of labor)

wyż [vizh] m. height; upland; highland; high pressure area; peak; atmospheric high

wyżej [vi-zhey] adv. higher; above; (mentioned) above; (cited) above; higher up

wyższość [vizh-shośhćh] f. superiority; excellence; predominance

wyższy [vizh-shi] adj. m. higher (up); taller; superior; top (floor); preponderant

wyżyć się [vi-zhíćh śhan] v. live up to; fulfill oneself

wyżywienie [vi-zhi-vye-ńe] m. food; board; subsistence; diet

wzajemny [vza-yem-ni] adj. m. mutual; reciprocal; inter-

w zamian [v za-myan] adv. in exchange; instead; in return

wzbić się [vzbeech shan] v. soar (up); shoot up; rise

wzbogacić [vzbo-ga-ćheech] v. enrich; add to; dress; make rich; make wealthy; treat

wzbudzać [vzbo-dzach] v. excite; inspire; arouse; stir

wzdłuż [vzdwoosh] prep. along

względny [vzglan-ni] adj. m. relative; indulgent; kind of

względy [vzglan-di] pl. favors

wzgórze [vzgoo-zhe] n. hill

wziąć [vźhonch] v. take; hold; help oneself to; possess

wzmacniać [vzmats-ńach] v. reinforce; brace up; fortify

wznowić [vzno-veech] v. renew; resume; reprint; re-edit

wzorowy [vzo-ro-vi] adj. m. exemplary; model; perfect

wzór [vzoor] m. pattern; model; formula; fashion; standard

wzrok [vzrok] m. sight; vision

wzrost [vzrost] m. growth -size; height; increase; rise; stature; increment; gain

wzruszać [vzroo-shach] v. move; touch; affect; thrill; stir

wywać [vzi-vach] v. call; call in; summon; cite; ask in

Z

z [z] prep. with; off; together

ze [ze] prep. with; off; together; from (the ceiling etc.)

za [za] prep. behind; for; at; by; beyond; over (a wall)

zabawiać [za-bav-yach] v. entertain; amuse; divert; dwell; stay; last; take time

zabawić się [za-bav-eech shan] v. enjoy oneself; have a good time; play at; get busy

in doing something; be late

zabawka [za-bav-ka] f. toy; trifle

zabezpieczyć [za-bez-pye-chich] v. safeguard; secure; protect

zabić [za-beech] v. kill; slay; slaughter; plug up; nail down; drive into; beat (a card)

zabierać [za-bye-rach] v. take away; take along; take on (up)

zabierać się [za-bye-rach shan] v. clear out; get ready for; start to do; begin

zabłądzić [za-bwown-dźheech] v. go astray; get lost; stray

zabłocić [za-bwo-ćheech] v. get muddy; muddy (shoes etc)

zabytek [za-bi-tek] m. relic; monument (of art, nature etc.)

zachodzić [za-kho-dźheech] v. call on; occur; arise; become; set; creep from behind; drop in; reach (a place); go far

zachodni [za-khod-ńee] adj. m. western; westerly

zachorować [za-kho-ro-vach] v. get sick; fall ill; be taken ill

zachowanie [za-kho-va-ńe] n. behavior; maintenance; retention; manners; behavior

zachód [za-khoot] m. west; the West; sunset; pains; trouble; endeavor

zachód słońca [za-khoot swoń-tsa] m. sunset

zachwycać [za-khvi-tsach] v. fascinate; charm; delight; enchant; rouse admiration

zachwyt [zakh-vit] m. fascination; rapture; enchantment; ecstasy

zacięty [za-ćhan-ti] adj. m. obstinate; stubborn; dogged

zacny [zats-ni] adj. m. worthy; good; upright; respectable

zacofany [za-tso-fa-ni] adj. m. backward; old fashioned

zacząć [za-chownch] v. start; begin; fire away; go ahead

zaczekać [za-che-kach] v. wait (for somebody, etc.)

zaczekaj [za-che-kay] you just wait!

zaczynać [za-chi-nach] v. start;

begin; cut (into a new loaf)
zad [zad] m. posterior; rump
zadać [za-dáćh] v. give; put;
deal; associate; treat with
zadanie [za-da-ńe] n. task;
charge; assignment; problem;
job; work; stint; duty
zadatek [za-da-tek] m. earnest
money; down payment; installment; advance payment
zadowolić [za-do-vo-leéćh] v.
satisfy; gratify; please; suffice
zadowolony [za-do-vo-lo-ni] adj.
m. satisfied; content; pleased
zadrapać [za-dra-páćh] v.
scratch open; make a scratch
zadzwonić [za-dzvo-ńeéćh] v.
ring; ring up; ring for
zagadka [za-gad-ka] f. puzzle;
riddle; crux; problem; quiz
zagadnienie [za-gad-ńe-ńe] n.
problem; question; issue
zaglądać [za-glown-daćh] v.
peep; look up; look into
zagłada [za-gwa-da] f. extinction;
extermination; annihilation
zagłębić [za-gwaN-beéćh] v.
plunge; sink; dip; immerse
zagmatwać [za-gmat-váćh] v.
entangle; confuse; embroil
zagniewany [za-gńe-va-ni]
adj. m. angry; cross; sore; in a
huff; in (high) dudgeon
zagotować [za-go-to-váćh] v.
boil; start boiling; flare up
zagranica [za-gra-ńee-tsa] f.
foreign countries; outside world
zagraniczny [za-gra-ńeech-ni]
adj. m. foreign; foreign (trade,
sojourn abroad, etc.)
zahamować [za-kha-mo-váćh]
v. restrain; put brakes on;
stop; check a motion
zaimek [za-ee-mek] m. pronoun
zainteresowanie [za-een-te-re-so-
-va-ńe] n. interest; concern
zajazd [za-yazt] m. motel; inn;
zając [za-yownts] m. hare
zająć [za-yownćh] v. occupy
zajęcie [za-yan-ćhe] v. interest;
occupation; work; trade
zajmować [zay-mo-váćh] v.
occupy; replace; displace

zakaz [za-kas] m. prohibition
zakąska [za-kowns-ka] f. snack
zakład pogrzebowy [za-kwat po-
gzhe-bo-vi] m. funeral parlor
zakład [za-kwat] m. plant; shop;
institute; bet; wager; fold
zakładać [za-kwa-daćh] v.
found; initiate; put on; lay
zakłócić [za-kwoo-tsáćh] v.
disturb; unsettle; ruffle
zakochać się [za-ko-kháćh
śhaN] v. fall in love; become
infatuated; become a lover of
zakochany [za-ko-kha-ni] adj. m.
a person in love; infatuated;
an enumerated man
zakończenie [za-koń-che-ńe] n.
end; ending; termination; tip
zakres [za-kres] m. range; field;
scope; domain; sphere; realm
zakręcić [za-kran-ćheećh] v.
turn; twist; turn off; curl
zakręt [za-krant] m. curve; bend
turn; twist; (street) corner
zakrętka [za-krant-ka] f.
turnbuckle; cap; nut; latch
zakryć [za-kríćh] v. cover; hide
zakup [za-koop] m. purchase
zakurzony [za-koo-zho-ni] adj. m.
dusty; covered with dust
zaledwie [za-led-vye] adv. barely;
scarcely; merely; but; only just
zaległy [za-leg-wi] adj. m.
unpaid; overdue; unfulfilled;
unaccomplished (duty, task)
zależeć [za-le-zhećh] v. de-
pend on; be relative to
zależny [za-lezh-ni] adj. m.
dependent; contingent; subordinate; conditioned (by)
zaliczać [za-lee-cháćh] v.
include; count in; credit; rate;
accept; number; rate; reckon
zaliczka [za-leech-ka] f. earnest
money; down payment; pay-
ment on account; installment
zaludnienie [za-lood-ńe-ńe] n.
population; population density
załadować [za-wa-do-váćh] v.
load up; embark; ship (goods)
załagodzić [za-wa-go-dźheećh]
v. mitigate; alleviate; soothe
załatwiać [za-wat-vyaćh] v.

settle; transact; deal; dispose
załatwienie [za-wat-vye-ńe] n.
settlement; arrangement; disposal, transaction, negotiation
(of business, etc.)
załączać [za-wown-chách] v.
enclose; connect; annex; plug
in; include; subjoin
załoga [za-wo-ga] f. crew;
garrison; staff; personnel
zamawiać [za-ma-vyách] v.
reserve; order (goods); book (a
seat); engage (workers)
zamazać [za-ma-zách] v. smear
over; soil up; daub; blur (a
picture); blur (outlines)
zamek [za-mek] m. lock; castle
zamek błyskawiczny [za-mek
bwis-ka-veech-ni] m. zipper
zamężna [za-manzh-na] adj. f.
married (woman in married
state); f. married woman
zamiana [za-mya-na] f. exchange
zamiar [za-myar] m. purpose
zamiast [za-myast] prep. instead
of; in place; in lieu
zamienić [za-mye-ńeech] v.
change; convert; replace;
swap; turn into; exchange
zamieszać [za-mye-shách] v.
stir up; blend; mix up; involve
zamieszkać [za-myesh-kách] v.
take up residence; put up; live
zamieszkiwać [za-myesh-kee-
vách] v. inhabit; reside;
occupy; live; settle; put up
zamknąć [zam-knownch] v.
close; shut; lock; wind up;
fence in; surround; clasp
zamoczyć [za-mo-chích] v.
wet; soak; steep; drench; dip;
submerge; moisten
zamówić [za-moo-veech] v.
order; reserve; commission;
book; engage; charm away
zamówienie [za-moo-vye-ńe] n.
order; commission (a work of
art); custom order
zanadto [za-nad-to] adv. too
much; excess; more than
enough; beyond measure
zaniechać [za-ńe-khách] v.
give up; wave; desist from

zanieść [za-ńeśhćh] v. carry
zanik [za-ńeek] m. wane
atrophy; disappearance
zanim [za-ńeem] conj. before
zanocować [za-no-tso-vách] v.
stay over night; put up at
zanotować [za-no-to-vách] v.
note; write down; take down
zaocznie [za-och-ńe] adv. in
absence; (judgement or sentence) by default
zaopatrzyć [za-o-pa-tzhích] v.
provide; equip; supply; fit out;
furnish; stock; affix (a seal)
zaoszczędzić [za-osh-chan-
-dźheećh] v. save; spare
(trouble); put (money) by
zapach [za-pakh] m. smell;
aroma; flavor; odor; stench
zapakować [za-pa-ko-vách] v.
pack up; stow away; pack off
zapalić [za-pa-leech] v. switch
on light; set fire; animate
zapalniczka [za-pal-ńeech-ka] f.
(cigarette) lighter
zapałka [za-paw-ka] f. match
zapamiętać [za-pa-myan-tách]
v. remember; memorize; keep
(something) in mind
zaparcie [za-par-ćhe] n.
constipation; denial
zapas [za-pas] m. stock; store;
reserve; supply; fund; refill
zapasowy [za-pa-so-vi] adj. m.
spare; emergency (door, part,
etc.); reserve (fund, etc.)
zapełnić [za-pew-ńeech] v. fill
up; stop a gap; fill (a space
etc.); crowd a street
zapewne [za-pev-ne] adv.
certainly; surely; doubtless; to
be sure; I should think
zapewnić [za-pev-ńeech] v.
assure; secure; assert
zapis [za-pees] m. registration;
bequest; record; notation
zapisać [za-pee-sách] v. note
down; prescribe; enroll;
bequeath; record; write down
zapisek [za-pee-sek] m. note
zaplanować [za-pla-no-vách]
v. make plans for; plan
zapłacić [za-pwa-ćheech] v.

pay; repay; requite; pay off
zapominać [za-po-mee-náćh] v.
forget; neglect; unlearn
zapomnienie [za-pom-ńe-ńe] n.
oblivion; forgetfulness
za pomocą [za po-mo-tsown]
adv. by means of (something);
with help (of a tool...)
zapotrzebowanie [za-po-tzhe-bo-
-va-ńe] n. demand; order;
requisition; request
zapowiadać [za-po-vya-daćh] v.
announce; forecast; pretend
zapraszać [za-pra-shaćh] v.
invite (to dinner etc.); offer
zaproszenie [za-pro-she-ńe] n.
invitation (to dinner etc.)
zapuszczać [za-poosh-chaćh] v.
let in (dye); grow (hair);
neglect; let down; sink into
zapytywać [za-pi-ti-vaćh] v.
ask; question; interrogate
zarabiać [za-rab-yaćh] v. earn
zaraz [za-ras] adv. at once;
directly; right away; soon
zaraza [za-ra-za] f. infection;
plague; epidemic; pestilence
zarazek [za-ra-zek] m. virus;
germ; microbe; (disease)
bacteria; (microorganism)
zarazem [za-ra-zem] adv. at the
same time; as well; also
zarażenie [za-ra-zhe-ńe] n.
infection (with a disease etc.)
zarobek [za-ro-bek] m. gain;
bread; earnings; wages;
livelihood; living
zarosły [za-ros-wi] adj. m.
overgrown (with vegetation
etc.); unshaven; shaggy
zarost [za-rost] m. beard; hair
zarośla [za-rosh-la] n. thicket
zarówno [za-roov-no] adv.
equally; as well; alike; both
zarumienić się [za-roo-mye-
-ńeéch shań] v. blush;
flush; brown; get browned
zarys [za-ris] m. sketch; outline;
broad lines; design; draft
zarząd [za-zhownd] m.
management; administration;
board (of directors, trustees)
zarzut [za-zhoot] m. reproach;

objection; accusation; blame
zasada [za-sa-da] f. principle;
alkali; base; law; rule; tenet
zasięg [za-shank] m. reach;
scope; extent; range; radius
zaskoczyć [za-ako-chićh] v.
surprise (an enemy); attack
unawares; click; lock
zasłonić [za-swo-ńeećh] v.
curtain shade; shield; cover up
zasługa [za-swoo-ga] f. merit
zasługiwać [za-swoo-gee-vaćh]
v. deserve; be worthy; merit
zasnąć [za-snowńćh] v. fall
asleep; sleep; drop off to
sleep; fall to sleep
zaspać [zas-paćh] v. oversleep
zastać [za-staćh] v. find
somebody (at home, in the
office, doing something, etc.);
come across, meet somebody
zastanowić się [za-sta-no-
-veećh shań] v. reflect;
puzzle; ponder; wonder
zastaw [za-stav] m. pawn;
deposit; security; forfeit; lien
zastąpić [za-stown-peećh] v.
replace; bar passage; do duty
for; supersede; stand for
zastępca [za-stanp-tsa] m.
proxy; substitute; deputy
zastosować [za-sto-so-vaćh] v.
adopt (measures, etc.); apply;
employ; make use; bring into
zastosować się [za-sto-so-vaćh
shań] v. comply; toe the line
zastosowanie [za-sto-so-va-ńe]
n. application; use compliance
zastój [za-stooy] m. stagnation
zastraszyć [za-stra-shićh] v.
intimidate; cow; bully; brow-
beat; use undue influence
zastrzyk [za-stshik] m. injection;
shot (in the arm); grouting
zaszczyt [zash-chit] m. honor;
distinction; privilege; dignity
zaszkodzić [za-shko-dźheećh]
v. harm; hurt; damage; injure
zaszyć [za-shićh] v. sew up
zaszyć się [za-shiéh shań] v.
hide; burrow; conceal oneself
zaś [zaśh] conj. but; whereas;
and; while; specially

zaśmiecić [za-śhmye-ćheech] v. litter (the street, etc.); clutter up (a room, etc.)

zaświadczenie [za-śhvyad-che-ńe] n. certificate; affidavit

zatarg [za-targ] m. conflict; clash; dispute; quarrel

zatem [za-tem] adv. then; consequently; therefore; and so

zatoka [za-to-ka] f. bay; gulf

zatonąć [za-to-nownćh] v. sink

zatrucie [za-troo-che] n. poisoning; intoxication; toxaemia (blood poisoning)

zatruć [za-trooćh] v. poison

zatrudniać [za-trood-ńaćh] v. employ; engage; give work; take on (workers); occupy

zatrzask [za-tshask] m. (door) latch; (snap) fastener lock

zatrzymać [za-tshi-maćh] v. stop; retain; detain; arrest; hold; bring to a stand still

zatwierdzać [za-tvyer-dzaćh] v. approve; ratify; affirm

zatykać [za-ti-kaćh] v. stop up; plug up; insert a plug

zaufać [za-oo-faćh] v. confide

zawadzać [za-va-dzaćh] v. hinder; scrape; touch; be a drag; scrape against; impede

zawartość [za-var-to-śhćh] f. contents; capacity (of a book)

zawczasu [za-vcha-soo] adv. in time; in advance; beforehand

zawczoraj [za-vcho-ray] adv. the day before yesterday

zawdzięczać [za-vdźhen-chaćh] v. owe (gratitude); be indebted (for something)

zawiadomienie [za-vya-do-mye-ńe] n. notification; information; notice; intimation

zawiązać [za-vyown-zaćh] v. tie up; bind; set up (a club)

zawieja [za-vye-ya] f. blizzard; snow-storm; cloud (of dust)

za wiele [za veé-le] adv. too much; too many (expenses)

za widna [za veed-na] adv. in day light; before dark

zawierać [za-vye-raćh] v. contain; include; contract;

conclude; shut; strike up

zawijać [za-vee-yaćh] v. wrap up; tuck in; put in a port

zawinić [za-vee-ńeećh] v. be guilty; commit an offense

zawieść [za-veéśhćh] f. envy

zawodnik [za-vod-ńeek] m. competitor (in sport); contestant; participant

zawołać [za-vo-waćh] v. call out for; call; exclaim; shout; cry; cry out for; summon

zawód [za-voot] m. 1. profession; trade; vocation; craft 2. disappointment; deception

zawór [za-voor] m. valve; vent

zawrót głowy [za-vroot gwo-vi] m. dizziness; vertigo; giddiness; staggers

zawstydzić [za-vsti-dźheećh] v. shame; embarrass; overwhelm; put to shame

zawsze [zav-she] adv. always; evermore; (for) ever; at all times; for all times; still

zazdrość [zaz-drośhćh] f. envy; jealousy

zaziębić się [za-żhan-beećh śhan] v. catch a cold

zażalenie [za-zha-le-ńe] n. complaint; grievance

zażywać pigułki [za-zhi-vaćh pee-goow-kee] v. take pills

ząb [zownp] m. tooth; fang; prong; cog; indentation

zbadać [zba-daćh] v. probe into; investigate; examine

zbędny [zband-ni] m. superfluous; redundant; needless; useless

zbieg [zbyek] m. fugitive; confluence; deserter; escapee

zbieg okoliczności [zbyek o-ko-leech-nośh-ćhee] m. coincidence; an accidental occurrence at the same time

zbierać [zbye-raćh] v. gather; pick; summon; clear; take in

zbiór [zbyoor] m. harvest; collection; set; crop; class; series; aggregation

zblednąć [zbled-nownćh] v. pale; grow pale; fade; turn

pale; become pale
z bliska [z blees-ka] adv. from
near; close up; from near by
zbliżyć się [zblee-zhích **śhąn**]
v. become close; approach; be
near; come up; draw near
zbocze [zbo-che] n. (hill) slope
zboże [zbo-zhe] n. corn; grain
zbrodnia [zbrod-ńa] f. crime
zbroić się [zbro-eećh] v. arm
zbudzić się [zboo-dźheećh
śhąn] v. wake up; awake; be
stirred; be roused
zbyt [zbit] adv. too (much)
zbyt wiele [zbit vye-le] adv. too
much; excessively; over
zbyt [zbit] m. sale; market
zbyteczny [zbi-tech-ni] adj. m.
superfluous; needless; odd;
redundant; left over
z czasem [z cha-sem] adv. with
time; eventually; later
z dala [z da-la] adv. from far
z daleka [z da-le-ka] adv. from
far; from afar; away from
zdalnie [zdal-ńe] adv. remote;
from afar; by remote control
zdanie [zda-ńe] n. 1. opinion;
judgment; sentence; clause;
proposition; 2. giving back
zdanie sprawy [zda-ńe spra-vi]
n. report; account; giving
account; giving information
zdarzać się [zda-zhać **śhąn**]
v. happen; take place; occur
zdarzenie [zda-zhe-ńe] n.
happening; event; incident
zdawać [zda-vaćh] v. entrust;
submit; turn over; give up;
pass (test); hand over
zdawać się [zda-vaćh **śhąn**] 1.
seem; 2. surrender; 3. rely
z dawien dawna [z da-vyen dav-
-na] adv. from way back
z dawna [z dav-na] adv. since a
long time; from way back
zdążyć [zdown-zhićh] v. come
on time; keep pace; tend
zdecydować się [zde-tsi-do-
-vaćh **śhąn**] v. decide; determine; make up one's mind
zdenerwować się [zde-ner-vo-
-vaćh **śhąn**] v. get upset

zdenerwowany [zde-ner-vo-va-ni]
adj. m. nervous; excited
zderzak [zde-zhak] m. bumper
zderzyć się [zde-zhićh **śhąn**]
v. collide; clash; run into
zdjąć [zdyąńćh] v. take off;
take a photograpf (picture) of
zdrada [zdra-da] f. treason
zdrętwienie [zdrant-vye-ńe] n.
numbness; stiffness; torpidity
zdrowie [zdrov-ye] n. health;
good constitution; being well
zdrowotne jedzenie [zdro-vot-ne
ye-dze-ńe] n. health food
zdrowy [zdro-vi] adj. m. healthy;
sound; mighty; in good health
zdrzemnąć się [zdzhem-
-nownćh **śhąn**] v. doze off;
sleep light; catnap; take a nap
zdumienie [zdoo-mye-ńe] n.
astonishment; amazement
zdziwienie [zdźhee-vye-ńe] n.
surprise; wonderment; astonishment; sudden surprise
zebranie [ze-bra-ńe] n. meeting
zegar [ze-gar] m. clock; meter
zegar słoneczny [ze-gar swo-
-nech-ni] sundial
zegarek [ze-ga-rek] m. watch
zegarmistrz [ze-gar-meestsh] m.
watch-maker; clock-maker;
watch-maker's shop
zejście [zeyśh-ćhe] n. descent
zejść [zeyśhćh] v. descent
zejść się [zeyśhćh **śhąn**] v.
meet (as prearranged); meet;
rendezvous; have a date
zelówka [ze-loov-ka] f. (shoe)
sole; bottom surface of a shoe
zelżeć [zel-zhećh] v. lighten
up; ease; let up; diminish;
abate; give; remit
zemdleć [zem-dlećh] v. faint;
pan out; swoon; feel weak
zemsta [zem-sta] f. revenge
zepchnąć [zep-khnownćh] v.
push down; drive out; shove
down; thrust down
zepsuć [zep-sooćh] v. damage;
spoil; worsen; pervert; harm;
injure; disarrange; pollute
zepsuć się [zep-sooćh **śhąn**]
v. go bad; brake down; get

spoiled; deteriorate; worsen; become corrupt, perverted

zepsuty [zep-soo-ti] adj. m. damaged; spoiled; corrupt; bad; perverse; out of order

zespół [ze-spoow] m. team; group; gang; crew; troupe; set; complex; co-operative

zestarzeć się [ze-sta-zhech śhan] v. grow old; get old; age; stale (news, story)

zestawienie [ze-sta-vye-ńe] n. comparison; balance sheet; list

zeszyt [ze-shit] m. notebook

zetknąć się [zet-knownćh śhan] v. meet face-to-face; get in touch; come into contact; meet; put in touch

zewnątrz [zev-nowntsh] adv. & prep. out; outside; outwards; outdoors; on the surface

zez [zes] m. squint; cross-eye

zęby [zan-bil] pl. teeth; cogs

zgadzać się [zga-dzach śhan] v. agree; fit in; see eye-to-eye

zgaga [zga-ga] f. heartburn

zgarnąć [zgar-nownćh] v. rake; together; brush aside

zgasić [zga-śheećh] v. put out; extinguish; switch off; dim; stub out (a cigarette)

zginać [zgee-nach] v. bend (over); fold; stoop; bow

zginąć [zgee-nownćh] v. get lost; perish; die; be killed; vanish; be destroyed; fade away from sight; disappear

zgłupieć [zgwoo-pyećh] v. grow stupid; be astounded; be astonished

zgnić [zgńećh] v. rot; decay; putrefy; molder; ret

zgoda [zgo-da] f. concord; assent; consent; unity; harmony; approval; reconciliation

zgodnie [zgod-ńe] adv. according; in concert; peaceably; in unison; in compliance

zgodny [zgod-ni] adj. compatible; good-natured; unanimous

zgon [zgon] m. death; decease

z góry [z goo-ri] adv. in advance

zgrabny [zgrab-ni] adj. m. skillful;

clever; deft; smart; neat; shapely; slick; deft; well-built

zgromadzenie [zgro-ma-dze-ńe] n. assembly; congress; meeting; collection; congregation

zgroza [zgro-za] f. horror

z grubsza [zgroob-sha] adv. roughly; approximately

zgrzyt [zgzhit] m. screech; jar

zguba [zgoo-ba] f. loss; doom; undoing; ruin; destruction; lost (property, object)

zgubić [zgoo-beećh] v. lose; undo; drop; bring to ruin; destroy; unmake; fall out of

zgubić się [zgoo-beech śhan] v. get lost; get mixed up; be mislaid; lose one another

zgubiony [zagoob-yo-ni] adj. m. lost; disoriented; misled

ziarno [źhar-no] n. grain; corn

zielony [źhe-lo-ni] adj. m. green; young and inexperienced (man); raw; sappy; unripe

ziemniak [źhem-ńak] m. potato

ziewać [źhe-vach] v. yawn; gape; give a yawn

zięć [źhanćh] m. son-in-law

zima [źhee-ma] f. winter

zimno [źheem-no] n. cold; chill

zimno [źheem-no] adv. coldly

zimny [źheem-ni] adj. m. cold

zimować [źhee-mo-vaćh] v. hibernate; winter; pass the winter; survive the winter

zjawić się [zya-veećh śhan] v. appear; make appearance; show up; turn uo; occur

zjawisko [zya-vees-ko] n. fact; event; phenomenon; vision; very unusual occurrence

zjazd [zyazt] m. meeting; coming; descent; downhill drive or slide; congress

zjeść [zyeśhćh] v. eat up; devour; eat away (profits, etc)

zlecenie [zle-tse-ńe] n. commission; order; errand; message; instruction

z ledwością [z led-vośh-ćhown] adv. hardly; with difficulty; with great pains

z lekka [z lek-ka] adv. lightly;

softly; slightly; gently
zlew [zlef] m. sink; kitchen sink
złagodzić [zwa-go-dźheećh] v. mitigate; soothe; lessen; soften; diminish the severity
złamać [zwa-maćh] v. break; smash; overcome (resistance)
złazić [zwa-źheećh] v. climb down; get off; peel off
złe [zwe] n. evil; wrong; ill
zło [zwo] n. evil; devil; harm
złodziej [zwo-dźhey] m. thief
złodziejka [zwo-dźhey-ka] f. 1. thief; 2. electrical adapter
złoto [zwo-to] n. gold; gold work
złoty [zwo-ti] adj. m. golden
złoty [zwo-ti] m. Polish money unit (originally gold ducat)
złożyć [zwo-zhićh] v. deposit
złudny [zwood-ni] adj. m. illusory; deceptive; illusive
zły [zwi] adj. m. bad; evil; ill; vicious; cross; poor; rotten
zmarły [zmar-wi] adj. m. deceased; dead; defunct; the late (husband, father, etc.)
zmarszczka [zmarshch-ka] f. wrinkle; crease; fold; pucker
zmartwienie [zmar-tvye-ńe] n. worry; sorrow; grief; trouble
zmartwiony [zmar-tvyo-ńi] adj. m. sad; sorrowful
zmiana [zmya-na] f. change; variation; shift; relay; exchange; alteration; transition
zmienić [zmye-ńeećh] v. alter; change; modify; vary; exchange; replace; transform
zmorzyć [zmo-zhićh] v. overpower; overcome
zmowa [zmo-va] f. conspiracy; collusion; plot; secret deal
zmrok [zmrok] m. dusk; twilight
zmuszać [zmoo-shaćh] v. coerce; compel; force; oblige; constrain; make do; get to do
zmysł [zmisw] m. sense; instinct; sense; aptitude; consciousness; pl. reason
zmysłowy [zmis-wo-vi] adj. m. sensual; sensory; sense; lewd
zmywanie [zmi-va-ńe] n. washing up; washing dishes

znaczek [zna-chek] m. mark; stamp; badge; tick
znaczyć [zna-chićh] v. mean; signify; iumply; denote; matter
znać [znaćh] v. know; know how; adv. apparently
znajdować [znay-do-vaćh] v. find; see; meet; experience
znajomy [zna-yo-mi] adj. m. acquainted; well-known; well-known man; familiar
znak [znak] m. mark; sign; stamp; signal; token; trace
znaleźć [zna-leźhćh] v. find
znaleźne [zna-leźh-ne] n. finder's reward; finder's share
znany [zna-ni] adj. m. noted; known; famed; familiar; well-known; notorious; famous
znawca [znav-tsa] m. expert
zniecierpliwić się [źńe-cher-plee-veećh śhaṅi] v. grow impatient; get vexed; lose patience; become annoyed
znienacka [źńe-nats-ka] adv. all of a sudden; unawares
znikać [źńee-kaćh] v. vanish
znikąd [źńee-kownt] adv. from nowhere; out of nowhere
znikomy [źńee-ko-mi] adj. m. perishable; negligible; minute
zniszczeć [źńeesh-chećh] v. decay; go to ruin; be worn out
zniszczyć [źńeesh-chićh] v. destroy; ruin; wear out; ravage; annihilate; waste
znosić [zno-śheećh] v. annul; endure; carry down; ware out
znowu [zno-voo] adv. again; anew; once again; afresh
znów [znoof] adv. again; anew
zobaczyć [zo-ba-chićh] v. see
zobowiązać [zo-bo-vyown-zaćh] v. oblige; obligate; bind to do; pin down to do
zogniskować [zog-ńees-ko-vaćh] v. focus; concentrate
zostać [zos-taćh] v. remain; stay; become; get to be; be left; turn (green etc.)
zostawiać [zos-tav-yaćh] v. leave; abandon; put aside
z powodu [z po-vo-doo] prep.

because of; owing to; due to

z powrotem [z pov-ro-tem] adv. back; backwards; on the way back (home, to work, etc.)

zrabować [zra-bo-vahćh] v. rob

z rana [z ra-na] adv. in the morning; during the morning

zranić [zra-ńeećh] v. wound; injure; hurt (feelings); mangle

zrazu [zra-zoo] adv. at first

zredagować [zre-da-go-vahćh] v. draw up; compose; edit; draft

zresztą [zresh-town] adv.
1. moreover; besides; 2. after all; though; anyway; in the end; ah, well, no matter

zręczność [zranch-noshćh] f. cleverness; dexterity; skill

zręczny [zranch-ny] adj. m. clever; skillful; deft; neat; adroit; dexterous; nimble; slick; handy; smart; polite

zrobić [zro-beećh] v. make; do; turn; execute; perform

zrozumieć [zro-zoo-myećh] v. understand; grasp (mentally); see; make out; comprehend

zrozumienie [zro-zoo-mye-ńe] n. understanding; sympathy; (legal) sense; mental grasp; comprehension; spirit; sense

zrównać [zroov-nahćh] v. level; make even; align; equalize

zryć [zrićh] v. dig up; furrow

zrywać [zri-vahćh] v. rip; tear off; tear down; pick; quarrel

z rzadka [z zhad-ka] adv. rarely

zrządzenie losu [zzhown-dze-ńe lo-soo] n. fate; decree of fate

zrzęda [zzhan-da] m. grumbler

zszyć [zshićh] v. sew together

zubożeć [zoo-bo-zhećh] v. impoverish; grow poor; pauperize; reduce to poverty

zuch [zookh] m. brave fellow

zuchwały [zookh-va-wi] adj. m. insolent; impudent; bold

zupa [zoo-pa] f. soup

zupełny [zoo-pew-ni] adj. m. entire; whole; total; out and out; utter; outright; strict

zużycie [zoo-zhi-ćhe] n. consumption; wear and tear;

waste; expenditure (of time)

zużytkować [zoo-zhit-ko-vahćh] v. utilize; use up; exploit

zużyty [zoo-zhi-ti] adj. m. worn out; used up; wasted; trite

zwarcie [zvar-ćhe] n. short (circuit); contraction; infighting adv. densely; closely

zwariować [zvar-yo-vahćh] v. go mad; go crazy; become insane; alter (a composition)

zwarzyć [zva-zhićh] v. boil; nip; frost damage; turn sour; blight

związać [zvyown-zaćh] v. bind; fasten; join; tie up; strap; frame; lash together; link

zwichnąć [zveekh-nownćh] v. strain; dislocate; disjoin; luxate; warp; ruin (a career)

zwichnięcie [zveekh-ńan-ćhe] n. dislocation; luxation; sprain

zwiedzać [zvye-dzaćh] v. visit; see the sights; tour (a country); see; inspect

zwiedzanie [zvye-dza-ńe] n. sightseeing; touring

zwierzać się [zvye-zhaćh śhan] v. disclose a secret; confide in (somebody)

zwierzchnik [zvyezh-khńeek] m. boss; superior; chief; lord; master; suzerain; feudal lord

zwierzchnictwo [zvyezh-khńeets-tvo] n. sovereignty; superior of rank; authority; supreme power; control

zwierzę [zvye-zhan] n. animal

zwinąć [zvee-nownćh] v. roll up; wind up; coil up; twist up; furl; take in (sails); fold

zwinny [zveen-ni] adj. m. agile; nimble; deft; dexterous; lissome; light-fingered; light

zwisać [zvee-saćh] v. hang down; droop; dangle; sag; flag; overhang; beetle

zwlekać [zvle-kaćh] v. delay

zwłaszcza [zvwash-cha] adv. particularly; chiefly; especially; most of all; specially

zwłoka [zvwo-ka] f. delay; respite; lag; postponement

zwłoki [zvwo-kee] n. corpse

zwodzić [zvo-dźheećh] v. delude; deceive; mislead; let down; lower

zwolna [zvol-na] adv. slowly

zwolnić [zvol-ńeećh] v. slow down; slack off; relax; slacken

zwolnienie [zvol-ńe-ńe] n. 1. dismissal; release; acquittal; sack; exemption; 2. slowing

zwoływać [zvo-wi-vaćh] v. call together; assemble; convene

zwój [zvooy] m. roll; reel; coil

zwracać [zvra-tsaćh] v. return; give back; pay (attention)

zwracać się [zvra-tsaćh śhan] v. address; turn to; apply to; approach for; ask

zwrot [zvrot] m. 1. turn; 2. restitution; restoration; refund 3. revulsion; 4. phrase

zwrotka [zvrot-ka] f. stanza

zwrotnica [zvrot-ńee-tsa] f. switch (large) steering

zwycięstwo [zvi-ćhans-tvo] n. victory; triumph; win

zwyciężać [zvi-ćhan-zhaćh] v. conquer; win; prevail; overcome; get the upper hand

zwyczaj [zvi-chay] m. custom; habit; fashion; usage; practice

zwyczajny [zvi-chay-ni] adj. m. usual; regular; plain; simple

zwykle [zvik-le] adv. usually

zwykły [zvik-wi] adj. m. common

zysk [zisk] m. gain; profit

zyskać [zis-kaćh] v. gain; earn

zza [zza] prep. from behind

adj. m. original; spring (water)

Ż

żaba [zha-ba] f. frog

żaden [zha-den] pron. none; neither; not any; no one; no-

żagiel [zha-gyel] m. sail

żakiet [zha-kyet] m. jacket

żal [zhal] m. regret; grief; sorrow; remorse; grudge; rancor; compunction; soreness

żalić się [zha-leećh śhan] v. complain; lament; find fault

żaluzja [zha-looz-ya] f. blind

żałoba [zha-wo-ba] f. mourning

żałobny marsz [zha-wob-ni marsh] m. funeral march

żałosny [zha-wos-ni] adj. m. lamentable; wretched; plaintive; piteous; deplorable

żałość [zha-wośhćh] f. grief; desolation; sorrow; deep sorrow; emotional suffering

żałować [zha-wo-vaćh] v. regret; be sorry; mourn

żar [zhar] m. heat; glow; ardor

żarcie [zhar-ćhe] n. swill; dub

żargon [zhar-gon] m. jargon

żarówka [zha-roof-ka] f. light bulb; electric bulb; bulb

żart [zhart] m. joke; jest; quip

żartować [zhar-to-vaćh] v. joke; make fun; poke fun; trifle; jest; make sport

żarzyć [zha-zhićh] v. glow; anneal; incandesce

żąć [zhownćh] v. mow; cut; reap (corn with a sickle)

żądać [zhown-daćh] v. demand; require; exact; stipulate; postulate; claim

żądanie [zhown-da-ńe] n. demand; claim (for damages); requirement; stipulation

żądło [zhownd-wo] n. sting; (snake) fang; dart

żądny [zhownd-ni] adj. m. eager

Ż

źle [źhle] adj. n. & adv. ill; wrong; badly; falsely; mistakenly; improperly; poorly

źrenica [źhre-ńee-tsa] f. pupil

źródło [źhrood-wo] n. spring; source; well; fountain head

źródłowy [źhrood-wo-vi]

(for); anxious; greedy; avid (of fame, honors, etc.)

żądny przygód [zhe-**g‚nd**-ni pzhi--**goot**] adventurous (man)

że [zhe] conj. that; then; as

żebrać [zhe-**brāch**] v. beg

żebro [zhe-bro] n. rib; fin

żeby [zhe-bi] conj. so as; in order that; if; may; if only

żeglarstwo [zhe-glar-stvo] n. sailing; navigation; seamanship

żeglarz [zhe-glash] m. seaman; sailor; mariner; seafarer

żegnać [zheg-**nāch**] v. bid farewell; bless; bid good-bye; see off; bid farewell

żelatyna [zhe-la-ti-na] f. jelly

żelazny [zhe-laz-ni] adj. m. iron

żelazo [zhe-la-zo] n. iron; armor

żelazobeton [zhe-la-zo-be-ton] m. reinforced concrete

żelaztwo [zhe-**las**-tvo] n. scrap iron; hardware; iron junk

żelbet [zhel-bet] m. reinforced concrete; ferro-concrete

żeliwo [zhe-lee-vo] n. cast iron

żenić [zhe-**ñeech**] v. marry

żenować [zhe-no-**vāch**] v. embarrass; disconcert; nonplus

żeński [zheñ-skee] adj. m. female; feminine; women's

żer [zher] m. food; prey; feeding

żłób [zhwoop] m. trough; crib

żmudny [zhmood-ni] adj. m. uphill; toilsome; strenuous

żniwiarka [zhñee-vyar-ka] f. harvester; reaper

żniwo [zhñee-vo] n. harvest

żołądek [zho-**wown**-dek] m. stomach; belly; the abdomen

żołądź [zho-**wowndzh**] f. acorn

żołd [zhowd] m. (soldier's) pay

żołnierz [zhow-ñesh] m. soldier

żona [zho-na] f. wife

żonaty [zho-na-ti] adj. m. married; family man

żółty [zhoow-ti] adj. m. yellow

żrący [zhrown-tsi] adj. m. corrosive; caustic; biting

żubr [zhoobr] m. (European--Polish) bison; aurochs

żuchwa [zhookh-va] f. jawbone

żuć [zhooćh] v. chew up;

chew; masticate; manducate

żucie [zhoo-ché] n. chewing; mastication; (the) chew; chewing up

żwawo [zhva-vo] adj. m. briskly; alertly; apace; jauntily

żwawy [zhva-vi] adj. m. brisk; quick; lively; spry; sprightly

żwir [zhveer] m. gravel

życie [zhi-chė] n. life; pep; upkeep; lifetime; animation

życiodajny [zhi-ćho-day-ni] adj. m. life-giving; vivifying

życiorys [zhi-ćho-ris] m. biography; life history

życioyy [zhi-ćho-vi] adj. m. biological; vital; (reality) of life; living (standard, etc.)

życzenie [zhi-che-ñe] n. wish; desire; request; greeting

życzliwy [zhich-lee-vi] adj. m. favorable; friendly; kindly

życzyć [zhi-chićh] v. wish (someone something)

żyć [zhićh] v. be alive; live; exist; subsist; get along

żyła [zhi-wa] f. vein; seam; core; strand; streak; lode; string

żyłka [zhiw-ka] f. vein; streak

żyrować [zhi-ro-**vāch**] v. endorse; sign as payee

żytni [zhit-ñee] adj. m. rye

żytniówka [zhit-ñoov-ka] f. corn vodka; gin; rye vodka

żyto [zhi-to] n. rye

żywcem [zhiv-tsem] adv. alive

żywe srebro [zhi-ve sreb-ro] n. mercury; restless person

żywica [zhi-vee-tsa] f. resin

żywiec [zhi-vyets] m. cattle for slaughter; live bait

żywić [zhi-veećh] v. feed; nourish; cherish; feel; foster

żywioł [zhi-vyow] m. element

żywiołowy [zhi-vyo-wo-vi] adj. m. elemental; spontaneous; impulsive; impetuous

żywność [zhiv-nośhćh] f. food; provisions; eatables; victuals; (animal) fodder

żywo [zhi-vo] adv. quickly; briskly; exp. make it snappyl

żywopłot [zhi-vo-pwot] m. hedge

żywość [zhi-vośhćh] f. animation; liveliness; vivacity; vitality; intensity; vigor; esprit

żywot [zhi-vot] m. life; womb; belly; life (of a saint)

żywotnie [zhi-vot-ńe] adv. vitally; exuberantly; luxuriantly

żywotność [zhi-vot-nośhćh] f. vitality; liveliness; vivacity

żywotny [zhi-vot-ni] m. vital

żywy [zhi-vi] adj. m. alive; lively; vivid; intense; gay; brisk; live; acute; keen; bright

żyzność [zhiz-nośhćh] f. fertility; fruitfulness; richness

żyzny [zhiz-ni] adj. m. fertile; generous (soil); fruitful; fat; fecund; rich

ENGLISH-POLISH
DICTIONARY

by

Iwo Cyprian Pogonowski

COMPLETE PHONETICS
POGONOWSKI'S SIMPLIFIED
PHONETIC NOTATION

A

a [ej] art. jeden; pewien; pierwsza litera angielskiego alfabetu; pierwszej kategorii

A-O'k [ej okej] zupełnie gotów

aback [e'baek] adv. wstecz; w tył; do tyłu; nazad

abandon [e'baendon] v. opuszczać; porzucić; zaniechać; oddać się

abandonment [e'baendonment] s. opuszczenie; brak pohamowania; zrezygnowanie z

abashed [e'baeszt] adj. speszony; zmieszany (czymś)

abate ['ejt] v. osłabiać; zmniejszać; mitygować; uciszyć; osłabić; anulować

abbey ['aebi] s. opactwo

abbreviate [e'bry:wjejt] v. skrócić; skracać

abbreviation [e'bry:wjejszyn] s. skrót; skrócenie; skracanie

ABC ['ej'bi:si] alfabet

abdicate ['aebdykejt] v. zrzekać się (stanowiska); abdykować

abdomen ['aebdomen] s. brzuch

abduct [aeb'dakt] v. uprowadzić; uprowadzać; porwać; porywać (kogoś, coś)

abhor [eb'ho:r] v. mieć odrazę

abide [e'bajd, e'boud] abide, abode, abode [e'bajd, e'boud]

abide [e'bajd] v. znosić; obstawać; dotrzymywać; czekać (na coś); trwać

ability [e'bylyty] s. zdolność

abject ['aebdżekt] adj. podły; nędzny; nikczemny; skrajny

abjure [eb'dżuer] v. poprzysiąc

able ['ejbl] adj. zdolny; zdatny; utalentowany; poczytalny

abnormal [aeb'no:rmel] adj. anomalny; nieprawidłowy

aboard [e'bo:rd] adv. na pokładzie; na statku; w

pociągu; w tramwaju, etc.

abode [e'boud] v. był posłuszny

abode [e'boud] s. mieszkanie; v. proszę zobaczyć: abide

abolish [e'bolysz] v. obalić; znieść; znosić; obalać

abolition [aebe'lyszyn] n. obalenie (ustawy, etc.); zniesienie (zwyczaju, etc.)

A-bomb ['ejbom] s. bomba atomowa; bomba jądrowa

abominable [e'bomynebl] adj. ohydny; wstrętny; obrzydliwy

abortion [e'bo:rszyn] s. przerwanie ciąży; poronienie

abound [e'baund] v. obfitować

about [e'baut] adv. naokoło; około; dookoła; po (czymś); o; wobec (kogś); przy

about [e'baut] prep. o; przy; odnośnie; naokoło; wokoło

about to [e'baut tu] gotów do

above [e'baw] adv. powyżej; w górze; wyżej; na górze

above [e'baw] prep. nad; ponad

above [e'baw] adj. powyższy

abrasive [e'brejsyw] adj. ścierny; s. ścierniwo

abreast [e'brest] adv. obok; rzędem; ramię przy ramieniu

abridge [e'brydż] v. skrócić

abroad [e'bro:d] adv. zewnątrz; za granicą; za granicę; w dal

abrogate [e'aebrogejt] v. obalić; unicestwić; odwoływać; znosić (ustawę, zarządzenie etc.)

abrupt [e'brapt] adj. nagły; lapidarny; szorstki; urwany; ostry; oschły; obcesowy

abscess ['aebses] s. wrzód; ropień (na skórze, etc.)

absence ['aebsens] s. brak; (czyjaś) nieobecność; niestawiennictwo (roztargnienie)

absent ['aebsent] adj. nieobecny; v. być nieobecnym

absent-minded ['aebsent-'majndyd] adj. roztargniony

absolute ['aebselu:t] adj. absolutny; zupełny; czysty (alkohol) nieodwołalny; prawdziwy

absolutely ['aebselu:tly] adv. absolutnie; oczywiście

absorb [əb'zorb] v. chłonąć; wchłonąć; tłumić; absorbować; złagodzić (uderzenie)

abstain [əb'stejn] v. powstrzymywać się (od czegoś); być abstynentem; pościć

abstract ['æbstrækt] adj. oderwany; abstrakcyjny; s. abstrakcja; streszczenie; v. streszczać; abstrahować; odrywać; ukraść; sprzątnąć; wyabstrahować; wydobyć

absurd [əb'sə:rd] adj. absurdalny; bezsensowny; niedorzeczny

abundance [ə'bandəns] s. obfitość; znaczna ilość; dostatek; zasobność

abuse [ə'bju:s] s. nadużycie; obelga; [ə'bju:z] v. obrażać; nadużywać; lżyć; obrzucać obelgami (przekleństwami)

academic[,ækə'demyk] adj. akademicki; jałowy; s. uczony

academy [ə'kædemy] s. akademia; uniwersytet

accelerate [æk'selerejt] v. przyspieszać; przyśpieszyć

accent ['æksent] s. wymowa; akcent; ['æk'sent] v. akcentować; uwydatniać; dawać nacisk; znakować

accept [æk'sept] v. akceptować; zgadzać się na; zechcieć wziąć (przyjąć); uznać

acceptable [æk'septəbl] adj. do przyjęcia (możliwy); znośny; zadawalający; mile widziany

access ['ækses] s. dostęp

accessory [æk'sesery] s. dodatek; adj. dodatkowy; uboczny; pomocniczy [w zbrodni]

accident ['æksydent] s. traf; wypadek; katastrofa; awaria

accommodate [ə'komedejt] v. przystosować; pogodzić; zakwaterować; wygodzić; wyświadczyć (przysługę); załagodzić (spór, etc.)

accommodation [ə,kome'dejszyn] s. wygoda; dostosowanie; kwatera; pogodzenie się; ugoda; kompromis; usługa

accompany [ə'kampeny] v. towarzyszyć; odprowadzać; akompaniować

accomplish [ə'kamplysz] v. dokonać; spełnić; zrealizować; udoskonalić

accomplishment [ə'kamplyszment] s. osiągnięcie; realizacja; dokonanie; wykonanie; ogłada

according [ə'ko:rdyng] prep. według; zależnie od

account [ə,kaunt] s. rachunek; sprawozdanie; v. wyliczać; wytłumaczyć; uważać; oceniać; być odpowiedzialnym

accountant [ə'kauntent] s. księgowy; księgowa

accumulate [ə'kju:mju,lejt] v. gromadzić; zbierać; piętrzyć

accuracy ['ækjuresy] s. ścisłość; dokładność; celność (strzału)

accuse [ə'kju:z] v. oskarżać

accustom [ə'kastem] v. przyzwyczajać; przyzwyczaić

accustomed [ə'kastemd] adj. przyzwyczajony (do); zwykły; przywykły; zwyczajny

ache [ejk] s. ból; v. boleć

achieve [ə'czi:w] v. dokonać; osiągnąć (cel); zdobywać (sławę); dochodzić (do)

achievement [ə'czi:wment] s. osiągnięcie; wyczyn; zdobycz

acid [ə'æsyd] adj. kwaśny; s. kwas; kwaśna substancja

acknowledge [ək'nolydż] v. uznać; potwierdzić; przyznać (się); nagrodzić

acquaintance [ə'klejntens] s. znajomość; znajomy

acquire [ə'klajer] v. nabywać

acre [ejker] s. akr; morga amerykańska; 4047 m. kwadr.

across [ə'kros] adv. w poprzek; na krzyż; prep. przez; na przełaj; po drugiej stronie (rzeki, ulicy, itp.)

act [ækt] v. czynić; działać; postępować; s. czyn; akt; uczynek; akt sztuki; uchwała (parlamentu); ustawa

action ['aekszyn] s. działanie; czyn; akcja; ruch; proces
active ['aektyw] adj. czynny; obrotny; rzutki; ożywiony; żywy; ożywiony; bujny
activity [aek'tywyty] s. działalność; czynność; ożywienie; ruch
actor ['aekter] s. aktor
actress ['aektrys] s. aktorka
actual ['aekczuell] adj. istotny; faktyczny; bieżący; obecny
actually ['aekczuely] adv. rzeczywiście; obecnie; istotnie; faktycznie; nawet
ad [aed] s. ogłoszenie (reklama) (pot. od advertisement)
adapt [e'daept] v. dostosować; przerobić; przystosować; dostrajać; nadawać się (do)
add [aed] v. dodać; doliczyć
addicted [e'dyktyd] adj. nałogowy; nałogowo poświęcający się (czemuś)
addition [e'dyszyn] s. dodawanie; dodatek; (in addition = ponadto)
address [e'dres] a. adres; mowa; odezwa; v. zwracać się; adresować (do); skierować (prośbę); przemawia
adequate ['aedykyt] a. stosowny; dostateczny; kompetentny; właściwy; trafny
adhere [ed'hjer] v. lgnąć; należeć; trzymać; przylegać
adjacent [e'dżejsent] adj. przyległy; sąsiedni
adjective ['aeddżyktyw] s. przymiotnik; adj. dodatkowy
adjust [e'dżast] v. dostosowywać; uregulować; nastawić; pogodzić
administration [ed,myny'strejszyn] s. zarząd; rząd; administracja; ministerstwo; wymiar (kary itp.)
admirable ['aedmerebl] adj. godny podziwu; zachwycający
admire [ed'majer] v. podziwiać
admission [ed'myszyn] s. wstęp; dostęp; przyznanie; uznanie; (dopływ); bilet wstępu

admission ticket [ed'myszyn'tykyt] bilet wstępu
adolescence [,aede'lesns] s. młodość (powitanie - dojrzałość); wiek młodzieńczy
adopt [e'dopt] v. adoptować; przyjmować; akceptować; u-synawiać; przybierać
adorable [e'do:rebl] adj. godny uwielbienia; bardzo miły
adore [e'do:r] v. czcić; uwielbiać; bardzo lubić; kochać; oddawać cześć
adult ['aedalt] adj. dorosły; dojrzały; s. osoba dorosła
adultery [e'daltery] s. cudzołóstwo
advance [ed'waens] v. iść (posuwać się) naprzód; pośpieszać; awansować; przedkładać; popierać; pożyczać; pret. wysunięty; wcześniejszy; w przodzie
advanced [ed'waenst] adj. postępowy; światły; wysunięty naprzód; stary; przedwczesny; czołowy; późny
advantage [ed'waentydż] s. korzyść; pożytek; przewaga
advertisement [ed'wertysment] s. ogłoszenie; reklama
advice [ed'wajs] s. rada; informacje; porada; pouczenie
affair [e'feer] s. sprawa; interes; romans; przedsięwzięcie
affect [e'fekt] v. 1. wpływać; oddziaływać; wzruszać; 2. dotyczyć; udawać (ar-tystę, uczyzia itp.)
affirm [e'fe:rm] v. potwierdzać; zapewniać; zaręczać (że)
affirmation [,aefe:r'mejszyn] s. twierdzenie; oświadczenie; zapewnienie; zatwierdzenie (wyroku w sądzie)
affluent ['aefluent] 1. adj. zamożny; 2. s. dopływ (rzeki)
afford [e'fo:rd] v. zdobyć się; dostarczyć; stać na coś
affront [e'frant] v. znieważać
afraid [e'frejd] adj. przestraszony; wyrażający rezerwę; w strachu (przed)

African ['aefryken] adj.
afrykański
after ['a:ftə:r] prep. po; za;
odnośnie; według; poniekąd
afternoon [a:ftə:rnu:n] s.
popołudnie; adj. popołudniowy
afterwards ['aftə:rdz] adv.
później; potem; następnie
again [ə'gen] adv. ponownie;
znowu; na nowo; więcej;
ponadto; nadto; jeszcze
against [ə'genst] prep. przeciw;
wbrew; na; pod; na wypadek
age [ejdż] s. wiek; stulecie;
czasy; epoka; v. starzeć się
agency ['ejdżensy] s. ajencja;
działanie; pośrednictwo
agenda [ə'dżenda] s. agenda;
lista; porządek dzienny
agent ['ejdżent] s. pośrednik;
ajent; czynnik; przedstawiciel
aggravate ['aegrewejt] v.
pogarszać; rozjątrzać; denerwować; działać na nerwy
aggression [ə'greszyn] s.
napaść; agresja; agresyw-
ność; napastliwość
aggressive [ə'gresyw] adj.
napastliwy; zaczepny; agre-
sywny; napastniczy
agile ['aedżyl] adj. zwinny;
obrotny; zręczny; ruchliwy
agitate ['aedżytejt] v. poruszać;
miotać; agitować; wzruszać
agnostic [ə'gnostyk] s.
agnostyk; adj. agnostyczny
ago [ə'gou] adv. przed; ... temu
agony ['aegeny] s. śmiertelna
męka; katusze; spazm; agonia
agree [ə'gri:] v. godzić się;
zgadzać się; uzgadniać
agreeable [ə'gri:ebl] adj. zgodny;
miły; chętny; sympatyczny
agreement [ə'gri:ment] s. zgoda;
umowa; porozumienie; układ
agriculture [,aegry'kalczer] s.
rolnictwo; uprawa ziemi
ahead [ə'hed] adv. naprzód;
dalej; na przedzie; z przodu
aid [ejd] s. pomoc; pomocnik; v.
pomagać; subwencjonować
AIDS [ejdz] s. nabyta strata
odporności prowadząca do

zapadnięcia na raka, zapalenie
płuc, itd. (Acquired Immune
Deficieny Syndrome)
ailing ['ejlyng] s. choroba
aim [ejm] s. zamiar; cel; v.
celować (w coś); mierzyć;
wymierzyć; zamierzać; skie-
rowáć; dążyć (do czegoś)
air [eer] s. 1. powietrze; 2. mina;
postawa; wygląd; nastrój
air [eer] v. 1. wietrzyć;
2. obnosić się; nadawać
airline ['eerlajn] s. linia lotnicza
(system transportu lotniczego)
airmail ['eermejl] s. poczta
lotnicza; przesyłka lotnicza
airplane ['eerplejn] s. samolot
airport ['eerpo:rt] s. lotnisko
alarm [ə'la:rm] s. popłoch;
strach; sygnał alarmowy;
trwoga; v. alarmować;
trwożyć; płoszyć
alarm clock [ə'la:rm,klok] s.
budzik (zegar alarmowy)
alcohol ['aeikehol] s. alkohol;
spirytus (ziemniaczany itp.)
alcoholic [,aelke'holyk] s.
alkoholik; adj. alkoholowy
alert [ə'le:t] adj. czujny; raźny;
żwawy; s. alarm; pogotowie
alias ['ejlies] adv. inaczej; alias;
vel; s. pseudonim (autora itp.)
alibi ['aelybaj] s. alibi; wymówka;
v. usprawiedliwiać się
alien ['ejljen] adj. obcy
alike [ə'lajk] adj. jednakowy;
podobny; adv. tak samo;
jednako; podobnie; zarówno;
także; jednakowo
alive [ə'lajw] adj. żywy; żyjący;
ożywiony; pełen życia
all [o:l] adj. & pron. cały;
wszystek; każdy (człowiek);
adv. całkowicie; w pełni;
zupełnie; s. wszystko
alleviate [ə'li:wjejt] v. łagodzić;
zmniejszyć; złagodzić
alley ['aely] s. aleja; przejście;
zaułek; boczna ulica; tor
alliance [ə'lajens] s. związek;
sojusz; powinowactwo; sko-
ligacenie; przymierze
almond [am'end] s. migdał

almost ['o:lmoust] adv. prawie;
niemal; jak gdyby; o mało;
ledwo; zaledwie; ledwie

alone [e'loun] adj. sam;
samotny; w pojedynkę; sam
jeden; jedyny; osamotniony

along [e'lo:ŋg] adv. naprzód;
wzdłuż; razem z sobą

aloud [e'laud] adv. głośno

alphabet ['aelfebyt] s. alfabet

already [o:l'redy] adv. już;
(dużo) wcześniej; poprzednio;
uprzednio; wcześniej niż

also [o:lsou] adv. także; również

alter ['o:lter] v. zmieniać
(styl, użytek, itp.); poprawiać; odmienić; przemienić

alternate [o:l'ternejt] v. zmieniać
się (kolejno); brać kolejno

alternative [ol-ter'netywl] 1.
s. alternatywa (wybór) 2. adj.
alternatywny (dający wybór)

although [o:l'zou] conj. chociaż

altogether [o:lte'gedze:r] adv.
zupełnie; całkowicie

always ['o:llejz] adv. stale;
zawsze; ciągle; wciąż

am [aem] v. (ja) jestem

amateur ['aemecze:r] s.
miłośnik; amator; dyletant

amaze [e'mejz] v. zdumiewać;
zadziwiać; (wprawić (wprawiać kogoś) w zdumienie

amazing [e'mejzyŋg] adj.
zdumiewający; zadziwiający

ambassador [aem'baesede:r] s.
ambasador; przedstawiciel

ambiguous [aem'bygjues] adj.
dwuznaczny; mętny; nie wyraźny; nie jasny; zagadkowy

ambitious [aem'byszes] adj.
(bardzo) ambitny; żądny

ambulance ['aembjulens] s.
ambulans; wóz pogotowia

ambush ['aembusz] s. zasadzka

amend [e'mend] v. poprawiać

amendment [e'mendment] s.
poprawa; ulepszenie (czegoś);
uzupełnienie; zmiana

American [e'meryken] s.
Amerykanin; adj. amerykański

amiable ['ejmjebel] adj. miły;
uprzejmy; sympatyczny

amid [e'myd] prep. wśród;
pośród; między; pomiędzy

ammunition [,aemju'nyszyn] s.
amunicja (proch, kule itp.)

among [e'maŋg] prep. wśród;
pomiędzy; między; pośród
wśród; pomiędzy; między;
pośród; w otoczeniu

amount [e'maunt] v. wynosić;
s. suma; kwota; wynik

ample ['aempl] adj. rozległy;
dostatni; hojny; suty; obfity
wzmacniacz; amplifikator

amplify ['aemplyfyl v.
rozszerzać (bardziej); wzmacniać; przesadzać; rozwinąć

amusement [e'mju:zment] s.
rozrywka; zabawa

amusing [e'mju:zyŋg] adj. zabawny; śmieszny; pociągnąć

an [aen; en] art. jeden; jakiś

analysis [e'naelysys] s. analiza

analyze [e'naelajz] v.
analizować; rozpatrywać;
zanalizować (szczegółowo)

anatomy [e'naetemy] s. ana-
tomia (budowa organizmów)

ancestor ['aensester] s. przodek

anchor ['aeŋker] s. kotwica

ancient ['ejnszent] adj.
starodawny; stary; sędziwy;
wiekowy; s. osoba stara

and [aend; end] conj. i; coraz

anecdote ['aenyk,dout] s.
dykteryjka; anegdota

anew [e'nju] adv. na nowo

angel ['ejndżl] s. anioł

anger ['aenger] s. gniew; złość;
v. gniewać; irytować

angle ['aengl] s. kąt; narożnik;
kątówka; v. kluczyć

Anglo-Saxon [aenglou-saeksen]
adj. anglo-saski (język itp.)

angry ['aengry] adj. zagniewany
(fizyczny, psychiczny)

animal ['aenyml s. zwierzę;
stworzenie; adj. zwierzęcy

animated cartoon ['aenimejtyd
'ka:rtu:n] film rysunkowy;
kreskówka [filmowa]

animosity [,aeny'mosyty] s.
uraza; niechęć; animozja

ankle ['aenkl] s. kostka u stopy;

staw między stopą i łydką
anniversary [,aeny've:rsery] s.
rocznica; adj doroczny (obchód tego samego zdarzenia)
announce [e'nauns] v.
zapowiadać; ogłaszać (publicznie); oznajmiać (coś)
announcement [e'naunsment] s.
zapowiedź; zawiadomienie
annoy [e'noj] v. dokuczać;
drażnić; nękać (stale); trapić; martwić (ciągle)
annoyed [e'nojd] adj.
rozgniewany; rozdrażniony;
strapiony; sklopotany
annual [aenjuel] adj. coroczny
anonym ['aenenym] s. anonim
anonymous [e'nonymes] adj.
bezimienny; anonimowy
another [e'nadżer] adj. & pron.
drugi; inny; jeszcze jeden
answer ['aenser] s. odpowiedź
ant [aent] s. mrówka
antagonist [aen'taegenyst] s.
przeciwnik; przeciwniczka
anti ['aenty] pre. przeciw-
anticipate [aen'tysypejt] v.
przewidywać; uprzedzać
antique [aen'ti:k] adj. stary;
starożytny; staromodny
antiquity [aen'tyklty] s.
starożytność; zabytki
anxiety [aeng'zajety] s.niepokój;
troska; obawa; pragnienie
anxious ['aenkszes] adj.
zaniepokojony; zabiegający;
pragnący (usilnie czegoś)
any ['eny] pron. jakikolwiek;
któryś; jakiś; żaden; lada;
byle; jakaś; któraś; żadna
anybody ['eny'bodyl pron. ktoś;
ktokolwiek; każdy; nikt
anyhow ['enyhau] adv. w każdym razie; jakkolwiek
anyone ['enIan] pron.
ktokolwiek; ktoś; nikt
anything ['enytyng] pron. coś;
cokolwiek; wszystko (oprócz);
nic; cokolwiek bądź
anyway ['enłej] adv. w każdym
razie; jakkolwiek; byle jak
anywhere ['enyhłer] adv.
gdziekolwiek; byle gdzie

nigdzie; (colloq.) at all
apart [e'pa:rt] adv. osobno;
niezależnie; na boku; od siebie
apartment [e'pa:rtment] s.
mieszkanie; izba; pokój
apartment house [e'pa:rtment
,haus] blok mieszkalny;
kamienica (czynszowa)
apathetic [aepe'tetykl adj.
apatyczny; obojętny; bez
uczuć; nieczuły; bierny
ape [ejp] s. małpa (bezogonowa);
v. małpować; naśladować
(ruchy etc.); błaznować
apex ['ejpeks] s. szczyt; czubek;
wierzchołek; kulminacja
apologize [e'poledżajz] v.
usprawiedliwiać; przepraszać
apology [e'poledży] s.
usprawiedliwienie; obrona
(ideologii etc.); przeprosiny
apostrophe [e'postrefy] s.
apostrof; apostrofa
apparent [e'paerent] adj. jawny;
pozorny; oczywisty; widoczny
appeal [e'pi:l] v. apelować;
odwoływać się (do wyższej
instancji); uciekać się do
appear [e'pier] v. ukazywać się;
zjawiać się; pokazywać się
appearance [e'pierens] s.
(zewnętrzny) wygląd; pozór;
wystąpienie; zjawienie się
appetite ['aepitajt] s. apetyt
appetizing [e'aepitajzing] adj.
apetyczny; smakowity
applause [e'plo:z] s. aplauz;
oklaski; poklask; pochwała;
aprobata; klaskanie
apple ['aepl] s. jabłko
appliance [e'plajens] s. przyrząd;
urządzenie; akcesoria
application [,aeply'kejszyn] s.
podanie; użycie; zasto-
sowanie; przykładanie;
pilność; sposób używania
apply [e'plaj] v. używać;
stosować; zwracać się; naciskać; być pilnym; prosić o
appoint [e'point] v. mianować;
wyznaczać; ustanawiać;
ustalać (datą, miejsce etc.)
appreciate [e'pri:szjejt] v. cenić

wysoko; zyskiwać na wartości; ocenić; oszacować; docenić; dobrze myśleć o

apprehend [aepri'hend] v. ująć; pojmać; rozumieć

approach [e'proucz] v. zbliżać się; podchodzić; s. dostęp się; podchodzić; s. dostęp

appropriate [e'prouprjejt] adj. właściwy; odpowiedni; stosowny; przywłaszczyć sobie

approval [e'pru:wel] s. aprobata; uznanie; zatwierdzenie

April ['ejprel] s. kwiecień

apt [aept] v. mieć skłonność

arbitrary ['a:rbytrary] adj. dowolny; samowolny

arbor ['a:rber] s. altanka; wał napędowy; oś maszyny; drzewo (krzaki) cieniste

arcade [a:r'kejd] s. arkada; podcienie; przejście kryte

arch [a:rcz] s. łuk; sklepienie; podbicie; v. tworzyć łuk

arch [a:rcz] adj. chytry; wierutny; arcy...; figlarny

archeology [a:rky'oledży] s. archeologia

architect ['a:rkytekt] s. architekt; twórca; budowniczy

architecture ['a:rkytekczer] s. architektura; styl budowy

archives ['a:rkajwz] pl. archiwa; archiwum (miejsca i zbiory)

ardent ['a:rdent] adj. rozpalony; prażący; płonący; gorliwy

arduous ['a:rdżues] adj. mozolny; wytrwały; stromy; żmudny; wymagający wysiłku

are [a:r] v. są; jesteś; jesteście

area ['e:rje] s. obszar; zakres; powierzchnia; teren; okolica; strefa; część (domu, lasu)

argue ['a:rgju:] v. wykazywać; rozumować; spierać się; rozpatrywać; dowodzić; udowadniać; kłócić się

argument ['a:rgjument] s. argument; dowód; sprzeczka; spór; debata; podsumowanie

arise [e'rajz] v. powstawać; wstawać; wynikać; nadarzyć się; stać się

arm [a:rm] s. ramię; odnoga;

konar; rękaw; poręcz

arm [a:rm] s. broń (rodzaj); uzbrojenie; v. uzbroić; opancerzyć; nastawiać (zapłon); przygotowywać się do walki

armchair [,a:rm'czeer] s. fotel

arme ['a:rmz] pl. broń; uzbrojenie; herby; herb

army ['a:rmy] s. wojsko; armia

around [e'raund] prep. dookoła; naokoło; wokoło; abr. wokół; tu i tam; około; wszędzie

arrange [e'rejndż] v. układać; szykować; porządkować; ustalać; komponować

arrangement [e'rejndżment] s. układ; ułożenie się; urządzenie; zaaranżowanie; porządek; szyk; plan; układ

arrest [e'rest] s. areszt; aresztowanie; zatrzymanie; v. aresztować; zatrzymywać (i sprawdzić); wstrzymywać; przyciągać (uwagę etc.)

arrival [e'rajwel] s. przyjazd; przybysz; rzecz nadeszła

arrive [e'rajw] v. przybyć; dojść; osiągnąć; wstępie ustalać; zdobyć sławę etc.

arrogant [aeregent] adj. butny; zarozumiały

arrow [aerou] s. strzała

art [a:rt] s. sztuka; chytrość; zręczność; rzemiosło; fortel

artichoke ['a:rty,czouk] s. karczoch (jarzyna)

article ['a:rtykl] s. rodzajnik; artykuł; warunek; paragraf (dokumentu); temat

artifact [,a:rty'faekt] s. wytwór ludzkiej ręki (jakikolwiek)

artist ['a:rtist] s. artysta; artystka

as [aez; ez] adv. pron. conj. jak; tak; co; jako; jaki; skoro; żeby; skoro; z (dniem, rokiem)

as ... as [ez ... ez] tak jak

ascend [e'send] v. piąć się; iść w górę; wznosić się; wracać w przeszłości; wstępować (na tron); wsiąść na

ash [aesz] s. popiół; jesień

ashamed [e'szejmd] adj. zawstydzony; zażenowany

ash tray ['æʃtrej] s. popielniczka (dla palaczy)
Asian [,ejʒ,jen] adj. Azjata;
Azjatka; azjatycki; azjatycka
ask [æ:sk] v. pytać; zapytywać; prosić; zapraszać
ask for ['æ:sk fo:r] prosić o ...
aspect [aespekt] s. aspekt;
wygląd; wyraz; faza; postać;
strona; mina; przejaw; strona
(fasada) domu; zapatrywanie
aspire [es'pajer] v. dążyć;
marzyć; wzdychać do; mieć
aspiracje; być ambitnym
ass [aes] s. osioł; wulg. dupa
assail [e'sejl] v. napadać (brutalnie); przystępować; atakować (argumentami); uderzać
assassinate [e'saesynejt] v.
zamordować (podstępnie);
dokonać zamachu (na ...)
assassination [e,saesy'nejszyn]
s. morderstwo; zabójstwo;
zamach; skrytobójstwo
assembly [e'sembly] s. zebranie;
zbiórka; montaż; legislatura
assert [e'se:rt] v. twierdzić;
upominać się; dowieść; stawiać się; potwierdzić
assets [aesets] pl. własności;
aktywa (ściągalne); wartościowi pracownicy
assignment [e'sajnment] s.
przydzielenie; przypisanie;
przekazanie; przydział; podział
assist [e'syst] v. pomagać;
brać udział; być przy
assistant [e'systent] s. asystent;
pomocnik; adj. pomocniczy
associate [e'souszjejt] s. towarzysz; wspólnik; partner;
sprzymierzeniec; rzecz związana z czymś; część (czegoś); v. łączyć; obcować;
kojarzyć; brać do spółki; adj.
towarzyszący (podrzędny)
assortment [e'so:rtment] s.
asortyment; wybór; sortowanie; klasyfikacja
assume [e'sju:m] v. zakładać;
obejmować; przybierać; przypuszczać; wdziewać; udawać; przedsiębrać; brać

assure [e'szu:r] v. zapewniać;
ubezpieczać; zabezpieczać
astonished [es'tonyszt] adj.
zdumiony; bardzo zdziwiony
astrologer [es'troledżer] s.
astrolog
astronomer [es'tronemer] s.
astronom
at [aet; et] prep. w; na; u; przy;
pod; z; za; do; o; po
athlete ['aetli:t] s. atleta; siłacz;
sportowiec; wyczynowiec
atmosphere ['aetmesfier] s.
atmosfera; otoczenie; nastrój
atom ['aetem] s. atom
attach [e'taecz] v.
przywiązywać; przyczepiać;
przydzielać; łączyć;
przymocowywać; naklejać
attack [e'taek] v. napadać;
atakować; s. atak; uderzenie
attempt [e'tempt] v. usiłować;
czynić zamach; próbować; s.
próba; usiłowanie; zamach
attend [e'tend] v. uczęszczać;
leczyć; obsługiwać; towarzyszyć; iść razem
attention [e'tenszyn] s. uwaga;
uprzejmość; troska; opieka
attitude ['aetitiu:d] s. postawa;
ustosunkowanie się; poza
attract [e'traekt] v. przyciągać;
zwabić; być pociągającym;
zdobywać uznanie; urzekać
attraction [e'traekszyn] s.
przyciąganie; powab; urok;
atrakcja; siła przyciągania
attractive [e'traektyw] adj.
pociągający; przyciągający;
miły; urzekający
auction ['o:kszyn] s. licytacja;
(publiczna) aukcja
audience ['o:djens] s. słuchacze
publiczność; audiencja
August ['o:gest] s. sierpień
aunt [aent] s. ciotka; wujenka;
stryjenka
austere [o:s'tier] adj. surowy;
poważny; trudny; czysto użytkowy; bez ozdób; ponury
Australian [o:s'treijien] adj.
australijski; s. Australijczyk
Austrian ['o:strjen] adj.

austriacki; s. Austriak
authentic [o:'tentyk] adj.
autentyczny; prawdziwy
author [o:'ter] s. autor; pisarz;
sprawca; twórca (dzieł etc.)
authority [o:'toryty] s. władza;
autorytet; znaczenie; powaga;
moc rozkazywania; urząd
automatic [,o:te'maetyk] adj.
automatyczny; machinalny
automation [,o:te'mejszyn] s.
automatyzacja; robotyzacja
automobile ['o:temeby:l] s.
samochód; auto; sl. wóz
autumn ['o:tem] s. jesień
available [e'wejlebl] adj.
dostępny; osiągalny
avenue ['aewnju:] s. bulwar;
aleja; ulica; dojazd; dojście
average ['aewerydż] adj. przeciętny; średni; s. średnia;
wartość średnia; przeciętna;
v. osiągać średnio; obli-
czać średnią; wypośrodko-
wywać; pracować przecięt-
nie, w średnim tempie
averse [e'we:rs] adj. niechętny;
czujący odrazę; przeciwny
avid ['ewyd] adj. chciwy;
zachłanny; bardzo chętny
avoid [e'woyd] v. unikać;
uchylać się; stronić
avow [e'wau] v. wyznawać
await [e'łejt] v. czekać;
oczekiwać; być w ocze-
kiwaniu; być zagrożonym
awake [e'łejk] v. budzić się;
otwierać oczy na ...; adj.
czujny; przebudzony; na jawie
award [e'ło:rd] v. przysądzać;
wyznaczać; s. nagroda;
zapłata; grzywna sądowa
aware [e'łeer] adj. świadomy
away [e'łej] adv. precz; z dala
awful ['o:fful] adj. straszny;
budzący lęk i szacunek
awkward [o:'klerd] adj. niezgrabny; niezdarny; kłopotliwy; nie-
poręczny; zakłopotany; trudny
(do prowadzenia); niewygodny
ax [aeks] s. siekiera; topór; v.
obcinać siekierą; redukować

B

baby ['bejby] s. niemowlę
bachelor ['baeczeler] s. nie-
zamężna; nieżonaty; stopień
uniwersytecki (najniższy); osoba posiadająca ten stopień
back [baek] s. tył; grzbiet; v.
cofać się; wycofać się
background ['baekgraund] s. tło;
dalszy plan; przeszłość
backwards ['baekłerds] adv. w
tyle; odwrotnie; do tyłu
bacon ['bejkn] s. słonina; wędzo-
ny i solony boczek; bekon
bad [baed] adj. zły; niedobry;
przykry; sfałszowany; słaby;
zdrożny; niewłaściwe
badge [baedż] s. odznaka; oznaka (członkostwa, rangi etc.)
bag [baeg] s. torba; worek;
sl. babsztyl; upodobanie;
v. pakować; zwędzić
baggage ['baegydż] s. bagaż
bake [bejk] v. piec; wypalać
bakery ['bejkery] s. piekarnia
balance ['baelens] s. waga
(przyrząd); bilans; równowaga;
v. równoważyć; bilansować;
wahać się; przeciwdziałać
balcony ['baelkeny] s. balkon
bald [bo:ld] adj. łysy; jawny
ball [bo:l] s. 1. piłka; pocisk;
kłębek; kula (ziemska); 2. bal;
zabawa taneczna; gra
balloon [be'lu:n] s. balon
ballot ['baelet] s. (tajne)
głosowanie; kartka do głosowania; v. tajnie głosować
ban [baen] s. zakaz; klątwa; v.
zabraniać; wyjąć spod prawa
banana [be'na:ne] s. banan
band [baend] s. szajka; kapela;
zespół muzyczny; taśma; v.
wiązać się; przepasywać
opaską; zrzeszać (w celu)
bang [baeng] s. huk; zryw;
uciecha; bęc; v. trzaskać;

walnąć (z wielkim hukiem)
bank ['bænk] s. brzeg; ławica; nasyp; skarpa; bank; stół roboczy; rząd; nachylenie toru; zasób; zbiór; wał przeciwpowodziowy; v. prowadzić bank; składać w banku; piętrzyć; pochylać; sl. polegać; obwałowiać; pochylić jezdnię
bar [ba:r] s. belka; drąg; rogatka; krata; bariera; v. zagradzać; hamować; prep. oprócz
barber ['ba:rber] s. fryzjer (męski); golibroda
bare [beer] adj. nagi; goły; łysy; v. obnażać; odkrywać
barefoot ['beerfut] adj. & adv. boso; bosa
bargain ['ba:rgyn] s. ubicie targu; dobre (okazyjne) kupno; v. targować się o cenę; spodziewać się; dobijać targu
barn [ba:rn] s. stodoła; stajnia; obora; wozownia; remiza
barracks ['bæereks] pl. koszary; baraki; budynki koszarowe
barrel ['bæerel] s. beczka; lufa; rura; cylinder; walec; bęben
barrier ['bæerjer] s. zapora; zastawa; rogatka; ogrodzenie
bartender ['ba:rtender] s. barman; bufetowy; bufetowa; barmanka; sprzedający wódkę
barter ['ba:rter] v. wymieniać; handlować; s. handel wymienny (bez pieniędzy)
base [bejs] s. podstawa; nasada; adj. podły; nędzny; niski
basement ['bejsment] s. suterena; piwnica; podziemie
bashful ['bæeszful] adj. wstydliwy; nieśmiały; trwożliwy; lękliwy
basic ['bejsyk] adj. podstawowy; zasadniczy; zasadowy
basis ['bejsys] f. fundament; podstawy; podłoże; grunt; zasada; główna część
basket ['ba:skyt] s. kosz; koszyk; v. wrzucać do kosza
bastard ['bæesterd] s. bękart; nieślubne dziecko; adj. nieślubny; nędzny; kiepski

bat [bæet] s. nietoperz; maczuga; kij; v. mrugać; hulać (slang)
bath [ba:s] s. kąpiel; łazienka
bathe [bejz] v. kąpać; moczyć; rosić; przemywać; wykąpać
bathing suit ['bejzyng sju:t] strój kąpielowy; kostium kąpielowy
bathroom ['ba:zru:m] s. łazienka; ubikacja; ustęp; klozet
bathtub ['ba:ztab] s. wanna
battery ['bæetery] s. bateria (elektryczna lub armat); komplet; pobicie; zestaw armat
battle ['bæetl] s. bitwa; walka
bay [bej] adj. czerwono-brązowy; gniady (koń); s. wawrzyn; laur (drzewo); pl. laury
bay [bej] s. zatoka; wnęka; przęsło; v. ujadać; wyć
be [bi:] v. być; żyć; trwać; dziać się; istnieć; stawać się; zdarzać się; pozostawać
beach [bicz] s. brzeg; plaża
bead [bi:d] s. paciorek; koralik; v. nawlekać korale; perlić się; ozdabiać paciorkami
beam [bi:m] s. belka; dźwigar; promień; radosny uśmiech; v. promieniować; nadawać sygnał; rozpromienić się
bean [bi:n] s. fasola; bób; ziarnko; łeb; animusz
bear [beer] s. niedźwiedź; v. dźwigać; ponosić; znosić; podtrzymywać; trzymać się; rodzić; mieć (potomstwo); nosić się; zachowywać się
bear [beer] s. niedźwiedź; v. dźwigać; ponosić; znosić; podtrzymywać; trzymać się; rodzić; mieć (potomstwo); nosić się; zachowywać się
beard [bierd] s. broda (zarost)
beast [bi:st] s. bestia; bydlę
beat; beat; beaten [bi:t; bi:t; bi:tn]
beat [bi:t] v. bić; bić się; ubijać; tłuc; trzepotać; zbić; kuć; karać biciem (batem)
beautiful ['bju:teful] adj. piękny; cudny; wspaniały; świetny
beauty ['bju:ty] s. piękność; piękno; uroda; piękna kobieta
beauty parlor ['bju:ty'pa:rler] salon kosmetyczny
because [bi'ko:z] conj. dlatego;

że; gdyż; adv. z powodu
become [bi'kʌm] v. stawać się;
nadawać się; zostawać
kimś (czymś); pasować do
bed [bed] s. łoże; łożysko;
klomb; grządka; ławica;
podkład; nocleg
bedroom ['bedrum] s. sypialnia
bee [bi:] s. pszczoła
beef [bi:f] s. wołowina; siła;
narzekanie; wyrzekanie (slang)
beer [bier] s. piwo
beetle ['bi:tl] s. tłuczek; ubijak;
v. ubijać; wystawać; zwisać
before [bi'fo:r] adv. przedtem;
dawniej; z przodu; na przedzie
beg [beg] v. prosić; żebrać
begin [bi'gyn] v. zaczynać
zapoczątkować; rozpoczynać
beginning [bi'gynyŋ] s.
początek; rozpoczęcie
behave [by'hejw] v. zachowywać się; prowadzić się
behind [by'hajnd] adv. w tyle; z
tyłu; do tyłu; prep. za; poza;
s. tyłek; pupa
belch [belcz] v. zionąć; odbijać
się; s. bekanie; buchanie; huk,
odbijanie się
Belgian ['beldżen] adj. belgijski
belief [by'li:f] s. wiara; wierzenie;
zaufanie; przekonanie
believe [by'li:w] v. wierzyć;
sądzić; mieć przekonanie;
zakładać; uważać
believer [by'li:wer] s. wyznawca,
wierzący; zwolennik
bell [bel] s. dzwon; dzwonek
belly ['bely] s. brzuch; żołądek
belongings [bylonǵynz] pl.
rzeczy; bagaż; przynależości
below [by'lou] adv. niżej; w
dole; na dół; pod spodem;
prep. poniżej; pod; w piekle
belt [belt] s. pas; pasek; strefa;
v. bić pasem; opasywać
bench [bencz] s. ława; ławka;
stół; terasa; miejsce sędziego
bend [bend] s. zgięcie; krzywa;
v. giąć; wyginać; przeginać
zginać; naginać
beneath [by'ni:z] prep. pod; pod
spodem; na dół; poniżej

beneficial [,beny'fyszel] adj.
pożywny; korzystny; zbawien-
ny; dobroczynny
benefit ['benyfyt] s. korzyść;
dobrodziejstwo; pożytek;
zasiłek; dobro
benevolent [by'newelent] adj.
dobroczynny; życzliwy;
łaskawy
berry ['bery] s. jagoda; ikra
beside [by'sajd] adv. poza tym;
ponadto; inaczej; prep. obok;
przy; w pobliżu w porównaniu; na równi z ...
beat [best] adj. & adv. najlepszy;
najlepiej; v. okpiwać
bet [bet] s. zakład; v. zakładać
się; iść o zakład
better ['beter] adv. lepiej; lepszy;
v. poprawić; przewyższać;
prześcignąć; prześcigać
between [by'tli:n] prep. między;
adv. w pośrodku; tymczasem
beyond [by'jond] adv. & prep.
za; poza; dalej niż; nad;
ponad; dalej (położony etc.)
Bible ['bajbl] s. Biblia
bicycle ['bajsykl] s. rower
big [byg] adj. & adv. duży;
wielki; ważny; głośny; godny
bike [bajk] s. rower
bill [byl] s. dziób; pika; cypel
bill [byl] s. rachunek; kwit; afisz;
plakat; v. ogłaszać; afi-
szować; oblepiać afiszami
billion ['byljen] s. tysiąc
milionów (USA); miliard
bin [byn] s. skrzynia; paka; v.
pakować; chować do skrzyni
bind [bajnd] v. wiązać; zobowiązywać; opatrywać; oprawiać; obszywać; uwiązać
binoculars [bajnokjulez] pl.
lornetka (połowa, teatralna)
bird [be:rd] s. ptak; dziwak
birth [be:rz] s. urodzenie
birth control [be:rᵗ kon,troul]
kontrola urodzin
birthday ['be:rᵗdej] s. urodziny;
początek czegoś
bitch [bycz] s. suka; wulg.
kurwa
bite [bajt] v. gryźć; kąsać;

docinać; dokuczać; s. po-
karm; przynęta; ukąszenie;
cietość; lekki posiłek; odrobina czegoś do jedzenia

bitter ['byter] adj. gorzki; ostry;
zły; zgorzkniały; przykry

black [blaek] adj. czarny; ponury;
s. murzyn; v. czernić

blade [blejd] s. źdźbło; liść;
ostrze; płetwa; klinga; wesołek

blame [blejm] s. wina; nagana;
v. łajać; ganić; winić

blank [blaenk] adj. biały; pusty;
czysty; nie wypełniony; s.
puste miejsce; nie wypełniony
formularz; ślepak

blanket ['blaenkyt] s. koc
wełniany; ciepły koc

blasphemy ['blaesfymy] s. bluź-
nierstwo; pogarda dla Boga

blast [bla:st] s. wybuch; podmuch; odgłos eksplozji; prąd
powietrza; v. wysadzić w
powietrze; detonować; niszczyć; przeklinać; uderzać

bleed [bli:d] v. krwawić

bless [bles] v. błogosławić;
udzielić błogosławieństwa

blind [blajnd] adj. ślepy; v.
oślepić; s. zasłona

blink [blynk] v. mrugać; s. błysk
oka; mignięcie; migotanie

bliss [blys] s. radość; błogość

blizzard ['blyzerd] s. śnieżyca;
zawieja; zadymka; zamieć

block [blok] s. blok; kloc; zeszyt;
przeszkoda; v. tamować;
wstrzymywać; tarasować;
zatykać; zablokować;
blokować; tamować

blonde [blond] s. blondynka

blood [blad] s. krew; ród;
pokrewieństwo

blossom ['blosem] v. kwitnąć;
s. kwiecie; kwiat

blouse [blauz] s. bluza

blow [blou] s. silny cios; nagły
atak; nagłe nieszczęście;
szok; dmuchnięcie; podmuch;
rzut; rozkwit; v. dmuchać;
zakwitać; rozkwitać; popychać podmuchem; wybu-
chać; stąpiać; trąbić; chwa-

lić się; rozrzutnie wydawać
pieniądze; popełniać błąd;
odchodzić; rozbić; rozwalić

blue [blu:] adj. niebieski; błękit-
ny; siny; ponury; v. farbować
na niebiesko; pomalować na
niebiesko; s. błękit; lazur

boar [bo:r] s. dzik; odyniec

board [bo:rd] s. deska; władza
naczelna; tablica; rada; pokład

boast [boust] v. chwalić się; s.
samochwalstwo; przechwałki

boat [bout] s. łódź; statek

body ['body] s. ciało (ludzkie,
fizyczne, astralne); karoseria;
korpus; grupa; gromada; ogół

boil [bojl] v. wrzeć; kipieć;
gotować; s. wrzenie; czyrak

bold [bould] adj. śmiały;
zuchwały; zauważalny;
wyraźny; wyrazisty

bolt [boult] s. zasuwa; bolec;
piorun; wypad; rygiel;
ucieczka; v. zasuwać; rzucić
się; wypaść; czmychać

bone [boun] s. kość; ość

bonfire ['bonfajer] s. płonący
stos; ognisko (obozowe etc.)

book [buk] s. książka; rejestr;
v. księgować; rezerwować;
aresztować; rejestrować

boot [bu:t] s. but; cholewa

booth [bu:s] s. budka; stragan

border ['bo:rder] s. granica;
brzeg; rąbek; lamówka; skraj;
kresy; v. obrębiać; graniczyć; oblamować; obszyć

bore [bo:r] v. wiercić; drążyć;
nudzić; zanudzać; s. otwór;
nudy; nudziarz; natręt; rzecz
nieznośna; nudziarstwo

born [bo:rn] adj. urodzony

borrow ['borou] v. (za)pożyczać

boss [bo:s] s. szef; v. rządzić

both [bous] pron. & adj. obaj;
obydwaj; obie; obydwie; oboje

bother ['bother] s. kłopot; v.
niepokoić; dokuczać; drę-
czyć; zawracać głowę

bottle ['botl] s. butelka

bottom ['botem] s. dno; spód;
dolina; głąb; dolna część;
adj. dolny; spodni; podsta-

wowy; v. sięgać dna; wstawiać dno; osiągać dno
bounce [bauns] v. odbijać się;
podskakiwać; odskoczyć;
blagować; s. gwałtowne
odbicie; odskok;
samochwalstwo; chełpliwość
bound [baund] s. granica; adj.
będący w drodze; v. gra-
niczyć; być zobowiązanym
boundary [baundri] s. linia
graniczna; adj. graniczny
bow [bau] s. łuk; kabłąk;
smyczek; ukłon; v. zginać
się; kłaniać się; wygiąć w
kabłąk; schylić się
bowl [boul] s. miska; czerpak;
stadion; szala; v. grać kulami
(w kręgla); toczyć koło
box [boks] s. skrzynka; pudełko;
loża; boks; v. pakować;
oddzielać; uderzać pięścią
boy [boj] s. chłopiec; służący
boyhood ['bojhud] s. wiek
chłopięcy; dzieciństwo
chłopca; chłopięce lata
bracelet ['brejslyt] s. bransoletka;
kajdanek (policyjny)
brag [braeg] v. chełpić się
braid [brejd] s. warkocz; wstążka; plecionka; v. pleść;
opasywać; obszywać
brake [brejk] s. hamulec
branch [bra:ncz] s. gałąź;
odnoga; filia; v. odgałęziać
się; zbaczać; rozwidlać się
brand [braend] s. głownia;
żagiew; wypalony znak na
skórze; piętno; żelazne
narzędzie do wypalania znaku;
znak własności; znak fir-
mowy; marka towaru; pochodzenie towaru; gatunek towaru; v. naznaczać; piętno-
wać; wryć (w pamięć)
brandy ['braendy] s. wódka ze
spirytusu winnego
brassiere [bre'zier] s. biustnik;
stanik; biustonosz
brat [braet] s. brzdąc; bachor
brave [brejw] adj. dzielny; odważny; śmiały; v. stawiać
czoło; odważyć się

bread [bred] s. chleb; forsa
(slang); środki utrzymania
breadth [breds] s. szerokość;
rozmach; szerokość poglą-
dów; rozpiętość (skrzydeł)
break [brejk] v. łamać; rujnować; przegrywać; potłuc; urwać; przerwać; s. złamanie;
wyłom; nagła zmiana; wada
breakfast ['brekfest] s.
śniadanie; v. jeść śniadanie
breast [brest] s. pierś
breaststroke ['brest,strouk]
pływanie żabką
breath [bres] s. oddech;
tchnienie; dech; oddychanie;
powiew; podmuch
breeze [bri:z] s. wietrzyk; zwada;
podmuch wiatru; v. wiać;
śmigać; odejść; oszukać
brew [bru:] v. warzyć (piwo);
knuć; s. napój uwarzony;
preparat; warzenie; parzenie;
odwar; napar
brick [bryk] s. cegła; kostka; adj.
ceglany; v. obmurować; za-
murować (okno; drzwi etc.)
bridge [brydż] s. most; mostek;
brydż; grzbiet; v. łączyć
mostem; zapełnić lukę
brief [bri:f] s. streszczenie;
zestawienie; odprawa; krótkie
majtki; v. zwięźle streścić;
pouczyć; informować; zro-
bić odprawę; mówić krótko;
adj. krótkotrwały; treściwy;
zwięzły; krótki
bright [brajt] adj. jasny;
świetny; bystry; adv. jasno
brilliant ['bryljent] adj.
lśniący; błyszczący; świetny; wybitny; znakomity
bring [bryng] v. przynosić;
przyprowadzać; powodować;
zmusić (się); ściągnąć
broad [bro:d] adj. szeroki; z
rozmachem; wyraźny; obszerny; rozległy; s. szeroka
płaszczyzna; wulg. kobieta;
adv. szeroko; z akcentem
broadcast ['bro:dka:st] s.
transmitować; rozsiewać;
szerzyć; s. transmisja

broken [broukn] adj. połamany; zepsuty; zob. break

brook [bruk] s. potok; strumyk; v. ścierpieć

broom [bru:m] s. miotła; v. zamiatać; wymiatać; obmiatać

brother ['brʌðər] s. brat

brown [braun] adj. brunatny; brązowy; palony; kasztanowaty; pakunkowy (papier); v. brązowieć; opalać się; przyrumieniać (mięso)

brush [brʌsz] s. szczotka; pędzel; draśnięcie; v. szczotkować; otrzepać; pędzlować

bubble ['bʌbl] s. bąbel; bańka; kipienie; wrzenie; v. kipieć; burzyć się; wydzielać bańki; musować; bulgotać

bucket ['bʌkyt] s. wiadro; czerpak (koparki); tłok; miska

buckle ['bʌkl] v. spinać; łączyć; wichrować; s. spinka; klamerka; sprzączka

budget ['bʌdżyt] s. budżet; v. budżetować; asygnować

buffet ['bʌfyt] s. bufet; cios; kułak; szturchaniec; raz; uderzenie

bug [bʌg] s. owad; pluskwa; defekt; amator; insekt; robak

build [byld] v. budować; rozbudowywać; stworzyć; wznosić

building ['byldyŋg] s. budowla

bull [bul] s. byk; duży samiec; głupstwo; nonsens = bull-shit [bul-szyt] (wulg.)

bum [bʌm] s. włóczęga; nierób; popijawa; zadek; v. włóczyć się; cyganić; pić; adj. marny

bun [bʌn] s. ciastko drożdżowe; kok (włosów)

bunch [bʌncz] s. pęk; banda; zgraja; guz; v. składać w pęki; skupiać się; kulić się

bundle ['bʌndl] s. tłumok; wiązka; v. pakować (w tobół)

burden ['bə:rdn] s. brzemię; ciężar; obowiązek; v. obciążać; przygniatać;

obładowywać

bureaucracy [bju'rokresy] s. biurokracja

burn [bə:rn] v. palić; płonąć; zapalić; poparzyć; wypalać; s. oparzelizna; dziura wypalona; oparzenie

burst [bə:rst] v. rozsadzać; rozrywać; s. wybuch; pęknięcie; salwa; zryw; szał; grzmot; hulanka

bury ['bery] v. pochować; zagrzebać; pogrzebać; chować; zakopywać

bus [bas] s. autobus

bush [busz] s. krzak; gąszcz

business ['byznys] s. interes; zajęcie; sprawa; przedsiębiorstwo; transakcja; handel; adj. handlowy; urzędowy

businessman ['byznysmən] s. przedsiębiorca; człowiek interesów; handlowiec

busy ['byzy] adj. zajęty; skrzętny; wścibski; ruchliwy

but [bat] adv. conj. prep. lecz; ale; jednak; natomiast; tylko; inaczej niż; z wyjątkiem

butcher ['buczer] s. rzeźnik; kat; v. zarzynać; mordować; masakrować; brutalnie zabijać; partaczyć

butter ['bater] s. masło; v. smarować masłem; przychlebiać

butterfly ['baterflaj] s. motyl; adj. motyli

buttocks ['bateks] pl. pośladki

button ['batn] s. guzik; przycisk dzwonka; v. zapinać

buy [baj] v. kupować; przekupić; okupić

by [baj] prep. przy; koło; co(dzień); przez; z; po; w (nocy); o; według

C

cab [kaeb] s. taksówka;

dorożka-szoferka; budka
maszynisty

cabbage ['kaebydż] s. kapusta

cabin ['kaebyn] s. kabina;
chatka; prymitywnie zbudo-
wany domek

cable ['kejbl] s. przewód; lina;
depesza; v. depeszować;
umocowywać liną; przesyłać
kablem

cafe ['kaefej] s. kawiarnia; kawa;
restauracja; bar

cage [kejdż] s. klatka; kosz; v.
zamykać w klatce

cake [kejk] s. ciastko; kostka
(mydła); smażony placek (z
ryby)

calculate ['kaelkjulejt] v.
rachować; sądzić; oceniać

calendar ['kaelynder] s.
kalendarz; terminarz

call [ko:l] v. wołać; wzywać;
telefonować; odwiedzać; zawijać do portu; wyzywać; v.
krzyk; wezwanie; apel; powołanie; wizyta; nazwanie;
żądanie; sygnał

calm [ka:m] adj. spokojny; cichy;
opanowany; s. spokój; cisza;
opanowanie; v. uspokajać;
uciszać; uciszyć się

camel ['kaemel] s. wielbłąd

camera ['kaemere] s. aparat
fotograficzny; prywatna izba

camp [kaemp] s. obóz; v.
obozować; rozlokowywać w
namiotach

camp out [kaemp aut] v.
obozować w namiocie

campus ['kaempes] s. teren
uniwersytecki lub szkolny

can [kaen] s. puszka blaszana;
ustęp; v. móc; konserwować;
wyrzucać; umieć; zdołać;
potrafić

canal [ke'nael] s. kanał; kanalik

cancel ['kaensel] v. znosić;
kasować; odwoływać;
skreślać; anulować

cancer ['kaenser] s. rak
(choroba); nowotwór

candidate ['kaendydyt] s.
kandydat; kandydatka

candle ['kaendl] s. świeca

candy ['kaendy] s. cukierki;
lukier; cukier lodowaty

cannot ['kaenot] v. nie móc (od
can not); nie potrafić

cap [kaep] s. czapka; pokrywa;
wieko; kapiszon; beret

cap [kaep] v. wkładać czapkę
lub nakrywkę; wieńczyć;
zakładać spłonkę; zakaso-
wać; nakrywać

capable ['kejpebl] adj. zdolny

cape [kejp] s. 1. peleryna;
2. przylądek

capital ['kaepytl] s. stolica;
kapitał; adj. główny;
zasadniczy; stołeczny; fatalny

captain ['kaeptyn] s. kapitan;
naczelnik; v. dowodzić

capture ['kaepczer] s.
owładnięcie; łup; zdobycz; v.
pojmać; owładnąć

car [ka:r] s. samochód; wóz

card [ka:rd] s. karta; bilet;
pocztówka; legitymacja; atut

care [keer] s. opieka; troska;
ostrożność; zgryzota; dozór;
uwaga; niepokój

career [ke'rier] s. kariera; zawód;
tok; pęd; bieg; v. cwałować

careful [keerful] adj. ostrożny;
troskliwy; dbały; pieczołowity

careless [keerles] adj. niedbały;
nieuważny; nieostrożny

carpet ['ka:rpyt] s. dywan; v.
wyściełać dywanem

carriage ['kaerydż] s. wagon;
powóz; postawa; kareta; chód

carrot ['kaeret] s. marchewka

carry ['kaery] v. nosić; wozić;
zanieść; unosić

cart [ka:rt] s. wóz

carve ['ka:rw] v. rzeźbić;
krajać; cyzelować; pociąć
na części

case [kejs] s. 1. wypadek;
sprawa; dowód; 2. skrzynia;
pochwa; torba; 3. sprawa
sądowa; v. zamykać w
pochwie; otaczać czymś;
oszalować; oprawić

cash [kaesz] s. gotówka;
pieniądze; v. spieniężać;

inkasować; płacić (gotówką)

cast [ka:st] s. rzut; odlew; gips; odcień; v. rzucać; łowić; odlewać; powalić; dzielić role teatralne

castle ['ka:sl] s. zamek

cat [kaet] s. kot; jędza

catch [kaecz] v. łapać; łowić; ujmować; słyszeć; wybuchnąć; nabawić się; usidlić; uchwycić; s. łup; połów

cathedral [ka'ti:drel] s. katedra

Catholic ['kaeθelyk] adj. katolicki; s. katolik

cattle [kaetl] s. bydło rogate

cause [ko:z] s. przyczyna; sprawa; racja; motywacja; proces; powód; v. spowodować; być przyczyną

caution [ko:szyn] s. ostrożność; przezorność; roztropność; uwaga; v. ostrzegać

cave [kejw] s. pieczara; jaskinia; v. zapadać się; drążyć

ceiling ['sy:lyng] s. sufit; pułap; górna granica

celebrate ['selybrejt] v. święcić; uczcić; sławić; obchodzić

cemetery ['semytry] s. cmentarz

censor ['sensor] s. cenzor

cent [sent] s. cent

centimeter ['sentymi:ter] s. centymetr

central ['sentral] adj. środkowy; czołowy; s. centrala

Central Europe ['sentral 'juerop] Europa Środkowa

century ['senczury] s. stulecie

ceremony ['serymeny] s. ceremonia; v. sztywno się zachowywać

certain ['se:rtyn] adj. niejaki; pewien; pewny; ustalony; jakiś

chain [czejn] s. łańcuch; syndykat; trust; v. wiązać na łańcuchu; mierzyć; uwiązać; zakuć

chair [czeer] s. krzesło; stołek; fotel; katedra; v. przewodniczyć; sadzać na krześle

challenge ['czaelyndż] s. wyzwanie; zadanie; v. wyzywać; zarzucać; wzywać; korcić; prowokować; rzucać wyzwanie

champagne ['szaem'pejn] s. szampan

chance [cza:ns] s. okazja; przypadek; szczęście; szansa; ryzyko; adj. przypadkowy; przygodny; v. zdarzać się; ryzykować; próbować; przytrafić się; natknąć się

change [czejndż] s. zmiana; wymiana; drobne; v. zmienić; przebierać (się); wymieniać; rozmieniać (na drobne)

channel ['czaenl] s. kanał; koryto; łożysko; v. żłobić; przesyłać drogą (urzędową)

chaos ['kejos] s. chaos

chapter ['czaepter] s. rozdział; oddział; v. dzielić na rozdziały

character ['kaerykter] s. charakter; typ; cecha; reputacja; moralność; facet; znak; usposobienie

characteristic ['kaerykterystyk] adj. charakterystyczny; typowy; s. cecha; własność; właściwość

charge [cza:rdż] s. ciężar; ładunek (naboju, baterii); opłata; podopieczny; zarzut; opłata; należność; koszt; szarża; godło; v. ładować; nasycać; obciążać; żądać; liczyć sobie; oskarżać; atakować; szarżować

charge card [cza:rdż 'ka:rd] s. karta kredytowa do zakupów

charm [cza:rm] s. czar; urok; amulet; urok; wdzięk; v. czarować; oczarować

charming [cza:rmyng] adj. czarujący

chase [czejs] s. pościg; pogoń; polowanie; łowy; teren polowania; v. gonić; ścigać; polować; wyganiać

chat [czaet] s. pogawędka; awędzenie; v. gawędzić; gadać; rozmawiać

cheap [czi:p] adj. tani; marny
cheat [czi:t] s. oszust; oszustka;
  v. oszukiwać; zdradzać (w
  małżeństwie); okpiwać
check [czek] s. wstrzymanie;
  przerwa; sprawdzanie; czek;
  kwit; szach; adj. szachow-
  nicowy; kontrolny; pod-
  kreślony; v. hamować;
  sprawdzać; zakreślać;
  nadawać; zgadzać się;
  szachować; ganić; krytykować; opanowywać
cheer [czier] s. brawo; hurra;
  radość; jadło; v. krzyczeć;
  rozweselać; dodawać otuchy
cheerful ['czierful] adj. pogodny;
  wesoły; ochoczy;
  rozweselający
cheese ['czi:z] s. ser
chef [czef] s. kuchmistrz
chemical ['kemykel] adj.
  chemiczny; s. substancja
  chemiczna
cherry ['czery] s. czereśnia;
  wiśniowy kolor; vulg.
  prawiczka; adj. wiśniowy;
  vulg. prawiczy; czerwony
chess [czes] s. szachy
chest [czest] s. skrzynia;
  komoda; pierś; płuca; kufer;
  skrzynka
chew [czu:] v. żuć;
  przeżuwać; besztać;
  gderać; s. żucie; tytoń do
  żucia; prymka
chewy [czu:y] adj. nadający się
  do żucia
chicken ['czykyn] s. kurczę; adj.
  tchórzliwy; bojący się
chief [czy:f] s. wódz; szef; adj.
  główny; naczelny
child [czajld] s. dziecko
childish ['czajldysz] adj.
  dziecinny
children ['czyldren] pl. dzieci
chilly [czyly] adj. chłodny; adv.
  chłodno; zimno
chimney ['czymny] s. komin;
  wylot; szkło lampy naftowej
chin [czyn] s. broda; podbródek;
  v. podciągać brodę do
  drążka

chip [czyp] s. drzazga; odłamek;
  skrawek; v. ottuc; obijać;
  dokuczać; nabierać; ciosać;
  ćwierkać; piszczeć; nogą
  podstawiać; złuszczać się;
  odłupać
chocolate ['czoklyt] s. czekolada;
  adj. czekoladowy (kolor etc.)
choice [czojs] s. wybór;
  wybranka; adj. wyborowy;
  doborowy
choose [czu:z] v. wybierać;
  woleć; postanowić; obrać;
  zadecydować
chop [czop] v. rąbać; obcinać;
  s. rąbnięcie; kotlet; krótka fala
Christmas ['krysmas] s. Boże
  Narodzenia
church [cze:rcz] s. kościół
cigarette [sige'ret] s. papieros
cigarette lighter [sy'gae'ret'lajter]
  s. zapalniczka
cinema ['synema] s. kino
circle ['se:rkl] s. koło; krąg;
  obwód; v. otaczać; kręcić
  się w koło; opasywać; krążyć; okrążać
circular ['se:rkjuler] s. okólnik;
  adj. okrągły; kolisty
circus ['se:rkas] s. cyrk; okrągły
  plac; rondo; desant (sl.)
citizen ['sytyzn] s. obywatel
city ['syty] s. (wielkie) miasto;
  centrum finansowe; ośrodek
city hall ['syty,ho:l] s. zarząd
  miasta; magistrat
civilization [,sywylaj'sejszyn] s.
  cywilizacja; całość kultury
civilize ['sywylajz] v.
  cywilizować; ucywilizować
claim [klejm] v. żądać;
  twierdzić; s. żądanie; twierdzenie; działka; skarga; zażalenie; dług
clap [klaep] s. huk; klaskanie; v.
  łopotać; oklaskiwać; klepać
clarify ['klaeryfaj] v. wyjaśniać;
  rozjaśniać; oczyszczać
clash [klaesz] s. brzęk; starcie;
  v. brzęczeć; ścierać się;
  kolidować; uderzać w coś
class [klaes] s. klasa; lekcja;
  rocznik; grupa; kurs; kate-

-goria; v. klasyfikować;
segregować; sortować

classmate ['kla:s,mejt] s. kolega szkolny

classic ['klaesyk] s. klasyk; studia klasyczne; adj. klasyczny; uznany autorytet; klasyk

classify ['klaesyfaj] s. klasyfikować; sortować; zaklasyfikować

claw [klo:] s. pazur; szpon; łapa; kleszcze; v. drapać; wydrapać; łapać w szpony

clay [klej] s. glina; ił; trup

clean [kli:n] adj. czysty; wyraźny; zgrabny; adv. całkiem; zupełnie; po prostu; v. oczyścić; opróżnić; ogołocić; wygrać; uprzątnąć; dużo zyskać (sl.)

cleanse [klenz] v. czyścić; zmywać (grzechy); oczyszczać

clear [klier] adj. jasny; czysty; bystry; adv. jasno; wyraźnie; z dala; zupełnie; dokładnie; s. wolna przestrzeń

clergy ['kle:rdży] s. duchowieństwo; kler

clerk [kla:rk] s. subiekt; urzędnik; pisarz; ekspedient

clever ['klewer] adj. zdolny; sprytny; zręczny; pomysłowy; uprzejmy

client [klajent] s. klient

cliff [klyf] s. urwisko; stroma ściana; ściana skalna

climax ['klajmaeks] s. szczyt; zakończenie; v. stopniować; szczytować; kulminować

climb [klajm] s. wspinaczka; miejsce wspinania; v. piąć się; wspinać; wzbijać się; wdrapać się

clock [klok] s. zegar ścienny

close [klouz] v. zamykać; zatykać; zakończyć; zwierać; zgodzić się; s. zakończenie; koniec; miejsce ogrodzone; adv. szczelnie; blisko; prawie; adj. zamknięty; skąpy; gęsty; bliski; ścisły;

eksluzywny

closet ['klozyt] s. pokoik; klozet; kredens

cloth [klos] s. materiał; szmata; szafa; obrus; sukno; żagiel

clothes [klouz] pl. ubranie; pościel; pranie; odzież; ubiór

clothing [klouzyng] s. odzież; osłona; bielizna; odzienie

cloud [klaud] s. chmura; obłok; zaspienie; tuman; kłąb dymu; v. chmurzyć; sępić; rzucać cień; ufarbować

cloudy ['klaudy] adj. chmurny; posępny; zamglony; mętny

clown [klaun] s. błazen; prostak; v. błaznować; wygłupiać się

club [klab] s. klub; pałka; kij; v. bić pałką; zbijać; łączyć; zrzeszać; stowarzyszać się

clumsy ['klamzy] adj. niezgrabny; nietaktowny; niekształtny

clutch [klacz] s. chwyt; szpon; sprzęgło; v. trzymać się kurczowo

coal [koul] s. węgiel

coarse [ko:rs] adj. pospolity; gruboziarnisty; szorstki

coast [koust] s. brzeg; v. jechać bez napędu; płynąć brzegiem

coat [kout] s. marynarka; surdut; powłoka; v. okrywać; pokrywać warstwą; powlekać (farbą)

cock [kok] s. kogut; kurek; kran; kutas (wulg.); v. postanowić; nastroszyć; napiąć; odwodzić; podnieść; zadzierać; wznieść

cockroach ['kokroucz] s. karaluch

cocktail ['koktejl] s. cocktail

cocoa ['koukou] s. kakao

code [koud] s. kodeks; szyfr; v. szyfrować; pisać szyfrem

coffee ['kofy] s. kawa

coffeepot ['kofy-pot] s. maszynka do kawy

coin [koyn] s. moneta; v. bić monety; spieniężać; ukuć (nowe pojęcie); tłoczyć

cold [kould] s. zimno; przeziębienie; adj. zimny;

chłodny; mroźny

collar ['kolerl] s. kołnierz; szyjka; pierścień; obroża; chomąto; piana (na piwie); v. wkładać obrożę; pojmać; ująć

collect ['ke'lekt] v. zbierać; odbierać; inkasować

collection [ke'lekszyn] s. zbiór; kolekcja; inkaso; zainkasowane pieniądze

college [kolydż] s. uczelnia; kolegium; zrzeszenie; akademia

color [kaler] s. barwa; farba; koloryt; v. barwić; farbować; koloryzować; rumienić się

colorful ['kalerful] adj. pstry; barwny; żywy; kolorowy

comb [koum] s. grzebień; grzbiet (fali); v. czesać; kłębić się

combination [komby'nejszyn] s. kombinacja; zespół; związek

combine [kembajn] v. połączyć; powiązać; skombinować; łączyć w sobie

come [kam] v. przybyć; pochodzić; wynosić; dziać się; być

comedy ['komydy] s. komedia

comfort ['kamfert] s. wygoda; pociecha; v. pocieszać; czynić wygodnym; dodawać otuchy

comfortable ['kamfertebl] adj. wygodny; zadowolony; spokojny

command [ke'maend] v. rozkazywać; kazać; rozporządzać; panować nad; dowodzić; s. rozkaz; nakaz; komenda; dowództwo

comment ['koment] v. objaśnienie; v. robić uwagi krytyczne lub złośliwe; wypowiadać zdanie

commerce ['komers] s. handel

commission [ke'myszyn] s. zlecenie; misja; urząd; v. delegować; powierzać; objąć; zlecać; zamianować; upoważniać

commit [ke'myt] v. powierzać;

przekazywać; odsyłać; popełniać; wciągać; zobowiązywać się; oddawać w opiekę; zamykać w (domu wariatów); obiecywać

committee [ke'myti] s. komitet; komisja; opiekun (umysłowo chorego)

common ['komen] adj. wspólny; publiczny; ogólny; pospolity; zwyczajny; prosty

Common Wealth of Independent States ['komen łels ow ,yndy'pendet stejc] s. Wspólnota Niezależnych Państw

commotion [ke'mouszyn] s. zamieszki; tumult; poruszenie

communicate [ke'mju:nykejt] v. dzielić się; komunikować się; łączyć się; przenosić (ciepło, zimno etc.)

communism ['komju,nyzem] s. komunizm; ruch komunistyczny

communist ['komjunyst] s. komunista; adj. komunistyczny

community [ke'mju:nyty] s. środowisko; społeczność; gmina; kolektyw; wspólnota; koło; zakon

compact [kem'paekt] adj. gęsty; zbity; zwarty; v. ubijać; zbijać; zagęszczać; s. puderniczka

compact [kempaekt] s. ugoda; porozumienie; puderniczka; samochód średniej wielkości (USA)

companion [kem'paenjen] s. towarzysz; (coś) do pary

company ['kampeny] s. towarzystwo; załoga; goście; partnerzy; spółka; kompania; trupa teatralna

comparative [kem'paeretyw] adj. porównawczy; względny; stosunkowy; s. stopień wyższy (przymiotnika)

compare [kem'peer] v. porównywać; dawać się porównać; stopniować (gram.)

comparison [kem'paeryson] s.
porównanie; zestawienie

compassionate [kem'paeszynyt]
adj. litościwy; v. litować się

compatible [kem'paetebl] adj.
zgodny; licujący; do
pogodzenia

compete [kem'pi:t] v.
konkurować; rywalizować;
ubiegać się

competition [,kompy'tyszyn] s.
konkurencja; konkurs; zawody;
współzawodnictwo; turniej

competitor [kem'petyter] s.
rywal; konkurent;
współzawodnik;
współzawodniczka; rywalka

complain [kem'plejn] v. żalić
się; narzekać; skarżyć;
wnosić zażalenie; wnosić
skargę

complaint [kem'plejnt] s. skarga;
zażalenie; dolegliwość

complete [kem'pli:t] adj.
całkowity; zupełny; kompletny;
v. uzupełniać; udoskonalić;
ukończyć; wypełnić
(formularz)

complex [kem'pleks] adj.
złożony z dwu lub więcej
części; zawiły;
skomplikowany; s. połączona
grupa (np. budynków,
impulsów, itd.); obsesja

complicate [komply'kejt] v.
wikłać; splątać;
komplikować

complicated ['kemlpy,kejtyd] adj.
skomplikowany; powikłany

compliment ['komplyment] s.
komplement; gratulacje;
ukłony; uszanowanie; v.
mówić komplementy;
gratulować

complimentary ['komply'mentery]
adj. pochlebny; okazowy;
grzecznościowy

comply [kem'plaj] v.
zastosować się; spełnić;
podporządkować się;
uczynić zadość;
przestrzegać

compose [kem'pouz] v. składać;

układać; tworzyć;
komponować; skupiać
(myśli); uspokoić;
załagodzić; uspakajać się

composer [kem'pouzer] s.
kompozytor; kompozytorka

composition [,kempe'zyszyn] s.
skład; układ; ugoda;
wypracowanie; budowa;
usposobienie

comprehend [,kompry'hend] v.
pojmować; rozumieć;
zawierać

compromise ['kompre,majz] s.
kompromis; ugoda;
kompromitacja; narażenie; v.
załatwić ugodowo;
kompromitować

computer [kem'pju:ter] s.
kaikulator; komputer;
przelicznik

conceited [ken'si:tyd] adj.
próżny; zarozumiały

concentrate ['konsentrejt] v.
skupiać się; stążać; s.
roztwór

concentration [,kensentrejszyn]
s. skupienie (się); stężenie;
koncentracja; skoncentrowanie

concern [ken'se:rn] s. interes;
troska; związek; v. tyczyć
się; dotyczyć; obchodzić;
niepokoić się o ...; wchodzić
w grę

concerned [ken'se:rnd] adj.
zainteresowany; zaaferowany;
strapiony; niespokojny

concert [konsert] s. koncert;
porozumienie; v. ułożyć;
ukartować; porozumieć się

concise [ken'sajs] adj. zwięzły;
treściwy; krótki i węzłowaty

conclude [ken'klu:d] v.
zakończyć; zawierać;
wnioskować; postanawiać;
kończyć się

conclusion [ken'klu:żyn] s.
zakończenie; wynik;
postanowienie; wniosek;
konkluzja; zawarcie układu;
wynik ostateczny

condition [ken'dyszyn] s. stan;
warunek; zastrzeżenie;

poprawka; v.
uwarunkowywać;
zastrzegać; naprawiać;
przygotowywać;
przyzwyczajać;
klimatyzować
condom [kan'dəm] s.
prezerwatywa; kondon
conference ['kɔnfərens] s.
narada; liga; zebranie; zjazd
confess [kən'fes] v. wyznać;
przyznać się; spowiadać się
confession [kən'feʃən] s.
wyznanie; spowiedź;
przyznanie się; religia
confide [kən'fajd] v. ufać
(komuś); zwierzać się;
powierzać
confidence ['kɔnfydəns] s.
zaufanie; bezczelność;
pewność; ufność;
zwierzenie; śmiałość
confidential [,kɔnfy'denczel] adj.
tajny; poufny; zaufany;
poufały; intymny
conflict ['kɔnflykt] s. zatarg;
starcie; konflikt; kolizja
conform [kən'fɔ:rm] v.
dostosowywać; upodabniać;
dostrajać
confuse [kən'fju:z] v. zmieszać
(kogoś, siebie); wikłać;
gmatwać
confusion [kən'fju:żyn] s. nieład;
zamieszanie; bałagan; chaos
congratulate [kən'graetju,lejt] v.
gratulować; składać
(komuś) gratulacje;
pogratulować
congress ['kɔngres] s. zjazd;
zebranie; parlament USA
connect [kə'nekt] v. łączyć;
wiązać; mieć połączenie
connection(xion) [kə'nekszyn] s.
połączenie; pokrewieństwo
connoisseur ['kɔny'se:r] s.
znawca; fachowiec
conquer ['kɔnker] v. zdobyć;
zwyciężyć; pokonać
conquest ['kɔnkłest] s. podbój;
zdobycze; zawojowanie
conscience ['kɔnszyns] s.
sumienie; świadomość zła i

dobra
conscious ['kɔnszes] adj.
przytomny; świadomy;
naumyślny
consciousness ['kɔnszysnys] s.
świadomość; całość
myśli i uczuć
consecutive [kən'sekjutyw] adj.
kolejny; nieprzerwany;
skutkowy
consequence ['kɔnsykłens] s.
wynik; znaczenie;
konsekwencja
conservative [kən'se:rwatyw]
adj. ostrożny; zachowawczy;
konserwatywny; s.
konserwatysta; środek
konserwujący
consider [kən'syder] v.
rozważać; rozpatrywać;
uważać; szanować; mieć
wzgląd; sądzić
considerable [kən'syderebll] adj.
znaczny; adv. znacznie
considerate [kən'syderyt] adj.
myślący; uważający;
troskliwy
consideration [kən,syde'rejszyn]
s. wzgląd; rozważanie;
warunek; uprzejmość;
rekompensata
consist [kən'syst] v. składać
się; polegać; zgadzać się
consistent [kən'systent] adj.
zgodny; stały; konsekwentny
console [kən'soul] v. pocieszać;
s. konsola; wspornik; podpora
conspicuous ['kən'spykjues] adj.
widoczny; zwracający uwagę
conspiracy [kən'spyresy] s.
spisek; konspiracja; zmowa
constant [kɔnstent] adj. stały;
trwały; s. liczba stała
constitution [,kɔnsty'tju:szyn] s.
statut; konstytucja; struktura;
założenie; układ psychiczny
construct [kən'strakt] v.
budować; tworzyć; rysować
(figury geom.)
construction [kən'strakszyn] s.
budowa; konstrukcja; układ;
konstruowanie; ujęcie;
interpretacja

constructive [ken'straktyw] adj.
twórczy; konstruktywny

consulate ['konsjulyt] s.
konsulat; uprawnienia konsula

consult [ken'salt] v. radzić się;
informować się

consume [ken'sju:m] v.
spożywać; zużywać;
trawić; niszczyć; marnieć;
uschnąć

consumer [ken'sju:mer] s.
konsument; spożywca;
odbiorca

contagious [ken'tejdźes] adj.
zaraźliwy; zakaźny;
udzielający się

contain [ken'tejn] v. zawierać;
opanowywać się; wiązać;
hamować

contaminate [ken'taemynejt] v.
zakazić; skalać;
deprawować

contemporary [ken'tamperery]
adj. & s. współczesny
(rówieśnik)

content 1. [ken'tent] adj.
zadowolony; s. zadowolenie;
v. zadowalać

content 2. ['kontent] s.
zawartość; treść; obję-
tość; pojemność; po-
wierzchnia; kubatura; istota

contents ['kontents] s.
zawartość (pojemnika, książki); treści

contest ['kontest] s. rywalizacja;
spór; v. walczyć; spierać
się; ubiegać; kwestionować

continual [ken'tynjuel] adj.
ciągły; powtarzający się; stały

continue [ken'tynju:] v.
kontynuować; ciągnąć dalej;
trwać; ciągnąć się;
odroczyć; upierać się

continuous [ken'tynjues] adj.
nieprzerwany; stały; ciągły

contract ['kontraekt] s. umowa;
układ; kontrakt; obietnica

contract [ken'traekt] v.
ściągać; kurczyć; zobo-
wiązywać

contradict [,kontre'dykt] v.
zaprzeczać; posprzeczać się

contrary ['kontrery] adj.
przeciwny; s.
przeciwieństwo; adv. w
przeciwieństwie

contrast [ken'traest] v.
przeciwstawiać; kontras-
tować; s. kontrast;
przeciwieństwo

contribute [ken'trybjut] v.
przyczynić się; dostarczyć;
współdziałać; zasługiwać się

contribution [,kontry'bju:szyn] s.
przyczynek; wkład; ofiara;
kontrybucja; datek; wsparcie

control [ken'troul] v. sprawdzać;
rządzić; kontrolować; opanować; s. kontrola; sterowanie; regulowanie; ster;
władza

controversial [,kontre'we:rżel]
adj. sporny; sprzeczający się

controversy ['kontre,we:rsy] s.
spór; kłótnia; polemika;
dysputa

convenient [ken'wi:njent] adj.
wygodny; łatwy do
osiągnięcia

conventional [ken'wenszynl] adj.
zwyczajowy; konwencjonalny;
umowny; powszechnie stoso-
wany; klasyczny

conversation [,konwer'sejszyn] s.
rozmowa; konwersacja

convict ['konwykt] s. skazaniec;
więzień; v. udowadniać;
przekonywać; uznać winnym

cook [kuk] s. kucharz;
kucharka; v. gotować;
preparować

cool [ku:l] adj. chłodny; oziębły;
spokojny; v. chłodzić; stu-
dzić; ochłonąć; s. chłód

cooperate [kou'operejt] v.
współpracować; współ-
działać

cooperation [kou,ope'rejszyn] s.
współpraca; współdziałanie;
kooperacja; spółdzielczość

coordinate [kou'o:rdynejt] adj.
współrzędny; współrzędna

cope ['koup] v. uporać; dawać
sobie radę; pokrywać;
borykać się; zwieńczać; s.

kapa; pelaryna
copper ['koper] s. miedź; v.
miedziować; s. (slang) glina;
policjant; miedziak; kocioł z
miedzi
copy ['kopy] v. kopiować;
przepisywać; naśladować;
s. kopia; odpis; odbitka;
egzemplarz; wzór; model;
rękopis do druku
cord [ko:rd] s. sznur; lina; v.
wiązać; ustawiać w sągi
cork [ko:rk] s. korek; v.
korkować
corkscrew ['ko:rk,skru:] s.
korkociąg; adj. w kształcie
korkociągu
corn [ko:rn] s. 1. ziarno; zboże;
kukurydza; 2. nagniotek
corner ['ko:rner] s. róg;
narożnik; kąt; zakręt; v.
zapędzać do kąta; zmuszać;
monopolizować
corporation [,ko:rpe'rejszyn] s.
korporacja; zrzeszenie; osoba
prawna zbiorowa
corpse [ko:rps] s. trup; zwłoki
correct [ke'rekt] adj. poprawny;
v. korygować; karcić;
prostować; leczyć;
naprawiać
correspond [,korys'pond] v.
odpowiadać; korespondować
correspondence [,korys'pondens]
s. zgodność; korespondencja
corrupt [ke'rapt] adj. zepsuty;
sprzedajny; v. korumpować;
psuć się
corruption [ke'rapszyn] s.
zepsucie; korupcja; rozkład;
fałszowanie
cost [kost] v. kosztować; s.
koszt; strata; cena
costume ['kostju:m] s. kostium;
strój; przystroić w kostium
cosy ['kouzy] adj. przytulny; v.
przytulić się
cottage ['kotydż] s. chata;
dworek; domek letniskowy
cotton [kotn] s. bawełna; v.
polubić; kapować; adj.
bawełniany
couch [kaucz] s. tapczan;

posłanie; łóżko; v. rozsiadać
się; mówić
cough [kof] s. kaszel; v.
kaszleć; wykasłać;
zakasłać
could [kud] v. mógłby; zob. can
council ['kaunsyl] s. rada;
konsylium; sobór; zarząd
(miejski etc.)
count [kaunt] v. liczyć; sądzić;
liczyć się; znaczyć; s.
rachuba; liczenie; suma;
zarzut; hrabia
counterfeit ['kaunterfyt] adj.
fałszywy; podrobiony; v.
udawać; fałszować
country ['kantry] s. kraj;
ojczyzna; wieś; prowincja
county ['kaunty] s. powiat;
hrabstwo; adj. powiatowy
couple ['kapl] s. para; v. łączyć;
parzyć się; żenić
coupon ['ku:pon] s. odcinek;
kupon wymienny (w sklepie,
banku ...)
courage ['karydż] s. odwaga
courageous [ke'rejdżes] adj.
odważny; śmiały; dzielny;
waleczny
course [ko:rs] s. bieg; kierunek;
ruch naprzód; droga; danie;
kolejność; bieżnia; warstwa;
kurs; ciąg; v. gnać; pędzić;
ścigać; uganiać się
court [ko:rt] s. podwórze; hala;
dwór; hotel; sąd; v. zalecać
się; wabić; zabiegać
courteous ['ke:rcjes] adj.
grzeczny; uprzejmy i miły
cousin ['kazyn] s. kuzyn;
kuzynka; krewny; cioteczny
brat (siostra)
cover ['kaver] s. koc; wieko;
oprawa; osłona; koperta;
nakrycie (stołu); pokrycie; v.
kryć; pokryć (klacz);
ubezpieczać; dać opis;
nakrywać; rozlać; chować;
przejechać
cow [kał] s. krowa; v.
zastraszyć; przestraszyć
coward ['kauerd] s. tchórz; adj.
tchórzliwy; bojaźliwy

cozy [kouzy] adj. wygodny;
przytulny; s. okrycie czajnika
crab [kraeb] s. krab; rak; (wulg.)
menda; v. łowić kraby;
krytykować; rujnować;
narzekać

crack [kraek] s. trzask; rysa;
szpara; próba; dowcip; v.
trzaskać; żartować; łupać;
uderzyć; rujnować; spowo-
dować pęknięcie; adj.
wysokiej jakości; doskonały

crash [kraesz] s. huk; łomot;
upadek; katastrofa; ruina;
krach; samodział; v. trzaskać
huczeć; roztrzaskiwać;
wpaść na ...; adv. z hukiem;
z trzaskiem; z łomotem; z
hałasem

crazy [krejzy] adj. zwariowany;
pomylony; walący się (np.
dom)

cream [kri:m] s. śmietana;
śmietanka; krem; v. ustać
się; zbierać śmietankę;
zabielać

create [kry:'ejt] v. tworzyć;
wywoływać;
zapoczątkowywać;
powodować

creation [kry'ejszyn] s.
stworzenie; kreacja; świat;
wszechświat

creative ['kry:ejtyw] adj. twórczy;
wynalazczy; tworzący

creature ['kry:czer] s. stwór;
istota; kreatura (dominowana)

credit ['kredyt] s. kredyt; wiara;
autorytet; powaga; uznanie;
chluba; v. dawać wiarę;
zapisywać na rachunek;
zaliczać; przypisywać (coś
komuś)

creep [kri:p] v. pełzać; wkradać
się; mieć ciarki; s. pełzanie;
ciarki; obsuwanie; poślizg;
nędzny typ; pełzanie się

crevice ['krewys] s. szczelina;
rysa; pęknięcie; szpara

crew [kru:] s. załoga; drużyna;
zgraja; zob. crow

crib [kryb] s. żłób z prętami;
stajnia; obora; ciupka; pokoik;

domek; kojec; plagiat; v.
stłaczać; wyposażać w
żłoby; ocembrować;
zwędzić; używać
ściągaczki

crime [krajm] s. zbrodnia

criminal ['krymynl] s. zbrodniarz;
kryminalista; adj. zbrodniczy;
kryminalny

cripple ['krypl] s. kulawy; kaleka;
v. okulawić; osłabiać; kuleć;
utykać; okaleczyć;
przeszkadzać

crisis ['krajsys] s. przesilenie;
kryzys; krytyczna sytuacja

crisp [krysp] adj. rzeski;
chrupki; energiczny; v. robić
kruchym; marszczyć;
kędzierzawić; fryzować;
ufryzować

critic ['krytyk] s. krytyk
recenzent; recenzentka

critical ['krytykel] adj.
krytykujący; krytyczny; trudny
do nabycia; ważny (moment)

criticize ['krytysajz] v.
krytykować; ganić;
znajdować błędy

croak [krouk] v. rechotać;
krakać; s. rechot; rechotanie;
krakanie

crocodile ['krokodajl] s. krokodyl;
adj. krokodylowy

crook [kruk] s. hak; zagięcie;
krzywizna; kancerz; v.
krzywić; wyginać; kraść;
kantować

crooked ['krukyd] adj.
zakrzywiony; krzywy;
wypaczony; zgarbiony;
cygański; szachrajski;
oszukańczy; zgięty; wygięty

crop [krop] s. plon; biczysko;
bacik; całość; przycinanie;
krótko strzyżone włosy;
ucinek; v. strzyc; skubać;
zbierać; zasiewać; obrodzić;
wyłaniać się; uprawiać
ziemię; obradzać

cross [kros] s. krzyż;
skrzyżowanie; mieszaniec;
kant; cygaństwo; v. żegnać
się; krzyżować; przecinać

coś; iść w poprzek;
przekreślać; udaremnić; adj.
poprzeczny; skośny;
krzyżujący; przeciwny;
gniewny; opryskliwy

crossing ['krosyŋg] s.
skrzyżowanie; przejście lub
przejazd na drugą stronę
(rzeki itp.)

crow [krou] s. kruk; wrona;
pianie; wesoły pisk; v. piać;
piszczeć wesoło; krzyczeć z
radości

crowd [kraud] s. tłum; tłok;
banda; mnóstwo; v. tłoczyć
się; napierać;
natłoczyć; napierać;
wpychać; śpieszyć;
przepełniać

crowded ['kraudyd] adj.
zatłoczony; zapchany;
przeludniony

crucial [kru:szel] adj.
decydujący; przełomowy;
krytyczny

crucify [kru:syfaj] v.
ukrzyżować; torturować;
znęcać się

crude [kru:d]adj. surowy;
szorstki; niepożyty; obskurny

cruel [kruel] adj. okrutny

cruise [kru:z] v. krążyć; lecieć;
podróżować; s. wycieczka
morska; przejażdżka; rejs

crumb [kram] s. okruch; (slang)
drań; v. kruszyć; drobić;
dodawać okruszyn; obtoczyć
(w bułce)

crunch [krancz] v. miażdżyć;
chrupać; s. chrupanie;
chrzęst; kłopotliwa sytuacja

crunchy [kranchy] adj.
chrupiący; chrzęszczący;
kłopotliwy

crusade [kru:'sejd] s. wyprawa
krzyżowa; iść z krucjatą

crush [krasz] v. kruszyć;
miażdżyć; mieć; s.
miażdżenie; tłok; ciżba;
zadurzenie się

crust [krast] s. skorupa; skóra;
v. zaskorupiać (się)

crutch [kracz] s. kula; podpórka;
laska; v. podpierać się

cry [kraj] s. krzyk; płacz; wrzask;
okrzyk; hasło; v. krzyczeć;
płakać; urągać; ujadać

cube [kju:b] s. sześcian; kostka;
(slang) facet; v. podnosić do
sześcianu; obliczać
kubaturę; formować w
sześciany

cucumber ['kju:kamber] s.
ogórek

cuff [kaf] s. mankiet; kajdanki; v.
bić pięścią; uderzać;
kułakować; potarmosić;
szturchać

cuff links ['kaf,lynks] pl. spinki
do mankietów

cultivate ['kaltywejt] v.
uprawiać; rozwijać;
kultywować; pielęgnować;
spulchniać

culture ['kalczer] s. kultura;
uprawa; v. uprawiać;
hodować; kształcić;
hodować bakterie

cup [kap] s. kubek; kielich;
czasza; filiżanka; v.
wgłębiać; półka na bańki

cup board ['kaberd] s. kredens;
szafka; półka na kubki

curb [ke:rb] s. krawężnik;
łańcuszek; wędzidło; oszczep;
twarda spuchlizna; v.
okiełznać; hamować;
ograniczać

cure [kjuer] s. kuracja; lek;
lekarstwo; v. uleczyć;
wyleczyć; zaradzić;
wykurować

curiosity [,kjur'josyty] s.
ciekawość; osobliwość

curl [ke:rl] s. kędzior; lok; pukiel;
skręt; spirala; wir; v. kręcić;
skręcać; zwijać; marszczyć;
złościć; skulić się

curly ['ke:rly] adj. kędzierzawy;
kręty; falujący; kręcony

currency ['karensy] s. waluta;
obieg; potoczność;
popularność

current ['karent] adj. bieżący;
obiegowy; obiegający;
powszechnie znany; panujący
(pogląd); s. prąd; bieg; nurt;

curse [ke:rs] s. przekleństwo; klątwa; v. przeklinać; wyklinać; kląć; bluźnić; złorzeczyć (komuś)

curtain ['ke:rtn] s. zasłona; firanka; kurtyna; v. zasłaniać

curve [ke:rw] s. krzywa; krzywizna; krzywka; wyginać (się); wykrzywiać (się); zakręcać

cushion ['kuszyn] s. poduszka

custody ['kastedy] s. opieka; nadzór; areszt; przetrzymanie

custom ['kastem] s. zwyczaj; klientela; zrobiony na zamówienie; nawyk; stałe zaopatrywanie się

customer ['kastemer] s. klient

customs ['kastemz] pl. cło

cut [kat] s. cięcie; przecięcie; wycięcie; ścięcie; odrzynek; krój; styl (krawiecki); wykop; drzeworyt; v. ciąć; zaciąć; skaleczyć; ranić; krajać; kroić; przycinać; kosić; rżnąć; rzeźbić; szlifować; wycinać; obcinać; uciąć; ścinać

cute [kju:t] adj. miły; ładny; chytry; sprytny; ciekawy; bystry

cutlery ['katlery] s. wyroby nożownicze; sztućce

cutlet ['katlyt] s. kotlet (bity); kotlet mielony (mięsny, rybi)

cycle [sajkl] s. cykl; okres; obieg; rower; v. jechać na rowerze; obiegać cyklicznie (tam i nazad, w koło itp.)

cynic ['synyk] s. cynik

cynical ['synykel] adj. cyniczny (pomysł, program, człowiek)

D

dad [daed] s. tato; tatuś

daddy ['daedy] s. tatuś

dagger ['daeger] s. sztylet; odsyłacz; v. sztyletować

daily ['dejly] adj. codzienny; adv. codziennie; s. dziennik

dainty ['dejnty] adj. wyszukany; wyborowy; delikatny; gustowny; miły; wybredny

dairy ['deery] s. mleczarnia

daisy ['dejzy] s. stokrotka; ładny okaz (człowieka)

dam [daem] s. tama; zapora

damage ['daemydż] s. szkoda; uszkodzenie; odszkodowanie; (slang) koszt; v. uszkodzić; ponieść szkody; uwłaczać

damn [daem] v. potępiać; przeklinać; adj. przeklęty

damp [daemp] v. zwilżyć; skropić; stłumić; ostudzić; amortyzować; butwieć; s. wilgoć; czad; przygnębienie; zwątpienie; depresja

dance [da:ns] s. taniec; zabawa taneczna; v. tańczyć; skakać; każać tańczyć; huśtać; kręcić się

danger ['dejndżer] s. łupież niebezpieczeństwo; groźba

dangerous ['dejndżeres] adj. niebezpieczny; groźny; niepewny (grunt, interes etc.)

dare [deer] v. śmieć; ważyć się; wyzywać; s. wyzwanie

dark [da:rk] adj. ciemny; ponury; s. ciemność; mrok; cień; murzyn; tajemniczość; brak ninformacji; niewiedza

darling ['da:rlyng] s. kochanie; ulubieniec; adj. kochany; ulubiony; ukochany

date [dejt] v. datować (list) nosić datę; chodzić z kimś; s. data; spotkanie; randka; umówienie się; termin; palma daktylowa; daktyl

daughter ['do:ter] s. córka

daughter-in-law ['do:ter,yn lo:] s. synowa, (żona syna)

dawn [do:n] v. świtać; zaświtać; dnieć; jaśnieć; s. świt; brzask; zaranie; zdanie sobie sprawy

day [dej] s. dzień; doba

daze [dejz] v. oszałamiać; otumaniać; oślepiać; s. oszołomienie; otumanienie

dazzle [daezl] v. oślepiać; olśniewać; zamaskować; s. oślepiający blask

dead [ded] adj. & s. zmarły; martwy; wymarły; matowy

deadline [dedlajn] s. nieprzekraczalny termin; ostateczna granica (czegoś)

deaf [def] adj. głuchy

deal [di:l] v. zajmować się; traktować o; załatwiać (coś); przestawać z (kimś); postępować; handlować; rozdzielać (karty); s. ilość; sprawa; sporo; wiele

dear [dier] adj. kochany; drogi

death [des] s. śmierć; zgon

debate [dy'bejt] v. roztrząsać; rozważać; debatować; s. debata; spór; rozprawa

debt [det] s. dług

decade ['dekejd] s. dziesięcioletni okres

decay [dy'kej] v. gnić; rozpadać się; psuć się; s. upadek; ruina; zanik; rozkład; gnicie; uwiąd; niszczenie

decease [dy'si:s] v. umierać; s. zgon; śmierć; zejście

deceive [dy'si:w] v. okłamywać; zwodzić; łudzić; zawodzić

December [dy'sember] s. grudzień (miesiąc)

decent ['di:sent] adj. przyzwoity; porządny; skromny; znośny

decide [dy'sajd] v. rozstrzygać; postanawiać; zdecydować się (na coś); zadecydować; skłaniać się (ku czemuś)

decision [dy'syżyn] s. rozstrzygnięcie (czegoś); postanowienie (o czymś); decyzja; zdecydowanie; stanowczość; wygrana na punkty; ustalenie; rezolutność

deck [dek] s. pokład; pomost; podłoga; talia; v. pokrywać pokładem; przystrajać

declare [dy'kle:r] v. deklarować;

oświadczać; zeznawać; wypowiadać (wojnę); ogłaszać (coś); uznawać (za niewinnego); stwierdzać; wykazać; dawać (coś) do oclenia

decline [dy'klajn] v. uchylać (się); pochylać (się); skłaniać (się); iść ku schyłkowi; opadać; obniżać; podupadać; marnieć; słabnąć; zanikać; zamierać; przypadkować; odrzucać (propozycję etc.); s. schyłek; utrata; spadek

decorate [dekerejt] v. ozdabiać; odznaczać; udekorować; odnowić; upiększać (coś)

decoration [,deke'rejszyn] s. ozdoba; odznaczenie; medal

decrease ['dy:kri:s] v. zmniejszać; słabnąć; obniżać; s. zmniejszenie; spadek (cen, wartości etc.)

decrepit [dy'krepyt] adj. zgrzybiały; wyniszczony

dedicate ['dedykejt] v. dedykować; poświęcać; inaugurować; przeznaczyć na

deduct [dy'dakt] v. potrącać; odciągać (kwotę etc.); odejmować; odtrącać (kogoś)

deed [di:d] s. czyn; wyczyn; akt; v. przekazywać aktem (własność); przekazywać (komuś) pieniądze etc.

deep [di:p] adj. głęboki; s. głębia; adv. głęboko

deer [dier] s. jeleń; sarna; łoś; lania; daniel; renifer

defeat [dy'fi:t] v. pokonać; pobić (przeciwnika); unicestwić; udaremnić; uniemożliwić; unieważnić prawnie; s. klęska; udaremnienie

defect [dy'fekt] s. brak; wada; błąd; defekt; skaza; mankament; przywara; v. odpaść; skłonić do odstępstwa; odstąpić (od czegoś)

defend [dy'fend] v. bronić

defense [dy'fens] s. obrona

define [dy'fajn] v. określać; definiować; zakreślać (granice); precyzować (coś)

definite ['defynyt] adj.
określony; wyraźny; pewny;
jasny; prostolinijny; okreś-
lający; sprecyzowany

definition [.defy'nyszyn] s.
określenie; definicja; os-
trość (konturów, obrazu etc.);
czystość; oznaczenie

definitive [dy'fynytyw] adj.
ostateczny; definitywny; stanowczy; rozstrzygający; kon-
kluzywny; definiujący

deflate [dy'flejt] v. wypuszczać
powietrza (z dętki); zmniejszać (obieg, znaczenie etc.)

deform [dy'fo:rm] v. szpecić;
zniekształcać; oszpecać

defy [dy'faj] v. stawiać czoło;
rzucać wyzwania (by zrobić,
wykazać); przeciwstawiać

degree [dy'gri:] s. stopień (np.
naukowy, ciepła etc.)

delay [dy'lej] v. odraczać;
opóźniać; zwlekać; s. od-
roczenie; zwłoka; opóźnienie

deliberate [dy'lyberejt] adj.
rozmyślny; spokojny; powolny; umyślny; [dy,ly'berejt] v.
rozmyślać; rozważać (coś);
obradować; naradzać się

delicate ['delykyt] adj. delikatny;
wyśmienity; taktowny

delicatessen [.delyka'tesn] s.
sklep z delikatesami

delicious [dy'lyszes] adj.
rozkoszny; bardzo smaczny

delight [dy'lajt] s. rozkosz; v.
zachwycać się; rozkoszować
się (czymś); lubować się

deliver [dy'lywer] v. doręczać;
zdawać; wydawać; wygła-
szać; zadawać; ratować; uwalniać;
ratować; wybawić; wyzwo-
lić; podawać; oddawać

delivery [dy'lywery] s. dostawa;
wydawanie; wygłaszanie;
podanie; poród; przekazanie

demand [dy'ma:nd] s. żądanie;
popyt; v. żądać; dopytywać
się; wymagać; domagać się

democracy [dy'mokresy] s.
demokracja (równość praw)

demolish [dy'molysz] v. burzyć;

niszczyć; obalać (teorię);
demolować; zburzyć (coś)

demonstrate ['demenstrejt] v.
wykazywać; udowadniać;
demonstrować; urządzać
manifestację etc.

denial [dy'najel] s. zaprzeczenie;
odmowa; wyparcie się

denounce [dy'nauns] v.
oskarżać; donosić; wypo-
wiadać; denuncjować

dense [dens] adj. gęsty; zwarty;
tępy (człowiek); niepojętny

dent [dent] s. wgłębienie; wrąb;
wklęśnięcie; sl. znaczenie; v.
szczerbić; wyginać

dentist ['dentyst] s. dentysta;
dentystka; stomatolog

deny [dy'naj] v. zaprzeczyć;
odrzucić; odmawiać; wypie-
rać się; dementować; przeczyć (czemuś); odmówić

depart [dy'pa:rt] v. odjeżdżać;
odbiegać; robić dygresję;
zejść (zs swiata); odejść

department [dy'pa:rtment] s.
wydział; ministerstwo; dział

departure [dy'pa:rczer] s. odjazd;
rozstanie; odchylenie

depends [dy'pends] v. zależy

deposit [dy'pozyt] s. osad;
warstwa; kaucja; depozyt; v.
składać do depozytu; osa-
dzać; deponować; nawar-
stwiać; złożyć (jaja ...)

depress [dy'pres] v.
przygnębiać; deprymować;
spychać w dół (ceny); zniżać (cenę etc.); martwić

depressed [dy'prest] adj.
przygnębiony; przygnieciony;
zmartwiony; zatroskany; przy-
płaszczony; zahamowany

depth [deps] s. głębokość;
głębia; głąb; dno (nędzy)

deputy ['depjuty] s. zastępca;
deputowany; poseł; wice-

descend [dy'send] v. zejść;
spaść; zstępować z; zni-
żać się; pochodzić (od); opadać; zwalić się (na kogoś)

descendant [dy'sendent] s.
potomek (przodka, rodziny,

grupy, narodu, etc.)
describe [dys'krajb] v.
opisywać; określać; przerysowywać; dawać rysopis
desert ['dezert] adj. pustynny;
pusty; s. pustynia; pustkowie
desert [dy'ze:rt] v. porzucić;
opuszczać; dezerterować; s.
zasłużenie; zasługa; nagroda;
zasłużona kara (opinia)
deserve [dy'ze:rw] v. mieć
zasługiwać na ...; mieć
zasługi wobec (kogoś)
design [dy'zajn] s. zamiar; plan;
szkic; v. pomyśleć; zamierzać; przeznaczać; projektować; zamyślać; uplanować; kreślić; szkicować
desirable [dy'zajerebl] adj.
pożądany; pociągający; atrakcyjny; celowy; miłe (dobrze)
widziany; wskazany
desire [dy'zajer] v. pożądać;
pragnąć; życzyć sobie
desk [desk] s. biuro; referat;
pulpit; ambona; ławka szkolna
despair [dys'peer] v. rozpacz
desperate ['desperyt] adj.
rozpaczliwy; beznadziejny;
beznadziejny; zaciekły
despise [dys'pajz] v. pogardzać;
gardzić; (z)lekceważyć
despite [dys'pajt] s. przekora;
złość; prep. pomimo; wbrew;
na przekór (komuś; czemuś)
dessert [dy'ze:rt] s. deser;
legumina; ciastka
destination [desty'nejszyn] s.
miejsce przeznaczenia
destiny ['destyny] s.
przeznaczenie (wypadków, ludzi); (nieunikniony) los
destroy [dys'troj] v. burzyć;
niweczyć; zabijać; zgładzać
destruction [dys'trakszyn] s.
zniszczenie; ruina; zguba;
zagłada (powód, środki etc.)
detach [dy'taecz] v. odczepić;
odłączyć; odpiąć; odwiązać; odkomenderować; odlepiać (coś); urwać (z)
detail [dy'tejl] s. szczegół;
wyszczególnienie; v. wyłusz-

czać; przydzielać do zadań
detain [dy'tejn] v. wstrzymywać; więzić (kogoś);
przeszkadzać (komuś)
detect [dy'tekt] v. wykrywać;
wyśledzić; przychwycić na
detergent [dy'te:rdżent] s. & adj.
czyszczący (środek)
deteriorate [dy'tierjerejt] v.
psuć; marnieć; tracić na
wartości; pogarszać się
determine [dy'te:rmyn] v.
rozstrzygać; określać; postanawiać; ustalać; zdefiniować; zadecydować (o)
detest [dy'test] v. nienawidzić;
czuć wstręt; nie cierpieć
detour [dy'tuer] s. objazd
devastate ['dewestejt] v.
pustoszyć; niweczyć (coś);
dewastować; zniweczyć
develop [dy'welop] v. rozwijać
(się); wywoływać (zdjęcia)
development [dy'welepment] s.
rozwój; rozbudowa; osiedle;
wywołanie (filmu); ewolucja
device [dy'wajs] s. plan; pomysł;
urządzenie; dewiza; hasło;
środek (wiodący do celu)
devil ['dewl] s. czart; diabeł
devote [dy'wout] v. poświęcać; ofiarować; oddawać się; przeznaczyć (na)
dew [dju:] s. rosa; świeżość;
powiew; v. rosić; zraszać
diabetes [,daje'by:ty:z] s.
cukrzyca; choroba cukrowa
diagnose ['dajeg,nouz] v.
rozpoznać (chorobę)
diagonal [daj'aegnl] adj.
przekątny; skośny; s.
przekątnia; przekątna
diagram ['dajegraem] s. wykres;
schemat; diagram; plan
dial ['dajel] s. tarcza numerowa
(zwł. zegarowa); v. mierzyć;
nakręcać (numer telefonu)
dialect ['dajelekt] s. gwara;
narzecze; dialekt
diamond ['dajemend] s. diament;
romb; a. diamentowy; romboidalny; s. boisko do gry w
palanta amerykańskiego

diaper ['dajeper] s. pieluszka;
wzór romboidalny; v. przewijać; ozdabiać (coś) w romby

diarrhea [daje'rye] s. biegunka

diary ['dajery] s. dziennik

dictate [dyk'tejt] v. nakaz; v.
dyktować; narzucać (wolę)

dictionary ['dykszeneeri] s.
słownik; mała encyklopedia

die [daj] v. umierać; zdechnąć;
zginąć; s. matryca; sztanca;
proszę zobaczyć: pl. dice

diet ['dajet] v. dieta; zjazd; sejm;
v. trzymać na diecie

difference ['dyferens] s. różnica;
sprzeczka; nieporozumienie

different ['dyferent] adj.
różny; odmienny; niezwykły

difficult ['dyfykelt] adj. trudny;
ciężki; niełatwy (do)

diffident ['dyfydent] adj.
(bardzo) nieśmiały; bez wiary
we własne siły; bez zaufania
do siebie samego

dig [dyg] v. kopać; ryć; ro-
umieć; ocenić; bawić się;
kuć się; grzebać się; s.
szarpnięcie; przytyk; kujon;
szturchnięcie; docinek

digest [dy'dżest] v. trawić;
przetrawiać; s. streszczenie;
skrót; przegląd; zbiór praw

dignified ['dygnyfajd] adj. dostojny; godny; (człowiek) pełen godności (dostojeństwa)

dignity ['dygnyty] s. godność;
dostojeństwo; powaga; tytuł;
zaszczyt; stanowisko; ranga

diligent ['dylydżent] adj. pilny;
przykładający się do pracy

dill [dyl] s. koper ogrodowy

dilute [daj'lju:t] v. rozpuszczać;
rozcieńczać; rozrzedzać; adj.
rozpuszczony; rozcieńczony;
rozrzedzony; rozwodniony;
wypłukany; wyblakły; spło-
wiały; wyblakły; wyjałowiały

dim [dym] v. przyćmić;
zaciemnić; zamglić; adj.
przyćmiony; blady; zamazany;
niewyraźny; nikły; ciemny

dimension [dy'menszyn] s.
wymiar; rozmiar; wielkość

diminish [dy'mynysz] v.
zmniejszać; zwężać (coś);
uszczuplać; niknąć; maleć

dine [dajn] v. jeść obiad;
jeść; mieć na obiedzie

dining room ['dajnyng,ru:m] s.
jadalnia; pokój jadalny

dinner ['dyner] s. obiad

diplomat ['dyplemaet] s. dy-
plomata; człowiek taktowny

direct [dy'rekt] v. kierować;
kazać; zarządzić; dowodzić;
zaadresować; nakierować;
wymierzać; polecić; dyrygować; adj. prosty; bezpośredni; otwarty; szczery; wyraźny; adv. wprost; prosto; bezpośrednio; otwarcie

direction [dy'rekszyn] s.
kierunek; kierowanie; kierownictwo; zarząd; wskazówka;
administracja; adres

director [dy'rektor] s. dyrektor;
reżyser; celownik; kierownik;
zarządzający; nadzorca

directory [dy'rektery] s. książka
adresowa, telefoniczna (lub
przepisów); skorowidz

dirt [de:rt] s. brud; błoto;
świństwo; ziemia; język
plugawy; mówienie oszc-
czerstw; plotki; śmieci

dirty [de:rty] adj. brudny;
sprośny; podły; wstrętny

disabled [dys'ejbld] s. kaleka;
inwalida wojenny

disadvantage [dysed'wa:ntydż]
s. niekorzyść; wada; strata;
szkoda; niekorzystne położenie; v. szkodzić; zaszkodzić (komuś w czymś)

disagree [dysэ'gri:] v. nie
zgadzać się; różnić się; nie
służyć (jedzenie, klimat)

disappear [,dysэ'pier] v. znikać;
zapodziać się; przepaść

disappoint [dysэ'point] v.
zawieść; rozczarować; nie
spełnić (oczekiwań, nadziei)

disapprove [dysэ'pru:w] v.
potępiać (kogoś, coś); ganić; źle widzieć (kogoś)

disaster [dy'za:ster] s.

nieszczęście; klęska (żywio-
łowa etc.); katastrofa
discard [dys'ka:rd] v. wyrzucać;
(coś niepotrzebnego); odrzucać; zarzucać; zaniechać
discipline ['dyscyplyn] s. dys-
cyplina; karność; v. karać;
ćwiczyć; musztrować
decompose [,dyskem'pouz] v.
zaniepokoić; niepokoić; mieszać; zmieszać (kogoś)
disconnect [,dyske'nekt] v.
odłączyć; oderwać; odcze-
pić; odhaczyć (od czegoś)
discount ['dyskaunt] s.
dyskonto; rabat; odjęcie; v.
potrącać; odliczać; nie dawać wiary (komuś, czemuś)
discover [dys'kawer] v.
wynaleźć; odkryć; odsła-
niać; (nagle) zobaczyć
discuss [dys'kas] v.
dyskutować (o); roztrząsać
(coś); debatować (o czymś)
discussion [dys'kaszyn] s.
dyskusja; debata; debaty
disease [dy'zi:z] s. choroba
disgrace [dys'grejs] s. hańba;
nielaska; v. hańbić; znie-
sławić; pozbawić łaski; na-
robić (komuś, sobie) wstydu
disguise [dys'gajz] v. przebierać;
ukrywać; maskować; zata-
ić; s. charakteryzacja; uda-
wanie; pozory; zamaskowanie;
maska; nadanie pozorów
disgust [dys'gast] s. odraza;
wstręt; obrzydzenie; v.
budzić odrazę, wstręt, obrzydzenie, rozgoryczenie, obu-
rzenie (w kogoś, na coś)
disgusting [dys'gastyng] adj.
wstrętny; obrzydliwy; obu-
rzający; odrażający (czymś)
dish [dysz] s. półmisek; naczy-
nie; potrawa; danie; v. nakla-
dać; podawać; drążyć; ok-
piwać; nakładać na półmisek
dishwasher ['dysz,łoszer] s.
pomywacz; pomywaczka
disintegrate [dys'yntegrejt] v.
rozpadać się; rozkładać
(się); rozdrobnić (coś)

dislike [dys'lajk] v. nie lubić;
mieć odrazę; s. odraza;
niechęć; awersja; wstręt
dismal ['dyzmel] adj.
nieszczęsny; ponury; posępny
dismiss [dys'mys] v. odprawiać;
zwalniać; odsuwać od siebie;
przenieść w stan spoczynku
disorder [dys'o:rder] s.
nieporządek; zamieszki;
zaburzenia; nieład; zamęt
disperse [dys'pe:rs] v.
rozpraszać; rozpędzać; rozjeżdżać się; rozsiewać; płoszyć; rozszczepić (światło)
display [dys'plej] v. wystawiać;
popisywać się; s. wystawa;
popis; pokaz (czegoś); parada
disposal [dys'pouzl] s. rozkład;
zbyt; sprzedaż; przekazanie;
rozporządzenie; niszczenie
dispose [dys'pouz] v. rozmieszczać; rozporządzić; pozbyć
się (czegoś); sprzedać
(coś); usunąć; niszczyć;
nakłaniać; usposabiać (do)
dispute [dys'pju:t] s. spór;
kłótnia; v. sprzeczać się;
kłócić się; kwestionować
disrupt [dys'rapt] v. rozrywać;
rozdzierać; przerwać; obalić
dissatisfied [dys,satys'fajd] adj.
niezadowolony (z czegoś)
dissolve [dy'zolw] v. rozpuszczać; rozkładać; niszczyć; rozwiązywać; zani-
kać; skasować (bilet)
distance ['dystens] s.
odległość; odstęp; oddalenie;
v. zdystansować (się) (od)
distant ['dystent] adj. daleki;
odległy (od); powściągliwy; z
rezerwą (wobec); nie widzący
distinct [dys'tynkt] adj. odmienny (od kogoś, czegoś);
odrębny; wyraźny; dobitny
distinction [dys'tynkszyn] s.
rozróżnienie; wyróżnienie się;
wytworność; podział (na); individual style, character
distinguish [dys'tyngłysz] v. dostrzec; rozróżniać; klasyfikować; zauważyć; odznaczyć

distract [dys'traekt] v. odrywać;
rozproszyć; oszołomić
distress [dys'tres] s. męka;
strapienie; niedostatek;
potrzeba; niebezpieczeństwo
distribute [dys'trybju:t] v.
udzielać; rozmieszczać; roz-
dać; rozprowadzać (ludzi)
district ['dystrykt] s. okręg;
powiat; dystrykt; dzielnica;
rejon (kraju, państwa)
disturb [dys'te:rb] v.
przeszkadzać; niepokoić;
zakłócać; mącić; zaburzać;
denerwować (kogoś)
disturbance [dys'te:rbens] s.
zakłócenie; zaburzenie; poruszenie; burda; awantura; rozruchy; wstrząs; niepokoje
ditch [dycz] s. rów; v. kopać;
drenować; utknąć w rowie;
rzucać do morza samolot
dive [dajw] v. nurkować;
zanurzać się; skakać z tram-
poliny do wody; s. nurkowa-
nie; zanurzenie; melina; lot
nurkowy samolotu; pikowanie
samolotem; (licha) knajpa
diverse [daj'we:rs] adj.
odmienny; rozmaity; inny;
zmienny; urozmaicony
divert [daj'we:rt] v. odwracać
(uwagę); odrywać; rozer-
wać (się); rozbawić; bawić
divide [dy'wajd] v. dzielić;
rozdzielać; oddzielać; różnić
divorce [dy'wo:rs] s. rozwód;
rozdzielenie; v. rozwodzić się;
oddzielać; a. rozwodowy
dizzy ['dyzy] adj. wirujący;
oszołomiony; zawrotny; oszo-
łomiający v. oszołomić
do [du:] v. czynić; robić;
wykonać; zwiedzać; przyrządzać; spełniać obowiązek
dock [dok] s. dok; basen; molo;
miejsce oskarżonego; v.
umieścić w doku; cumować
przy molu (w porcie)
doctor ['dakter] s. lekarz; doktor
(medycyny, filozofii etc.)
documentary [,dokju'mentery] s.
adj. dokumentalny (film etc.)

dog [dog] s. pies; samiec;
klamra; uchwyt; sl. facet
doll [dol] s. lalka; (slang)
dziewczyna; v. wystroić się
dollar [doler] s. dolar
dome [doum] s. kopuła;
sklepienie; v. nakrywać
sklepieniem (kopułą)
domestic [de'mestyk] adj.
domowy; krajowy; domatorski;
s. służący; służąca
dominate ['domynejt] v.
dominować; górować; prze-
wyższać; panować; mieć
zwierzchnictwo (nad)
donate [dou'nejt] v. podarować
donation [dou'nejszyn] s.
darowizna; donacja; dar
donkey ['donky] s. osioł
doom [du:m] s. zguba; zły los;
śmierć; potępienie; prze-
znaczenie; v. potępiać; ska-
zać na zgubę; przesądzać
door [do:r] s. drzwi; brama
dope [doup] s. maź; lakier;
narkotyk; informacja (poufna);
głupiec (slang); naiwniak; v.
narkotyzować; zaprawiać;
fałszować; sfałszować
dormitory ['do:rmytry] s. dom
studencki; sypialnia
dose [dous] s. dawka; dodatek;
dawkowanie; v. dawkować
(lekarstwo); mieszać; fałszować (wino alkoholem);
leczyć; dozować; wydzielać
dot [dot] s. kropka; punkt; v.
kropkować; rozsiewać
double ['dabl] adj. podwójny;
dwukrotny; dwojaki; fałszywy;
v. podwajać; adv. podwójnie;
w dwójnasób; dwojako
doubt [daut] s. wątpliwość;
niedowierzanie; v. wątpić;
powątpiewać; niedowierzać
dough [dou] s. ciasto; (slang)
forsa; pieniądze
dove [daw] s. gołąbica)
down [dałn] s. wydma; puch;
meszek; puszek; piórka
down [dałn] adv. na dół; niżej;
nisko; v. obniżać; poniżać;
przewrócić; strącić; połknąć

downstairs ['daln'steerz] adv. na dół; w dole; na dole; pod nami
downtown ['daintałn] s. centrum miasta; adv. w śródmieściu; w centrum; adj. śródmiejski
doze [douz] s. drzemka; v. drzemać; zdrzemnąć się
dozen ['dazn] s. tuzin
drag [draeg] v. wlec; ciągnąć; s. pogłębiarka; pojazd; wleczenie (po); opór czołowy
drain [drejn] v. odwadniać; wysączać; ociekać; osuszać; wuczerpać; s. dren; spust; ściek; rów odwadniający
drama ['dra:ma] s. dramat
drastic ['draestyk] adj. drastyczny; gwałtowny; surowy
draught [draeft] s. przeciąg; ciąg (w kominie); haust; łyk; dawka; zanurzenie statku; wyporność; adj. pociągowy
draw; drew; drawn [dro:; dru:; dro:n]
draw [dro:] v. ciągnąć; pociągać (skutki etc); wyciągać; przyciągać (uwagę); odciągnąć; czerpać (pociechę); wdychać; ściągać (wodze); spuszczać (wodę); napinać (łuk); mieć wyporność; wlec; rysować; kreślić
drawer ['dro:er] s. szuflada; kreślarz; rysownik; bufetowa
dread [dred] s. strach; postrach; lęk; v. bać się bardzo; lękać się; adj. straszny; straszliwy
dreadful [dredful] adj. przeraźliwy; okropny; straszny; sl. bardzo zły; irytujący etc.
dream; dreamt; dreamt [dri:m; dremt; dremt]
dream [dri:m] v. śnić; marzyć; s. sen; marzenie; mrzonka; urojenie; miła nadzieja
dress [dres] s. ubiór; strój; szata; suknia; v. ubierać; stroić; opatrywać; czyścić; czesać; przyprawiać; wykańczać; wyprawiać; wygarbować; przygotować (do)
dressmaker ['dresmejker] s. krawiec damski; krawcowa

drink; drank; drunk [drynk; draenk; drank]
drink [drynk] v. pić; przepijać; s. napój; woda (morze)
drip [dryp] v. kapać; ociekać; ciec; s. kapanie; okap; piła (sl.); nudziara; kapka; kropla (płynu, cieczy, wody etc.)
drive; drove; driven [drajw; drouw; drywn]
drive [drajw] v. pędzić; gnać; wieźć; powozić; prowadzić; napędzać; jechać; wbijać; drążyć; s. przejażdżka; obława; napęd; droga; dojazd; energia; pościg (za)
driver [drajwer] s. kierowca
driving license ['drajwyng ,lajsens] s. prawo jazdy
drop [drop] v. kapać; ciec; upuszczać; spadać; opadać; s. kropla; cukierek; spadek (temperatury, terenu etc.); łuk; kieliszek; zniżka; kotara; upadek; uskok; obniżenie
drown [drauń] v. tonąć; topić; tłumić; głuszyć; zagłuszać
drowsy ['drauzy] adj. senny; śpiący; ospały; na pół śpiący; usypiający (kogoś)
drum [dram] s. bęben; v. bębnić; zwoływać bębnieniem; zjednywać (poparcie)
drunk [drank] adj. pijany; proszę zobaczyć: drink
dry [draj] adj. suchy; wytrawny (wino); v. osuszać; suszyć; zeschnąć; wyjaławiać; wycierać; konserwować (mięso)
duck [dak] s. kaczka; unik; v. zanurzyć; zrobić unik (przed kimś, czymś); nurkować
due [dju:] adj. należny; płatny; należyty; adv. w kierunku na (wschód); s. to co się należy; należność; opłata; składka
dull [dal] adj. tępy; głuchy; ospały; ociężały; niemrawy; nudny; ponury; ciemny; nieostry; v. tępić; tłumić
dumb [dam] adj. niemy; milczący; głupi; v. odbierać mowę
dump [damp] s. śmietnisko;

hałda; magazyn; v. zwalać;
rzucać; zarzucać (towarem)

duplicate ['dju:plykyt] adj.
podwójny; s. duplikat; w dwu
egzemplarzach; v. podwajać;
duplikować (niepotrzebnie)

durable ['djuərebl] adj. trwały

during ['djuəryŋ] prep. podczas;
w czasie; w ciągu; przez; za

dust [dast] s. pył; kurz; prochy;
pyłek; v. odkurzać; trzepać;
kurzyć się; posypywać

dusty ['dasty] adj. zakurzony;
pokryty kurzem; suchy; nudny; nieciekawy; niewyraźny

duty ['dju:ty] s. powinność;
obowiązek; szacunek; służba;
uległość; cło; podatek od
sprzedaży; funkcja; obowiązki

dwarf [dlo:rf] s. karzeł;
krasnoludek; adj. karłowaty; v.
pomniejszać; karleć; skar-
leć; skarłowacieć; zmniejszać wzrost (wymiar)

dwell [dlel] v. mieszkać; zatrzymywać się; rozwodzić się (o
czymś); przeciągać (rozmo-
we); zwlekać; przystanąć

dye [daj] v. barwić; farbować;
s. barwa; barwnik; farba

E

each [i:cz] pron. każdy (z dwu
lub więcej); za (sztukę)

eager ['i:ger] adj. gorliwy; ostry;
żądny; ożywiony pragnieniem;
żywy; niecierpliwy; pragnący

eagle ['i:gl] s. orzeł; a. orli

ear [ier] s. ucho; słuch; kłos
(zboża); adj. uszny; dotyczący
uszu (leczenia uszu etc.)

early ['e:rly] adj. wczesny; adv.
wcześnie; przedwcześnie

earn [e:rn] v. zarabiać (pra-
cą, etc.); zasługiwać; zapra-
cować; zdobywać (sławę)

earring ['ieryŋg] s. kolczyk

earth [e:rs] s. ziemia; świat;
gleba; planeta ziemska

earthquake ['e:rg,klejk] s.
trzęsienie ziemi

ease [i:z] v. łagodzić; uspokoić
(się) odciążyć; ostrożnie ruszać; s. spokój; wygoda; bez-
troska; ulga (od); łatwość

east [i:st] s. wschód; adj.
wschodni; adv. na wschód

Easter ['i:ster] s. Wielkanoc

easy [i:zy] adj. łatwy; beztroski;
wygodny; adv. łatwo; swo-
bodnie; lekko; s. odpoczynek

eat; ate; eaten [i:t; ejt; i:tn]

eat [i:t] v. jeść (posiłek)

eccentric [ik:sentryk] adj.
dziwaczny; s. ekscentryk;
dziwak; mimośród; dziwaczka

echo ['ekou] s. echo; v. odbijać
się echem; powtarzać za
kimś (czyjeś słowa); odbijać
głos (od powierzchni)

economics [,i:ke'nomyks] pl. nauka o ekonomii (gospodarce)

economy [i'konemy] s. ekono-
omia; gospodarka; gospodaro-
wanie; zapobiegliwość

edge [edż] s. ostrze; krawędź;
kraj; v. ostrzyć; obszywać;
wyślizgiwać się; przysuwać
po trochu; posuwać bokiem

edible ['edybl] adj. jadalny

edit ['edyt] v. redagować;
wydawać; zarządzać gazeta

educate ['edju:kejt] v. kształcić;
wychowywać (w szkole);
płacić za szkołę

education [,edju'kejszyn] s.
wykształcenie; nauka; oświa-
ta; nauczanie (formalne);
wychowanie; tresura; wiedza

effect [i'fekt] s. skutek; wynik; wrażenie; wpływ; zakończenie; powodowanie; v. wykonywać; spełnić; powodować

effective [i'fektyw] adj. skuteczny; wydajny; rzeczywisty;
imponujący; wchodzący w życie; będący w mocy (w sile)

efficient [i'fyszent] adj.
skuteczny; wydajny; sprawny

effort ['efert] s. wysiłek;
usiłowanie; wyczyn; próba;
popis; wynik pracy i wysiłków

egg [eg] s. jajko; v. zachęcać; namawiać; podbechtać; podniecać (kogoś czymś)

eight [ejt] num. osiem; s. ósemka; ośmioro; ośmiu (wioślarzy, sportowców)

eighteen ['ejti:n] num. osiemnaście; osiemnaścioro; osiemnastka (w drużynie etc.)

eighty ['ejti] num. osiemdziesiąt; s. osiemdziesiątka

either ['ajdżer] pron. każdy (z dwu); obaj; obie; oboje; jeden lub drugi; adv. także; też

elastic [i'lsstik] adj. sprężysty; rozciągliwy; elastyczny; s. guma; gumka (do majtek ...)

elbow ['elbou] s. łokieć; zakręt; kolanko; v. szturchać; przepychać się; zakręcać

elect [i'lekt] v. wybrać; postanawiać; decydować; adj. wybrany (ale jeszcze nie na stanowisku); wyborowy

election [i'lekszyn] s. wybór; wybory (głosowaniem)

electric [i'lektryk] adj. elektryczny; przyciągający jak bursztyn; elektryzujący

electricity [ilek'trysyty] s. elektryczność; prąd elektryczny; energia elektryczna

elegant ['elygent] adj. elegancki; dostojny; doskonały

element ['elyment] s. żywioł; pierwiastek; część składowa; ogniwo; część podstawowa; składnik; element

elementary ['ely'mentery] adj. elementarny; zasadniczy; niepodzielny; pierwiastkowy

elephant ['elyfent] s. słoń

elevator ['ely,wejter] s. winda; dźwig; wyciąg; spichlerz

eleven [i'lewn] num. jedenaście; s. jedenastka; jedenaścioro

eliminate [i'lymy,nejt] v. usuwać; wydzielać; pozbywać się; nie brać pod uwagę; opuszczać; wyeliminować

else [els] adv. inaczej; bo inaczej; w przeciwnym razie;

poza tym; jeszcze; jeśli nie; (będziesz) adj. różny; inny

embankment [im'baenkment] s. nasyp; grobla; nabrzeże

embark [im'ba:rk] v. ładować (się); wsiadać (na statek); załadować (wojsko, towar); rozpoczynać; przedsięwziąć

embarrass [im'baeres] v. zakłopotać; wikłać; przeszkadzać; powodować zadłużenie; zażenować; skrępować

embassy ['embesy] s. ambasada

emblem ['emblem] s. godło; wzór; symbol; emblemat

embrace [im'brejs] v. uściskać się; obejmować; przystępować; imać się; korzystać z; s. uściski; objęcie; włączenie (do jakiejś kategorii)

embroider [im'brojder] v. haftwować; wyszywać; upiększać (ubarwiać) opowiadanie

emerge [i'me:rdż] v. wynurzać się; wyłaniać; wynikać; nasunąć się (komuś coś); wyłonić się z wody (z morza); wyjść na jaw; wynikać z; nabawiać (kłopotów komuś)

emergency [i'me:rdżensy] s. nagła potrzeba; stan wyjątkowy; stan pogotowia

emigrate ['emygrejt] v. emigrować; wywędrować; przeprowadzać się (dokądś)

emit [y'myt] v. wydawać; wysyłać (światło, fale radiowe, ciepło, opinie); wypuszczać (banknoty); nadawać przez radio (audycje); emitować

emotion [y'mouszyn] s. wzruszenie; emocja; uczucie (miłości, strachu, gniewu, oburzenia, współczucia etc.)

emphasize ['emfesajz] v. podkreślać; kłaść nacisk; uwypuklać; uwydatniać coś

empire ['empajer] s. cesarstwo; imperium; adj. empirowy

employ [ym'ploj] v. zatrudniać; używać; zajmować się; poświęcać (czas); posługiwać się; zastosować coś

employee [,emploj'i:] s. pracownik; siła (robocza)

employer [em'plojer] s. szef; pracodawca; pracodawczyni

employment [em'plojment] s. zatrudnienie; używanie; zajęcie; praca (najemna)

empty ['emptyl] adj. pusty; próżny; gołosłowny; bezsensowny; czczy; v. wypróżniać; wysypywać; wylewać brudy

enable [y'nejbl] v. umożliwiać; upoważniać; dawać możność; upoważniać (kogoś)

enclose [yn'klouz] v. ogradzać; zamykać; dołączać; załączać; zawierać (w sobie); okrążyć (wroga); opasać

encore [en'ko:r] s. bis! (zagrać, zaśpiewać na bis); bisowanie

encourage [yn'ka:rydż] v. zachęcać; ośmielać; popierać; dodawać odwagi; pomagać; udzielać poparcia

end [end] s. koniec; cel; skrzydłowy w piłce nożnej; v. kończyć się; skończyć; dokończyć; pobyt; kres

endeavor [yn'dewer] v. starać się; usiłować; dążyć; zabiegać o; s. usiłowanie; wysiłek; dążenie do; zabiegi o; próba

endure [yn'djuer] v. znosić (ból; bez skargi); cierpieć; wytrzymać; przetrwać; ostać się; trwać; ścierpieć

enemy ['enymy] s. wróg; przeciwnik; adj. wrogi; nieprzyjacielski; przeciwny

energetic [,ener'dżetyk] adj. energiczny; z wigorem

energy ['enerdży] s. energia

engage [yn'gejdż] v. zajmować; angażować; skłaniać; ścierać się; zaczepiać; zobowiązywać się; nawiązać (walkę)

engaged [yn'gejdżd] adj. zajęty; zaręczony; włączony

engagement [yn'gejdżment] s. zobowiązanie; zaręczyny

engine ['endżyn] s. silnik; parowóz; maszyna; motor

engine-driver ['endżyn,drajwer]

s. maszynista (kolejowy)

engineer [,endży'nier] s. inżynier; v. planować; zręcznie prowadzić; budować; operacje

English ['ynglysz] adj. angielski (język, mowa); angielszczyzna

engrave [yn'grejw] v. rytować; ryć; grawerować; wyryć; wyrytować (napis, litery, wzór, płaskorzeźbę etc.)

enigma [y'nygme] s. zagadka

enjoy [yn'dżoj] v. cieszyć się; rozkoszować; mieć (przyjemność, użytek); posiadać

enormous [y'no:rmes] adj. olbrzymi; ogromny; kolosalny

enough [y'naf] adj., s. & adv. dosyć; dość; na tyle; nie więcej; wystarczająco

enrage [yn'rejdż] v. rozwścieczać; doprowadzać do szczymś; kogoś) do wściekłości

enrich [yn'rycz] v. wzbogacać; użyźniać; ozdobić; poprawić jakość; ozdabiać

enroll(l) [yn'roul] v. zaciągnąć (się); zapisywać (się)

ensure [yn'szuer] v. zabezpieczać; zapewniać; zagwarantować; asekurować

enter ['enter] v. wchodzić; wpisywać; penetrować; wkładać; wstępować?

enterprise ['enterprajz] s. przedsięwzięcie; przedsiębiorstwo; przedsiębiorczość; zadanie; inicjatywa

entertain [,enter'tejn] v. zabawiać; przyjmować; rozerwać (towarzystwo); żywić (podejrzenia); nosić się; brać pod uwagę; ugościć

enthusiastic [yn'tu:zy'aestyk] adj. entuzjastyczny; zapalony

entire [yn'tajer] adj. cały; całkowity; nietknięty

entrance ['entrens] s. wejście; wstęp (za opłatą); dostęp; wjazd; pozwolenie wstępu

entrance [en'traens] v. przejmować; wprawiać w trans; zachwycać (kogoś)

entry ['entry] s. wejście; wpis;

hasło (słownika); uczestnik wyścigu; wkroczenie; wstęp

envelope ['enweloup] s. koperta; otoczka; teczka (papierowa)

envious [enwjes] adj. zazdrosny; zawistny; pełen zazdrości

environment [in'wajerenment] s. otoczenie; środowisko

envy ['enwy] s. zawiść; zazdrość; przedmiot zazdrości; niezadowolenie z powodzenia drugiego człowieka

episode ['epysoud] s. epizod

epoch [i:'pok] s.epoka (czyjaś)

equal ['i:kłel] adj. równy; jednaki; jednakowy; jednostajny; zrównoważony; równy (stanem); v. równać się; dorównywać komuś; wyrównywać (coś)

equality [i'kłolyty] s. równość

equator [i'klejter] s. równik

equipment [i'kłypment] s. wyposażenie; ekwipunek; sprzęt

era ['yrei] s. era (historyczna)

erase [y'rejz] v. wycierać; wymazywać; zatrzeć; zacierać; wytrzeć; wyskrobać (coś)

erect [y'rekt] adj. prosty; wyprężony; sztywny; najeżony; nastroszony; zadarty; pionowy; v. budować; stawiać

erotic [y'rotyk] adj. erotyczny; miłosny; s. erotyk; eroman; wiersz erotyczny

error ['erer] s. błąd; pomyłka

erupt [y'rapt] v. wybuchać; wyrzucać; przerzynać (się); wysypywać się; wybuchać lawą; mieć wysypkę skórną

escalator ['eskilejter] s. ruchome schody; ruchoma skala płac (wg kosztów utrzymania etc.)

escape [ys'kejp] s. ucieczka; wyciekanie; wychodzenie; ocalenie; v. wymknąć się; zbiec; wyjść cało; uchodzić; ratować się ucieczką

escort ['esko:rt] s. eskorta; konwój; mężczyzna towarzyszący kobiecie; kawaler; v. eskortować; kowojować

especially [ys'peszly] adv. szczególnie; zwłaszcza

essence ['esens] s. esencja; istota czegoś; wyciąg; treść; istotna treść; sedno sprawy; olej; ekstrakt

essential [y'senszel] adj. niezbędny; istotny; zasadniczy; zupełny; podstawowy; konieczny; eteryczny; s. cecha istotna, nieodzowna, zasadnicza; rzecz podstawowa

establish [ys'taeblysz] v. zakładać; osądzać; ustalać; wprowadzać; udowodnić; ufundować; ustanawiać

estate [ys'tejt] s. majątek; stan majątkowy; położenie w życiu

estimate ['estymejt] v. oceniać; szacować; s. szacunek; kosztorys; ocena; opinia; oszacowanie; obliczenie

eternal [y'ternl] adj. wieczny; odwieczny; bez początku i końca

eternity [y'ternyty] s. wieczność; trwanie bez końca i odpoczynku

ethics ['etyks] pl. etyka

evacuate [y'waekjuejt] v. ewakuować; opróżniać; wypróżniać; wydalać; usuwać; wycofywać się

evade [y'wejd] v. ujść; uniknąć; obchodzić; wymykać się; wykręcać się; pomijać

evaluate [y'waeljuejt] v. obliczać; oceniać; analizować

evaporate [y'waeperejt] v. parować; ulatniać się; poddawać parowaniu; wyparować; umrzeć

even ['i:wen] adj. równy; jednolity; parzysty; adv. nawet; v. równać; wyrównać; zemścić się; wygładzać; ujednostajnić

evening ['i:wnyng] s. wieczór

event [y'went] s. wydarzenie; możliwość; wynik; rezultat; zawody (sportowe); konkurencja eventual [y'wenczuel] adj. w końcu pewny

ever ['ewer] adv. w ogóle; niegdyś; kiedyś; jak tylko; ile tylko; kiedykolwiek; jeszcze wciąż

every ['ewry] adj. każdy; wszelki; co (dzień, noc, rano)

everybody ['ewrybody] pron. każdy; wszyscy (ludzie)

everyday ['ewrydej] adj. codzienny; powszedni; zwykły

everyone ['ewriłan] pron. każdy; wszyscy; każda rzecz

everything ['ewrytyng] pron. wszystko (co jest etc.)

evidence ['ewydens] s. znak; dowód; świadectwo; oczywistość; jasność; v. świadczyć; dowodzić (czegoś); manifestować

evident ['ewydent] adj. oczywisty; widoczny; jawny

evil ['i:wl] adj. zły; fatalny

evolution [,ewa'lu:szyn] s. rozwój; ewolucja; rozwinięcie (się); pierwiastkowanie

exact [yg'zaekt] adj. dokładny; ścisły; v. wymagać; ściągać; egzekwować; wymuszać

exaggerate [yg'zaedżerejt] v. przesadzać; wyolbrzymiać

exam [yg'zaem] s. egzamin (slang); klasówka; egzamin w szkole lub na uniwersytecie

examination [yg,zaemy'nejszyn] s. egzamin; badanie; rewizja

examine [yg'zaemyn] v. badać; sprawdzać; egzaminować; rozpatrywać; rewidować; przesłuchiwać; przeprowadzać śledztwo

example [yg'za:mpl] s. przykład; wzór; precedens

excavate ['ekskewejt] v. kopać; odkopać; wykopać; drążyć; pogłębiać; wybierać (ziemię)

exceed [yk'si:d] v. przewyższać; przekraczać

excel [yk'sell v. przewyższać; wybijać się; celować (w czymś)

excellent [yk'selent] adj. doskonały; wyborny; świetny; celujący

except [yk'sept] conj. chyba że; żeby; oprócz; poza; wyjąwszy

except [yk'sept] v. wykluczać; wyłączać; prep. z wyjątkiem; pominąwszy; wyjąwszy; chyba że

exception [yk'sepszyn] s. wyjątek; wyłączenie; zarzut; obiekcja

excessive [yk'sesyw] adj. nadmierny; zbytni; nieumiarkowany

exchange [yks'czendż] s. wymiana; zamiana; giełda; centrala telefoniczna; v. wymienić; zamienić (się); a. wymienny; walutowy

excite [yk'sajt] v. pobudzać; podniecać; prowokować

excitement [yk'sajtment] s. podniecenie; zdenerwowanie

exciting [yk'sajtyng] adj. emocjonujący; pasjonujący

exclude [yks'klu:d] v. wykluczać; wydalać; usuwać

excursion [yks'ker:żyn] s. wycieczka; dygresja; a. wycieszkowy

excuse [yks'kju:z] v. usprawiedliwiać; przepraszać; darować; zwalniać; s. usprawiedliwienie; wymówka; pretekst

execute ['eksykju:t] v. wykonać (wyrok, plan); stracić (skazańca); nadawać ważność

exercise ['eksersajz] s. ćwiczenie; wykonywanie (zawodu); korzystanie; v. ćwiczyć; używać; wykonywać; spełniać; pełnić

exhaust [yg'zo:st] v. wydychać; wyczerpywać; wyciągać; wypróżniać; odgazować; s. wydech; wydmuch; rura wydechowa; opróżnianie (z powietrza); aspirator; rura wydechowa (auta)

exhibition [,eksy'byszyn] s. wystawa; wystawianie; pokazywanie; pokaz; widowisko; popis

exile ['eksajl] s. wygnanie; tułaczka; emigracja; wygnaniec; v. wygnać na banicję

exist [yg'zyst] v. istnieć; być; żyć; egzystować; zdarzać się

exit ['eksyt] s. wyjście; odejście; ujście; wylot; swobodne wyjście; v. wychodzić; kończyć (slang); schodzić ze sceny

exotic [eg'zotyk] adj. egzotyczny; s. egzotyk; egzotyczna roślina; egzotyczny wyraz

expand [yks'paend] v. rozszerzać; powiększać; wzrastać; rozprężać; rozwijać; rozruszać; rozpościerać; powiększać

expect [yks'pekt] v. spodziewać się; przypuszczać; zgadywać

expedition [,ekspy'dyszyn] s. wyprawa; ekspedycja; sprawność; szybkość; pośpiech; marsz do akcji

expel [yks'pel] v. wypędzać; wydalać; usuwać; wyrzucać

expense [yks'pens] s. koszt; wydatek; rachunek; strata; ofiara

expensive [yks'pensyw] adj. drogi; kosztowny; wysoko wyceniony

experience [yks'pierjens] s. doświadczenie; przeżycie; v. doświadczać; doznawać; poznać (coś); przeżywać; przechodzić

experiment [yks'peryment] s. próba; eksperyment; doświadczenie; v. eksperymentować; robić doświadczenia

expert ['ekspe:rt] s. biegły;

ekspert; znawca; adj. biegły; światły; mistrzowski; wykonany przez eksperta

expire [yks'pajer] v. wygasać; upływać; wydychać; wyzionąć ducha; umierać; kończyć się

explain [yks'plejn] v. wyjaśnić; objaśnić; wytłumaczyć

explanation [,eks'plaenejszyn] s. wyjaśnienie; wytłumaczenie

explode [yks'ploud] v. wybuchać; eksplodować; demaskować (fałsz); obalić (teorię etc.)

explore [yks'plo:r] v. badać; sondować; wybadać; przebadać

explosion [yks'ploużyn] s. eksplozja; wybuch (kłótni etc.)

export [yks'po:rt] v. wywozić; eksportować; s. wywóz; eksport; towar wywozowy; wywożenie

expose [yks'pouż] v. wystawiać (na wpływy); poddawać (czemuś); odsłaniać; demaskować; eksponować; naświetlać; narażać (dziecko); zrobić zdjęcie

express [yks'pres] s. ekspres; przesyłka pośpieszna; adj. wyraźny; umyślny; dokładny; adv. pośpiesznie; ekspresem

expression [yks'preszyn] s. wyrażenie; wyraz; ekspresja; ton; wydawanie; wytłoczenie; zwrot; wyciśnięcie; wyżymanie

extend [yks'tend] v. wyciągać (się); rozciągać (się); przeciągać (się); rozszerzać (się); dawać i udzielać; przedłużać; powiększać; rozpościerać się

exterior [eks'tierjer] s. powierzchowność; wygląd zewnętrzny; strona zewnętrzna; fasada

extinct [yks'tynkt] adj. wygasły; zgasły; zanikły; wymarły

extinguish [yks'tyngłyszy] v.

zgasić; zagasić; niszczyć;
unicestwić; umierać; tępić
extra ['ekstrə] adj. specjalny;
dodatkowy; luksusowy;
nadzwyczajny; ponad normę;
adv. nadzwyczajnie;
dodatkowo; s. dodatek;
dopłata; rzecz szczególnie
dobra; statysta
extract ['ekstraekt] s. wyciąg;
ekstrakt; wyjątek; wypis
extract [yks'traekt] v.
wyciągać; wydobywać;
wypisywać
extreme [yks'tri:m] adj. skrajny;
krańcowy; najdalszy; ostatni;
s. kraniec; ostateczna granica;
ostateczność; skrajność
eye [aj] s. oko; wzrok; v.
patrzeć
eyebrow ['ajbrau] s. brew
eyeglasses ['ajgla:sys] pl.
okulary; lupy; monokle
eyelash ['ajlaesz] s. rzęsa

F

fable [fejbl] s. bajka
fabric ['faebryk] s. tkanina;
materiał; osnowa; szkielet;
budowa; wytwór; a. sukienny
face [ejs] s. twarz; oblicze;
mina; grymas; czelność;
śmiałość; powierzchnia lica;
prawa strona; obuch; v.
stawiać czoła; stanąć
wobec; napotykać; stać
frontem do ...; wykładać
powierzchnię; oblicować
fact [faekt] s. fakt; stan
rzeczywisty;
podstawatwierdzenia
faculty ['faekelty] s. zdolność;
władza; wydział; fakultet;
grono profesorskie; dar; zmysł
fade [fejd] v. więdnąć;
blednąć; zanikać; płowieć;
pełznąć

fail [feil] v. chybić; zawodzić;
nie udać się; brakować;
bankrutować; omieszkać;
słabnąć; załamać się;
zamierać; zepsuć się
failure ['fejljer] s. niepowodzenie;
brak; upadek; zawał (serca);
niezdara; stopień
niedostateczny; pechowiec
faint [fejnt] adj. słaby; omdlały;
bojaźliwy; s. omdlenie; v.
mdleć; słabnąć; zasłabnąć
fair [feer] adj. piękny; jasny;
uczciwy; honorowy; czysty;
pomyślny; niezły; adv. prosto;
honorowo; pomyślnie;
pięknie; v. wypogadzać się;
wygładzać; przepisywać na
czysto; s. targ; targi; jarmark;
targowisko
fairy ['feery] s. czarodziejka; adj.
zaczarowany; czarodziejski
faith [fejs] s. wiara; zaufanie;
wierność; wyznanie;
słowność
faithful ['fejsful] adj. wierny;
uczciwy; sumienny;
skrupulatny
fake [fejk] v. fałszować;
oszukiwać; podrabiać; s.
fałszerstwo; oszustwo; kant;
lipa; szwindel
falcon ['fo:lken] s. sokół
fall; fell; fallen [fo:l; fel;
fo:len]
fall [fo:l] v. padać; opadać;
wpadać; marnieć; zdarzać
się; przypadać; s. upadek;
spadek; jesień; opad; schyłek;
obniżka
false [fo:ls] adj. fałszywy;
kłamliwy; adv. zdradliwie;
fałszywie
fame [fejm] s. sława; wieść;
fama
familiar [fe'myljer] adj. zażyły;
poufały; znany; obeznany
family ['faemyly] s. rodzina; adj.
rodzinny
famine ['faemyn] s. głód; klęska
głodu; ogólne braki
wszystkiego
famous ['fejmes] adj. znany;
sławny; znakomity; świetny;

nie byle jaki

fan [fæn] v. wachlować; rozdmuchiwać; wiać; rozpościerać; wywiewać; s. wachlarz; wentylator; wialnia; żagiel z śmigło (wiatraka); entuzjasta; miłośnik; kibic; a. wachlarzowaty

fancy ['fænsy] s. urojenie; złudzenie; fantazja; kaprys; humor; pomysł; chętka; a. pstry

fantastic [fæn'tæstyk] adj. fantastyczny; s. fantasta

fantasy ['fæntsy] s. fantazja; wyobraźnia; kaprys

far [fa:r] adv. daleko

fare [feer] s. pasażer; bilet pasażerski; pożywienie; potrawa; v. być w położeniu; mieć się; wieść się; czuć się; odżywiać się; jadać; podróżować

farm [fa:rm] s. ferma; gospodarstwo rolne; kolonia hodowlana; v. uprawiać; dzierżawić; wydzierżawiać; wynajmować; poddzierżawiać; prowadzić gospodarstwo

farmer ['fa:rmer] s. rolnik; farmer; dzierżawca; hodowca

fascinate ['fæsynejt] v. urzekać; czarować; fascynować; hipnotyzować; zachwycić

fashion ['fæszyn] s. moda; fason; kształt; wzór; sposób; v. kształtować; fasonować; modelować; urabiać

fast [fæst] adj. szybki; przytwierdzony; mocny; twardy; zwodniczy; adv. mocno; pewnie; trwale; v. pościć; s. post

fasten ['fæsn] v. umocować; zamykać; przymocować

fat [fæt] s. tłuszcz; tusza; adj. tłusty; tuczny; głupi; tępy; urodzajny; zyskowny

fate [fejt] s. los; przeznaczenie; zguba; fatum; v. los rządzi ...

father ['fa:dzer] s. ojciec

father-in-law ['fa:dzerynlo:] s. teść; ojciec męża lub żony

fatigue [fe'ti:g] s. zmęczenie (człowieka lub materiału); służba porządkowa; v. trudzić; męczyć

fault ['fo:lt] s. błąd; wada; wina; uskok; usterka; brak; defekt

favor ['fejwer] s. łaska; uprzejmość; upominek; v. sprzyjać; zaszczycać; faworyzować

favorite ['fejweryt] s. ulubieniec; faworyt; adj. ulubiony

fear [fier] s. strach; obawa; v. bać się; obawiać się

feast [fi:st] s. święto; odpust; biesiada; v. ucztować; sycić się; ugaszcząć pragnienia

feather ['fedzer] s. pióro; v. zdobić piórami

feature ['fi:czer] s. cecha; rys; atrakcja; film długometrażowy; v. cechować; odgrywać

February ['februery] s. luty

fee [fi:] s. opłata; wpisowe; należność; honorarium; v. płacić honorarium; płacić wpisowe

feed; fed; fed [fi:d; fed; fed]

feed [fi:d] v. karmić; paść; zasilać; s. pasza; obrok; zasilacz; posuw

feel; felt; felt [fi:l; felt; felt]

feel [fi:l] v. czuć (się); odczuwać; macać; dotykać

feeling ['fi:lyng] s. dotyk; uczucie; odczucie; poczucie; takt; wrażliwość; adj. wrażliwy; czuły; współczujący; szczery; wzruszony

feet [fi:t] pl. stopy; nogi

female ['fi:mejl] s. kobieta; niewiasta; samica; adj. żeński; kobiecy; wewnętrzny (gwint)

feminine ['femynyn] adj. żeński; kobiecy; zniewieściały; s. rodzaj żeński; a. rodzaju żeńskiego

fence [fens] s. płot; ogrodzenie;

szermierka; v. ogrodzić;
fechtować się; odpowiadać
wykrętnie
ferry ['feryl] v. przeprawiać
promem; kursować; s. prom
fertile ['fə:rtajl] adj. żyzny;
płodny; zapłodniony;
obfitujący
fertilize ['fə:rtylajz] v. użyźniać
nawozić; zapładniać;
zapylać
festival ['festewel] adj.
świąteczny; odświętny; s.
święto
festive ['festyw] adj. uroczysty;
wesoły; radosny; biesiadny
fetch [fecz] v. iść po coś;
przynieść; przywieźć; s.
odległość
fever ['fy:wer] s. gorączka
few [fju:] adj. & pron. mało;
kilka; niewielu; nieliczni; kilku;
kilkoro
fiance [fi'a:nsej] s. narzeczony(a)
fiber ['fajber] s. włókno; siła
ducha; charakter; łyko;
budowa
fickle ['fykl] adj. zmienny;
niestały; płochy; wietrzny
fiction ['fykszyn] s. fikcja;
urojenie; beletrystyka; wymysł
fidelity [fy'delyty] s. wierność;
dokładność; ścisłość
field [fi:ld] s. pole; boisko;
drużyna; dziedzina; v.
ustawiać na boisku;
zatrzymać (piłkę);
poprowadzić do akcji
fierce [fiers] adj. dziki; srogi;
zażarty; wściekły; zawzięty;
nieopanowany; gwałtowny
fifteen ['fyf'ti:n] num.
piętnaście; piętnaścioro;
piętnastka
fifty ['fyfty] num. pięćdziesiąt
fight [fajt] s. walka; bitwa;
zapasy; bój; duch do walki;
mecz bokserski; v. walczyć
(przeciw lub o coś); bić się
figure ['fyger] s. kształt; postać;
wizerunek; cyfra; wzór; v.
figurować; liczyć;
rachować; oznaczać cenami;

wyobrażać; przedstawiać
file [fajl] s. rejestr; archiwum;
seria; pilnik; v. archiwować;
defilować; piłować pilnikiem;
wnosić (podanie, skargę);
iść rzędem (rzędami);
maszerować
fill [fyl] v. napełniać;
plombować ząb; osadzać; s.
wypełnienie; napicie i
najedzenie do syta; nasyp;
ładunek; porcja
filthy [fylgy] adj. brudny;
plugawy; niegodziwy;
sprośny
final ['fajnl] adj. końcowy;
ostateczny; s. finał (sport,
egzamin etc.); coś
ostatecznego
find; found; found [fajnd; faund;
faund]
find [fajnd] v. znajdować;
konstatować; dowiedzieć się
fine [fajn] adj. piękny; misterny;
czysty; przedni; wyszukany;
dokładny; adv. świetnie;
wspaniale; s. grzywna; kara;
v. ukarać grzywną
finger ['fynger] s. palec; kciuk;
v. przebierać w palcach;
wskazywać palcem; brać
palcami
finish ['fynysz] s. koniec;
wykończenie; v. kończyć;
skończyć; wykończyć;
dokończyć
fire ['fajer] s. ogień; pożar
fireman ['fajermen] s. strażak
firm [fe:rm] s. firma; adv.
mocno; adj. pewny;
stanowczy; trwały; v. ubijać;
osadzać (mocno); umacniać
się
first ['fe:rst] adj. pierwszy;
najpierw; po raz pierwszy;
początkowo; na początku
fish [fysz] s. ryba; v. łowić ryby
fist [fyst] s. pięść; v. uderzać
fit [fyt] s. atak (choroby, gniewu
etc.); krój; dopasowanie; adj.
dostosowany; odpowiedni;
nadający się; gotów; zdatny;
dobrze leżący; v. sprostać;

dobrze leżeć; przygotować się

fitness ['fytnys] s. stosowność; kondycja; trafność (uwagi); przywoitość

five [fajw] num. pięć; pięcioro; piąta (godzina); piątka (numer obuwia)

fix [fyks] v. umocować; przyczepiać; ustalać; utkwić; zgęszczać; tężeć; krzepnąć; urządzić kogoś (źle); usytuować; zaaranżować wynik (zapasów); s. kłopot; dylemat; położenie nawigacyjne (statku, samolotu etc.)

flag [flaeg] s. flaga; chorągiew; lotka; v. wywieszać flagę; sygnalizować

flake [flejk] s. płatek; łuska; iskra; v. prószyć; odpryskiwać łuszczyć; padać płatkami

flame [flejm] s. płomień; miłość; v. zionąć; błyszczeć; płonąć; opalać; migotać; być podnieconym

flash [flaesz] s. błysk; blask; adj. błyskotliwy; fałszywy; gwarowy; v. zabłysnąć; sygnalizować; pędzić; mknąć; wysyłać (natychmiastowo wiadomości)

flashlight ['flaeszlajt] s. latarka (elektryczna)

flat [flaet] adj. płaski; płytki; nudny; równy; stanowczy; oczywisty; matowy; bezbarwny; adv. płasko; stanowczo; dokładnie; s. płaszczyzna; równina; mieszkanie; przedziurawiona dętka; v. rozpłaszczyć; matować

flatter ['flaeter] v. pochlebiać

flavor ['flejwer] s. smak; zapach; v. dawać smak; mieć posmak

flea [fli:] s. pchła

flee [fli:] v. uciekać

flee [fli:] v. uciekać; pierzchać

flesh [flesz] s. ciało; miąsz

flexible [fi'eksybl] adj. giętki; gibki; układny; obrotny; elastyczny; łatwo przystosowujący się; ustępliwy; poddający się

flight [flajt] s. lot; przelot; ucieczka; kondygnacja schodów

flip [flyp] v. prztykać; rzucać; wyprztykiwać; s. prztyk

flirt [fle:rt] v. flirtować; machać; s. flirciarz; flirciarka; machnięcie (raptowne)

float [flout] v. unosić się; pływać na powierzchni; spławiać; puszczać w obieg; lansować; s. pływak; tratwa; platforma na kołach; gładzik do tynku; niezdecydowany ruch

flood [flad] s. powódź; wylew; potok; v. zalewać nawadniać

floor [flo:r] s. podłoga; dno

florist ['floryst] s. kwiaciarz; kwiaciarka; hodowca kwiatów

flour [flauer] s. mąka; v. mleć na mąkę; dodawać mąki (posypywać)

flourish ['flarysz] s. fanfara; wymachiwanie; v. kwitnąć; zdobić kwiatami; wymachiwać

flow [flou] s. strumień; prąd; przepływ; dopływ; v. płynąć; lać się; zalewać; ruszać się płynnie

flower [flauer] s. kwiat; v. kwitnąć; być w rozkwicie

flu [flu:] s. grypa; influenca

fluent ['fluent] adj. płynny; biegły i wymowny (mówca, pisarz)

fluid ['flu:yd] s. płyn; adj. płynny; płynnie poruszający się

fly [flaj] s. mucha; klapka

fly; flew; flown [flaj; flu; floun] v. latać; lecieć; powiewać; uciekać; przewozić samolotem; puszczać (latawca)

foam [foum] s. piana; v. pienić

się; a. pianowy; piankowy

focus ['foukes] s. ognisko;
ogniskowe; v. skupiać;
ogniskować; koncentrować;
ześrodkowywać

fog [fog] s. mgła; v. otumaniać

foggy ['fogy] adj. mglisty

foil [fojl] s. folia; tło; floret; trop;
ślad; v. udaremnić; zacierać
(ślad); niweczyć

fold [fould] s. fałda; zagięcie;
zagroda (owiec); v. składać;
zaginać (się); splatać;
zamykać owce (w owczarni);
fałdować

folk [fouk] s. ludzie; krewni; lud;
rasa; adj. ludowy;
folklorystyczny

folklore ['fouklo:r] s. folklor

follow ['folou] v. iść za;
następować za; śledzić;
rozumieć (kogoś); wnikać;
gonić; wynikać

fond [fond] adj. kochający;
czuły; łatwowierny; głupio
czuły

food [fu:d] s. żywność;
strawa; pokarm; jedzenie; a.
żywnościowy; odżywczy

fool [fu:l] s. głupiec; głuptas;
błazen; v. błaznować;
wyśmiewać; oszukiwać;
okpiwać; partaczyć

foot [fut] s. stopa; dół; spód;
miara (30.5 cm); piechota; v.
płacić

footstep ['fut,step] s. odgłos
kroku; ślad; długość kroku

for [fo:r] prep. dla; zamiast; z;
do; na; żeby; że; za; po; co
do; co się tyczy; jak na;
mimo; wbrew; po coś; z
powodu; conj. ponieważ;
bowiem; gdyż; albowiem;
dlatego że

forbid; forbade; forbidden
[fer'byd; fe:r'bejd; fer'bydn]

forbid [fer'byd] v. zakazywać;
zabraniać; nie dopuszczać;
uniemożliwiać; nie pozwalać

force [fo:rs] s. siła; moc; potęga;
sens; v. zmuszać; pędzić;
wpychać; forsować

forecast ['fo:r-ka:st] v.
przewidywać; s.
przewidywanie

forehead ['foryd] s. czoło

foreign ['foryn] adj. obcy;
obcokrajowy; cudzoziemski

foreigner ['foryner] s.
cudzoziemiec; cudzoziemka;
obcokrajowiec

forest ['foryst] s. las; v.
zalesiać; a. leśny; w lesie

forever [fe'rewer] adv. wiecznie;
na zawsze; ustawicznie

foreword ['fo:rłe-rd] v.
przedmowa; przedsłowie;
słowo wstępne

forge ['fo:rdż] s. kuźnia; huta;
v. kuć; fałszować; posuwać
się z trudem; wykuwać sobie
przyszłość

forgery ['fo:rdżery] s.
fałszerstwo; podrobiony
dokument

forget; forgot; forgotten [fer'get;
fer'got; fer'gotn]

forget [fer'get] v. zapominać;
pomijać; przeoczyć;
zaniedbać

forgive; forgave; forgiven
[fer'gyw; fer'gejw; fer'gywn]

forgive [fer'gywi] v. przebaczać;
darować; odpuszczać

fork [fo:rk] s. widły; widelec;
widełki; v. rozwidlać (się);
brać w widły; spulchniać
(ziemię)

form [fo:rm] v. formować (się);
kształtować (się); utworzyć
(się); organizować (się);
wytworzyć; s. forma; kształt;
postać; formuła; formułka;
formularz; blankiet; styl; układ

formal ['fo:rmel] adj. formalny;
urzędowy; oficjalny; v. strój
wieczorowy

former ['fo:rmer] adj. & pron.
oprzedni; były; miniony;
dawny; s. formierz; giser;
wzornik

fort [fo:rt] s. fort

forth [fo:rţ] adv. naprzód; dalej;
wobec; na zewnątrz etc.

fortify ['fo:rtyfaj] v. wzmacniać;

fortyfikować; umacniać

fortress ['fɔːtrys] s. twierdza;
forteca; warownia

fortunate ['fɔːrcznyt] adj.
szczęśliwy; pomyślny;
udany

fortunately ['fɔːrcznytly] adv. na
szczęście; szczęśliwie

fortune ['fɔːrczen] s. szczęście;
los; majątek; traf; ślepy los

forty ['fɔːrty] num. czterdzieści;
czterdziestka; czterdzieścioro

forward ['fɔːrlerd] adj. przedni;
naprzód; postępowy; śmiały;
wczesny; chętny; gotowy; v.
przyśpieszać; ekspediować;
s. napastnik (w sporcie); gracz
w ataku (forward = forwards)

foul [faul] adj. zgniły; plugawy;
wstrętny; adv. nieuczciwie;
wbrew regułom; s.
nieuczciwość; v. zawalać
(się); zabrudzić (się);
plugawić się; kalać

foundation [faun'dejszyn] s.
podstawa; założenie;
fundament; fundacja;
podwalina

fountain [fauntyn] s.
źródło; wodotrysk; pijalnia

four [fɔːr] num. cztery; czwórka;
czworo (dzieci, etc.)

fourteen ['fɔːrtiːn] num.
czternaście; czternaścioro;
czternastka

fox [foks] s. lis; v. przechytrzyć

fragile ['fraedżajl] adj. kruchy;
łamliwy; słabowity; wątły

fragment ['fraegment] s.
fragment; urywek; odłamek;
okruch

fragrance ['frejgrens] s. zapach;
woń; aromat

frail [frejl] adj. kruchy; wątły;
lekkomyślny; s. kosz;
plecionka

frame [frejm] s. oprawa; rama;
struktura; szkielet; v.
oprawiać; kształtować;
wrabiać

frank [fraenk] adj. szczery;
otwarty; v. wysyłać bez
opłaty

fraud [frɔːd] s. oszustwo; oszust

freak [friːk] s. kaprys; wybryk;
potwór; a. fantazyjny

freckle ['frekl] s. pieg; v.
pokrywać piegami;
powodować piegi

free [friː] adj. wolny; bezpłatny;
nie zajęty; v. uwolnić;
wyzwolić; oswobodzić; adv.
wolno; swobodnie; bezpłatnie

freedom ['friːdem] s. wolność;
swoboda; nieskrępowanie;
prawo do

freeze [friːz] v. marznąć;
zamarzać; krzepnąć;
przymarznąć; mrozić;
wyrugować (konkurenta)

frequent ['friːklent] adj. częsty;
rozpowszechniony; v.
uczęszczać; odwiedzać;
bywać

fresh [fresz] adj. świeży; nowy;
zuchwały; niedoświadczony;
adv. świeżo; niedawno;
dopiero co

Friday ['frajdy] s. piątek

fried [frajd] adj. smażony

friend [frend] s. znajomy;
znajoma; przyjaciel; kolega;
klient

friendly ['frendly] adj. przyjazny;
przychylny; życzliwy

friendship ['frendszyp] s.
przyjaźń osobista; dobra
znajomość; znajomość
powierzchowna; stosunki
koleżeńskie lub handlowe

frighten ['frajtn] v. straszyć

frog [frog] s. żaba; strzałka
(w kopycie konia); vulg.
Francuz

from [from] prep. od; z; przed
(zimnem); że; (ponieważ;
żeby)

frost [frost] s. mróz; przymrozek;
oziębłość; v. zmrozić;
oszronić

frown [fraun] v. marszczyć
brwi; s. zachmurzone czoło;
wyraz dezaprobaty;
niezadowolona mina

fruit [fruːt] s. owoc; v.
owocować; a. owocowy

frustrate [fra'strejt] v.
udaremnić; zniechęcić;
zawieść
fry [fraj] v. smażyć; s. narybek
frying pan [frajyn.paen] s.
patelnia
fuel [fjuel] s. paliwo; opał
fulfill [ful'fyl] v. spełnić;
wykonać; dokonać;
skończyć
full [ful] adj. pełny; pełen;
zapełniony; całkowity;
kompletny; cały; adv. w pełni;
całkowicie
fun [fan] s. uciecha; zabawa;
wesołość; śmiech; powód
do wesołości
function [fankszyn] v. działać;
funkcjonować; s. działanie;
funkcja; praca; obowiązek;
impreza; uroczystość;
czynność
fund [fand] s. fundusz
funeral [fju:nerel] s. pogrzeb;
adj. pogrzebowy; żałosny
funny [fany] adj. zabawny;
śmieszny; dziwny;
humorystyczny
fur [fe:r] s. futro; v. okładać
furious [fjuerjes] adj. wściekły;
rozjuszony; gwałtowny;
zaciekły
furnish [fe:rnysz] v. zaopatrzyć;
dostarczyć; umeblować;
wyposażyć; uzbrajać;
meblować
furniture [fe:rnyczer] s.
umeblowanie; urządzenie
further [fe:rdzer] adv. dalej;
dodatkowo; adj. dalszy;
dodatkowy; v. pomagać;
ułatwiać; posuwać naprzód;
sprzyjać; popierać
fuse [fju:z] v. stopić; s.
zapalnik; bezpiecznik; korek
fuss [fas] v. niepokoić;
denerwować; krzątać się; s.
wrzawa; zamieszanie;
krzątanina
fussy [fasy] adj. grymaśny;
hałaśliwy; nieznośny;
zrzędny
future [fju:tczer] s. przyszłość;

adj. przyszły (czas ...)

G

gain [gejn] s. zysk; zarobek;
korzyść; v. zyskiwać;
zdobywać; pozyskiwać;
wygrywać; osiągać; mieć
korzyść; wyprzedzać
gall [go:l] s. żółć; złość;
gorycz; tupet; otarcie; v.
urazić
gallery [gaelery] s. arkady;
galeria; krużganek; balkon;
chór
gallon [gaelen] s. miara płynu
(ok. 4,5 litra)(am. gal. = 3,78 l)
gallows [gaelouz] s. szubienica;
kobyłica; szelki; a.
szubieniczny
gamble [gaembl] s. hazard;
ryzyko; v. uprawiać hazard;
ryzykować; igrać;
spekulować
gambler [gaembler] s. gracz-
-hazardzista; ryzykant
game [gejm] s. gra; zabawa;
zawody; sztuczki; machinacje;
adj. dzielny; odważny;
kulawy; v. uprawiać hazard
gang [gaeng] s. banda; szajka;
grupa; v. łączyć się w bandę
gangster [gaengster] s.
gangster; bandyta
gap [gaep] s. szpara; luka;
otwór; przerwa; odstęp;
wyrwa; przełęcz; wyłom
garage [gaera:dż] s. garaż; v.
garażować; zagarażować
garbage [ga:rbydż] s. odpadki;
śmieci; bezwartościowe
publikacje
garden [ga:rdn] s. ogród; v.
uprawiać ogród
gardener [ga:rdner] s. ogrodnik
garlic [ga:riik] s. czosnek
gas [gaes] s. gaz; benzyna
gate [gejt] s. brama; furtka;

wrota; szlaban; ilość
publiczności; wpływy kasowe
ze wstępu
gather ['gaedzer] v. zbierać;
wnioskować; wzbierać;
narastać
gauge [gejdż] s. wskaźnik;
miara; skala; v. kalibrować;
oceniać; szacować
oszacować
gay [gej] adj. wesoły; jaskrawy;
pstry; rozpustny; s. pederasta;
pedzio; pedał
gaze [gejz] s. spojrzenie; v.
przyglądać się;
przypatrywać się
gear [gier] v. włączyć (napęd);
s. przybory; bieg; układ
gem [dżem] s. klejnot; perła
general ['dżenerel] adj. ogólny;
powszechny; generalny;
naczelny; główny; nieścisły;
ogólnikowy; s. generał; wódz
generation ['dżenerejszyn] s.
powstawanie; pokolenie
generous ['dżeneres] adj. hojny;
wielkoduszny; suty; obfity;
bogaty; żyzny; mocny;
krzepiący
genius [dżi:njes] s. geniusz;
duch; talent; duch epoki etc.
gentle ['dżentl] adj. łagodny;
delikatny; subtelny; stopniowy
gentleman ['dżentlmen] s. pan;
człowiek honorowy;
dżentelmen
genuine ['dżenjuyn] adj.
prawdziwy; autentyczny;
szczery
germ [dże:rm] s. zarodek;
zarazek; nasienie; pączek
gesture ['dżeszczer] s. gest
get [get] v. dostać; otrzymać;
nabyć; zawodać; łupać;
przynieść; zmusić; musić;
mieć; dostać się; wpływać;
wsiadać
get in [,get'yn] v. wejść;
wsiąść
get out [,get'aut] v. wysiąść;
wyjmować; wyciągać;
wynosić się
get up [,get'ap] v. wstać;

zbudzić się
ghost [goust] s. duch; cień;
widmo
giant ['dżajent] s. olbrzym
gift [gyft] s. dar; upominek;
talent; uzdolnienie; a.
darowany
gigantic [dżaj'gantyk] adj.
olbrzymi; gigantyczny;
kolosalny
giggle ['gygl] s. chichot; v.
chichotać; głupio śmiać się
ginger ['dżyndżer] s. imbir
gipsy ['dżypsy] s. cygan
girl [ge:rl] s. dziewczyna;
ukochana
girlfriend [ge:rl'frend] s.
przyjaciółka; dobra znajoma;
kochanka
give [gyw] v. dać; dawać; być
elastycznym; zawalić się;
ustąpić; s. elastyczność;
ustępstwo pod naciskiem
give in [,gyw'yn] v. ustępować;
podawać (nazwisko);
uznawać ku końcu
give up [,gyw'ap] v. poddać
się; ustąpić; zaniechać; dać
za wygraną
glad [glaed] adj. rad; wesoły;
radosny; dający radość;
ochoczy
glamorous ['glaemeres] adj.
czarujący; wspaniały;
fascynujący
glance [gla:ns] v. spojrzeć;
ześliznąć się; błyszczeć;
połyskiwać; s. rzut oka;
błysk; połysk; rykoszet;
odbicie się
gland [glaend] s. gruczoł
glass [gla:s] s. szkło; szklanka;
lampka; kieliszek; szyba etc.
glasses ['gla:sys] pl. okulary;
szkła
glimpse [glymps] s. mignięcie;
przelotne spojrzenie; v. ujrzeć
w przelocie; zerknąć
glitter ['glyter] v. świecić się;
błyszczeć; s. połysk; blask;
pretensjonalność
globe [gloub] s. globus; kula
ziemska; gałka

gloomy ['glu:mɪ] adj. ponury; mroczny; posępny; przygnębiony

glorious ['glo:rjəs] adj. sławny; wspaniały; przepiękny; chlubny

glory ['glo:rɪ] s. chwała; sława; v. szczycić się; chlubić się; chwalić się; chełpić się

glossary ['glosərɪ] s. słownik (przy tekście); glosariusz

glow [glou] v. żarzyć się; pałać; s. jarzenie; zapał; żarliwość; łuna; rumieniec; jasność

glue [glu:] s. klej; v. kleić; zalepiać; wlepiać (oczy); zlepić

glutton ['glatn] s. żarłok

gnome [noum] s. gnom; chochlik; zdanie wyrażające myśl ogólną; przysłowie; sentencja

go; went; gone [gou; łent; gon]

go [gou] v. iść; chodzić; jechać; stać się; być na chodzie

go on [,gou'on] v. iść naprzód; ciągnąć dalej; kontynuować

go out [,gou'aut] v. wychodzić (z kimś); gasnąć; bywać (u ludzi)

goal [goul] s. cel; meta; bramka

god [god] s. Bóg; bożek; bóstwo

gold [gould] s. złoto; adj. złoty

golden ['gouldn] adj. złoty

golf [golf] s. golf; v. grać w golfa

good [gud] adj. dobry; s. dobro; pożytek; zaleta; wartość; **better** ['betər] lepszy; **best** [best] najlepszy

good-bye [,gud'baj] s. do widzenia; pożegnanie

goose [gu:s] s. gęś; pl. **geese** [gi:s] gęsi; gęsie mięso; dureń

gorgeous ['go:rdžəs] adj. wspaniały; okazały; suty; ozdobny; wystawny; cudowny

gossip ['gosyp] s. plotka; plotkarz; plotkarka; v. plotkować; pisać popularne artykuły

govern ['gavərn] v. rządzić; kierować; dowodzić; trzymać w ryzach

government ['gavernment] s. rząd; ustrój; okręg; a. rządowy

gown [gaun] s. suknia; toga; v. układać togę; ubierać suknię

grab [graeb] v. łapać; zagarniać; grabić; s. łapanie; chwyt; zagarnięcie; porwanie

grace [grejs] s. łaska; wdzięk; przyzwoitość; v. czcić; ozdabiać; dodawać wdzięku; zaszczycić

grade [grejd] s. stopień; klasa; nachylenie; v. stopniować; dzielić na stopnie; cieniować; równać teren; niwelować; profilować

gradual ['graedžuəl] adj. stopniowy; po trochu

graduate ['graedžuejt] s. absolwent; v. stopniować; ukończyć studia; adj. podyplomowy (kurs)

graduation [,graedžu'ejszyn] s. ukończenie wyższych studiów; stopniowanie; cechowanie; podziałka

grain [grejn] s. ziarno; zboże; odrobina; grań; włókno; słój; v. granulować; ziarnować

grand [graend] adj. wielki; główny; wspaniały; świetny; okazały; (slang): 1000 dolarów; całkowity

grandchild ['graen,czajld] s. wnuk

granddaughter ['graen,do:ter] s. wnuczka

grandfather ['graend,fa:dzer] s. dziadek

grandmother ['graen,madžer] s. babka

grandparents ['graen,paerents] pl. dziadkowie

grandson ['graensan] s. wnuk

grant [gra:nt] v. nadawać; udzielać; uznawać; zgadzać się na; przekazywać; s. pomoc; przekazanie tytułu

własności; darowizna
grape [grejp] s. winogrona
grapefruit ['grejp-fru:t] s. grejpfrut (owoc lub drzewo)
graph [graef] s. wykres; krzywa
grasp [gra:sp] v. łapać; chwytać; pojmać; pojmować; dzierżyć; s. chwyt; uchwyt; pojęcie; panowanie; zrozumienie; kontrola
grass [gra:s] s. trawa; (slang): marijuana: "pot"; haszysz
grate [grejt] s. krata; ruszt; v. trzeć; ucierać; zgrzytać; skrzypieć; irytować; być irytującym
grateful ['grejtful] adj. wdzięczny; dobrze widziany
gratify ['graetyfaj] v. dogadzać; uprzyjemniać; zadawalać; przekupywać; wynagradzać
gratitude ['graetytju:d] s. wdzięczność (za pomoc etc.)
grave ['grejw] s. grób; adj. poważny; v. wyryć; wryć; wykopać
gravy ['grejwy] s. sos mięsny; sok; dodatkowy zysk; osobista korzyść
gray [grej] adj. szary; zob. grey; v. szarzeć; s. szary kolor
grease [gri:s] s. tłuszcz; smar; v. brudzić; smarować; nasmarować smarem (samochód etc.)
great [grejt] adj. wielki; duży; świetny; znakomity; wspaniały; zamiłowany; doniosły
greedy [gri:dy] adj. chciwy; zachłanny; łakomy; łapczywy; żądny; żarłoczny; spragniony
green [gri:n] adj. zielony; naiwny; młody; niedoświadczony; świeży; s. zieleń; zielenina; trawnik; v. zielenić; naciągać
greet ['gri:t] v. kłaniać się; pozdrawiać; ukazać się; dojść do (uszu); zaprezentować się
greeting ['gri:tyng] s.

pozdrowienie; powitanie; pozdrowienia
grief [gri:f] s. zmartwienie; zgryzota; smutek; żal
grill [gryl] s. rożen; krata; potrawa z rusztu; v. smażyć na rożnie; przesłuchiwać
grin [gryn] v. szczerzyć zęby; uśmiechać się; s. uśmiech
grind; ground; ground [grajnd; graund; graund]
grind [grajnd] v. ostrzyć; toczyć; mleć; zgrzytać; trzeć; harować; s. mlenie; harówka; kujon; ciężka rutyna; kucie się
grip [gryp] s. uchwyt; trzonek; rękojeść; rączka; łapka; uścisk dłoni; władza; moc; wywieranie wrażenia; v. opanowanie (tematu); v. chwycić; złapać; mocno trzymać w rękach; opanować sytuację; ująć rozumem
groceries ['grousarys] pl. towary spożywcze
gross [grous] adj. gruby; ordynarny; prostacki; całkowity; hurtowy; tłusty; niesmaczny; spasły; wybujały; s. 12 tuzinów; v. uzyskać brutto ...
ground [graund] s. grunt; ziemia; podstawa; podłoże; teren; dno (morza); osad; powód; przyczyna; dno; v. 1. osiąść na mieliźnie; opierać; gruntować; zagruntować; 2. zob. grind
group [gru:p] s. grupa; v. grupować; rozsegregowywać na grupy
grove [grouw] s. gaj
grow; grew; grown [grou; gru:; groun]
grow [grou] v. rosnąć; stawać się; dojrzewać; hodować; sadzić
grown-up ['groun,ap] adj. dorosły; s. człowiek dorosły
gruel [gruel] s. kaszka; kleik; v. wymęczyć; zadawać bobu

(komuś)

gruesome ['gru:sem] adj.
okropny
grumble ['grambl] v. narzekać;
utyskiwać; gderać; skarżyć
się; s. narzekanie; pomruk;
szemranie
guarantee [,gaeren'ti:] v.
gwarantować; poręczać; s.
poręczyciel; poręka; rękojmia
guard [ga:rd] v. pilnować;
chronić; s. strażnik; opiekun;
obrońca; bezpiecznik
guess [ges] v. zgadywać;
przypuszczać; myśleć; s.
zgadywanie; przypuszczenie;
zgadnięcie
guest [gest] s. gość
guide [gajd] s. przewodnik;
doradca; v. wskazywać
drogę; prowadzić
guilt [gylt] s. wina; przestępstwo
guilty ['gylty] adj. winny
gum [gam] s. dziąsło; guma; v.
kleić; wydzielać żywicę
gun [gan] s. strzelba; armata;
pistolet; działo; wystrzał
armatni
gurgle ['ge:rgl] v. bulgotać;
bełkotać; s. bulgotanie;
szemranie
gush [gasz] s. ulewa; wylew; v.
tryskać; lać się; wytrysnąć
guts [gats] pl. wnętrzności
guy [gaj] s. facet; człek; cuma;
v. cumować; uwiązać
gymnasium [dżym'nejzjem] s.
sala gimnastyczna; hala
sportowa
gypsy ['dżypsy] s. cygan;
cyganka; cyganeria; język
cygański

H

habit ['haebyt] s. zwyczaj; nałóg;
usposobienie;
przyzwyczajenie; habit; v.

odziewać się
hair [heer] s. włos; włosy
hairbrush ['heerbrasz] s.
szczotka do włosów
hairdresser ['heer,dreser] s.
fryzjer damski
hairy ['heery] adj. włochaty
half [ha:f] s. połowa; adj. pół;
adv. na pół; po połowie
half brother ['ha:f,bradżer]
s.przyrodni brat
hall [ho:l] s. sień; sala; hala;
dwór; gmach publiczny;
westybul
ham [haem] s. szynka
hamburger ['haembe:rger] s.
siekany kotlet wołowy; bułka
z siekanym kotletem wołowym
hammer ['haemer] s. młotek; v.
bić młotkiem; walić
hamper ['haemper] v.
zawadzać; krępować; s.
kosz z wiekiem
hand [haend] s. ręka; dłoń;
pismo; v. podać; zwijać;
pomagać; a. podręczny;
przenośny
handbag ['haendbaeg] s. damska
torebka
handicap ['haendykaep] s.
przeszkoda; upośledzenie;
trudność
handle ['haendl] s. trzonek;
rękojeść; uchwyt; sposób; v.
dotykać; manipulować;
traktować; załatwiać; dać
radę; handlować; zarządzać;
kontrolować
handsome ['haensem] adj.
przystojny; szczodry; znaczny
(datek)
handy ['haendy] adj. zręczny;
wygodny; bliski; pod ręką
hang [haeng] v. wieszać;
hung; hung [haeng; hang;
hang]
hang [haeng] v. wieszać;
powiesić; rozwiesić;
wywiesić; zwisać; s.
nachylenie; pochyłość;
powiązanie; orientacja
hangar ['haenger] s. hangar
hang-glider ['haeng'glajder] s.
lotnia; skrzydło Rogali

hangover ['hæŋg‚ouwer] s.
  (slang) kac; przeżytek
happen ['hæpen] v. zdarzać
  się; trafić się; przypadkowo
  być (gdzieś); mieć
  (nie)szczęście
happiness ['hæpynys] s.
  szczęście; zadowolenie;
  radość
happy ['hæpy] adj. szczęśliwy;
  zadowolony; właściwy
  (wybór); mądra (rada);
  radosny
harass ['hæres] v. niepokoić;
  trapić; dręczyć; nękać
harbor ['ha:rber] s. przystań;
  port; v. gościć; dawać
  schronienie; zawijać do portu
hard [ha:rd] adj. twardy; surowy;
  trudny; ciężki; ostry; adv.
  usilnie; wytrwale; ciężko; z
  trudem; siarczyście
hardly ['ha:rdly] adv. ledwie;
  zaledwie; prawie; z trudem;
  surowo; chyba nie; rzadko
hare [heer] s. zając; królik
harm [ha:rm] s. szkoda;
  krzywda; v. szkodzić;
  krzywdzić
harmful ['ha:rmful] adj.
  szkodliwy; szkodzący;
  zadający ból
harmless ['ha:rmlys] adj.
  nieszkodliwy; niewinny
harmonious [ha:rmounjes] adj.
  harmonijny; melodyjny; zgodny
harsh [ha:rsz] adj. szorstki;
  żrący; ostry; cierpki; przykry;
  surowy; nieprzyjemny
harvest [ha:rvyst] s. żniwa;
  zbiory; zbiór; urodzaj; plony; v.
  zbierać (zboże); zbierać
  (plony); sprzątać z pól
hasty ['hejsty] adj. pośpieszny;
  prędki; porywczy; niecierpliwy
hat [hæt] s. kapelusz
hate [hejt] s. nienawiść; v.
  nienawidzieć; nie znosić
hatred ['hejtryd] s. nienawiść
haughty ['ho:ty] adj. hardy;
  pyszny; zarozumiały;
  wzgardliwy
haunt [ho:nt] v. nawiedzać; s.

miejsce często odwiedzane;
  melina; spelunka; legowisko
have; had; had [haew; hæd;
  hæd]
have [haew] v. mieć;
  otrzymać; zawierać; nabyć;
  musieć
hawk [ho:k] s. jastrząb; packa;
  chrząknięcie; v. polować z
  jastrzębiem; sprzedawać na
  ulicy; chrząkać głośno
hay [hej] s. siano
hazardous ['hæzerdes] adj.
  ryzykowny; hazardowny;
  niebezpieczny
hazy ['hejzy] adj. mglisty;
  zamglony; nieco podchmielony
he [hi:] pron. on
head [hed] s. głowa; łeb; szef;
  naczelnik; nagłówek; szczyt;
  v. prowadzić; kierować (się)
headache ['hedejk] s. ból głowy
heal [hi:l] v. leczyć; łagodzić;
  uspakajać; wyleczyć się
healthy [helgy] adj. zdrowy;
  potężny; spowodowany
  zdrowiem
hear; heard; heard [hier; he:rd;
  he:rd]
hear [hier] v. słyszeć; usłyszeć;
  słuchać; dowiedzieć się
heart [ha:rt] s. serce; odwaga;
  otucha; sedno; symbol serca
hearty ['ha:rty] adj. serdeczny;
  szczery; otwarty; pożywny;
  obfity; solidny; dobry; krzepki;
  rześki
heat [hi:t] s. gorąco; upał; żar;
  ciepło; uniesienie; pasja;
  popęd płciowy (zwierząt)
heating ['hi:tyng] s. ogrzewanie
heaven ['hewn] s. niebo; raj;
  niebiosa
heavy ['hewy] adj. ciężki; duży;
  ponury; zrozpaczony
heed [hi:d] s. troska; dbałość;
  heed [hi:d] s. troska;
  dbałość;uwaga; wzgląd;
  ostrożność; v. uważać;
  baczyć
heel [hi:l] s. pięta; obcas;
  przechył; łajdak; v. dotykać
  piętą; podbijać obcas;

zaopatrywać; przechylać się;
tupać obcasem

heinous ['hejnes] adj. potworny;
ohydny; nienawistny; haniebny

heir [eer] s. spadkobierca;
dziedzic; następca

hell [hel] s. piekło; psiakrew!
miejsce nędzy i okrucieństwa

hello ['he'lou] excl. halo!
cześć! czołem! dzień dobry!

helmet ['helmyt] s. hełm; kask

help [help] v. pomagać;
usługiwać; nakładać
(jedzenie); v. pomoc;
pomocnik; robotnik

hem [hem] s. brzeg; obrąbek;
chrząkanie; v. obrębiać;
otoczyć; pochrząkiwać;
wahać się

hen [hen] s. kura; kwoka; baba

her [he:r] pron. ją; jej; jej;
(należący) do niej

herb [he:rb] s. zioło
(jednoroczne)

herd [he:rd] s. trzoda; stado;
pastuch; v. iść stadem;
zganiać w stado; paść;
popędzać stadem

here [hier] adv. tu; tutaj; oto

hereditary [hy'redytery] adj.
dziedziczny; odziedziczony;
tradycyjny; przekazany
dziedzictwo

heritage ['herytydż] s.
spuścizna; spadek;
dziedzictwo

hero ['hierou] s. bohater

herself [he:r'self] pron. ona
sama; ona sobie; ją sama

hesitate ['hezytejt] v. wahać
się; być niepewnym;
zatrzymać się

hi [haj] excl. hej! (pozdrowienie);
cześć! czołem!

hiccup; hiccough ['hykap] s.
czkawka; v. mieć czkawkę

hide; hid; hidden [hajd; hyd;
hydn]

hide [hajd] v. chować;
ukrywać; s. kryjówka; skóra
(zwierzęca)

high [haj] adj. wysoki; wyniosły;
silny; cienki (głos)

high-school ['haj'sku:l] s.
gimnazjum; szkoła średnia

hike [hajk] v. włóczyć się;
wędrować; wyciągać do
góry; s. wycieczka; podwyżka

hilarious [hy'leerjes] adj. wesoły;
hałaśliwie wesoły

hill [hyl] s. górka; pagórek;
kopiec; v. sypać kopiec

him [hym] pron. jego; go; jemu;
mu

himself [hym'self] pron. się;
siebie; sobie; sam; osobiście;
we własnej osobie

hint [hynt] s. aluzja; przytyk;
wskazówka; v. napomknąć;
dać do zrozumienia; zrobić
aluzją

hip [hyp] s. biodro; naroże;
dachu; chandra; adj.
biodrowy; współczesny;
stylowy

hire [hajer] s. najem; opłata za
najem; v. najmować;
wynajmować; dzierżawić;
odnajmować

his [hyz] pron. jego

history ['hystory] s. historia;
dzieje; przeszłość (znana)

hit [hyt] s. uderzenie; przytyk;
sukces; sensacja; v. uderzyć;
utrafić; natrafić; zabić

hitchhike ['hycz,hajk] v. jechać
autostopem

hive [hajw] s. ul; rojowisko; v.
umieszczać w ulu; wchodzić
do ula; zbierać do ula

hobby ['hoby] s. hobby; pasja
(np. filatelistyka)

hog [hog] s. wieprz; człowiek
zachłanny; v. łapać dla siebie;
jechać środkiem; wyginać
łukowato w środku;
zagarniać sobie

hold; held; held [hould; held;
held]

hold [hould] v. trzymać;
posiadać; zawierać;
powstrzymywać; uważać;
obchodzić; wytrzymywać;
trwać; s. chwyt; pauza;
pomieszczenie; więzienie;
twierdza; silny wpływ; uchwyt

hole [houl] s. dziura; nora; dołek;
v. dziurawić; przedziurawiać;
przekopywać (tunel)

holiday ['holedy] s. świeto;
wakacje; urlop; adj. wesoły;
radosny

hollow ['holou] s. dziupla; dziura;
kotlina; dolina; adj. wklęsły;
dziurawy; fałszywy; głuchy;
pusty; czczy; głodny;
nieszczery; adv. pusto

home [houm] s. dom; ojczyzna;
kraj; schronisko; bramka; adj.
domowy; rodzinny; krajowy;
wewnętrzny; ojczysty

homeless ['houmlys] adj.
bezdomny; bez dachu nad
głową

homely ['houmli] adj. swojski;
pospolity; nieładny; prosty;
skromny; niewybredny;
niewyszukany

honest ['onyst] adj. uczciwy;
prawy; przyzwoity; szczery;
adv. naprawdę

honey ['hany] s. miód; słodycz

honeymoon ['hany,mu:n] s.
miodowy miesiąc; v. spędzić
miodowy miesiąc

honor ['oner] s. cześć;
uczciwość; cnota; tytuł
sędziego; v. czcić;
zaszczycać; honorować

hood [hud] s. kaptur; kapturek;
maska; buda; v. zaopatrywać
w kaptur; przykrywać

hoof [hu:f] s. kopyto; v. kopać;
iść; tańczyć; iść pieszo

hook [huk] s. hak; v. zahaczyć;
zakrzywić (się); złapać
(męża)

hop [hop] s. chmiel; skok;
potańcówka; v.
podskakiwać; poderwać
(się); przeskakiwać

hope [houp] s. nadzieja; v. mieć
nadzieję; spodziewać się;
ufać; żywić nadzieję

horizon [he'rajzen] s. horyzont;
widnokrąg; warstwa
oznaczona

horn [ho:rn] s. róg; trąbka; v.
syrena; kula (siodła); v.

bóść; przebóść; wmieszać
się

hornet ['ho:rnyt] s. szerszeń

horoscope ['hore,skoup] s.
horoskop

horrible ['horebl] adj. straszny;
okropny; szokujący; paskudny

horror ['horer] s. groza; wstręt;
odraza; przerażenie; dreszcz

horse ['ho:rs] s. koń; konnica;
jazda; kozioł z drzewa

horseradish ['ho:rs,raedysz] s.
chrzan; adj. chrzanowy

horseshoe ['ho:rs,szu] s.
podkowa; a. w kształcie
podkowy

hose [houz] s. pończochy; wąż
do podlewania (wiedza i
praktyka)

hospital ['hospytl] s. szpital;
lecznica; a. szpitalny

hospitality [,hospy'taelyty] s.
gościnność

hostage ['hostydż] s. zakładnik;
zastaw; zakładniczka

hostel ['hostel] s. dom
studencki; bursa; zajazd

hostess ['houstys] s. gospodyni;
stewardesa; fordanserka

hostile ['hostajl] adj. wrogi;
nieprzyjazny; antagonistyczny

hot [hot] adj. gorący; palący;
pieprzny; ostry; nielegalny;
świeży; pobudliwy; adv.
gorąco

hotel [hou'tel] s. hotel

hour ['auer] s. godzina; pora

house [haus] s. dom; zajazd;
teatr; widzowie; v. gościć;
dawać pomieszczenie;
mieszkać

housewife ['haus,łajf] s.
gospodyni (nie pracująca poza
domem)

how [hau] adv. jak; jak? sposób

however [hau'ewer] adv.
jakkolwiek; jednak; niemniej

hug [hag] s. uścisk; chwyt
zapaśniczy; v. ściskać;
przyciskać; tulić (się);
uściskać

huge [hju:dż] adj. ogromny

hum [ham] v. nucić; buczeć;

mruczeć; chrząkać; s. pomruk; chrząkanie; wahanie się; blaga

human ['hju:men] adj. ludzki; s. istota ludzka

humane ['hju:mejn] adj. ludzki; humanitarny; litościwy

humble ['hambl] adj. pokorny; uniżony; skromny; v. upokarzać; poniżać; poniżyć

humidity [hju'mydyty] s. wilgoć; wilgotność (powietrza etc.)

humiliate [hju'myły,ejt] v. upokarzać; poniżać; martwić

humor ['hju:mer] s. humor; nastrój; kaprys; wesołość; v. dogadzać; zaspakajać; zadowalać; ustępować; dostosować się do zachcianek etc.

humorous ['hju:meres] adj. śmieszny; pocieszny; pełen humoru; zabawny; komiczny

hundred ['handred] num. sto; s. setka; niezliczona ilość

hunger ['hanger] s. głód; v. głodować; łaknąć; głodzić

hungry ['hangry] adj. głodny; zgłodniały; pożądliwy; ubogi; jałowy; nieurodzajny; łaknący

hunt [hant] s. polowanie; teren łowiecki; v. polować; gonić; przeszukiwać; szukać

hurricane ['harykejn] n. huragan; orkan tropikalny

hurry ['hary] s. pośpiech

hurt [he:rt] v. ranić; kaleczyć; urazić; uszkodzić; boleć; dokuczać; s. skaleczenie; rana; szkoda; krzywda; uraz; uszkodzenie; ból; ujma; ranka

husband ['hazbend] s. mąż; v. gospodarować oszczędnie; wydawać za mąż

hut [hat] s. chata; barak; chałupa; v. mieszkać w chałupie

hygiene ['hajdżi:n] s. higiena

hymn [hym] s. hymn; v. śpiewać hymn; chwalić hymnem

hypocrite ['hypekryt] s. hipokryta; obłudnik; obłudnica

hypocritical [,hypou'krytykel] adj. obłudny; hipokrytyczny; dwulicowy; udający cnotę

hysteria [hys'tyerje] s. histeria; wybuch podniecenia

hysterical [hys'terykel] adj. histeryczny; podlegający histerii

I

I [aj] pron. ja; dziewiąta litera angielskiego alfabetu

ice [ajs] s. lód; lody; v. zamrażać; mrozić; lukrować

ice-cream ['ajskri:m] s. lody

icicle ['ajsykl] s. sopel

icon ['ajkon] s. ikona

idea [aj'die] s. idea; pojęcie; pomysł; wyobrażenie; myśl; plan

ideal [aj'diel] adj. idealny; s. ideał; model doskonały

identical [aj'dentykel] adj. taki sam; identyczny; tożsamościowy; zupełnie podobny

identification [ajdentyfy'kejszyn] s. utożsamienie; identyfikacja; stwierdzenie tożsamości

identity [aj'dentyty] s. tożsamość; identyczność

idiom ['ydjem] s. wyrażenie zwyczajowe; wyrażenie idiomatyczne; dialekt; typowy styl

idle ['ajdl] adj. niezajęty; bezczynny; jałowy; zbyteczny; leniwy; pusty; czczy; v. próżnować; być na wolnym biegu; być bez pracy; obijać się

idol ['ajdl] s. bożyszcze; bałwan; posąg bożka

if [yf] conj. jeżeli; jeśli; gdyby; o ile; czy; żeby (tylko)

ignite [yg'najt] v. zapalić
ignorant ['ygnerent] adj.
  nieświadomy; ciemny; bez
  wykształcenia; zdradzający
  ignorancją
ignore [yg'no:r] v. pomijać;
  lekceważyć; odrzucać; nie
  zważać
ill [yl] adj. zły; chory; słaby;
  lichy; s. zło; adv. źle; nie
  bardzo; kiepsko; niepomyślnie
illegal [y'li:gel] adj. bezprawny;
  nielegalny; samowolny;
  przeciw prawu i ustawom
illicit [y'lysyt] adj. bezprawny;
  niedozwolony; niewłaściwy
illness ['ylnys] s. choroba
illusion [y'lu:żyn] s. złudzenie;
  iluzja; złuda
illustrate ['yles,trejt] v.
  wyjaśniać; ilustrować
image ['ymydż] s. wizerunek;
  obraz; wcielenie; v.
  wyobrażać; odzwierciedlać;
  ucieleśniać; dawać obraz
  (wyobrażenie)
imagine [y'maedżyn] v.
  wyobrażać sobie;
  przypuszczać; myśleć
imitate ['ymytejt] v.
  naśladować; małpować;
  imitować; wzorować się
imitation [,ymy'tejszyn] s.
  naśladowanie; naśladow-
  nictwo; imitacja; falsyfikat;
  podróbka
immature [,yme'tjuer] adj.
  niedojrzały; niewyrobiony;
  niedorosły
immediate [y'mi:djet] adj.
  bezpośredni;
  natychmiastowy; pilny; nagły
immediately [y'mi:djetly] adv.
  natychmiast; bezpośrednio
immense [y'mens] adj. olbrzymi;
  ogromny; świetny; kapitalny
immigrant [ymygrent] s.
  imigrant; adj. imigrujący;
  osadniczy
immoral [y'morell] adj.
  niemoralny; nieetyczny;
  rozpustny
immortal [y'mo:rtl] adj.

nieśmiertelny; wiekopomny
impact ['ympaekt] v. wgniatać;
  s. zderzenie; uderzenie;
  wpływ; wstrząs; kolizja;
  działanie
impatient [ym'pejszent] adj.
  niecierpliwy; zniecierpliwiony;
  palący się do; podrażniony
imperfect [ym'pe:rfykt] adj.
  niedoskonały; niedokończony;
  wadliwy; niezupełny;
  niedokonany
imperial [ym'pierjel] adj. cesarski;
  imperialny; dostojny;
  rozkazujący; majestatyczny
impersonal [ym'pe:rsenll] adj.
  nieosobowy; nieosobisty
implacable [ym'plekebll] adj.
  nieubłagany; nieprzejednany
implement ['ymplyment] s.
  narzędzie; środek; sprzęt; v.
  uzupełniać; urzeczywistniać;
  wykonać; uprawomocniać;
  spełniać
imply [ym'plaj] v. zawierać w
  sobie; mieścić; sugerować;
  zakładać; nasuwać wniosek
impolite [,ympo'lajt] adj.
  nieuprzejmy; niegrzeczny
import [ym'po:rt] s. import;
  treść; v. oznaczać;
  importować; przywozić z
  zagranicy; a. importowy
import ['ympo:rt] s. treść;
  znaczenie; ważność;
  doniosłość
important [ym'po:rtent] adj.
  ważny; znaczący; doniosły
impossible [ym'posybll] adj.
  niemożliwy (do zrobienia;
  zniesienia)
impotent ['ympotent] s. bezsilny;
  impotent; nieudolny
impress [ym'pres] v. odcisnąć;
  wyciskać; robić wrażenie; s.
  odcisk; odbicie; piętno
impression [ym'preszyn] s.
  wrażenie; druk; odbicie;
  nakład
impressive [ym'presyw] adj.
  robiący wrażenie; uderzający;
  podniosły; wstrząsający;
  frapujący

improper [ym'proper] adj.
niewłaściwy; nieprzyzwoity;
zdrożny

improve [ym'pru:w] v.
poprawić; udoskonalić;
ulepszać (jakość)

improvement [ym'pru:wment] s.
poprawa; udoskonalenie;
wykorzystanie (sposobności)

impulse ['ympals] s. impuls;
poryw; popęd; pęd; siła
napędowa; bodziec

in [yn] prep. w; we; na; za; po;
do; u; nie-

inability [,yne'bylyty] s.
niezdolność; niemożność

inaccurate [yn'aekjuret] adj.
nieścisły; niedokładny

inactive [yn'aektyw] adj.
bezczynny; bierny; obojętny;
inertny

inappropriate [,yne'prouprjyt] adj.
niewłaściwy; niestosowny

inch [yncz] s. cal (2.54 cm); v.
posuwać cal po calu

incident ['ynsydent] s. zajście;
wydarzenie; incydent; adj.
padający; związany;
prawdopodobny

incline [yn'klajn] v. mieć
skłonność; pochylać się

include [yn'klu:d] v. zawierać;
włączać; wliczać (w cenę);
obejmować

income ['ynkam] s. dochód

incompetent [yn'kompytent] adj.
niekompetentny; nieudolny

incomplete [,ynkem'pli:t] adj.
niezupełny; nieukończony

inconvenient [,ynken'wi:njent]
adj. niewygodny; niedogodny;
kłopotliwy; uciążliwy

incorporate [yn'ko:perejt] v.
jednoczyć; wcielać;
zrzeszać; [yn'ko:rperyt] adj.
zrzeszony

incorrect [,ynke'rekt] adj.
niepoprawny; nieścisły;
błędny

increase [yn'kri:s] v. wzrastać;
zwiększać się; pomnażać
się; wzmagać się;
rozmnażać się; ['ynkri:s] s.

wzrost; przyrost; podwyżka;
mnożenie się

incredible [yn'kredbl] adj. nie do
wiary; niewiarygodny;
nieprawdopodobny; nie do
pomyślenia

indecent [yn'di:sent] adj.
nieprzyzwoity; obrażający
moralność

indecisive [,yndy'sajsyw] adj.
nierozstrzygnięty;
niezdecydowany; chwiejny;
nie rozstrzygający

indeed [yn'di:d] adv. naprawdę;
istotnie; rzeczywiście;
faktycznie; wprawdzie; co
prawda; właściwie

indefinite [yn'defynyt] adj.
nieokreślony; niewyraźny;
nie sprecyzowany

indent [yn'dent] v. naciąć;
wycinać; wyrżnąć; zamówić;
zawierać umowę; tłoczyć; s.
wgłębienie; nacięcie;
karbowanie

independence [,yndy'pendens] s.
niezależność;
niepodległość;
niezależność materialna

independent [,yndy'pendent] adj.
niepodległy; niezależny
(materialnie); osobny;
oddzielny

Indian ['yndjen] adj. indiański;
hinduski

Indian Summer ['yndjen'samer]
exp.: słoneczne dni w jesieni;
babie lato

indicate ['yndykejt] v.
wskazywać; stwierdzać;
wymagać

indifferent [yn'dyfrent] adj.
obojętny; mierny; błahy;
neutralny

indignant [yn'dygnent] adj.
oburzony (na
niesprawiedliwość ...)

indirect [,yndy'rekt] adj.
pośredni; okrężny;
nieuczciwy

individual [,yndy'wydjuel] adj.
pojedynczy; odrębny; s.
jednostka; osobnik; okaz;

człowiek

indoors ['yndo:rz] adv. w domu;
pod dachem; do domu; do
mieszkania

indulge [yn'daldż] v. pobłażać;
znosić; ulegać; dogadzać;
używać sobie; dawać upust;
zaspokajać

industry ['yndastry] s. przemysł;
pilność; pracowitość;
skrzętność; gałąź
przemysłu; właściciele i
zarządcy przemysłu

inertia [y'ne:rszja] s. inercja;
bezwład; ociężałość

inevitable [yn'ewytebl] adj.
nieunikniony; nieuchronny

infamous [ynfemes] adj.
haniebny; niesławny;
hańbiący; podły

infant ['ynfent] s. niemowlę;
dziecko; noworodek; a.
dziecinny

infection [yn'fekszyn] s.
zakażenie; zarażenie; zaraza

inferior [yn'fierjer] adj. niższy;
podrzędny; pośledni

infinite ['ynfynyt] adj.
nieskończony; bezgraniczny;
niezliczony; ogromny;
bezkresny

inflate [yn'flejt] v. nadąć;
rozdąć; powodować inflację

inflict [yn'flykt] v. żądać;
narzucać; zsyłać (na kogoś)

influence [yn'influens] s. wpływ;
v. wywierać wpływ;
oddziaływać

influential [,ynflu'enszel] adj.
wpływowy (polityk etc.)

inform [yn'fo:rm] v.
powiadomić; nadawać;
donosić; ożywić

informer [yn'fo:rmer] s.
donosiciel; konfident;
konfidentka

infuriate [,yn'fjuerjejt] v.
rozwścieczać; rozjuszać

ingenious [yn'dżi:njes] adj.
pomysłowy; dowcipny
(pomysł)

ingredient [yn'gri:djent] s.
składnik (mieszanki etc.)

inhale [yn'hejl] v. wdychać;
zaciągać się (dymem);
wziewać

inherit [yn'heryt] v. dziedziczyć;
być spadkobiercą

initial [y'nyszel] adj.
początkowy; v. znaczyć
własnymi inicjałami

inject [yn'dżekt] v. wstrzyknąć

injection [yn'dżekszyn] s.
zastrzyk; wstrzyknięcie; a.
wtryskowy

injure [yn'dżer] v. zranić;
uszkodzić; krzywdzić;
zepsuć

injury [yn'dżery] s. szkoda;
krzywda; rana; uszkodzenie

inn [yn] s. gospoda; oberża

inner [yner] adj. wewnętrzny

innocent [yn'nesnt] adj.
niewinny; naiwny;
nieszkodliwy; niemądry; s.
prostaczek; niewiniątko;
głuptas

inquire [yn'klajer] v. pytać się;
dowiadywać się; dociekać

inquisitive [yn'kłyzytyw] adj.
badawczy; ciekawski;
wścibski

insane [yn'sejn] adj. chory
umysłowo; zwariowany; bez
sensu

insatiable [yn'sejszjebl] adj.
nienasycony; niezaspokojony;
chciwy

insect [ynsekt] s. owad

insecure [,ynsy'kjuer] adj.
niepewny; niezabezpieczony

insert [yn'se:rt] v. wstawiać;
wkładać; s. wkładka;
wstawka

inside ['ynsajd] s. wnętrze; adj.
wewnętrzny; adv. wewnątrz

inside [yn'sajd] adv. wewnątrz

insight ['ynsajt] s. wgląd;
intuicja; wnikliwość

insist [yn'syst] v. nalegać;
nastawać; utrzymywać;
obstawać

inspect [yn'spekt] v. oglądać;
doglądać; mieć nadzór;
badać

inspection [yn'spekszyn] s.

przegląd; oglądanie; inspekcja;
doglądanie; sprawdzanie;
kontrola
instant ['ynstant] adj. nagły;
natychmiastowy; bieżący; s.
moment; chwila (szczególna)
instead [yn'sted] adv. zamiast
tego; natomiast; ~ in miejsce
instinct ['ynstynkt] s. instynkt;
adj. tchnący (czymś); pełen
instruct [yn'strakt] v. uczyć
instrument ['ynstrument] s.
instrument; przyrząd;
dokument
insult ['ynsalt] s. zniewaga
insult [yn'salt] v. lżyć;
znieważać; uchybiać;
zelżyć
insurance [yn'szuerens] s.
ubezpieczenie; s.
ubezpieczeniowy
intact [yn'taekt] adj. nietknięty;
nieuszkodzony
intellect ['yntylekt] s. rozum;
umysł; rozsądek; wybitne
umysły
intellectual [,ynty'lekczuel] adj.
intelektualny; umysłowy; s.
intelektualista; inteligent
intelligent [yn'telydżent] adj.
inteligentny; łatwo uczący się
intend [yn'tend] v. zamierzać;
przeznaczać; mieć na myśli
intense [yn'tens] adj. napięty;
usilny; gorliwy; wytężony;
uczuciowy
intention [yn'tenszyn] s. zamiar;
cel; zamierzenie (czynu)
intentional [yn'tenszenel] adj.
umyślny; celowy; zamierzony
interest ['yntryst] s.
zainteresowanie; ciekawość;
odsetki; interes; procent; v.
zainteresować
interested [yn'trystyd] adj.
zaciekawiony; zainteresowany
interesting ['yntrystyng] adj.
ciekawy; interesujący
interfere [,ynter'fier] v. wtrącać
się; wdawać się; kolidować;
zakłócać; dokuczać
interior [yn'tierjer] adj.
wewnętrzny; środkowy; s.

wnętrze; głąb kraju; głąb
duszy (serca)
intermediate [,ynter'mi:djet] adj.
pośredni; środkowy; średni;
s. pośrednik; v.
pośredniczyć
intermission [,ynter'myszyn] s.
przerwa; pauza; antrakt
internal [yn'te:rnl] adj.
wewnętrzny; krajowy;
domowy
international [,ynter'naeszenl]
adj. międzynarodowy; s.
międzynarodówka; zawody
międzynarodowe; zawodnik
międzynarodowy
interpret [yn'te:pryt] v.
tłumaczyć i objaśniać;
interpretować; rozumieć
(opacznie etc.)
interrogate [yn'teregejt] v.
wypytywać; przesłuchiwać
interrupt [,ynte'rapt] v.
przerywać; zasłaniać (widok)
interval ['ynterwel] s. odstęp;
przerwa; antrakt; okres
(pogody)
intervene [,ynter'wi:n] v.
wdawać się; interweniować;
zdarzyć się; zajść; być
między (dwoma etc.)
interview ['ynterwju:] s. wywiad;
rozmowa; v. mieć wywiad;
widzieć się z kimś (dla
wywiadu)
intimate [yn'tymejt] adj. zażyły;
wewnętrzny; intymny; v.
zawiadamiać; dawać do
zrozumienia; s. serdeczny
przyjaciel
intimidate [yn'tymydejt] v.
zastraszyć; onieśmielić
into ['yntu:] prep. do; w; na
intolerable [yn'tolerebl] adj.
nieznośny; nie do zniesienia
intoxicate [yn'toksykejt] v. upić;
upajać; odurzać się
intricate [yn'trykyt] adj. zawiły;
trudny do zrozumienia
intrigue [yn'tri:g] s. intryga;
potajemna miłość; v.
intrygować; potajemnie
utrzymywać stosunek

miłosny; zaciekawiać

introduce [,yntre'dju:s] v. wprowadzać (coś lub kogoś); przedstawiać; rozpoczynać; wsuwać; wysuwać; wkładać; zapoznawać

introduction [,yntre'dakszn] s. wstęp; wprowadzenie; włożenie; wsunięcie; przedstawienie (kogoś); przedmowa; innowacja etc.

intrude [yn'tru:d] v. wpychać (się); wciskać (się); wedrzeć (się); narzucać (się) (komuś)

invade [yn'wejd] v. najeżdżać; wdzierać się; zalewać; owładnąć; ogarnąć; wtargnąć

invalid [yn'weli:d] s. chory; inwalida; kaleka; człowiek słaby

invalid [yn'waelyd] adj. nieważny; nieprawomocny

invasion [yn'wejżyn] s. inwazja; najazd; wdarcie się

invent [yn'went] v. wynaleźć; wymyślić; zmyślić (coś na kogoś)

invention [yn'wenszyn] s. wynalazek; wymysł; zmyślenie

invest [yn'west] v. inwestować; wyposażać; oblegać; obdarzać

investigate [yn'westygejt] v. badać; prowadzić dochodzenie

investigation [yn,westy'gejszyn] s. badanie; dochodzenie; śledztwo; rozpatrzenie; dociekanie

invitation [,ynwy'tejszyn] s. zaproszenie (pisemne, słowne)

invite [yn'wajt] v. zapraszać; wywoływać; ściągać; nęcić; zachęcać; prosić o (radę)

involve [yn'wolw] v. gmatwać; wikłać; mieszać; komplikować; obejmować; wymagać

iron [´ajern] s. żelazo; żelazko;

(pistolet; rewolwer); adj. żelazny; v. zakuwać; prasować

ironic(al) [aj'ronyk(el)] adj. ironiczny; drwiący; uszczypliwy

irony [´ajereny] s. ironia

irrational [y'raesznel] adj. nieracjonalny; nierozumny; niewymierny; s. liczba niewymierna

irregular [y'regjuler] adj. nieregularny; nierówny; nieporządny; nielegalny; nieprawidłowy

irrelevant [y'relywent] adj. nieistotny; niestosowny; oderwany; od rzeczy; nie do rzeczy

irresponsible [,yrys'ponsybl] adj. nieobliczalny; nieodpowiedzialny

irritable [´yrytebl] adj. drażliwy; wrażliwy; nerwowy; przewrażliwiony; skory do gniewu

irritate [´yrytejt] v. denerwować; irytować; drażnić; rozdrażniać; unieważniać prawnie

is [yz] v. jest; zob. be

island [´ajlend] s. wyspa; wysepka (na bruku)

isolated [´ajselejtyd] adj. odosobniony; osamotniony

issue [´yszu:] s. wydanie; przydział; zeszyt; spór; problem; argument; wynik; koniec; ujście; wyjście; wypływ; potomstwo; upuszczenie; dochód; v. wysyłać; wypuszczać; wydawać; dawać w wyniku; wychodzić; pochodzić; emitować

it [yt] pron. to; ono

itch [´ycz] s. swędzenie; świerzb; chętka; v. czuć swędzenie; swędzić; mieć ochotę

item [´ajtem] s. pozycja; punkt programu; artykuł; wiadomość; adv. podobnie;

także; też dotyczy
itinerary [aj'tynereryj] s.
marszruta; szlak; przewodnik;
adj. podróżny; drogowy
its [yts] pron. jego; jej; swój
itself [yt'self] pron. się; siebie;
sobie; sam; sama; samo
ivory ['ajwery] s. kość
słoniowa; klawisz fortepianu;
biel kremowa; adj. z kości
słoniowej; biały

J

jacket [dżaekyt] s. marynarka;
żakiet; kurtka; okładzina;
obwoluta; osłona; v.
okrywać; nakładać okła-
dzinę; wkładać do teki
jail [dżejl] s. ciupa; więzienie; v.
więzić; uwięzić (kogoś)
jam [dżaem] s. tłok; zator;
korek; zła sytuacja; v.
stłoczyć; zablokować;
zaciąć; zagłuszyć
janitor ['dżaenitor] s. portier;
dozorca; sprzątacz biurowy
January ['dżaenjuery] s.
styczeń; a. styczniowy
(dzień etc.)
jar [dża:r] s. słój; słoik; zgrzyt;
kłótnia; drganie; v. zgrzytać;
drażnić; wstrząsać; kłócić
się; trząść; razić
jaw [dżo:] s. szczęka; v.
giędzić; gadać; wstawiać
mowę
jazzy [dżazy] adj. w stylu jazz'u;
podobny do jazz'u; (slang)
żywy, ostentacyjny
jealous [dżeles] adj. zazdrosny;
baczny (nadzór); zawistny
jelly [dżely] s. galareta; kisiel; v.
zgalarecić; robić galaretę
jeopardize [dżepe,dajz] v.
narazić na
niebezpieczeństwo
jet [dżet] s. strumień; wytrysk;

płomień; dysza; rozpylacz;
odrzutowiec; v. tryskać; a.
czarny jak smoła
Jew [dżu:] s. Żyd
jewel [dżu:el] s. klejnot; drogi
kamień; ozdabiać klejnotami;
osadzać na kamieniach
(zamontować)
Jewish ['dżu:ysz] adj. żydowski;
hebrajski; judaistyczny; w
stylu żydowskim; s. Yidysz,
język żydowski
job [dżob] s. robota; zajęcie;
zadanie; posada; v.
pracować; robić;
handlować; wynajmować
job [dżob] v. ukłuć; dźgnąć;
dziobnąć; s. dźgnięcie;
praca; dziobnięcie; zadanie;
robota; fach
jog [dżog] s. potrącenie;
poruszenie; trucht; róg;
występ; v. potrącać;
poruszać; przebiedować;
biec truchtem; telepać się
join [dżoyn] v. łączyć;
przyłączać się; przytykać się
do; spotykać się; brać udział
joint [dżoynt] v. spajać;
łączyć; ćwiartować; kantować; s. spojenie; fuga;
złącze; zestawienie; zawiasa
francuska; część; lokal;
melina; a. wspólny; połą-
czony; dzielący się z kimś
joke [dżouk] s. żart; dowcip;
figiel; v. żartować z kogoś;
dowcipkować; wyśmiać;
zadrwić
journal [dże:rnl] s. dziennik;
czasopismo; czop; oś w
łożysku
journalism ['dże:rnlyzem] s.
dziennikarstwo
journey ['dże:rny] v.
podróżować; s. podróż;
jazda; wycieczka
joy [dżoj] s. radość; uciecha
joyful ['dżojful] adj. radosny;
wesoły; zadowolony (bardzo)
judge [dżadż] v. sądzić;
osądzać; rozsądzać; s.
sędzia; znawca; znawczyni;

człowiek biegły w ocenach
judgment ['dżadżment] s. sąd;
sądzenie; wyrok; rozsądek;
opinia; ocena; decyzja
jug [dżag] s. dzbanek; koza;
ciupa; v. gotować; wsadzać
do kozy, ciupy; dusić
(potrawkę)
juice [dżu:s] s. sok; treść;
benzyna; elektryczność; v.
wyciskać sok; doić
juicy ['dżu:sy] adj. soczysty;
jędrny; barwny; deszczowy
July [dżu:'laj] s. lipiec
jump [dżamp] s. skok; sus;
podskok; wyskok; v. skakać;
podskoczyć; wyskoczyć;
wyskoczyć; wyprzedzać;
podnosić cenę; wykoleić;
poderwać się; rzucać się
jumper ['dżamper] s. skoczek;
typ sukni (bez rękawów)
junction ['dżankszyn] s.
połączenie; złącze; stacja
węzłowa; węzeł;
skrzyżowanie (dróg)
June [dżu:n] s. czerwiec
jungle ['dżangl] s. dżungla;
gąszcz zarośli, lian etc.
junior ['dżu:njer] s. junior;
młodszy; student trzeciego
roku (USA); a. młodszy; z
młodszych
jury ['dżuery] s. sąd
przysięgłych; sąd konkursowy
just [dżast] adj. sprawiedliwy;
słuszny; cięty; dokładny; adv.
właśnie; po prostu; zaledwie;
przecież; dokładnie; moment
wcześniej; ściśle; równie;
tak samo
justice ['dżastys] s.
sprawiedliwość; słuszność;
sędzia (pokoju, sądu
najwyższego)
justify ['dżastyfaj] v.
usprawiedliwić;
wytłumaczyć; umotywować;
uzasadnić; dać dowody
juxtaposition [,dżakstepe'zyszyn]
s. zestawienie; bezpośrednie
sąsiedztwo (tuż obok)

K

keen [ki:n] adj. ostry; dotkliwy;
żywy; cięty; serdeczny;
gorliwy; zapalony; bystry;
przenikliwy; wrażliwy; czuły
keep [ki:p] v. dotrzymywać;
przestrzegać; dochować;
obchodzić; strzec; pilnować;
utrzymywać; prowadzić;
trzymać (się);
powstrzymywać się;
mieszkać; kontynuować; s.
utrzymanie; jedzenie; wikt;
umocnienie
keg [keg] s. beczułka; 100
funtów
kennel ['kenl] s. psiarnia; psia
buda; ściek; v. trzymać w
budzie; mieszkać w norze
kettle ['ketl] s. kocioł; czajnik;
imbryk na herbatę
key [ki:] s. klucz; klawisz; klin;
ton; rafa; wysepka; v. stroić;
zamykać kluczem lub
zwornikiem; adj. ważny;
kontrolujący
kick [kyk] s. kopniak; kopnięcie;
wierzgnięcie; wykop; strzał;
odrzut; skarga; narzekanie;
przyjemność; uciecha;
krzepa; miłe podniecenie;
opór; v. kopać; wierzgać;
skrzywić się; protestować;
opierać się
kid [kyd] s. koźlę; dzieciak;
smyk; młodzik; blaga; bujda;
v. urodzić koźlę; bujać;
nabierać; żartować;
dowcipkować
kidnap ['kydnaep] v. porywać;
uprowadzać; ukraść dziecko
kidney ['kydny] s. nerka; rodzaj;
a. w kształcie nerki
kill [kyl] v. zabijać; uśmiercać;
wybić; zatrzymać (piłkę,
motor); ścinać (piłkę); s.
upolowane zwierzę; zabicie;

mord

kin [kyn] s. rodzina; krewni; ród;
adj. spokrewniony; pokrewny

kind [kajnd] s. rodzaj; jakość;
gatunek; charakter; natura;
adj. grzeczny; uprzejmy;
życzliwy; łagodny;
wyrozumiały

king [kyng] s. król

kiss [kys] s. całus; v. całować;
pocałować; lekko dotknąć

kit [kyt] s. przybory; narzędzia;
wyposażenie; zestaw;
komplet; torba; bagaż;
cebrzyk; kubeł; komplet
(narzędzi)

kitchen ['kyczn] s. kuchnia

kite [kajt] s. latawiec; v.
szybować

kitten ['kytn] s. kotek

knee [ni:] s. kolano; v. kląkać

kneel [ni:l] v. klękać

knickknack ['niknaek] s. cacko;
fatałaszek; przysmaczek

knife [najf] s. nóż; v. krajać;
kłuć nożem; zakłuć;
zadźgać nożem

knight [najt] s. rycerz; v.
nadawać szlachectwo;
nobilitować

knit [nyt] v. robić na drutach;
dziać; marszczyć (brwi);
łączyć; ściągać;
powodować zrośnięcie
(kości); spajać (cementem)

knob [nob] s. guzik; guz; gałka;
sęk; uchwyt; pokrętło; rączka

knock [nok] s. stuk; uderzenie;
pukanie; v. stukać; pukać;
zapukać; uderzyć; zderzyć;
szturchać; zderzyć się

knot [not] s. węzeł; kokarda;
sęk; zgrubienie; dystans
morski 1853 m; v. wiązać;
zawiązywać; komplikować;
motać

know [nou], knew [knew], known [nou; nju: noun]

know [nou] v. wiedzieć; umieć;
znać; móc odróżniać;
poznać

knowledge ['noulydż] s. wiedza;
nauka; znajomość; zasiąg

wiedzy

L

label ['lejbl] s. nalepka; etykieta;
naklejka; przezwisko; v.
przylepiać etykietę (na coś,
komuś); przezywać

labor ['lejber] s. praca; robota;
trud; mozół; wysiłek; klasa
robotnicza; poród; v. ciężko
pracować; mozolić się;
borykać się; łudzić się;
brnąć; opracować;
rozwodzić się; rodzić;
szczegółowo opracować

laboratory [lae'boretery] s.
laboratorium; pracownia

lace [lejs] s. sznurówka;
sznurowadło; koronka; v.
sznurować; przetykać
koronkować; urozmaicać;
chłostać; zakrapiać (wódką);
mścić; bić; walić

lack [laek] s. brak; niedostatek;
v. brakować; nie mieć
czegoś; być bez czegoś

lad [laed] s. chłopak; chłopiec

ladder ['laeder] s. drabina; v.
pruć; rozpruć; puszczać
oczka

ladle ['lejdl] s. warząchew;
czerpak; chochla; v. czerpać;
nalewać warząchwią
(czerpakiem)

lady ['lejdy] s. pani; dama

lag [laeg] s. zaleganie;
opóźnienie; zwłoka; v.
zalegać; wlec się z tyłu; nie
nadążać

lagoon [le'gu:n] s. laguna

lake [lejk] s. jezioro; a. jeziorny

lamb [laem] s. jagnię; baranina

lame [lejm] adj. kulawy; ułomny;
v. okulawić; okaleczać

lamp [laemp] s. lampa; latarka;
kaganek; v. świecić;
oświetlać; gapić się;

zobaczyć; widzieć

land [laend] s. ląd; ziemia; grunt; kraj; v. wyciągać na ląd; wyładowywać; zdobyć (np. nagrodę)

landlady ['laendˌlejdy] s. właścicielka domu, hotelu etc.; gospodyni (pensjonatu)

landlord ['laendˌlo:rd] s. właściciel domu czynszowego; gospodarz odnajmujący pokój

landmark ['laendma:rk] s. punkt orientacyjny; słup graniczny

landscape ['laendskejp] s. krajobraz; v. kształtować teren i ogród (upiększać)

lane [lejn] s. tor; uliczka; szlak; przejście; linia ruchu kołowego; trasa (samolotu)

language ['laengłydż] s. mowa; język mówiony i pisany

languid ['laengłyd] adj. ospały; omdlały; słaby; ociężały; powolny; rozmarzony; tęskny

lanky ['laenky] adj. wychudzony; wysoki i chudy

lantern ['laentern] s. latarnia

lap [laep] s. łono; podołek; poła; okrążenie; zanadrze; dolinka; chlupotanie; lura; v. spowijać; otulać; zakładać (jak dachówki); wystawać; chłeptać; chlupotać; chlupać

lapel [le'pel] s. klapa (płaszcza) dochodząca kołnierza

lapse [laeps] s. lapsus; upływ; okres; omyłka; v. potknąć się; odstąpić; omylić się; upłynąć; stracić ważność; minąć; przechodzić ... pogrążyć się w stan ...

larceny ['la:rseny] s. kradzież

lard [la:rd] s. smalec; v. szpikować; naszpikować; ozdabiać cytatami

large [la:rdż] adj. wielki; rozległy; obfity; hojny

lark [la:rk] s. skowronek; zabawa; ucieszka; v. figlować; żartować; przeskakiwać

lash [laesz] s. bicz; uderzenie;

nagana; rzęsa; v. chłostać; machać; walić; pędzić; uwiązać

lasso [lae'su:] s. lasso; v. chwytać na lasso

last [laest] adj. ostatni; ubiegły; ostateczny; adv. po raz ostatni; ostatnio; wreszcie; w końcu; v. trwać; wytrzymywać; wystarczyć; długo służyć; s. koniec; kres; wytrzymałość; kopyto szewskie; ostatnie dziecko

late [lejt] adj. & s. późny; spóźniony; były; zmarły; adv. późno; poniewczasie; niegdyś

lately ['lejtly] adv. ostatnio

latitude ['laetytju:d] s. szerokość (geograficzna); szerokość poglądów; zakres; rozmiary; wolność; swoboda (np. działania); tolerancja

latter ['laeter] adj. drugi; końcowy; schyłkowy; ostatni

laugh [laef] v. śmiać się; zaśmiać się; roześmiać się

laughter ['laefter] s. śmiech

launch [lo:ncz] v. puszczać w ruch; spuszczać na wodę; miotać; rzucać; zadawać; wydawać; s. szalupa; spuszczanie na wodę (statku, okrętu etc.)

laundry ['lo:ndry] s. pralnia; bielizna do prania

lavatory ['laewetery] s. umywalnia; ustęp; umywalka

lavish ['laewysz] adj. hojny; suty; rozrzutny; v. nie szczędzić (pieniędzy, miłości)

law [lo:] s. prawo; ustawa; reguła; sądy; posłuszeństwo prawu

lawn [lo:n] s. trawnik; murawa

lawyer ['lo:jer] s. prawnik; adwokat; radca prawny

lay; laid [lej; lejd; lejd] v. kłaść; uspokajać; układać; skręcać (się); zacząć się; spać z kimś; s. położenie; układ; spanie (z

kimś); adj. świecki; laicki;
niefachowy; lay- zob. lie

layer ['lejer] s. warstwa; odkład;
kura niosąca; zakładający się;
poklad

lazy ['lejzy] adj. leniwy;
próżniaczy; ociężały

lead; led; led [li:d; led; led]

lead [li:d] v. prowadzić;
kierować; dowodzić;
naprowadzać; nasunąć;
namówić; dyrygować;
przewodzić; s. kierownictwo;
przewodnictwo; przewaga;
prym; wskazówka; przykład;
powodzenie

leader ['li:der] s. przywódca;
lider; przewodnik; prowadzący

leaf [li:f] s. liść; kartka; pl.
leaves [li:wz]

leak [li:k] s. dziura; otwór;
przeciekanie; v. ciekąć;
przeciekać; wyciekać
(sekrety); wysączać;
zaciekać

leaky ['li:ky] adj. dziurawy;
nieszczelny; cieknący;
niedyskretny; nie
dochowujący sekretu

lean; leant; leant [li:n; lent; lent]

lean [li:n] v. nachylać (się);
pochylać (się); opierać (się)
(o coś); adj. chudy; s. chude
mięso; nachylenie;
skłonność

leap; leapt; leapt [li:p; lept; lept]

leap [li:p] v. skakać;
przeskoczyć; s. skok;
podskok

leapt [lept] v. zob. leap

learn; learnt; learnt [le:rn; le:rnt;
le:rnt]

learn [le:rn] v. uczyć się;
dowiadywać się; zapamiętać

lease [li:s] s. dzierżawa; v.
dzierżawić; wydzierżawić

leash [li:sz] s. smycz

least [li:st] adj. najmniejszy; adv.
najmniej; w najmniejszym
stopniu; s. najmniejsza rzecz;
drobnostka najmniej ważna

leather ['ledżer] s. skóra; adj.
skórzany; v. pokrywać skórą;

oprawiać w skórę; sprać
(rzemieniem)

leave; left; left [li:w; left; left]

leave [li:w] v. zostawiać;
opuszczać; odchodzić;
odjeżdżać; pozostawiać; s.
pożegnanie; urlop; pozwolenie

lecture ['lekczer] s. wykład;
nagana; v. wykładać;
udzielać nagany; przemawiać
do sumienia

leech [li:cz] s. pijawka

leek [li:k] s. por

left [left] adj. lewy; adv. na
lewo; s. lewa strona; zob.
leave

leg [leg] s. noga; nóżka;
podpórka; odcinek; kończyna;
udziec

legal ['li:gel] adj. prawny;
prawniczy; ustawowy; legalny

legend ['ledżend] s. legenda

legible ['ledżebl] adj. czytelny;
łatwo czytelny

legislation [,ledżys'lejszyn] s.
prawodawstwo;
ustawodawstwo

legitimate [ly'dżytymyt] adj.
ślubny; prawowity; słuszny;
uzasadniony; logiczny;
rozsądny

leisure ['li:żer] s. wolny czas;
swoboda od zajęć; wolne
chwile

lemon ['lemen] s. cytryna;
tandeta; adj. cytrynowy; z
cytryn

lend; lent; lent [lend; lent; lent]

lend [lend] v. pożyczać;
użyczać; udzielać

length [lenkg] s. długość

lenient ['li:njent] adj.
wyrozumiały; łagodny

lens [lenz] s. soczewka;
obiektyw; lupa

leopard ['leperd] s. lampart

less [les] adj. mniejszy; adv.
mniej; s. coś mniejszego;
prep. bez; nie tak dużo (wiele)

lesson [lesn] s. lekcja; nauczka;
urywek z Biblii; wykład

let [let] v. zostawić;
wynajmować; dawać;

puszczać; pozwalać

lethal ['li:θəl] adj. śmiertelny;
zgubny; śmiercionośny

letter ['letər] s. litera; list;
czcionka; v. drukować;
oznaczać literami;
kaligrafować

lettuce ['letys] s. sałata
(głowiasta); liście sałaty

level ['lewl] s. poziom;
płaszczyzna; równina;
poziomnica; adj. poziomy; adv.
poziomo; równo; v.
zrównywać; celować

lever ['li:wər] s. dźwignia;
lewar; v. podważać;
podnosić dźwigiem
(lewarem)

lewd [lu:d] adj. zmysłowy;
lubieżny; pożądliwy; sprosny

liable ['lajebl] adj.
odpowiedzialny; podlegający;
podatny; skłonny; narażony;
mający widoki

liaison [ly'ejzo:n] s. łączność;
związek; romans (nielegalny)

liar ['lajer] s. kłamca; łgarz

libel ['lajbel] s. paszkwil;
oszczerstwo; zniesławienie
(publiczne w piśmie, filmie
etc.); v. zniesławiać

liberal ['lyberəl] s. liberał; a.
liberalny; hojny; tolerancyjny

liberate ['lyberejt] v. uwalniać;
zwalniać; wyzwalać

liberty ['lyberty] s. wolność;
swoboda; nadużywanie
wolności

librarian [laj'breərjen] s.
bibliotekarz

library ['lajbrery] s. biblioteka;
księgozbiór

lice [lajs] pl. wszy; zob. louse

license(ce) ['lajsens] s. licencja;
pozwolenie; upoważnienie;
swoboda; rozpusta; v.
upoważniać; udzielać
pozwolenia; nadużywać
wolności

lick [lyk] s. liźnięcie; odrobina;
cios; raz; wybuch; energia; v.
lizać; polizać; wylizać; bić;
smarować

lid [lyd] s. wieko; powieka;
pokrywa; nakrywka;
przykrywka

lie: 1. lay; lain [laj; lej; lejn]

lie [laj] v. leżeć; s. układ;
położenie; konfiguracja;
legowisko

lie: 2. lied; lied [laj; lajd; lajd]

life [lajf] s. życie; życiorys; zob.
pl. lives

lift [lyft] s. dźwig; winda;
przewóz; podniesienie;
wzniesienie; v. podnieść;
dźwignąć; podnosić się;
kraść; spłacić (np. dom);
kopnąć; buchnąć;
awansować

light; lit; lit [lajt; lyt; lyt]

light [lajt] s. światło;
oświetlenie; ogień; adj.
świetny; jasny; łatwy; lekki;
błahy; słaby; beztroski;
niefrasobliwy; lekkomyślny;
v. świecić; oświecać;
zapalać; ujawniać;
poświecić; rozjaśnić;
przyświecić; wsiadać;
zsiadać; wpaść; wyjechać;
adv. lekko

lightheaded ['lajt'hedyd] adj.
lekkomyślny; majączący;
roztargniony

lighter ['lajter] s. zapalniczka;
latarnik; lampiarz

lighthouse ['lajthaus] s. latarnia
morska

like [lajk] v. lubieć; upodobać
sobie; (chcieć); mieć
zamiłowanie, ochotę; adj.
podobny; analogiczny;
typowy; adv. podobnie; w ten
sam sposób; s. drugi taki sam;
rzecz podobna; conj. jak; tak
jak; po; w ten sposób; niby
to; niczym

likely ['lajkly] adj. możliwy;
prawdopodobny; odpowiedni;
nadający się; obiecujący; adv.
pewnie; prawdopodobnie

lilac ['lajlek] s. bez; adj. lila;
liliowy; blado siny

limb [lym] s. kończyna; konar;
brzeg; krawędź; ramię; noga;

skrzydło

lime 1. [lajm] s. wapno; v. wapnić; adj. wapienny

lime 2. [lajm] s. lipa; cytrus (dzika cytryna); a. cytrusowy

limit ['lymyt] s. granica; kres; v. ograniczać; ustalać granice

limp [lymp] adj. wiotki; bez sił; osłabiony; v. kuleć; chromać

line [lajn] s. linia; kreska; bruzda; lina; sznur; przewód; granica; zajęcie; zainteresowania; szereg; rząd; linka; v. liniować; wyścielać; podbić podszewką; służyć za podszewkę

linen ['lynyn] s. płótno; bielizna; adj. lniany; płócienny

linger ['lynge:r] v. ociągać się; zwlekać; pozostawać w tyle; marudzić; tkwić; wlec życie

lingerie [la:nżeri] s. damska bielizna; damskie artykuły bieliźniane

lining ['lajnyng] s. podszewka; podkład; okładzina; zawartość

link [lynk] s. ogniwo; więź; spinka; 20,1 cm; połączyć; zczepiać; związać; sprzęgać

lion [lajon] s. lew; a. lwi; lwie

lip [lyp] s. warga; brzeg; ostrze; bezczelne gadanie; v. dotykać wargami; mruczeć

lipstick ['lypstyk] s. kredka do warg; pomadka do ust

liquid ['lykłyd] s. płyn; adj. płynny; niestały; nieustalony

liquor ['lyker] s. napój alkoholowy; sok; odwar; bulion

lisp [lysp] v. seplenić; seplenić jak niemowlę; s. seplenienie

list [lyst] s. lista; spis; listwa; krawędź; v. wciągać na listę; obramowywać; przechylać (się); pochylać (się); s. pochylenie; przechył

listen ['lysen] v. słuchać; usłuchać; przysłuchiwać się

liter ['li:ter] s. litr

literal ['lyterel] adj. literalny; dosłowny; prozaiczny;

literowy; rzeczowy (umysł)

literary ['lytererry] adj. literacki; obeznany w literaturze

literature ['lybereczer] s. literatura; piśmiennictwo

litter ['liter] s. śmieci; podściółka; barłóg; v. śmiecić; podścielać; urodzić szczeniaki; porozrzucać niechlujnie

little ['lytl] adj. mały; niski; nieduży; adv. mało; niewiele

live [lyw] v. żyć; mieszkać; przeżywać; przetrwać; ocalić

live [lajw] adj. żywy; żyjący; ruchliwy; energiczny

lively ['lajwly] adj. żywy; wesoły; ożywiony; żwawy; gorący; rześki; pełen życia; jaskrawy

liver ['lywer] s. wątroba; wątróbka; a. wątroby

livestock ['lajwstok] s. żywy inwentarz; zwierzęta domowe

livid ['lywyd] adj. siny; wściekły; posiniaczony

lizard ['lyzerd] s. jaszczurka

load [loud] s. ładunek; waga; ciężar; obciążenie; v. ładować; załadować; naładować; obciążać; nasycać; fałszować

loaf [louf] s. bochenek; głowa (cukru); pl. loaves [louwz]; v. wałęsać się; marnować czas

loan [loun] s. pożyczka; v. pożyczać

lobby ['loby] s. przedpokój; kuluar; v. urabiać senatora lub posła na czyjąś korzyść (przekupywać)

local ['loukel] adj. lokalny; miejscowy; s. oddział związku zawodowego

locate ['loukejt] v. umieścić; znaleźć; osiedlić się

location ['loukejszyn] s. położenie; ulokowanie; miejsce zamieszkania; miejsce zaznaczone

lock [lok] s. zamek; zamknięcie; śluza; lok; v. zamykać (na

klucz]; przechodzić śluzę

locker ['loker] s. szafka; kabina; skrzynia; schowek

lodge [lodż] s. chata; loża; kryjówka; domek myśliwski; nora; v. przenocować; zdeponować; umieszczać; wnosić (skargę etc.)

lodging ['lodżyng] s. mieszkanie (tymczasowe,wynajęte etc.)

loft [loft] s. strych; poddasze; chór; v. podbić piłkę golfową

log [log] s. kłoda; kloc; log; dziennik operacyjny (statku, szybu); v. wycinać drzewa; ciąć na kłody; wciągać do dziennika okrętowego etc.

logical ['lodżikel] adj. logiczny; rozumujący poprawnie

lonely ['lounly] adj. samotny

long [long] adj. długi; długotrwały; v. tęsknić; pragnąć (czegoś); adv. długo; dawno

longing ['longyng] s. pragnienie; tęsknota; ochota; adj. tęskny

look [luk] s. spojrzenie; wygląd; v. patrzeć; wyglądać

look at ['luk,et] v. patrzeć na (kogoś, coś)

look for ['luk,fo:r] v. szukać

look forward ['luk fo:rłerd] v. oczekiwać; cieszyć się

loop [lu:p] s. pętla; węzeł; supeł; v. robić pętlę, kokardę; podwiązywać; splatać (się)

loose [lu:s] adj. luźny; rozluźniony; obluźniony; wolny; na wolności; rzadki; sypki; rozwiązły; s. upust; v. luzować; obluźniać; zwalniać

lord [lo:rd] s. pan; władca; magnat; Bóg; v. grać pana; nadawać tytuł lorda

lose [lost; lost] [lu:z; lost; lost]

lose [lu:z] v. stracić; schudnąć; zgubić; zabłądzić; niedosłyszeć; spóźnić się; przegrać; być pokonanym, pozbawionym

loss [los] s. strata; utrata; zguba; ubytek; szkoda; kłopot

lost [lost] adj. stracony; zgubiony; zob. lose

lot [lot] s. doba; los; losowanie; udział; działka; parcela; grupa; zespół; partia; sporo; wiele; v. parcelować; dzielić; losować; adv. bardzo dużo

lotion ['louszyn] s. płyn (leczniczy)

lottery ['lotery] s. loteria

loud [laud] adj. głośny; smrodliwy; krzykliwy; adv. na cały głos; głośno; w głośny sposób

lounge [laundż] v. próżnować; wylegiwać; lazić; s. lokal; salonik; hall; włóczęga; wolny krok; wygodna kanapa

louse [laus] s. wesz; pl. lice

lousy ['lauzy] adj. zawszony; wstrętny; dobrze zaopatrzony (slang)

love [law] s. kochanie; miłość; lubienie; ukochana; ukochanie; gra na zero; v. kochać; lubić; być przywiązanym; pieścić; umizgać się

lovely ['lawly] adj. śliczny; uroczy; rozkoszny; przyjemny (bardzo)

lovemaking ['law,mejkyng] s. zaloty; umizgi; spółkowanie

lover ['lawer] s. kochanek; miłośnik; amator czegoś

low [lou] s. ryk (bydła); v. ryczeć; adj. niski; niewysoki; słaby; przygnębiony; cichy; podły; mały; adv. nisko; niewysoko; słabo; skromnie; cicho; szeptem; marnie; podle

lower ['louer] adj. niższy; dolny; młodszy; adv. niżej; v. obniżać; zniżać; spuszczać; poniżyć; ściszyć; zmniejszyć; osłabić; opadać; spadać; ryczeć (jak bydło)

loyal [lojel] adj. lojalny; wierny (krajowi, ideałem etc.)

lucid ['lu:syd] adj. świecący; jasny; błyszczący; klarowny; przezroczysty; czysty; oczywisty

luck [lak] s. los; traf; szczęście;

szczęśliwy traf; powodzenie
luckily ['lakyly] adv. na
szczęście; szczęśliwie
lucky ['laky] adj. szczęśliwy
ludicrous ['lu:dykres] adj.
śmieszny; nonsensowny;
absurdalny; komicznie głupi
luggage ['lagydż] s. bagaż;
walizki
lumber ['lamber] s. budulec
(drewniany); rupiecie; graty; v.
zwalać; wycinać; ciężko
stąpać; poruszać się
ociężale
luminous ['lu:mynes] adj.
świetlny; jasny; świecący;
wyjaśniający; zrozumiały
lump [lamp] s. bryła; gruda;
kluska; kostka; kawałek;
masa; duża ilość; kupa;
hurt; guz; niezdara; niedołęga;
mazgaj; v. zwalać (na stos);
gromadzić; dojść do ładu;
zcierpieć; znosić; jednakowo
traktować; komasować
lunacy ['lu:nesy] s. obłąkanie;
obłęd; zwariowany pomysł
lunatic ['lu:netyk] s. wariat
(chory umysłowo); lunatyk;
adj. obłąkany; zwariowany
lunch [lancz] s. obiad
(popołudniowy); v. jeść
obiad; gościć obiadem
lung [lang] s. płuco
lure [ljuer] s. przynęta; wabik;
urok; powab; v. kusić;
nęcić; wabić; przywabiać
lurk [le:rk] v. czaić się; s. czaty;
ukrycie
luscious ['laszes] adj. słodziutki;
ckliwy; soczysty
lush [lasz] adj. bujny; soczysty;
miękki i pełen soku
lust [last] s. żądza; lubieżność;
namiętność; pożądliwość;
v. pożądać (namiętnie)
luxurious [lag'żjuerəs] adj.
zbytkowny; luksusowy;
zmysłowy
luxury ['lakszery] s. zbytek;
luksus; rozkosz; a. od zbytku

M

machine [me'szi:n] s. maszyna;
machina (polityczna); v.
obrabiać maszynowo; adj.
maszynowy
mad [maed] adj. obłąkany;
szalony; zły; wściekły; v.
doprowadzać do obłędu; być
obłąkanym
madam ['maedem] s. pani;
(panienka); (w zwrocie: proszę
pani)
made [mejd] v. zrobiony; zob.
make; (wykombinowany;
fabryczny)
madman ['maedmen] s. wariat;
szaleniec; furiat; obłąkaniec
madness ['maednys] s. obłęd;
obłąkanie; furia;
wściekłość; wścieklizna;
szał; szaleństwo
magazine [maege'zi:n] s.
czasopismo; magazynek (na
kule); skład broni dla wojska
magic ['maedżyk] s. magia; adj.
magiczny; działający jak magia
magnet ['maegnyt] s. magnes
magnificent [maeg'nyfysnt] adj.
okazały; wspaniały
magnify ['maegnyfaj] v.
powiększać; potęgować;
wyolbrzymiać
maid [mejd] s. dziewczyna;
maiden name ['mejden,nejm] s.
nazwisko panieńskie
mail [mejl] s. poczta; kolczuga;
v. wysyłać pocztą
mailman ['mejlmen] s. listonosz
maim [mejm] v. okaleczyć
main [mejn] s. główny
(przewód); adj. główny;
najważniejszy
mainly ['mejnly] adv. głównie;
przeważnie; po większej
części
maintain [men'tejn] v.
utrzymywać (w dobrym
stanie); trzymać (pozycję);

podtrzymywać;
zachowywać; twierdzić;
mieć na utrzymaniu; bronić;
pomagać
maintenance ['mejntenens] s.
utrzymanie; utrzymywanie;
poparcie; wyżywienie
majestatyczny
majestic [me'dżestyk] adj.
majestatyczny
major ['mejdżer] s. major;
pełnoletni; przedmiot
kierunkowy specjalizacji; adj.
większy; główny; ważniejszy;
pełnoletni; starszy; v.
specjalizować się w studiach
majority [me'dżoryty] s.
większość; a.
większościowy
make; made; made [mejk; mejd;
mejd]
make [mejk] v. robić; tworzyć;
sporządzać; powodować;
wynosić; doprowadzać;
ustanawiać; starać się;
postanowić etc.
make up ['mejkap] v. uzupełnić;
wynagrodzić; sporządzić;
zmontować;
ucharakteryzować
makeup ['mejkap] s. makijaż;
charakteryzacja; układ
(graficzny); stan (kogoś,
czegoś)
malady ['maeledy] s. choroba
male [mejl] s. mężczyzna;
samiec; adj. męski; samczy;
wewnętrzny; obejmowany
malevolent [me'lewelent] adj.
niechętny; wrogi
malice ['maelys] s. złośliwość;
zła wola; zły zamiar
malicious [me'lyszys] adj.
złośliwy; zły; powodowany
złością
malignant [me'lygnent] adj.
złośliwy; zjadliwy
malnutrition ['maelnju'tryszyn] s.
niedożywienie
mammal [me'mael] s. ssak; a.
ssakowy
man [maen] s. człowiek;
mężczyzna; mąż; v.
obsadzać (np. załogą); pl.

men [men]
manage ['maenydż] v.
kierować; zarządzać;
posługiwać się; obchodzić
się; opanowywać;
poskramiać; radzić sobie
management ['maenydżment] s.
zarząd; kierownictwo;
dyrekcja; posługiwanie się;
obchodzenie się; sprawne
zarządzanie
manager ['maenydżer] s.
kierownik; zarządzający;
gospodarz
mandatory ['maendetery] adj.
zawierający mandat; nakazany
przez władze; obowiązujący;
obowiązkowy
maneuver [me'nu:wer] s.
manewr; v. manewrować;
manipulować
mania ['mejnje] s. bzik; obłęd;
mania; zbytni entuzjazm; szał
manifest ['maenyfest] adj.
jawny; oczywisty; v.
manifestować; ujawniać; s.
manifest okrętowy
(szczegółowa lista ładunku)
manipulate [me'nypjulejt] v.
manipulować; umiejętnie,
zręcznie pokierować
(niesprawiedliwie)
mankind [,maen'kajnd] s.
ludzkość; rodzaj ludzki
mankind ['maenkajnd] pl.
mężczyźni; cały rodzaj męski
manner ['maener] s. sposób;
zwyczaj; zachowanie (się);
wychowanie; maniera;
procedura; rodzaj
mansion ['maenszyn] s.
rezydencja; pałac; duży dwór
manual ['maenjuel] s.
podręcznik; manuał; adj.
ręczny; ręcznie zrobiony
manufacture [,maenju'faekczer]
v. wyrabiać; s. sposób;
produkcja; produkt (zwłaszcza
masowy)
many ['meny] adj. dużo; wiele
map [maep] s. mapa; plan; v.
planować; robić mapę
maple ['mejpl] s. klon

March [ma:rcz] s. marzec
march [ma:rcz] s. marsz; v.
maszerować
margin ['ma:rdżyn] s. margines;
brzeg; krawędź; nadwyżka;
rezerwa
marine [me'ri:n] adj. morski; s.
marynarka; żołnierz piechoty
desantowej (USA)
mark [ma:rk] s. marka (pieniądz);
ślad; znak; oznaczenie; nota;
cenzura; cel; uwaga; v.
oznaczać; określać;
notować; zwracać uwagę
market ['ma:rkyt] s. rynek; zbyt;
targ; v. robić zakupy;
sprzedawać na targu
marketing ['ma:rkytyng] s.
organizowanie rynku;
handlowanie
marriage ['maerydż] s.
małżeństwo (skojarzenie); a.
ślubny
married ['maeryd] adj. żonaty;
zamężna; małżeński; ślubny
marry [maeryl v. poślubić;
udzielać ślubu; ożenić (się);
brać ślub; pobierać się;
wychodzić za mąż
martial ['ma:rszel] adj. wojenny;
wojowniczy; wojskowy
marvelous ['ma:rwyles] adj.
cudowny; zdumiewający
masculine ['maeskjulyn] adj.
męski; płci męskiej
mash [maesz] s. zacier; papka;
mieszanka; v. warzyć; tłuc na
papkę; umizgać się
mask [ma:sk] s. maska; v.
zamaskować; maskować
mass [maes] s. msza; masa;
rzesza; v. gromadzić;
zrzeszać
massacre ['maeseker] s.
masakra; v. masakrować;
urządzić rzeź
massage ['maesa:ż] s. masaż; v.
masować; zrobić masaż
massive ['maesywl adj.
masywny; ciężki; zwarty;
bryłowaty
mast [ma:st] s. maszt
master ['ma:ster] s. mistrz;

nauczyciel; pan; gospodarz;
szef; kapitan statku; panicz; v.
panować; kierować;
nabywać (np. wprawy);
owładnąć
mat [maet] s. mata; v. plątać;
adj. matowy (bez połysku)
match [maecz] s. zapałka; lont;
mecz; dobór; małżeństwo; v.
swatać; współzawodniczyć;
dobierać; dorównywać
mate [mejt] s. kolega; małżonek;
samiec; pomocnik; v. łączyć
ślubem; parzyć (się);
pobierać się; zadawać mata
(w szachach)
material [me'tierjal] s. materiał;
tworzywo; tkanka; adj.
materialny; cielesny
maternity [me'te:rnyty] s.
macierzyństwo; adj.
położniczy
mathematics [,maety'maetyks] s.
matematyka
matter ['maeter] s. rzecz;
treść; materiał; substancja;
sprawa; kwestia; v. znaczyć;
mieć znaczenie; odgrywać
rolę
mattress ['maetrys] s. materac
mature [me'tjuer] adj. dojrzały;
płatny; v. dojrzewać; stawać
się płatnym (np. pożyczka)
maximum ['maeksymem] s.
maksimum
May [mej] s. maj
may [mej] v. być może; might
[majt] mógłby
maybe ['mejbi:] adv. być może;
może być; możliwe że
mayor [meer] s. burmistrz
me [mi:] pron. mi; mnie; mną;
(slang) ja
meadow ['medou] s. łąka
meager ['mi:ger] adj. chudy;
cienki; skromny; nie
obradzający
meal [mi:l] s. posiłek; grubo
mielona mąka; czas posiłku
mean [mi:n] s. pośredni;
ment; ment]
mean [mi:n] v. myśleć;
przypuszczać; znaczyć; s.

przeciętna; średnia; środek;
adj. ubogi; nędzny; podły;
marny; skąpy; tandetny
meaning ['mi:nyng] s. znaczenie;
sens; treść; adj. znaczący;
mający zamiar
meaningless ['mi:nynglys] adj.
bez sensu; bez znaczenia
meanwhile ['mi:n,hłajl] adv.
tymczasem
measles ['mi:zlz] s. odra
measure ['meżer] s. miara;
miarka; środek; zabieg;
sposób; v. mierzyć; mieć
rozmiar; oszacować; być ...
wzrostu
measurement ['meżerment] s.
wymiar; miara; mierzenie
meat [mi:t] s. mięso; danie
mięsne; treść (książki etc.)
mechanic [my'kaenyk] s.
mechanik; rzemieślnik;
technik
mediate ['my:djejt] adj.
pośredni; v. pośredniczyć;
zapośredniczyć; doprowa-
dzić pośrednictwem do ...
medical ['medykel] adj. lekarski;
medyczny
medicine ['medsyn] s.
medycyna; lek; lekarstwo; v.
leczyć lekarstwami
medieval [,medy'i:wel] adj.
średniowieczny
mediocre ['mi:djouker] adj.
mierny; lichy; przeciętny
meditate ['medytejt] v.
obmyślać; rozmyślać;
medytować
medium ['mi:djem] s. środek;
średnia; przewodnik; środek
obiegowy; środowisko;
rozpuszczalnik; sposób;
środkowa droga; adj. średni;
adv. średnio
meek [mi:k] adj. potulny;
łagodny; skromny; bez wigoru
meet [mi:t] v. spotykać;
zbierać się; gromadzić; iść
na kompromis; zgadzać się;
zaspokajać; s. spotkanie;
zbiórka; miejsce spotkania;
spotkanie sportowe; zawody

(na bieżni etc.)
meeting ['mi:tyng] s. spotkanie;
połączenie się; posiedzenie;
zgromadzenie; wiec; zawody;
konferencja; pojedynek
melancholy ['melenkely] s.
melancholia; adj. smutny;
melancholijny; zasmucający;
ponury
mellow ['melou] adj. słodki;
miękki; soczysty; ulężały;
złagodzony (wiekiem);
łagodny; wesoły; pogodny;
podchmielony; dojrzały; miły;
świetny; przyjemny; v.
dojrzewać; zmiękczać;
ulężeć się; łagodnieć;
łagodzić
melodious [my'loudjes] adj.
melodyjny; harmonijny
melon ['melen] s. melon
melt [melt] v. stop; stopienie;
topnienie; wytop; v. topić;
topnieć; roztapiać (się);
rozpuszczać; przetapiać;
odlewać; wzruszyć;
roztkliwiać
member ['member] s. członek;
człon (odróżniający się)
membership ['memberszyp] s.
członkostwo; przynależność;
skład członkowski
memorial [my'mo:riel] s. pomnik;
memoriał; petycja; posąg (na
pamiątkę)
memorize ['memerajz] v.
zapamiętywać; uczyć się na
pamięć
memory ['memery] s. pamięć;
wspomnienie
men [men] pl. mężczyźni;
robotnicy; zob. man
mend [mend] s. naprawa;
naprawka; v. reperować;
zaszyć
menstruation [,menstru'ejszyn] s.
menstruacja; miesiączka;
period
mental ['mentl] adj. umysłowy;
pamięciowy; psychiatryczny;
s. (slang) umysłowo chory
mention ['menszyn] v.
wspominać wymieniać;

nadmieniać; wzmiankować;
s. wzmianka

menu ['menju:] s. jadłospis

merchandise ['me:rczendajz] s.
towar(y); v. handlować

merchant ['me:rczent] s. kupiec;
handlowiec; adj. handlowy;
kupiecki

merciful ['me:rsyful] adj.
miłosierny; litościwy

mercy ['me:rsy] s. miłosierdzie;
litość; laska; rzecz
pomyślna

mere [mjer] adj. zwykły;
zwyczajny; nie więcej niż

merely ['mjerly] adv. tylko;
jedynie; zaledwie; po prostu

merge [me:rdż] v. roztapiać
(się); zlewać; łączyć (się)

merit ['meryt] s. zasługa; zaleta;
odznaczenie; v. zasługiwać

merry ['mery] adj. wesoły;
radosny; podochocony;
odświętny; podchmielony

mess [mes] s. nieporządek;
bałagan; bród; świństwo;
paskudztwo; paćka; papka;
zupa; bigos; posiłek wspólny;
stołówka; wspólny stół; v.
zababrać; zapaskudzić;
zabrudzić; zabałaganić;
popkać; sfuszerować; objeść
się; bawić; dawać jeść
(posiłek); stołować się
(wspólnie)

message ['mesydż] v.
wiadomość; orędzie; morał;
wypowiedź; v.
komunikować; podawać;
posłać

messenger ['mesyndżer] s.
posłaniec; zwiastun

messy ['mesy] adj. kłopotliwy;
zapaskudzony; sfuszerowany;
brudny; upaćkany; niechlujny

metal [metl] s. metal; v.
pokrywać metalem; a.
metalowy

meteor ['mi:tjer] s. meteor

meter ['mi:ter] s. metr; licznik; v.
mierzyć; a. metrowy

method ['metod] s. metoda;
metodyka; metodyczność;

sposób

meticulous [my'tykjules] adj.
drobiazgowy; szczegółowy;
drobnostkowy; pedantyczny

metropolitan [,metre'polyten] adj.
wielkomiejski; metropolitalny;
s. mieszkaniec metropolii;
metropolita (duchowny)

microphone ['majkrefoun] s.
mikrofon

middle [mydl] s. środek; kibić;
stan; adj. środkowy; v.
składać w środku; kopać na
środek

midget ['mydżyt] s. karzełek;
maleństwo; adj. miniaturowy

midnight ['mydnajt] s. północ;
adj. północny; o północy

might [majt] s. moc; potęga; v.
mógłby; zob. may

mighty ['majty] adj. potężny;
adv. bardzo; wielce

migrate ['maj,grejt] v.
wędrować; przesiedlać się

mild [majld] adj. łagodny;
powolny; potulny; słaby;
delikatny

mile [majl] s. mila; 1,609 km

military ['mylytery] adj.
wojskowy; pl. wojskowy;
wojsko

milk [mylk] s. mleko; v. doić
(krowy); wykorzystać;
eksploatować; podsłuchiwać
(telefon)

mill [myl] s. młyn; huta; fabryka;
(1/1000); walcownia;
krawędź ząbkowana; v.
mleć; frezować; pilśnić;
kręcić się

million ['myljen] num. milion

mimic ['mymyk] s. naśladowca;
imitator; v. naśladować;
małpować; adj.
naśladowniczy; udany;
mimiczny; zmysłowy; fikcyjny

mince [myns] v. siekać; mówić
bez ogródek; cedzić (słowa);
drobić nogami; s. siekane
mięso; nadzienie mięsne

mind [majnd] s. umysł; pamięć;
zdanie; opinia; postanowienie;
zamierzenie; v. pamiętać;

zważać; przejmować się;
baczyć; mieć coś
przeciwko; być posłusznym
mine [majn] pron. mój; moje;
moja; s. kopalnia; podkop;
mina; bomba; v. kopać;
podkopywać; eksploatować;
minować
miner ['majner] s. górnik
mineral ['mynerel] s. mineralny;
adj. zawierający minerały
mingle ['myngl] v. mieszać się;
przyłączać się (do innych)
miniature ['mynjeczer] s.
miniatura; adj. miniaturowy
minimum ['mynymem] s.
minimum; adj. minimalny;
najmniejszy
minister ['mynyster] s.
duchowny; minister; v.
stosować; przyczyniać się;
udzielać; pomagać
ministry ['mynystry] s.
duszpasterstwo; kler;
duchowieństwo;
ministerstwo; gabinet
ministrów; służba; pomoc;
posługa
minor ['majner] adj. mniejszy;
mało ważny; młodszy;
nieletni; s. człowiek
niepełnoletni
minority [maj'noryty] s.
mniejszość;
niepełnoletniość
mint [mynt] s. mięta; mennica;
majątek; źródło; v. bić
pieniądze; wymyślać;
tworzyć; kuć
minute ['mynyt] s. minuta;
chwilka; notatka; v.
szkicować; protokołować;
[maj'nju:t] adj. szczegółowy;
bardzo mały; znikomy
miracle ['myrekl] s. cud; s.
cudowny
mirage ['myra:dż] s. miraż;
fatamorgana; złudzenie
wzrokowe
mirror ['myrer] s. zwierciadło; v.
odzwierciedlać
mischief ['myszczyf] s. szkoda;
krzywda; psota; utrapienie;

złośliwość; figiel;
figlarność; licho; szkodnik;
bieda; niezgoda
mischievous ['myszczywes] adj.
szkodliwy; niegodziwy;
niesforny; niegrzeczny; psotny
miser ['majzer] s. sknera;
chciwiec; skąpiec; kutwa
miserable ['myzerebl] adj.
nędzny; chory; marny;
żałosny
misfortune [mys'fo:rczen] s.
nieszczęście; pech; zły los
misplace [,mys'plejs] v.
zatracić; położyć nie na
miejscu
Miss [mys] s. panna; panienka
miss [mys] v. chybić; nie
trafić; nie znaleźć; nie
dostać; brakować; tęsknić;
zacinać się; s. pudło;
niepowodzenie; opuszczenie;
chybienie
missing ['mysyng] adj.
nieobecny; brakujący;
zaginiony
mission ['myszyn] s. misja;
delegacja; v. wysłać z misją;
zakładać misje; a. misyjny
mistake [mys'tejk] s. omyłka;
nieporozumienie; v. pomylić
(się) (co do faktu lub
człowieka); źle zrozumieć;
mylić się
Mister ['myster] s. pan
(używana z nazwiskiem);
skrót Mr. (bez nazwiska
niegrzecznie!)
mistress ['mystrys] s. kochanka;
nauczycielka; [myzys] s. pani;
(skrót Mrs.); zob. Mister
mistrust [mys'trast] v.
podejrzewać; nie ufać; s.
niedowierzanie; nieufność
misunderstanding ['mysande:r
'staendyng] s. nieporozumienie
mix [myks] v. mieszać;
obcować; współżyć; s.
mieszanka; mieszanina;
zamieszanie
moan [moun] s. jęk; v. jęczeć;
lamentować; mówić jęcząc
mob [mob] s. tłum; motłoch;

banda; v. napastować;
atakować tłumnie; stłoczyć
się
mobile ['moubajl] adj. ruchomy;
ruchliwy; zmienny; s. rzeźba -
kompozycja wisząca
(abstrakcyjna)
mock [mok] v. wykpić;
przedrzeźniać; zmylić;
stawiać czoło; żartować z
kogoś; s. kpiny;
przedrzeźnianie;
naśladownictwo; adj.
fałszywy; udany; pozorny
mockery ['mokǝry] s. kpiny;
śmiech; pośmiewisko;
pokrzywianie się
model ['modl] s. model; wzór;
modelka; manekin; v.
modelować
moderate ['moderyt] adj.
umiarkowany; średni; s.
człowiek umiarkowany (w
poglądach etc.)
moderate ['moderejt] v.
powściągać; uspokoić (się);
prowadzić (zebranie)
modern ['modern] adj.
współczesny; nowoczesny;
nowożytny
modest ['modyst] adj. skromny
modify ['modyfaj] v.
modyfikować; zmieniać
częściowo; łagodzić
moist [mojst] adj. wilgotny
moisture ['mojsczer] s. wilgoć;
wilgotność; lekkie
zamoczenie
mole [moul] s. kret; grobla;
molo; znamię; brodawka etc.
molest [mou'lest] v.
napastować; dokuczać;
molestować; naprzykrzać się
moment ['moument] s. chwila;
moment; waga; znaczenie;
motyw; powód; doniosłość;
ważność
monastery ['monestery] s.
klasztor (głównie męski);
miejsce zamieszkania mnichów
(zakonnic)
Monday ['mandy] s.
poniedziałek; a.

poniedziałkowy
money ['many] s. pieniądze
monk [mank] s. mnich
monkey [manky] s. małpa
(ogoniasta); v. dokazywać;
małpować; wygłupiać się
monopoly [me'nopely] s.
monopol
monotonous [me'notnes] adj.
monotonny; jednolity
monster ['monster] s. potwór;
adj. olbrzymi; potworny;
okrutny
month [mant] s. miesiąc
monument ['monjument] s.
pomnik
mood [mu:d] s. humor; nastrój;
(gram.) tryb; usposobienie
moon [mu:n] s. księżyc; a.
księżycowy
mop [mop] s. szmata do podłóg;
grymas; v. wycierać;
zgarniać; robić miny;
spuścić manto
moral ['morel] s. morał;
moralność; adj. moralny;
obyczajny
morale [me'rael] s. nastrój; duch
(w wojsku, narodzie)
morbid ['mo:rbyd] adj.
chorobliwy; chorobowy;
niezdrowy; schorzały
more [mo:r] adv. bardziej;
więcej; adj. liczniejszy; dalszy
moreover [mo:'rouwer] adv. co
więcej; prócz tego; nadto;
poza tym
morning ['mo:rnyng] s. rano;
poranek; przedpołudnie
mortal ['mo:rtl] s. śmiertelnik;
adj. śmiertelny; straszny
mortality [mo:'rtaelyty] s.
śmiertelność; liczba ofiar
mortify ['mo:rtyfaj] v.
zamierzać; ranić (uczucia);
upokarzać; umartwiać (się);
powściągać; zgangrenować
mosquito [mes'ki:tou] s. komar;
moskit; a. moskitowy
moss [mos] s. mech; v.
pokrywać mchem
(torfowiskiem)
most [moust] adj. największy;

najliczniejszy; adv. najbardziej;
najwięcej; s. największa
ilość; maksimum
moth [mog] s. ćma; mól
mother ['madzer] s. matka; v.
matkować
mother-in-law ['madzer,yn'lo:] s.
teściowa
motion ['mouszyn] s. ruch;
wniosek; stolec; v. kierować
skinieniem, znakiem; skinąć
na kogoś znaczącym gestem
motivate ['moutywejt] v.
uzasadniać; pobudzać
kogoś; zachęcać
motive ['moutyw] s. motyw;
podnieta; adj. napędowy;
poruszający
motor ['mouter] s. motor; adj.
ruchowy; mechaniczny;
samochodowy; v. jeździć;
przewozić samochodem;
prowadzić wóz
mould [mould] s. pleśń;
ziemia; modła; forma; v.
pleśnieć; odlewać;
kształtować; urabiać
mouldy ['mouldy] adj.
spleśniały; zgniły; stęchły;
przestarzały; nudny
mountain ['mauntyn] s. góra;
sterta; adj. górski; górzysty
mourn [mo:rn] v. być w żałobie;
opłakiwać; pogrążać się w
smutku
mourning ['mo:rnyng] s. żałoba
mouse [maus] s. mysz; pl. mice
[majs]; podbite oko; v.
myszkować
moustache [mus'ta:sz] s. wąsy
mouth [maug] s. usta; ujście;
wylot; v. mówić przesadnie (z
patosem)
mouth [moug] v. deklamować;
brać w usta; robić złą minę
move [mu:w] s. ruch;
pociągnięcie; krok; zmiana
mieszkania; przeprowadzka; v.
ruszać się; posuwać;
przesuwać; postępować;
przeprowadzać się;
wzruszać; nakłonić;
zwracać się; wnosić; zrobić

ruch; działać
movement [mu:wment] s. ruch;
poruszenie; przemieszczenie;
mechanizm; wypróżnienie
movies [mu:wyz] s. (slang) kino;
film niemy; film
mow [mol] v. kosić (trawę)
Mr. [myster] s. pan (używane z
nazwiskiem)
Mrs. [mysyz] s. zamężna pani
(używana z nazwiskiem)
much [macz] adj. & adv. wiele;
bardzo; dużo; sporo; niemało
mud [mad] s. błoto; brud
muddle [madl] v. nurzać się;
mącić; bełtać; mieszać;
brnąć; wikłać się; s.
powikłanie; trudne położenie;
nieład; zamęt
muddy [mady] adj. zabłocony;
błotnisty; mętny; v. błocić;
mącić
mug [mag] s. dzban; kubek;
gęba
multiply [maltyplaj] s. mnożyć
(się); rozmnażać się;
pomnożyć
multitude [maltytju:d] s.
mnóstwo; tłum; pospólstwo;
mnogość
mumble [mambl] s. mruknięcie;
bąknięcie; v. mruknąć;
bąknąć; żuć bezzębnymi
dziąsłami; mamrotać
munch [mancz] v. chrupać;
schrupać
mural [mjuerel] s. malowidło
ścienne; fresk; adj. ścienny
murder [me:rder] s. mord;
morderstwo; v. mordować;
paskudzić (rolę)
murderer [me:rderer] s.
morderca
murmur ['ne:rmer] s. mruczenie;
pomruk; pomrukiwanie; szmer;
szemranie; sarkanie; v.
mruczeć; szemrać
muscle [masl] s. mięsień;
muskuł; v. pchać się na siłę
muse [mju:z] v. dumać
s. zaduma
museum [mju:'zjem] s. muzeum
mushroom ['maszrum] s. grzyb

pieczarka polna; dorobkiewicz;
v. zbierać grzyby; rozszerzać
się (jak grzyby po deszczu)
music ['mju:zyk] s. muzyka;
nuty; konsekwencję postępku
(slang)
musician ['mju:zyszen] s. muzyk
(zawodowy)
Muslim ['muslym] adj.
muzułmański; s. muzułmanin
muslin ['muzlyn] s. muślin
must [mast] s. moszcz winny;
stęchlizna; szał; v. musieć;
adj. konieczny; nieodzowny
mustache ['mastasz] s. wąsy
mute [mju:t] adj. niemy; v.
tłumić
mutilate ['mju:tylejt] v.
okaleczyć; psuć; okroić
(tekst książki)
mutiny ['mju:tyny] s. bunt; v.
buntować
mutter ['mater] v. mamrotać;
mruczeć; szemrać (przeciw);
szeptać; pomrukiwać; s.
mamrot; pomruk; szemranie;
narzekanie
my [maj] pron. mój; moje; moja;
moi
myself [maj'self] pron. ja sam;
sam osobiście; siebie; sobie
mysterious [mys'tierjes] adj.
tajemniczy; niezgłębiony
mystery ['mystery] s. tajemnica;
tajemniczość; misterium
myth [mys] s. mit; postać
mityczna; bajka; mistyfikacja

N

nag [naeg] v. gderać;
dokuczać; dręczyć; s.
szkapa; kucyk; konik
nail [nejl] s. gwóźdź;
paznokieć; pazur; v.
przybijać; utkwić (wzrok);
ujawnić (kłamstwo);
przygwoździć; chwytać

naive [na:'i:w] adj. naiwny
naked ['nejkyd] adj. nagi; goły;
goła (prawda etc.); obnażony
name [nejm] s. imię; nazwa;
nazwisko; v. nazywać;
mianować; wymieniać;
naznaczyć (datę)
nap [naep] v. drzemać;
zdrzemnąć się; s. drzemka;
meszek; puch; włos;
stroszenie meszku
narrate [nae'rejt] v. opowiadać
(coś); opowiedzieć
narrative ['naeretyw] adj.
narracyjny; s. opowiadanie
narrow ['naerou] adj. wąski;
ciasny; ograniczony; s.
przesmyk; cieśnina; v.
zwężać; ścieśniać;
kurczyć się; zmniejszać się;
redukować do ...
nasty ['na:sty] adj. obrzydliwy;
wstrętny; nieznośny;
groźny; brudny;
nieprzyzwoity
nation ['nejszyn] s. naród; kraj;
państwo
national ['naeszenl] adj.
narodowy; państwowy; s.
członek narodu; obywatel;
ziomek
nationality [,naesze'naelyty] s.
narodowość; obywatelstwo
native ['nejtyw] adj. rodzinny;
krajowy; miejscowy;
wrodzony; naturalny; prosty;
s. tubylec; autochton;
człowiek miejscowy
natural ['naeczrel] adj. naturalny;
przyrodniczy; przyrodzony;
doczesny; fizyczny; przyrodni;
pierwotny; nieślubny; dziki; s.
biały klawisz (pianina);
kasownik (muzyczny)
naturally ['naeczrely] adv.
naturalnie; z przyrodzenia;
oczywiście
nature ['nejczer] s. natura;
przyroda; usposobienie; rodzaj
naughty ['no:ty] adj.
niegrzeczny; nieposłuszny;
nieprzyzwoity
nausea ['no:sje] s. nudność;

mdłość; choroba morska;
obrzydzenie; wstręt; chęć
wymiotowania

naval ['nejwel] adj. morski

navel ['nejwel] s. pępek
(ośrodek)

navigate ['naewygejt] v.
żeglować; kierować (np.
balonem)

navy [nejwy] s. marynarka
wojenna; granatowy kolor

near [nier] adj. bliski; dokładny;
v. zbliżać się; adv. blisko;
prawie; oszczędnie

nearby ['nier'baj] adj. pobliski;
sąsiedni; adv. w pobliżu

nearly ['nierly] adv. prawie;
blisko; oszczędnie; nie całkiem

neat [ni:t] adj. schludny;
zgrabny; proporcjonalny

necessary ['nesyseryl adj.
konieczny; potrzebny;
wynikający

necessity [ny'sesyty] s.
potrzeba; konieczność; artykuł pierwszej potrzeby; niedostatek; los; zrządzenie losu

neck [nek] s. szyja; kark; szyjka;
przesmyk; v. pieścić się

necklace ['neklys] s. naszyjnik

neck-tie ['nektaj] s. krawat

need [ni:d] s. potrzeba;
trudność; bieda; v.
potrzebować; musieć;
cierpieć biedę

needle ['ni:dl] s. igła; v. kłuć

negative ['negetyw] adj.
przeczący; negatywny;
odmowny; ujemny; s.
zaprzeczenie; odmowa; forma
przecząca; wartość ujemna;
negatyw; v. sprzeciwić się;
odrzucać (np. plan)

neglect [ny'glekt] v.
zaniedbywać; nie zrobić; s.
zaniedbanie; pominięcie;
lekceważenie

negligent ['neglydżent] adj.
niedbały; opieszały;
nieuważny

negotiate [ny'gouszjejt] v.
pertraktować; omawiać;
załatwiać; przezwyciężać;

przebić się przez; uporać
się; przekazać lub sprzedać

neighbor ['nejbər] s. sąsiad

neither ['ni:dzer] pron. & adj.
żaden (z dwóch); ani jeden ani
drugi; ani ten ani tamten; conj.
też nie; jeszcze nie

nephew ['nefju:] s. siostrzeniec;
bratanek

nerve [ne:rw] s. nerw; siła;
energia; odwaga; opanowanie;
zuchwalstwo; tupet;
czelność; v. dodawać sił,
odwagi

nervous ['ne:rwes] adj. nerwowy

nest [nest] s. gniazdo; wyląg; v.
budować; gnieździć się

net [net] adj. czysty; netto; s.
siatka; sieć; v. łowić siecią;
trafić w siatkę; zarobić na
czysto (na sprzedaży etc.)

neutral ['nju:tfēl] adj. bezstronny;
neutralny; obojętny; pośredni;
nieokreślony; bezpłciowy; s.
państwo neutralne

never ['newer] adv. nigdy; chyba
nie; wcale; ani nawet

nevertheless [,newertly'les] adv.
niemniej; jednak; pomimo tego

new [nju:] adj. nowy; świeży;
nowoczesny; adv. znowu; na
nowo

news [nju:z] s. nowiny;
wiadomości; aktualności;
zdarzenia

newspaper ['nju:s,pejper] s.
dziennik (gazeta); tygodnik

next [nekst] adj. następny;
najbliższy; sąsiedni; adv.
następnie; potem; z kolei; tuż
obok; prep. obok; najbliżej

nice [najs] adj. miły;
sympatyczny; przyjemny;
uprzejmy; ładny; wybredny;
dokładny

niece [ni:s] s. siostrzenica;
bratanica

night [najt] s. noc; wieczór

nightgown ['najtgałn] s. damska
koszula nocna; nocny ubiór

nightmare ['najtmeer] s.
koszmar; przerażające
doświadczenie

nil [nyl] s. nic; zero
nimble ['nymbl] adj. zwinny; zgrabny; bystry; żywy; żwawy
nine [najn] num. dziewięć; s. dziewiątka; dziewięcioro
nineteen ['najn'ti:n] num. dziewiętnaście; dziewiętnastka
ninety ['najnty] num. dziewięćdziesiąt; dziewięćdziesiątka
no [nou] adj. nie; żaden; adv. nie; bynajmniej; nic; wcale nie; s. odmowa; sprzeciw
noble [noubl] adj. szlachetny; szlachecki; wspaniały; wielkoduszny; s. szlachcic
nobody ['noubedy] s. nikt; człowiek bez znaczenia
nod [nod] v. skinąć głową; ukłonić się; drzemać przywalać skinieniem; być nachylonym
noise [nojz] s. hałas; zgiełk; wrzawa; szum; odgłos; szmer; v. rozgłaszać coś; rozgłosić
noisy ['nojzy] adj. hałaśliwy; krzykliwy; wrzaskliwy
nominate ['nomynejt] v. mianować; wyznaczać; obierać
none [non] pron. nikt; żaden; nic; adv. wcale nie; bynajmniej nie
nonfiction [,non-'fykszyn] s. reportaże; opowieści prawdziwe; opisy faktów (w dziennikach etc.)
nonsense ['nonsens] s. niedorzeczność; nonsens; głupstwo
noodle ['nu:dl] s. makaron; kluska; cymbał;pała; głupek; łeb
noon [nu:n] s. południe
nor [no:r] conj. też nie
normal ['no:rml] adj. normalny; prostopadły; prawidłowy; s. stan normalny; prostopadła
north [no:rß] adv. na północ; s. północ; adj. północny
nose [nouz] s. nos; węch; wylot;

dziób; v. węszyć; pocierać nosem; wtykać nos
nosy ['nouzy] adj. wścibski; śmierdzący; aromatyczny; stęchły; cuchnący; s. nosacz wielki
not [not] adv. nie; ani (jeden)
notable ['noutebl] adj. znakomity; sławny; wybitny; s. dostojnik; wybitny człowiek
note [nout] s. nuta; znak; znamię; uwaga; notatka; banknot; v. zapisywać; zauważać
notebook ['noutbuk] s. zeszyt; notatnik; notes; notesik
nothing ['naßyng] s. nic; drobiazg; adv. nic; nie; w żaden sposób; bynajmniej nie; wcale nie
notice ['noutys] v. zauważyć; spostrzec; traktować grzecznie; powiadomić; s. zawiadomienie; uwaga; recenzja; spostrzeżenie
notion ['rouszyn] s. pojęcie; wyobrażenie; zamiar; wrażenie
notorious ['nou'to:rjes] adj. notoryczny; osławiony; jawny
nourish ['narysz] v. żywić; karmić; utrzymywać
novel ['nowel] s. powieść; opowieść; nowela; adj. nowy; nowatorski; osobliwy; oryginalny
novelty ['nowelty] s. nowość; innowacja; oryginalność
novice ['nowys] s. nowicjusz; neofita; początkujący
now [nal] adv. teraz; obecnie; dopiero co; otóż; a więc; s. teraźniejszość; chwila obecna; chwila dzisiejsza
nowhere ['nouhłer] adv. nigdzie; s. niepowodzenie etc.
nude [nju:d] adj. nagi; goły; nie ważny (prawnie); s. człowiek nagi; nagość; akt
nuisance ['nju:sns] s. zawada; naruszenie porządku publicznego; osoba sprawiająca zawadę

numb [nam] adj. ścierpły;
zdrętwiały; odrętwiały; v.
drętwieć; odurzać;
paraliżować; zdrętwieć

number ['namber] s. liczba;
numer; ilość; v. liczyć;
numerować; wyliczać;
zaliczać

number plate ['namber,plejt] s.
tablica rejestracyjna

nun [nan] s. zakonnica; mniszka

nurse [ne:rs] s. pielęgniarka;
pielęgniarz; mamka; osłona; v.
pielęgnować; leczyć;
opiekować się; żywić;
podsycać; szanować;
obejmować; karmić; pić
powoli; (piersią) niańczyć

nut [nat] s. orzech; bzik; dziwak;
nakrętka; zakrętka; v. szukać
i zbierać orzechy

nutritious [nju'tryszes] adj.
pożywny; odżywczy

O

o [ou] piętnasta litera
angielskiego alfabetu; zero

oak [ouk] s. dąb; a. dębowy

oar [o:r] s. wiosło; v. wiosłować

oat [out] s. owies

oath [ous] s. przysięga;
przekleństwo;
świętokradztwo etc.

obedient [e'bi:djent] adj.
posłuszny

obey [e'bej] v. słuchać; być
posłusznym (rozsądkowi etc.)

object ['obdżykt] s. przedmiot;
rzecz; cel; śmieszny człowiek;
dopełnienie; v. zarzucać coś;
być przeciwnym; sprzeciwiać
się

objection [eb'dżekszyn] s.
zarzut; sprzeciw; przeszkoda;
trudność; wada; niechęć

objective [eb'dżektyw] s. cel;
obiektyw; adj. przedmiotowy;
obiektywny; rzeczywisty

obligation [obly'gejszyn] s.
zobowiązanie; obowiązek;
obligacja; dług (wdzięczności)

oblivion [e'blywjen] s.
zapomnienie; niepamięć

obscene [ob'si:n] adj. sprośny;
nieprzyzwoity; niemoralny

obscure [eb'skjuer] adj. ciemny;
skromny; niejasny; ukryty;
nieznany; v. zaciemniać;
przyciemniać; zaćmiewać

observe [eb'ze:rw] v.
obserwować; przestrzegać;
obchodzić; zauważać;
wypowiedzieć uwagę;
zbadać

obsess [eb'ses] v. opętać;
prześladować; nie dawać
spokoju; nawiedzać

obstacle ['obstekl] s. przeszkoda;
zawada

obstinate ['obstynyt] adj. uparty;
uporczywy; zawzięty;
wytrwały

obstruct [eb'strakt] v. tamować;
zagradzać; zasłaniać;
wstrzymywać; wywoływać
zator; zawadzać

obtain [eb'tejn] v. uzyskać;
trwać; panować;
obowiązywać

obvious ['obwjes] adj.
oczywisty; rzucający się w
oczy

occasion [e'kejżyn] s.
sposobność; okazja; powód

occasional [e'kejżenl] adj.
przypadkowy; okazyjny;
okolicznościowy; rzadki

occupation [,okju'pejszyn] s.
okupacja; zawód; zajęcie;
zajmowanie; zamieszkiwanie

occur [e'ke:r] v. zdarzać się;
przychodzić na myśl;
pojawiać się; dziać się;
trafić się

ocean ['ouszen] s. ocean; a.
oceaniczny

October [ok'touber] s.
październik; a.
październikowy

odd [od] adj. nieparzysty;
dziwny; dziwaczny;

zbywający; pozostały;
dodatkowy; od pary
odor ['ouder] s. odór; woń;
ślad; reputacja; sława;
posmak
of [ow] prep. od; z; o; w
off [of] adv. od; z; na boku;
precz; z dala; przy; prep. z
dala
offend [e'fend] v. obrażać;
razić; występować przeciw
(np. prawu); zawinić;
wykroczyć
offensive [e'fensyw] adj.
obraźliwy; drażniący;
przykry; cuchnący; zaczepny;
s. ofensywa; postawa
zaczepna
offer ['ofer] s. oferta; propozycja
(np. ślubu); v. ofiarować
(się); oświadczyć (się);
oferować; nastręczać się;
nadarzyć się; występować z
propozycją
office ['ofys] s. biuro; urząd;
obowiązek; służba
urzędowania; posada; funkcja;
stanowisko; gabinet
officer ['ofyser] s. urzędnik;
oficer; policjant; v. obsadzać
kadrą; dowodzić; kierować
official [e'fyszel] s. urzędnik; adj.
urzędowy; oficjalny
often ['o:fn] adv. często
oil [ojl] s. oliwa; olej; ropa; nafta;
farba olejna; v. oliwić
smarować; przetapiać;
pochlebiać
ointment ['oyntment] s. maść
O.K., okay [ou'kej] adv. w
porządku; tak; adj. b. dobry;
s. zgoda; v. zaaprobować
(coś)
old [ould] adj. stary;
staroświecki; doświadczony;
były; s. dawne czasy; dawno
temu
old-fashioned ['ould'faeszend]
adj. staromodny; staroświecki
omen ['oumen] s. omen;
wróżba; znak; v. być
wróżbą; być znakiem
omit [ou'myt] v. opuszczać

pomijać; zaniedbywać
on [on] prep. na; ku; przy; nad;
u; po; adv. dalej; przed siebie;
naprzód; przy sobie
once [łans] adv. raz; nagle;
naraz; zaraz; kiedyś;
niegdyś; dawniej; s. raz; conj.
raz; gdy; skoro; od razu;
zarazem etc.
one [łan] num; jeden; adj.
pierwszy; pojedynczy; jedyny;
pewien; s. dowcip; kieliszek;
jedynka; pron. ten; który;
ktoś; niejaki
oneself [łan'self] pron. pron. się;
siebie; sobie; sam; osobiście;
samodzielnie; samotnie
onion ['anjen] s. cebula
only [ounly] adj. jedyny;
jedynak; adv. tylko; jedynie;
ledwo; dopiero; conj. tylko że;
cóż z tego, kiedy ...
open ['oupen] adj. otwarty;
rozwarty; dostępny;
wystawiony; jawny;
odsłonięty; wakujący; wolny;
v. otworzyć; zwierzyć się;
umożliwić; rozpoczynać
rozchylić; udostępnić
opening ['oupnyng] s. otwór;
wylot; otwarcie; początek;
zbyt; adj. początkowy;
wstępny
opera ['opera] s. opera
operate ['operejt] v. działać;
zadziałać; oddziaływać;
pracować; operować (kimś,
kogoś); wywoływać;
prowadzić; kierować
obsługiwać; spekulować
opinion [e'pynjen] s. pogląd;
opinia; zdanie; zapatrywanie
opportunity [,oper'tju:nyty] s.
sposobność; okazja
opposite ['epezyt] adj.
przeciwny; przeciwległy;
odmienny; adv. naprzeciwko;
naprzeciw; s. przeciwieństwo;
odwrotność
oppress [e'pres] v. przygniatać;
uciskać; ciemiężyć; gnębić;
nużyć; męczyć
opt [opt] v. wybierać z dwu

alternatyw; optować na rzecz czegoś

optical ['optykel] adj. optyczny; wzrokowy; pomocny w widzeniu

option ['opszyn] s. możność wyboru; opcja; wybór; v. wybrać alternatywę

or [o:r] conj. lub; albo; czy; ani; inaczej; czyli; s. złoto; adj. złoty

oral ['o:rel] adj. ustny; doustny; s. egzamin ustny

orange ['oryndż] s. pomarańcza; adj. pomarańczowy

orchard ['o:rczerd] s. sad

orchestra ['o:rkystra] s. orkiestra

ordeal [or'di:l] s. ciężka próba; ciężkie doświadczenie

order ['o:rder] s. rozkaz; zlecenie; zarządzenie; przekaz;porządek; szyk; układ; stan; zakon; order; obrząd; zamówienie; zadanie; v. rozkazywać; zamawiać; komenderować; zarządzać; wyświęcać; porządkować

ordinary ['o:rdnry] adj. zwyczajny; zwykły; przeciętny; pospolity; typowy; s. rzecz zwykła; codzienna; przeciętna

organ ['o:rgen] s. narząd; organ; organy; czasopismo

organize ['o:rgenajz] v. organizować; zrzeszyć; nadawać ustrój

origin ['orydżyn] s. pochodzenie; początek; źródło; geneza

original [e'rydżynel] adj. oryginalny; początkowy; s. oryginał; dziwak

ornament ['o:rnament] s. ozdoba; v. ozdabiać; upiększać

orphan ['o:rfen] s. sierota; adj. sierocy; osierocony

other ['adzer] pron. inny; drugi; adv. inaczej; odmiennie

otherwise ['adżerłajz] adv. inaczej; poza tym; skądinąd

ought [o:t] v. powinien; trzeba żeby; należy; zobowiązany

our ['aur] adj. nasz

ourselves [auer'selwz] pl. pron. my; my sami; (dla) nas etc.

out [aut] adv. na zewnątrz; precz; poza; na dworze; poza domem; nieobecnym (być)

outcast ['autka:st] s. wyrzutek; wygnaniec; adj. wygnany

outcome ['autkam] s. wynik; rezultat; konsekwencje

outdoors ['aut'do:rz] adj. na wolnym powietrzu; s. wolna przestrzeń; adv. zewnątrz (domu)

outer ['auter] adj. zewnętrzny

outfit ['autfyt] s. wyposażenie; drużyna; zespół; towarzystwo; zestaw narzędzi; v. wyposażyć; zaopatrywać; wyekwipować

outlaw [aut-lo:] v. zakazywać; wyjmować spod prawa; s. przestępca; banita; notoryczny kryminalista

outlet ['autlet] s. wylot; rynek zbytu; wyjście; ujście

outline ['autlajn] s. zarys; szkic; v. konturować; szkicować; przedstawiać (plany etc.)

outlook ['autluk] s. widok; pogląd; obserwacja; widoki (na przyszłość); czaty

outrageous [aut'rejdżes] adj. wołający o pomstę; bezecny; gwałtowny; skandaliczny; obrażający

outside ['aut'sajd] s. okładka; fasada; strona zewnętrzna; na dworze; adj. zewnętrzny; inny niż; adv. zewnątrz; oprócz; z wyjątkiem; poza (czymś)

outskirts ['aut,ske:rts] s. krańce; kraj; peryferie

outspoken [aut'spouken] adj. szczery; otwarcie wypowiedziany; bez ogródek; prosto w oczy

outstanding ['autstaendyng] adj. wybitny; wyróżniający się; otwarty; niezałatwiony; zaległy; wystający; sterczący

oval ['ouwel] s. owal; adj. owalny; owalnego kształtu

oven ['own] s. piekarnik; piec
over ['ouwer] prep. na; po; w; przez; ponad; nad; powyżej; adv. na drugą stronę; po powierzchni; całkowicie; od początku; zbytnio; znowu; raz jeszcze (odrabiać zadanie etc.)
overcome [,ouwer'kam] v. pokonać
overdo [,ouwerdu:] v. przeciążać; przesadzać; przygotowywać; niszczyć przesadą; robić za dużo
overlook [,ouwer'luk] v. przeoczyć; puszczać płazem; mieć widok z góry; nadzorować; wybaczyć; s. widok z góry; nadzór
overseas ['ouwer'si:z] adv. za morzem; do krajów zamorskich; adj. zamorski
oversleep ['ouwer'sli:p] v. zaspać; przespać
overture ['ouwer,tjuer] s. rozpoczęcie rokowań; propozycja; uwertura; v. proponować
overwhelm [,ouwer'hłelm] v. przygniatać;przywalać; zalewać; rujnować; ogarniać
owe [oł] v. być winnym; zawdzięczać
owl [aul] s. sowa
own [oln] v. mieć; posiadać; przyznawać (się); adj. własny; rodzony
owner ['olner] s. właściciel
ox [oks] s. wół; pl. oxen
oxygen [oksydżen] s. tlen

P

p [pi:] szesnasta litera angielskiego alfabetu
pa [pa:] s. tato
pace [pejs] s. krok; chód; v. kroczyć; mierzyć krokami;

ustalać rytm kroku; ćwiczyć krok (np. konia); przebywać (drogę); chodzić (tam i z powrotem)
pack [paek] s. pakunek; tłumok; tobół; stek; sfora; okład; kupa; v. pakować; opakować; owijać; stłoczyć; napychać; objuczyć; zbierać w stado
package ['paekydż] s. pakunek; paczka
packet ['paekyt] s. pakiet; v. zawijać
pact [paekt] s. pakt; układ
pad [paed] s. wyściółka; notes; blok (papieru); bibularz; łapa; podkładka; v. wyściełać; wywoływać; rozdymać
paddle ['paedl] s. wiosełko kajakowe; v. wiosłować
page [pejdż] s. stronica; karta; paź; goniec
pain [pejn] s. ból; cierpienie; trud; staranie; v. zadawać ból; boleć; dolegać
painful ['pejnful] adj. bolesny; przykry
paint [pejnt] s. farba; szminka; v. malować
painting ['pejntyng] s. malarstwo; obraz
pair [peer] s. para; parka; stadło; v. dobierać do pary; stanowić parę
pajamas [pe'dża:mez] pl. piżama
palace ['paelys] s. pałac
pale [pejl] s. pal; granica; adj. blady; v. otaczać palami; blednąć; spowodować bladnięcie
palm [pa:m] s. palma; dłoń; piędź; v. ukrywać w dłoni; dotykać dłonią
pamphlet ['paemflyt] s. broszura natury polemicznej na tematy bieżące, kontrowersyjne etc.
pan [paen] s. patelnia; rondel; rynka; szalka; panewka; gęba; kra; v. gotować na patelni; udawać się krytykować
pancake ['paen,kejk] s. naleśnik; adj. płaski
panic ['paenyk] s. panika;

popłoch; v. wpaść w panikę;
wywoływać panikę; poddać
się panice
pants [paents] pl. spodnie;
kalesony
paper ['pejper] s. papier; gazeta;
tapeta; rozprawa naukowa;
papierowe pieniądze; adj.
papierowy; rzekomy; v.
zawinąć w papier;
tapetować
parade [pe'rejd] s. parada;
pochód; rewia; defilada; v.
popisywać się; obnosić się
(z czymś)
paradise ['paere,lajz] s. raj; adj.
rajski
paralyze ['paere,lajz] v.
paraliżować; porażać
parasite ['paere,sajt] s. pasożyt
parcel ['pa:rsl] s. paczka; działka;
v. dzielić; pakować w paczki
pardon ['pa:rdn] s. ułaskawienie;
przebaczenie; v. przebaczać;
darować; ułaskawiać
parent ['peerent] s. ojciec;
matka; rodziciel; rodzicielka
park [pa:rk] s. park; postój
samochodów; v. parkować
parliament [pa:rlyment] s.
parlament
parrot ['paeret] s. papuga; v.
powtarzać jak papuga
parsley ['pa:rsly] s. pietruszka; a.
pietruszkowy
part [pa:rt] s. część; ustęp;
udział; rola; strona; przedział
(włosów); v. rozchodzić (się);
rozdzielać; dzielić; pękać;
robić (przedział); wyjeżdżać;
adj. mniejszy niż całość
partial [pa:rszel] adj. stronniczy;
częściowy; mający słabość
do ...; niepełny
participate [pa:r'tysypejt] v.
brać udział
particular [per'tykjuler] adj.
szczególny; szczegółowy;
specjalny; prywatny;
grymaśny; dokładny;
uważny; dziwny;
niezwyczajny; ostrożny; s.
szczegół; fakt

partner ['pa:rtner] s. wspólnik
party ['pa:rty] s. partia; przyjęcie
towarzyskie; towarzystwo;
grupa; strona; uczestnik;
osobnik
pass [pa:s] s. przełęcz; odnoga
rzeki; przepustka; wypad;
bilet; umizg; sztuczka; v.
przechodzić; mijać; pomijać;
zdać; przekazać; wymijać;
wyprzedzać; przeprowadzić;
przewyższać; spędzać;
puszczać w obieg; podawać;
odchodzić; umierać; dziać
się; krążyć
passage ['paesydż] s. przejście;
przejazd; przeprawa; przelot;
upływ; korytarz; urywek
tekstu
passenger ['paesyndżer] s.
pasażer; pasażerka
passion ['paeszyn] s.
namiętność; pasja; Męka
Pańska; stan bierny
passport ['pa:s,po:rt] s. paszport
past [pa:st] adj. przeszły;
miniony; ubiegły; prep. za;
obok; po; przed; adv. obok; s.
przeszłość; czas przeszły
paste [pejst] s. pasta; ciasto; klej
mączny; klajster; masa;
makaron; uderzenie (slang); v.
przyklejać; oblepiać; obić
(kogoś)
pastry ['pejstry] s. wyroby
cukiernicze; ciastka
pat [paet] s. głaskanie; klepanie;
krążek (np. masła); v.
pogłaskać; poklepać;
pochwalić (kogoś); adv.
trafnie; w sam raz; adj. trafny;
biegły; na czasie; zupełnie
właściwy
patch [paecz] s. łata; plama;
skrawek; półko; zagon;
grządka; klapka (na oko);
przepaska; v. łatać; załatać;
szyć z łat; sztukować;
naprawić; sklecić; załagodzić
path [pa:s] s. ścieżka; tor;
droga ruchu; zob. paths
pathetic [pe'tetyk] adj. żałosny;
smutny; uczuciowy;

wzruszający; rozrzewniający
patient ['pejszent] adj. cierpliwy;
wytrwały; s. pacjent;
pacjentka; chory; chora
patriot ['pejtrjet] s. patriota
patrol [pe'troul] v. patrolować;
s. patrolowanie; patrol
patron ['pejtren] s. klient;
opiekun; patron
pattern ['paetern] s. próbka;
wzór; układ; materiał na
suknię lub ubranie (USA);
zespół; cechy
charakterystyczne; ślady kul
(na tarczy); v. wzorować;
modelować; ozdabiać
wzorami
pause [po:z] s. przerwa; pauza;
v. robić przerwę; wahać się
pavement ['pejwment] s. bruk;
posadzka; materiał do
brukowania
paw [po:] s. łapa; (slang) tatuś;
v. uderzać łapą lub kopytem;
miętosić w łapach; macać
(poufale)
pawn [po:n] s. zastaw; fant;
pionek; v. zastawiać; dawać
w zastaw
pay; paid; paid [pej; peid; peid]
pay [pej] v. płacić; zapłacić;
wynagradzać; udzielać
(uwagi); dawać (dochód);
opłacać (się); s. płaca;
zapłata; pobory;
wynagrodzenie; adj. płatny
(np. automat telefoniczny);
opłacalny
payment ['pejment] s.
płatność; wypłata; zapłata
pea [pi:] s. groch; ziarnko grochu
peace [pi:s] s. pokój; pojednanie;
spokój
peaceful ['pi:sful] adj. spokojny;
pokojowy
peach [pi:cz] s. brzoskwinia;
wspaniała rzecz, dziewczyna,
człowiek; v. (slang) sypać;
donosić (na kogoś)
peacock ['pi:,kok] s. paw; v.
pysznić się jak paw; chodzić
jak paw; paradować
peak [pi:k] s. (ostry) szczyt;

wierzchołek; daszek (u
czapki); szpic; garb (krzywej)
peal [pi:l] s. huk; łoskot; bicie w
dzwony; huczny śmiech;
zespół dzwonów; v. huczeć;
bić w dzwony; grać (coś)
hucznie
peanut ['pi:nat] s. orzeszek
ziemny; drobnostka; a.
drobny; prowincjonalny
pear [peer] s. gruszka
pearl [pe:rl] s. perła
peasant ['pezent] s. chłop;
wieśniak; adj. chłopski
peck [pek] v. dziobać; wcinać
(jedzenie); dziobnąć;
cmoknąć (męża); stukać;
wydziobać; dłubać;
odziobać; s. dziobnięcie;
cmok; ślad dziobania
peculiar [py'kju:ljer] adj.
szczególny; dziwny; osobliwy;
charakterystyczny; dziwaczny
pedal ['pedl] s. pedał; nuta
pedałowa; v. pedałować;
naciskać pedał; ['pi:dl] adj.
pedałowy; nożny
pedestal ['pedystl] s. piedestał;
podstawa; v. stawiać na
piedestał
pedestrian [py'destrjen] adj.
pieszy; przyziemny;
prozaiczny; s. piechur; pieszy
człowiek
peek [pi:k] v. podglądać
peel [pi:l] s. skóra; skórka; łupa;
v. obierać; zdzierać;
łuszczyć się; (slang)
rozbierać (się)
peg [peg] s. czop; kołek;
zatyczka; szpunt; v.
zakołkować; przymocować
kołkami
pelvis ['pelwys] s. miednica; a.
miedniczny
pen [pen] s. pióro; kojec;
ogrodzenie; schron; (slang)
więzienie; v. pisać; układać
list; zamykać w ogrodzeniu
penalty ['penlty] s. kara
pencil ['pensl] s. ołówek; v.
rysować; pisać
penetrate ['peny,trejt] v.

przenikać; przepajać;
przedostawać się przez;
wtargnąć; zanurzyć
penguin ['pengłyn] s. pingwin
penitent ['penytent] s. żałujący
grzesznik; pokutnik; adj.
żałujący; skruszony
pension ['penszyn] s. renta;
emerytura; pensjonat; v.
wyznaczać pensję;
pensjonować
pensive ['penslw] adj.
zamyślony
people ['pi:pl] s. ludzie;
ludność; lud; v. zaludniać
pepper ['peper] s. pieprz;
papryka; v. pieprzyć; kropić;
zasypywać kulami; dać lanie
per [pe:r] prep. przez; za; na;
według; co do; za
pośrednictwem
perceive [per'si:w] v.
uświadamiać sobie; odczuć;
dostrzegać; spostrzegać
percent [per'sent] s. odsetek; od
sta
perception [per'sepszyn] s.
spostrzeganie; percepcja
perch [pe:rcz] s. okoń; grzęda;
żerdź; pręt; v. siedzieć na
grzędzie; sadzać na grzędzie
perfect ['pe:rfykt] adj.
doskonały; zupełny; v.
udoskonalić; wykończyć
perform [per'fo:rm] v.
wykonywać; odgrywać;
spełniać; występować
performance [per'fo:rmens] s.
przedstawienie; wyczyn;
wykonanie; spełnienie
perfume ['pe:rfju:m] s. perfuma;
zapach; [pe'rfju:m] v.
perfumować
perhaps [per'haeps, praeps] adv.
może; przypadkiem
period ['pieried] s. okres; period;
menstruacja; kropka; kres;
pauza; miesiączka; a. stylowy
perish ['perysz] v. zginąć;
niszczyć; nękać; trapić;
gnębić; ginąć (przedwczesną
śmiercią)
perishable ['peryszebl] adj.

zniszczalny; s. łatwo psujący
się towar
perm [pe:rm] s. trwała ondulacja
permanent ['pe:rmenent] adj.
trwały; permanentny
permission [per'myszyn] s.
pozwolenie; zezwolenie
permit [per'myt] s. pisemne
zezwolenie; pozwolenie; v.
pozwalać; zezwalać;
dopuszczać
pernicious [pe:rnyszes] adj.
szkodliwy; zgubny
perpendicular [,pe:rpen'dykjuler]
adj. prostopadły; s.
prostopadła; pion
perpetual [per'petjuel] adj.
wieczny; wieczysty; trwały;
dożywotni
persecute ['pe:rsy,kju:t] v.
prześladować
persist [per'rsyst] v. obstawać;
wytrwać; upierać się
person [pe:rson] s. osoba;
człowiek
personal ['pe:rsenel] adj.
osobisty; robiący osobiste
uwagi; s. wiadomość
osobista
personality [,pe:se'naelyty] s.
osobowość;
powierzchowność; postawa;
indywidualność; pl.
wycieczki (uwagi) osobiste
personnel [,pe:rse'nel] s.
personel
perspire [,pe:r'spajer] v. pocić
się; wypacać się
persuade [pe:r'słejd] v.
przekonywać; namawiać
pessimism ['pesy,myzem] s.
pesymizm; spodziewanie się
najgorszego
pest [pest] s. plaga; zaraza
pet [pet] s. faworyt; ulubieniec
(np. pies); adj. ulubiony; v.
(slang) pieścić; być w złym
nastroju; gniewać się;
migdalić; wypieścić
petal ['petl] s. płatek
petition [py'tyszyn] s. petycja;
prośba; podanie; v. prosić;
wnosić podanie

petroleum [py'trouljem] s. ropa naftowa; olej skalny

petty ['petv] adj. drobny

pharmacy ['fa:rmesy] s. apteka; farmacja

phase [fejz] s. faza (np. rozwojowa); aspekt

pheasant ['feznt] s. bażant

philosopher [fy'losefer] s. filozof

philosophy [fy'losefy] s. filozofia

phone [foun] s. telefon (slang)

photograph ['foute,gra:f] s. fotografia; zdjęcia; v. fotografować

phrase [frejz] s. wyrażenie; zwrot; v. wyrażać; wypowiadać wyrażeniami lub słowami

physical ['fyzykel] adj. fizyczny; cielesny

physician ['fyzyszyn] s. lekarz

piano [py'aenou] s. fortepian; pianino

pick [pyk] v. wybierać; dorabiać; kopać; krytykować; dłubać; obierać; zbierać; usuwać; oskubać; wydziobać; kraść; okraść; s. kilof; dłuto; wybór; czółenko; nitka

picture ['pykczer] s. obraz; film; rysunek; rycina; portret; widok; v. odmalowywać; przedstawiać; opisywać; wyobrażać sobie; dawać obraz czegoś

pie [paj] s. placek; szarlotka; pasztet; pasztecik; (ptak) sroka

piece [pi:s] s. kawałek; część; sztuka; moneta; utwór; v. łączyć; zeszyć; łatać; naprawiać

pierce [piers] v. przewiercać; wnikać; przedziurawiać; przebijać; przedostawać się

pig [pyg] s. wieprz; świnia;prosię; v. prosić się

pigeon [pydżyn] s. gołąb; v. oszukiwać

pile [pajl] s. stos; sterta; kupa; pal; słup; puszek; meszek; włos; v. układać w stos;

gromadzić na kupę; stawiać w kozły

pilgrim ['pylgrym] s. pielgrzym

pill [pyl] s. pigułka; tabletka.

pillar ['pyler] s. filar; słup; podpora

pillow ['pylou] s. zagłówek; jasiek; poduszka; podkładka; v. spoczywać; opierać (np. głowę)

pillowcase ['pylou,kejs] s. poszewka

pimple ['pympl] s. pryszcz; wągier

pin [pyn] s. szpilka; sztyft; sworzeń; kołek; krągiel; v. przyszpilić; przymocować

pinch [pyncz] v. szczypać; gnieść; cisnąć; przycisnąć; przyskrzynić; krępować; dokuczać; doskwierać; podważać łomem; s. uszczypnięcie; szczypta; łom; (slang) aresztowanie; obława; kradzież

pine [pajn] s. sosna; ananas; v. usychać

pineapple ['pajneepl] s. ananas

pink [pynk] s. różowy kolor; radykał (komunizujący); goździk; v. urazić do żywego; przekluwać

pint [pajnt] s. półkwarcie; 0.47 litra; 1/8 galona

pious [pajes] adj. pobożny

pipe [pajp] s. rura; rurka; przewód; piszczałka; (slang) łatwizna; drobiazg; v. doprowadzać rurami; włączyć; połączyć; prowadzić dźwięk;iem fujarki; grać na fujarce; grać na kobzie; gwizdać; piszczeć

pit [pyt] s. dół; jama; kopalnia; pestka; v. puszczać do walki; robić dołki; wkładać do dołu; wyjmować pestki

pitcher ['pyczer] s. dzban; rzucający piłką

pitiful ['pytyful] adj. litościwy; żałosny; nędzny

pity ['pyty] s. litość; współczucie; szkoda; v.

litować się; współczuć;
żałować kogoś

place [plejs] s. miejsce;
miejscowość; plac; ulica;
dom; mieszkanie; zakład;
krzesło; posada; v.
umieszczać; położyć;
ulokować; dać stanowisko;
pokładać; powierzyć;
określać

placid ['plaesyd] adj. łagodny;
spokojny

plague [plejg] s. plaga; dżuma;
zaraza; v. dręczyć

plain [plejn] adj. wyraźny;
prosty; gładki; szczery; płaski;
równy; adv. jasno; szczerze;
s. równina

plaintiff ['plejntyf] s. powód
(zaskarżający); powódka

plan [plaen] s. plan; v.
planować; zamierzać

plane [plejn] s. płaszczyzna;
równina; poziom; samolot; płat
(skrzydła); strug; wiórnik;
gładzik; platan (owoc); v.
ślizgać; ześlizgiwać się;
heblować

planet ['plaenyt] s. planeta

plank [plaenk] s. deska; tarcica;
punkt programu (politycznego
w USA); v. pokrywać
deskami

plant [pla:nt] s. roślina;
fabryka; zakład; wtyczka;
(slang) oszustwo; włamanie;
kant; v. zasadzać; zakładać;
umieszczać; pozorować;
ukrywać; wtykać; sadzić
(rośliny)

plaster ['pla:ster] s. tynk;
wyprawa wapienna;
przylepiec; v. tynkować;
wyprawiać; powlekać;
zalepiać; oblepiać

plastic ['plaestyk] s. plastyk;
sztuczne tworzywo; adj.
plastyczny; giętki

plate [plejt] s. talerz; danie;
płyta; taca; tafla; v.
platerować; powlekać

platform ['plaet,fo:rm] s.
platforma; podium; trybuna;

rampa; program polityczny

play [plej] s. gra; zabawa;
sztuka; v. grać; bawić się;
zagrać; udawać

plea [pli:] s. usprawiedliwienie;
wywód; apel; prośba

pleasant ['plesnt] s. przyjemny;
miły; wesoły

please [pli:z] v. podobać się;
zadowalać

pleasure ['pleżer] s.
przyjemność; adj.
rozrywkowy

pledge [pledż] v. zobowiązywać
(się); zastawiać; s. zastaw;
gwarancja; przyrzeczenie

plenty ['plenty] s. obfitość;
mnóstwo; dość zupełnie; aż
nadto; adj. obfity; liczny;
obszerny

plot [plot] s. osnowa; fabuła;
spisek; działka; wykres; mapa;
v. knuć; spiskować; nanosić
na mapę; planować; dzielić

plough [plau] s. pług; v. orać

plug [plag] s. czop; zatyczka;
kurek; reklama; świeca
(silnika); v. zatykać

plum [plam] s. śliwka; rodzynka;
gratka; platan; adv. pionowo

plumber ['plamer] s. hydraulik

plump [plamp] adj. pulchny; tęgi;
stanowczy; otwarty; v.
tuczyć; tyć; wypełniać (się);
ciężko upaść; upuścić;
rzucić; popierać w wyborach
masowym głosowaniem; adv.
prosto; nagle; ciężko; s.
upadek

plunge [plandż] v. pogrążać
(się); zanurzać (się);
wpadać; spadać; s. skok do
wody; pływalnia

plus [plas] prep. plus; więcej;
adj. dodatni; dodatkowy; s.
znak plus; dodatek

pocket ['pokyt] s. kieszeń;
dziura (powietrzna); v.
wkładać do kieszeni

pod [pod] s. strączek; kokon;
stadko; obsada; v. rodzić
strączki; łuszczyć; spędzać
razem

poem [pouim] s. wiersz; poemat

poetry ['pouytry] s. poezja

point [point] s. punkt; ostry koniec; szpiczaste narzędzie; przylądek; kropka; pointa; cecha; sedno; sens; v. zaostrzać; celować; wskazywać; punktować; kropkować; dowodzić; dążyć; pokazywać

poise [pojz] s. równowaga; postawa; swoboda; stan zawieszenia; stan niepewności; v. równoważyć; ważyć w rękach; zawisnąć w powietrzu; być przygotowanym do ataku

poison ['pojzn] s. trucizna; v. truć; zatruć; zakazić

pole [poul] s. biegun; słup; żerdź; dyszel; maszt

police [pe'li:s] s. policja; v. rządzić; pilnować; utrzymywać porządek

policeman [pe'li:smen] s. policjant

policy ['polysy] s. polityka rządzenia; polityka postępowania; mądrość polityczna; polisa ubezpieczeniowa

Polish ['poulysz] adj. polski (język, obywatel etc.)

polish ['polysz] v. polerować; gładzić; pochlebiać; nabierać połysku; s. pasta (do butów); połysk; politura; polor

polite [pe'lajt] adj. grzeczny; uprzejmy; kulturalny

political [pe'lytykel] adj. polityczny

politics ['polytyks] s. polityka

pollute [pe'lju:t] v. zanieczyszczać; skazić

pollution [pe'lju:szyn] s. skażenie; zanieczyszczenie

pond [pond] s. staw

pool [pu:l] s. kałuża; sadzawka; pływalnia; v. składać się razem; zbierać się w grupę

poor [puer] adj. biedny; ubogi; lichy; marny; słaby; kiepski; nędzny; skromny

pope [poup] s. papież

poppy ['popy] s. mak

popular ['popjuler] adj. ludowy; rozpowszechniony; popularny (tani)

population ['popjulejszyn] s. ludność

porridge ['porydż] s. owsianka

port [po:rt] s. port; przystań; otwór; otwór ładunkowy; postawa; trzymanie się; prezentowanie (broni); wino porto; lewa burta; sterowanie w lewo

portable ['po:rtebl] adj. przenośny; polowy

porter ['po:rter] s. tragarz; kolejarz od sypialnego wagonu

portion ['po:rszyn] s. część; porcja; udział; posag; los; v. dzielić; przydzielać

portrait ['po:rtryt] s. portret

posh [posz] adj. elegancki; szykowny; v. wyelegantować się

position [pe'zyszyn] s. położenie; stanowisko; postawa; twierdzenie; umieszczenie; v. umieszczać; ulokować

positive ['pozetyw] adj. pozytywny; stanowczy; ustanowiony; zupełny; dodatni; pozytywistyczny; s. znak dodatni; wartość dodatnia; pozytyw

possess [pe'zes] v. posiadać; opanować; opętać; przepajać

possession [pe'zeszyn] s. posiadanie; posiadłość; własność; dobytek; opanowanie

possibility [pose'bylyty] s. możliwość; możność; ewentualność

possible ['posebl] adj. możliwy; ewentualny

post [poust] s. słup; posada; posterunek; poczta; v. ogłaszać; wywieszać; zalepiać plakatami

postage ['poustydż] s. opłata pocztowa

postcard ['poust,ka:rd] s. pocztówka

poster ['pouster] s. plakat

postman ['poustmen] s. listonosz

post office ['poust,ofys] s. poczta

postpone [poust'poun] v. odłożyć; odroczyć; odwlekać

pot [pot] s. garnek; imbryk; czajnik; nocnik; doniczka; wazonik; rondel; dzban; kocioł; kufel; słój; puchar; więcierz; łuza; szklanka; haszysz; v. wsadzać do garnka; polować; strzelać

potato [po'tejtou] s. ziemniak

potion ['pouszyn] s. dawka; napój

poultry ['poultry] s. drób

pound [paund] s. funt (pieniądz; waga); stuk; tupot; uderzenie; tłuczenie; walnięcie; ogrodzenie; magazyn; areszt; v. tłuc; walić; tupać; biegać; więzić; zamykać

pour [po:r] v. wysypać; posypać; lać; polać; wylać; rozlać; nalać

poverty ['powerty] s. bieda; ubóstwo

powder ['pałder] s. proch; pył; puder; proszek; v. posypywać; pudrować; proszkować

power ['pałer] s. potęga; moc; energia; siła; własność; władza; mocarstwo; v. napędzać; wspomagać; dostarczać energii

powerful ['pałerful] adj. potężny; mocny

power station ['pałer,stejszyn] s. elektrownia

practical ['praektykel] adj. praktyczny

practice ['praektys] s. praktyka; ćwiczenie; v. praktykować; uprawiać; ćwiczyć

praise [prejz] s. pochwała; v. chwalić; sławić

pray [prej] v. modlić się; prosić; błagać

prayer ['prejer] s. modlitwa; prośba

preach [pri:cz] v. głosić; kazać; wygłaszać

precarious [pry'keeries] adj. niepewny; nieubezpieczony; dowolny

precaution [pry'ko:szyn] s. przezorność; środek ostrożności

precede [pry:'si:d] v. poprzedzać; mieć pierwszeństwo

precious ['preszes] adj. drogi; cenny; afektowany; wyszukany; wspaniały; adv. bardzo; niezwykle

precise [pry'sajs] adj. dokładny; wyraźny; v.precyzować; wyszczególniać

precision [pry'syżyn] s. precyzja; dokładność

precocious [pry'kouszes] adj. przedwczesny; przedwcześnie rozwinięty; kwitnący

predatory ['predatery] adj. łupieżczy; grabieżczy; drapieżny

predict [pry'dykt] v. przepowiadać

predominant [pry'dominent] adj. przeważający; panujący; górujący

prefer [pry'fe:r] v. woleć; przedkładać; dawać awans

preferable ['preferebl] adj. lepszy

preference ['preferens] s. pierwszeństwo; uprzywilejowanie; możność wyboru; rzecz bardziej lubiana; upodobana

pregnant ['pregnent] adj. brzemienny; doniosły; sugestywny; płodny; ciężarna (kobieta)

prejudice ['predżudys] s. uprzedzenie; szkoda; v. uprzedzić się do kogoś; szkodzić (komuś); rozpowszechniać uprzedzenia

prepare [pry'peer] v. przygotowywać; przyrządzać; szykować (się); przyrządzać

prescribe [prys'krajb] v.
przepisać; nakazać;
zaordynować

prescription [prys'krypszyn] s.
nakaz; przepis; recepta

presence ['prezens] s.
obecność

present ['preznt] s. upominek;
prezent; teraźniejszość; adj.
obecny; niniejszy;
teraźniejszy; v. stawiać się;
nadarzyć się

preserve [pry'ze:rw] v.
zachowywać; chronić;
przechowywać;
konserwować; ochraniać; s.
konserwa; rezerwat

preside [pry'zajd] v.
przewodniczyć

president ['prezydent] s.
prezydent

press [pres] s. prasa; dzienniki;
tłocznia; druk; drukarnia;
nacisk; tłok; ścisk; pośpiech;
v. cisnąć; ściskać;
przyciskać; ciążyć;
pracować; naglić; narzucać;
wciskać; tłoczyć

pressure ['preszer] s. ciśnienie;
napór; parcie

prestige [pres'ty:dż] s. prestiż
(szacunek i uznanie)

presume [pry'zju:m] v.
przypuszczać;
wykorzystywać (kogoś);
ośmielać się

pretend [pry'tend] v. udawać;
pretendować

pretty [pryty] adj. ładny; adv.
dość; dosyć

prevail [pry'wejl] v. przeważać;
brać górę; przekonać;
panować (np. zwyczaj)

prevent [pry'went] v. zapobiec;
powstrzymywać

previous ['pry:wjes] adj.
poprzedni; wcześniejszy od
...; przedwczesny; nagły;
pochopny

prey [prej] s. zdobycz; łup;
ofiara; v. grabić; trawić

price [prajs] s. cena; koszt; v.
wyceniać

pride [prajd] s. duma; pycha;
ambicja; chluba; v. być
dumnym z czegoś; chełpić
się; pysznić się

priest [pri:st] s. kapłan;
duchowny

prime [prajm] adj. pierwszy;
najważniejszy; główny; v.
przygotować

primitive ['prymytyw] adj.
prymitywny; pierwotny

prince [pryns] s. książę

princess [pryn'ses] s. księżna;
księżniczka

principal ['prynsepal] adj.
główny; s. kierownik;
zleceniodawca; kapitał;
sprawca

principle ['prynsepl] s. zasada;
reguła; podstawa; źródło;
składnik

print [prynt] s. ślad; odcisk;
druk; pismo; fotka; v.
wycisnąć; wytłoczyć;
wydrukować; być w druku;
drukować się; odbić

prior ['prajer] adj. wcześniejszy;
ważniejszy; s. przeor

priority [praj'oryty] s.
pierwszeństwo;
' starszeństwo; priorytet

prison ['pryzn] s. więzienie

prisoner ['pryzner] s. więzień

privacy ['prajwesy] s.
odosobnienie; samotność;
utrzymanie w dyskrecji
(tajemnicy); życie prywatne,
intymne, osobiste

private ['prajwyt] adj. prywatny;
tajny; ukryty; s. szeregowiec;
(private parts = genitalia)

privilege ['prywylydż] s.
przywilej; prawdziwa
satysfakcja

prize [prajz] v. podważać;
zajmować; cenić; s. nagroda;
premia; wygrana; łup; s.
kapitalny

probable ['probebl] adj.
prawdopodobny; wiarygodny;
mający szanse

problem ['problem] s. problem;
zadanie; zagadnienie; a.

problemowy

proceed [pre'si:d] v. iść dalej; postępować; kontynuować; zaskarżać

process ['prouses] s. przebieg; proces; postęp; v. obrabiać; przerabiać; załatwiać; procesować; poddawać procesowi; mieć

proclaim [pre'klejm] v. proklamować; ogłaszać; zakazywać; wskazywać; wprowadzać ograniczenia

procrastinate [pre'kraesty,nejt] v. zwlekać; odkładać na później

procure [pre'kjuer] v. postarać się; stręczyć do nierządu

produce ['produ:s] s. produkty; plony; wynik; produkcja; wydajność; wydobycie; produkty rolne

produce [prou'dju:s] v. wytwarzać; produkować; dostarczać; wydobywać; wystawiać; okazywać

product ['predakt] s. produkt; wynik; iloczyn; wytwór (natury etc.)

profession [pre'feszyn] s. zawód; wyznanie; zapewnienie; oświadczenie; śluby zakonne

professional [pre'feszenl] s. zawodowiec; adj. zawodowy; fachowy; należący do wolnego zawodu

professor [pre'feser] s. profesor; wyznawca; nauczyciel (tańca)

proficient [pre'fyszent] adj. biegły; sprawny; s. mistrz; biegły; znający (obcy język); fachowiec

profile ['proufajl] s. profil; szkic biograficzny; v. przedstawiać z profilu; profilować

profit ['profyt] s. zysk; dochód; korzyść; pożytek; v. korzystać; być korzystnym; przydawać się; mieć zyski

profitable ['profytebl] adj. korzystny; intratny; zyskowny

profound [pro'faund] adj. głęboki; gruntowny; s.

otchłań

prognosis [prog'nousys] s. prognoza; rokowanie

program ['prougraem] s. program; plan; audycja; przedstawienie; v. planować

progress ['prougres] s. postęp; bieg; rozwój; kolejne etapy etc.

progress [pre'gres] v. robić postępy; iść naprzód; być w toku

prohibit [pro'hybyt] v. zakazywać; zabraniać

project ['prodżekt] s. projekt; plan; przedsięwzięcie; schemat

project [pro'dżekt] v. projektować; miotać; rzutować; sterczeć; wystawać; wyświetlać (na ekranie)

prolong [prou'long] v. przedłużać; wydłużać; prolongować (spłaty)

prominent ['promynent] adj. wydatny; wybitny; sterczący; wystający; wyróżniający się; sławny

promiscuous [pre'myskjues] adj. mieszany; różnorodny; niewybredny w stosunkach płciowych

promise ['promys] s. obietnica; przyrzeczenie; v. obiecywać; przyrzekać; zaręczać; zapewniać; robić obietnice; zapowiadać się

promote [pre'mout] s. popierać; promować; awansować; (slang) oszukiwać; kombinować

promotion [pre'mouszyn] s. popieranie; ułatwienie; awans; promowanie; lansowanie

prompt [prompt] adj. szybki; natychmiastowy; v. nakłaniać; pobudzać; podpowiadać; suflerować; adv. punktualnie; co do minuty

prong [prong] s. ząb (wideł); róg; v. kłuć; przebijać;

zaopatrywać w zęby
pronounce [pra'nauns] v.
oświadczać; wymawiać;
mieć wymowę; wypowiadać
się
pronunciation [pra,nansy'ejszyn]
s. wymowa; zapis fonetyczny
proof [pru:f] s. dowód; próba
(np. złota); sprawdzian;
wypróbowanie; korekta;
próbna odbitka; adj. odporny;
wypróbowany; sprawdzony;
nieprzemakalny
propagate [prope,cejt] v.
rozmnażać (się); rozszerzać;
propagować; przekazywać
propel [pre'pel] v. napędzać;
poruszać; pędzić
proper ['proper] adj. właściwy;
własny; przyzwoity
properly ['properly] adv.
właściwie; słusznie;
przyzwoicie
property ['property] s.
własność; właściwość;
cecha; nieruchomość
prophet ['profyt] s. prorok;
apostoł
proportion [pre'po:rszyn] s.
proporcja; stosunek; rozmiar;
część; v. dostosowywać;
rozdzielać; dawkować;
dozować
proposal [pre'pouzel] s.
propozycja; projekt;
oświadczyny
propose [pre'pouz] v.
proponować; przedkładać;
zamierzać
proprietor [pre'prajeter] s.
właściciel; posiadacz;
gospodarz
prose [prouz] s. proza; v. nudzić
prosecute ['prosy,kju:t] v.
ścigać prawnie; prowadzić
(np. studia); nie zaniedbywać;
pilnować
prospect ['prospekt] s. widok;
perspektywa; ewentualny
klient; potencjalne złoża; v.
przeszukiwać (okolice);
próbnie eksploatować
kopalnię; szukać złota etc.;

badać (teren etc.)
prospective [pres'pektyw] adj.
przyszły; ewentualny
prosper [prosper] v.
prosperować; sprzyjać
powodzeniu
prosperity [pros'peryty] s.
dobrobyt; powodzenie;
koniunktura; pomyślność
prostitute ['prosty,tu:t] s.
prostytutka; v. prostytuować
(się); adj. wszeteczny;
rozpustny
protect [pre'tekt] v. chronić;
bronić; ochraniać;
zabezpieczać
protection [pre'tekszyn] s.
ochrona; opieka; protekcja; list
żelazny; wymuszanie
pieniędzy przez grożenie
gwałtem
protest [pro'test] v.
protestować; zapewniać;
oponować
protrude [pre'tru:d] v.
wystawać; wysuwać;
sterczeć
proud [praud] adj. dumny;
napawający dumą; piękny;
szczęśliwy
prove [pru:w] v. udowadniać;
wykazać (się);
uprawomocnić; poddawać
próbie; okazywać się
proverb [prowe:rb] s.
przysłowie; przypowieść
provide [pre'wajd] v.
zaopatrywać;
przygotowywać; postarać
się; sprzyjać; postanowić;
zaplanować
provision [pro'wyżyn] s.
klauzula; dostawa;
przygotowanie się; (pl.)
prowianty; v. prowiantować;
zaopatrywać w żywność;
zaprowiantować
provoke [pre'wouk] v.
prowokować; podniecać;
pobudzać; wywoływać;
podżegać; jątrzyć
prude [pru:d] s. świętoszka
prune [pru:n] s. śliwka

(suszona); v. obcinać (np. gałązki); oczyszczać (z czegoś)

psalm [sa:m] s. psalm

pseudonym ['sju:də,nym] s. pseudonim; fikcyjne nazwisko

psychiatrist [saj'kajetryst] s. psychiatra

psychiatry [saj'kajetry] s. psychiatria

pub [pab] s. Br. knajpa

puberty ['pju:berty] s. dojrzałość płciowa

public ['pablyk] s. publiczność; adj. publiczny; obywatelski

publish ['pablysz] v. publikować; wydawać; ogłaszać; rozgłaszać; wydawać drukiem

pull [pul] v. pociągnąć; szarpnąć; wyrwać; wyciągać; przeciągać; wiosłować; ściągnąć

pulpit ['pulpyt] s. ambona; kazalnica; kaznodzieja; kazanie

pulse [pals] s. tętno; puls; v. tętnić; pulsować

pump [pamp] v. pompa; lakierek; v. pompować; pytać uporczywie

pumpkin ['pampkyn] s. dynia

pun [pan] s. gra słów (dwuznacznych); v. robić kalambury

punch [pancz] s. uderzenie (pięścią); poncz; przebijak; krzepa; siła; sztanca; kułak; rozmach; v. dziurkować; tłoczyć; walić; szturchać

punctual ['panktjuel] adj. punktualny; punktowy

puncture ['pankczer] s. przebicie; punkcja; v. przekłuwać; przedziurawiać; przebić

pungent ['pandżent] adj. kłujący; ostry; cierpki; zjadliwy; gryzący; sarkastyczny; pikantny

punish ['pjunysz] v. karać; dać bobu

pupil ['pju:pl] s. źrenica; uczeń; wychowanek; małoletni; niepełnoletni

puppet ['papyt] s. kukiełka; marionetka; a. kukiełkowy; marionetkowy

puppy ['papy] s. szczenię; szczeniak; piesek; zarozumialec

pure [pjuer] adj. czysty; zupełny; szczery; niewinny; nie zepsuty; zwykły; czystej krwi

purge [pe:rdż] v. przeczyszczać; oczyścić; usuwać; dawać na przeczyszczenie; oczyszczenie; czystka; środek przeczyszczający; rafinowanie; klarowanie

purple ['pe:rpl] s. purpura; adj. purpurowy; v. robić purpurowym; robić szkarłatnym

purpose ['pe:rpes] s. cel; zamiar; skutek; decyzja; wola; v. zamierzać; mieć na celu; planować

purse [pe:rs] s. sakiewka; torebka damska; kiesa; nagroda; v. ściągać (się); marszczyć (czoło)

pursue [per'sju:] v. ścigać; tropić; iść dalej; uprawiać (np. zawód); działać wg planu; prześladować; kontynuować; towarzyszyć; spełniać (obowiązki)

pursuit [per'sju:t] s. pościg; pogoń; zawód; zajęcie; rozrywka

pus [pas] s. ropa

push [pusz] s. pchnięcie; suw; nacisk; wypad; wysiłek; energia; dryg; bieda; kryzys; zdecydowanie; v. pchać; posunąć; szturchnąć; nakłonić; dopingować; odpychać; spychać; pomiatać; robić karierę; ponaglać

put; put; put [put; put; put]

put [put] v. kłaść; stawiać; umieszczać; wsadzać; pouczać; przedkładać; ujmować; wystawiać; dodawać; wlewać; szacować; nakładać;

opierać; składać; narażać; wypychać (np. kule); zanosić (np. prośby); s. rzut; adj. nieruchomy (pozostający na miejscu)

putrid ['pju:tryd] adj. zgniły; zepsuty; cuchnący; śmierdzący; wstrętny; obrzydliwy

puzzle ['pazl] s. zagadka; łamigłówka; zakłopotanie; v. intrygować; wprawiać w zakłopotanie; odgadnąć; wymyślić

pyramid ['pyremyd] s. piramida; ostrosłup; v. zarabiać na spekulacji; wznosić (się) piramidalnie; budować jak piramidę

Q

quack [kłaek] s. znachor; szarlatan; kwakanie; v. uprawiać znachorstwo; gadać jak szarlatan; kwakać

quadrangle [kło'draengl] s. czworokąt

quaint [kłejnt] adj. malowniczy; trochę dziwaczny

qualified ['kłolyfajd] adj. wykwalifikowany; uwarunkowany; kwalifikujący się

quality ['kłolyty] s. jakość; gatunek; właściwość; zaleta

qualm [kło:m] s. mdłości; nudności; obawa; wyrzuty; skrupuły

quantity ['kłontyty] s. dylemat wielkość; hurt; obfitość

quarrel ['kło:rel] s. kłótnia; zerwanie; spór; sprzeczka; v. kłócić się; sprzeczać się; zerwać z sobą; robić wyrzuty

quart [kło:rt] s. jedna czwarta galonu (0.946 l.); kwarta piwa

quarter ['kło:ter] v. ćwiartować; kwaterować; s. rozpłatać; stacjonować; s. ćwierć; ćwiartka; kwadrans; kwartał; kwatera; 25 centów (moneta); kwadra (księżyca); dzielnica; mieszkanie; strona świata; czynniki wpływowe; (pl.) sfery (rządzące); kwartał

queasy ['kłi:zy] adj. przeczulony; mdlejący; grymaśny; wrażliwy

queen [kłi:n] s. królowa; królówka

queer [kłi:r] adj. dziwny; dziwaczny; nieswój; podejrzany; fałszywy; s. pederasta; v. zepsuć; wpakować w złą sytuację; mdlić

quench ['kłencz] v. gasić; tłumić; nagle oziębiać (metal)

quest [kłest] s. poszukiwanie; śledztwo; v. szukać

question ['kłesczyn] s. pytanie; zagadnienie; kwestia; wątpliwość; v. wypytywać; przesłuchiwać; badać; kwestionować; pytać się; przeegzaminować

questionnaire [,kłestje'neer] s. kwestionariusz

quick [kłyk] adj. prędki; szybki; bystry; pomysłowy; żywy; lotny; rudonośny; adv. szybko; chyżo; v. przyspieszać; ożywiać (się); zwiększać szybkość

quicken ['kłyken] v. przyspieszać; pobudzać; ożywiać się; wrócić do życia

quiet ['kłajet] adj. spokojny; cichy; s. spokój; cisza; v. uspokoić (się); uciszyć (się) uspokajać; ściszyć; ucichnąć

quilt [kłylt] s. pikowana kołdra; pikowana narzuta; v. pikować; watować; robić kołdry; zszywać; sprawiać lanie

quit [kłyt] v. przestać; odejść;
odjechać; zabrać się;
wyprowadzać się;
opuszczać; porzucać;
rezygnować; adj. wolny;
uwolniony

quite [kłajt] adv. całkowicie;
zupełnie; raczej; wcale

quiz [kłyz] s. klasówka; egzamin;
badanie; przesłuchiwanie;
kawał; v. egzaminować;
badać; przesłuchiwać;
przyglądać; kpić

quotation [kłou'tejszyn] s.
cytata; cytowanie; notowanie;
przytaczanie (bieżącej ceny)

R

rabbit ['raebyt] s. królik

raccoon [ra'ku:n] s. pracz
pospolity

race [rejs] s. rasa; plemię;
szczep; ród; rodzaj; bieg;
gonitwa; wyścigi; prąd;
kanał; v. ścigać (się); gonić
(się); pędzić; iść w zawody

racist ['rejsyst] s. rasista

rack [raek] s. ruina; zagłada;
zniszczenie; koło tortur;
wieszak; drabina stajenna;
półka; stojak; ząbatka; szybki
kłus; v. niszczeć; łamać
kołem; torturować; cedzić;
szarpać; męczyć; dręczyć

racket ['raekyt] s. rakieta; rak;
zabawa; hulanka; awantura;
hałas; afera; granda;
nieuczciwe interesy; kant; v.
hałasować; hulać;
bumblować; zabawiać się;
awanturować się

radiate ['rajdyejt] v.
promieniować (ciepłem,
światłem etc.)

radiator ['rejdy'ejter] s. grzejnik;
kaloryfer; chłodnica
(samochodowa); radiowa

antena nadawcza;
radioaktywna substancja
wydzielająca promienie

radical ['raedykll] s. pierwiastek;
radykał; adj. zasadniczy;
radykalny; podstawowy;
pierwiastkowy; korzeniowy

radio ['rejdjou] s. radio; adj.
radiowy; v. nadawać przez
radio; wysyłać drogą radiową

radish ['raedysz] s. rzodkiewka

rag [raeg] s. szmata; łachman;
łupek; dachówka; v. (slang)
besztać; dokuczać

rage [rejdż] v. szaleć;
wściekać się; s. szał;
wściekłość; namiętność

ragged [raegyd] adj. szmatlawy;
obdarty; podarty; poszarpany;
kosmaty; zapuszczony;
zaniedbany; wadliwy;
chropowaty

raid [rejd] s. obława; nalot;
najazd; v. urządzać obławę;
najeżdżać; dokonywać
napadu

rail [rejl] s. poręcz; szyna; kolej;
listwa; erekcja (slang); v.
ogradzać poręczami; kłaść
szyny; przewozić koleją;
drwić; gorzko narzekać;
pomstować

railroad ['rejlroud] s. kolej; v.
przewozić koleją; przepychać
pospiesznie (np. ustawę);
(slang) wpakować niesłusznie
do więzienia

rain [rejn] s. deszcz; v. pada
deszcz; spadać deszczem

rainbow ['rejn,boł] s. tęcza

raincoat ['rejnkout] s. płaszcz
nieprzemakalny

raise [rejz] v. podnosić;
wskrzeszać; wznosić;
wynosić; hodować;
wychowywać; wysuwać;
wytaczać; wznosić;
zrywać; wywoływać;
budzić; zbierać (np.
fundusze); wydobywać;
przerywać (np. oblężenie);
znosić (zakaz); s. podwyżka
(płac); podwyższenie

raisin ['rejzyn] s. rodzynek
rake [rejk] v. grabić;
przegrzebać; grzebać;
ostrzeliwać (wzdłuż);
obrzucać wzrokiem;
nachylać do tyłu; uganiać
się za zwierzyną; s. grabie;
grabki; rozpustnik
ram [raem] s. tryk; baran; taran;
tłok; dźwig hydrauliczny;
bijak; v. uderzyć; zderzyć
się; ubijać; wtłaczać; bić
taranem; upychać; ugniatać;
nachać; zanudzać
ramp [raemp] s. rampa; v.
rzucać się; stawać na
tylnych łapach; opadać
pochyło; szaleć
random ['raendom] adj. na chybił
trafił; przypadkowy; pierwszy
lepszy; nieplanowany
range [rejndż] s. skala; zasięg;
rozpiętość; nośność;
strzelnica; pasmo; obszar;
wędrówka; pastwisko; piec
kuchenny; v. ustawiać;
układać; klasyfikować;
wędrować; rozmieszczać;
teleskop; mieć zasięg;
wstrzeliwać się; ciągnąć
się; zaliczać się; rozciągać
się; sięgać; nieść
rank [raenk] s. ranga; stan;
stanowisko; v. ustawiać
rzędem; układać;
klasyfikować; zaszeregować;
przewyższać rangą; mieć
rangę; adj. wybujały; zjełczały;
śmierdzący; zupełny;
jaskrawy; obrzydliwy;
sprośny; wierutny
ransom ['raensom] s. okup;
zwolnienie za okupem; v.
wykupić; zwalniać za
okupem
rape [rejp] s. zgwałcenie
(kobiety); zniewolenie;
splądrowanie; uprowadzenie;
v. gwałcić (kobietę);
uprowadzać; plądrować;
pogwałcić neutralność
rapid ['raepyd] adj. prędki;
szybki; bystry; stromy

rare [reer] adj. rzadki;
niedopieczony (np. kotlet); na
pół surowy; niedosmażony;
adv. rzadko
rascal ['raeskal] s. hultaj; łobuz;
adj. hultajski
rash [raesz] s. wysypka skórna;
ulewa; powódź; adj.
pochopny; popędliwy;
nieprzemyślany
raspberry [ra:zbery] s. malina
rat [raet] s. szczur; łamistrajk;
donosiciel; v. polować na
szczury; zdradzać; donosić;
zaprzedawać
rate [rejt] s. stopa; stosunek;
proporcja; wysokość;
poziom; szybkość; cena;
stawka; opłata; podatek;
stopień; klasa; v. szacować;
oceniać; ustalać; zaliczać;
opodatkować; zasługiwać;
besztać; wymyślać
rather ['raedzer] adv. raczej;
chętniej; dość; nieco; do
pewnego stopnia; poniekąd;
zamiast
ration ['raeszyn] s. przydział;
porcja; racja; v. racjonować;
sprzedawać na kartki
rational ['raeszynl] adj. rozumny;
rozsądny; racjonalny;
wymierny; sensowny
rattle ['raetl] v. grzechotać
szczękać; brzęczeć; stukać;
trzaskać; terkotać; paplać
wiersze; s. grzechotanie;
terkot; stuk; paplanina; gaduła
rave [rejw] v. bredzić;
majaczyć; szaleć;
wściekać się; wyć;
zachwycać się; s. wrzask;
wycie; zaślepienie; przesadna
pochwała (entuzjastyczna)
raven ['rejwn] s. kruk; adj.
kruczy; ['raewen] s. grabież;
łupy; v. pożerać; szukać łupu;
mieć szalony apetyt
raw [ro:] adj. surowy; otwarty
(np. rana); wrażliwy;
nieokrzesany; brutalny;
nieprzyzwoity; s. gołe ciało;
surówka; v. ocierać (skórę)

ray [rej] s. promień; promyk;
(ryba) płaszczka; v.
promieniować; naświetlać;
prześwietlać; wysyłać
promienie (światła etc.)

razor ['rejzer] s. brzytwa

reach [ri:cz] v. osiągać;
wyciągnąć (np. rękę);
dosięgnąć; dotrzeć;
docierać; sięgnąć; s.
sięgnięcie; zasięg; połać;
przestrzeń; pobliże; granice

react [ri:'aekt] v. reagować;
oddziaływać; przeciwdziałać

read; read; read [ri:d; red; red]

read [ri:d] v. czytać;
tłumaczyć; interpretować

ready ['redy] adj. gotów;
gotowy; przygotowany; adv.
w przygotowaniu; gotowy; v.
przygotowywać

real [ryel] adj. rzeczywisty;
realny; istotny; prawdziwy;
autentyczny; faktyczny

realistic ['ryelystyk] s. adj.
realistyczny

reality [ry'aelyty] s.
rzeczywistość; realizm;
prawdziwość

realize ['ry:e,lajz] v.
urzeczywistnić; realizować;
uprzytamniać; zdawać sobie
sprawę; uzyskiwać;
zdobywać (majątek)

really ['ryely] adv. rzeczywiście;
naprawdę; doprawdy;
faktycznie; istotnie

realm [relm] s. królestwo;
dziedzina; sfera; zakres

rear [rier] s. tył; tyły; tyły;
stawać dęba; hodować;
wychowywać; wznosić (się);
wybudować; wystawiać

reason ['ri:zn] s. rozum; powód;
uzasadnienie; motyw;
przesłanka; rozsądek; v.
rozumować; rozważać;
wnioskować; rozpniwiać;
przekonywać; dowodzić

reasonable ['ri:znabl] adj.
rozumny; rozsądny;
umiarkowany; słuszny;
racjonalny

rebel ['rebel] s. buntownik; v.
buntować się; adj.
zbuntowany; buntowniczy

recall [ry'ko:l] v. odwoływać;
przypominać (sobie);
wycofywać; cofać
(obietnicę); s. nakaz powrotu

receipt [ry'si:t] s. pokwitowanie;
odbiór; recepta

receive [ry'si:w] v. otrzymywać;
dostawać; odbierać;
przyjmować (np. gości)

recent ['ri:snt] adj. niedawny;
świeży; nowy

reception [ry'sepszy] s.
przyjęcie; odbiór; recepcja

recess [ry'ses] s. przerwa
(między lekcjami); ferie;
wgłębienie; nisza; wnęka; v.
odraczać; wkładać do wnęki;
robić wnękę; rozjeżdżać się
na ferie

recipe ['rysypy] s. przepis;
recepta

reckless ['reklys] adj.
(niebezpiecznie) lekkomyślny;
nie uważający; na oślep;
wariacki; brawurowy;
szaleńczy; zuchowaty

reckon ['reken] v. liczyć;
sądzić; myśleć że; polegać
na

recline [ry'klajn] v. kłaść się;
wyciągać się; złożyć (np.
głowę); spoczywać na pół
leżąc

recognize ['rekeg,najz] v.
rozpoznawać; pozdrowić;
uznawać; przyznawać;
udzielać (głosu)

recollect [reke'lekt] v.
wspominać; przypominać
sobie; zbierać na nowo;
przypominać sobie z trudem

recommend [reke'mend] v.
polecać; zalecać; dobrze
świadczyć

recommendation
[,rekemen'dejszyn] s.
polecenie; zlecenie

reconcile ['rekensajl] v. godzić
(sprzeczności); zażegnać
(spór); pojednać; pogodzić

record ['ryko:rd] v. zapisywać;
notować; rejestrować;
zaznaczać; nagrywać; s.
zapiska; archiwum; rejestracja;
dokument; przeszłość
(czyjaś); pamięć o kimś;
nagranie; rekord

recover [ry'kawer] v. odzyskać;
nadrabiać; powetować sobie;
uzyskać przywracać;
wyzdrowieć; ochłonąć;
przyjść do siebie

recreation [,rekry'ejszyn] s.
rozrywka; zabawa;
odtworzenie

rectangle ['rektaengl] s.
prostokąt; a. prostokątny

rectify ['rektyfy] v. prostować
(np. błąd); poprawiać (np.
plan); usuwać (np.
nadużycia)

recycle [,ry'sajkl] v. puścić w
obieg drugi raz; używać
wielokrotnie

red [red] adj. czerwony; s.
czerwień; lewicowiec;
komunista; radykał (skrajny);
forsa (sl.)

reduce [ry'dju:s] v. zmniejszać
(się); chudnąć; redukować;
ograniczać; obniżać;
dostosowywać; sprowadzać;
doprowadzać; rozcieńczać;
osłabiać; odtleniać;
wytapiać

reed [ri:d] s. trzcina; słoma;
fujarka; strzela; płocha tkacka;
stroik (muzyczny)

reek [ri:k] s. odór; para; dym; v.
śmierdzieć; parować;
dymić; wędzić; ocieka
(krwią)

reel [ri:l] s. szpula; cewka; rolka;
chwianie się; kręcenie się; v.
nawijać; odwijać; rozwijać;
recytować; chwiać się;
zataczać się; kręcić się;
dostawać zawrotu głowy;
dawać zawrót głowy;
zachwiać się na nogach

refer [ry'fe:r] v. odsyłać;
powiązywać; skierować;
odwoływać; cytować;

odnosić się; dotyczyć;
powoływać się

reference ['refrens] s. odsyłacz;
odnośnik; odwoływanie się;
aluzja; informacja; referencja;
stosunek; związek; wgląd;
przelotna wzmianka

refine [ry'fajn] v. oczyszczać;
rafinować; wysubtelniać;
rozprawiać subtelnie

reflect [ry'flekt] v. odbijać;
odzwierciedlać; rozmyślać;
zastanawiać się;
krytykować; przynosić
(zaszczyt, ujmę)

reflex ['ry:fleks] s. odruch;
refleks; odbicie;
odzwierciedlenie; adj.
refleksyjny; odbity; wygięty;
v. poddawać refleksom;
wyginać wstecz

reform [ry'fo:rm] v.
reformować; poprawiać;
usuwać; ulegać reformie; s.
reforma; poprawa

refrain [ry'frejn] v.
powstrzymywać się; s. refren

refresh [ry'fresz] v. odświeżyć;
wzmacniać; pokrzepiać

refreshment [ry'freszment] s.
odpoczynek; wytchnienie;
odświeżenie; zakąska

refrigerator [ry'frydże,rejter] s.
lodówka; chłodnia

refugee [,refju'dżi:] s. zbieg;
uchodźca; uciekinier

refund [ry'fand] s. zwrot; spłata;
v. zwracać pieniądze

refuse [ry'fju:z] v. odmawiać;
odrzucać; adj. odpadowy; s.
odpadki; rupiecie

regard [ry:ga:rd] v. spoglądać;
zważać; uważać; dotyczyć;
s. względ; spojrzenie;
szacunek; uwaga;
pozdrowienia; ukłony

regime [ry'ži:m] s. ustrój; reżym;
tryb życia; system; rządy

region ['ri:dżen] s. okolica; sfera;
rejon; obszar; dzielnica

register ['redżyster] v.
rejestrować; zapamiętywać;
wysyłać polecony list;

prowadzić rejestr; wstrzeliwać się; wyrażać minami

regret [ry'gret] s. ubolewanie; żal; v. żałować czegoś

regular ['regjuler] adj. regularny; stały; zawodowy; poprawny; przepisowy; s. regularny (żołnierz, ksiądz etc.); stały gość; wierny partyjniak

regulation [,regju'lejszyn] s. przepis; regulowanie; adj. przepisowy; zwykły

rehearse [ry'he:rs] v. odbywać próbę; powtarzać

reign [rejn] v. panować; władać; s. władza; panowanie

reject [ry'dżekt] v. odrzucić; odpalić; zwracać; ['rydżekt] s. wybrakowany towar; niezdatny do wojska; coś odrzuconego

rejoice [ry'dżojs] v. radować; cieszyć się; weselić się

relation [ry'lejszyn] s. sprawozdanie; opowiadanie; stosunek; związek; pokrewieństwo; powinowactwo; krewny

relationship [ry'lejszynszyp] s. stosunek; pokrewieństwo; powinowactwo; zależność

relative ['relatyw] adj. względny; stosunkowy; podrzędny; zależny; dotyczący; adv. odnośnie w sprawie; s. krewny; zaimek względny

relax [ry'laeks] v. odprężać (się); osłabiać; rozluźniać się; łagodnieć; odpoczywać

release [ry'li:z] v. wypuszczać uwalniać; zwalniać; s. zwolnienie; uwolnienie; puszczenie (do druku); spust; wyzwalacz; wypuszczenie (filmu)

relevant ['relewent] adj. istotny; trafny; na miejscu; należący do rzeczy

reliable [ry'lajebl] adj. pewny; solidny; rzetelny

reliance [ry'lajens] s. zaufanie; otucha

reliant [ry'lajent] adj. ufny w siebie; liczący na kogoś; zależny od czegoś

relic ['relyk] n. zabytek; relikwie; pozostałość; resztka

relief [ry'li:f] n. odprężenie; ulga; urozmaicenie; zapomoga; pomoc; zmiana (np. warty); płaskorzeźba; wypuklenie

relieve [ry'li:w] v. nieść pomoc, ulgę; ulżyć (sobie); oddać mocz; ożywić; zmieniać wartę; zluzować; uwypuklić (na tle czegoś); uwydatnić

religion [ry'lydżyn] s. religia; obrządek; wyznanie; zakon

religious [ry'lydżes] adj. pobożny; religijny; zakonny; s. zakonnik; zakonnica

reluctant [ry'laktent] adj. niechętny; oporny

rely [ry'laj] on] v. polegać na czymś lub kimś; liczyć na

remain [ry'mejn] v. pozostawać

remark [ry'ma:rk] v. zauważyć; zrobić uwagę; s. uwaga

remarkable [ry'ma:rkebl] adj. wybitny; godny uwagi

remedy ['remydy] s. lekarstwo; środek; rada; v. leczyć; zaradzać; naprawiać

remember [ry'member] v. pamiętać; przypominać; pozdrawiać; modlić się za kogoś; mieć w pamięci

remind [ry'majnd] v. przypominać coś komuś; przypominieć

remnant ['remnent] s. resztka; pozostałość; ślad czegoś

remorse [ri'mo:rs] s. wyrzuty sumienia; skrupuły

remote [ry'mout] adj. odległy; zdalny; mało prawdopodobny; obcy

remove [ry'mu:w] v. usuwać; przewozić; zdejmować; przeprowadzać się; opuszczać; s. przeprowadzka; odległość; stopień; oddalenie

rend; rent; rent [rend; rent; rent]

rend [rend] v. drzeć; targać;

wydzierać; urągać;
rozdzierać

renew [ry'nu:] v. odnawiać;
ponawiać; wznawiać;
odświeżać; prolongować

rent 1. [rent] v. zob. rend
rent 2. [rent] s. komorne;
czynsz; renta; najem;
rozdarcie; szczelina; rozłam;
parów; v. wynajmować;
dzierżawić; pobierać czynsz;
być wynajmowanym

repair [ry'peer] v. pójść;
uczęszczać; naprawiać;
reperować; remontować;
powetować; wynagrodzić; s.
naprawa; remont; stan

repeat [ry'pi:t] v. powtarzać
(się); repetować; odbijać się;
robić powtórkę; robić
ponownie; odtwarzać; s.
powtórka; powtórzenie;
powtórne zamówienie; a.
powtórny; wielokrotny

repent [ry'pent] v. żałować

repetition [,repy'tyszyn] s.
powtórzenie; powtórka

replace [ry'plejs] v. zastępować;
zwracać oddawać;
umieszczać z powrotem;
przywrócić; wymienić

reply [ry'plaj] v. odpowiadać; s.
odpowiedź

report [ry'po:rt] v. opowiadać;
meldować; dawać
sprawozdanie; zdawać
sprawę; pisać sprawozdanie;
referować; s. raport;
sprawozdanie; komunikat;
opinia; huk; wybuch; pogłoska

represent [,repry'zent] v.
przedstawiać;
reprezentować; wyobrażać;
grać (kogoś)

representative [,repry'zentatyw]
adj. przedstawiający;
reprezentujący; wyobrażający;
s. przedstawiciel; reprezentant
(poseł na sejm)

reproach [ry'proucz] v. robić
wyrzuty; wymawiać; s.
wyrzut; zarzut; wymówka

reptile ['reptajl] s. gad; płaz;

gadzina; adj. pełzający;
gadzinowy

republic [ry'pablyk] s. republika;
rzeczpospolita

repugnant [ry'pagnent] adj.
odrażający; oporny;
sprzeczny; niezgodny

repulsive [ry'palsyw] adj.
odrażający; wstrętny;
odpychający; budzący odrazę

reputation [,repju'tejszyn] s.
reputacja; sława; dobre imię

request [ry'kłest] s. prośba;
życzenie; żądanie;
zapotrzebowanie; v. prosić o
pozwolenie; upraszać;
poprosić o przysługę

require [ry'kłajer] v. żądać;
nakazywać; wymagać; być
wymaganym

rescue ['reskju:] v. ratować;
wybawiać; odbijać z
więzienia; s. ratunek; odbicie
z więzienia; odebranie
przemocą

research [ry'se:rcz] s.
poszukiwanie; badanie

resemble [ry'zembl] v. być
podobnym (z wyglądu)

resent [ry'zent] v. czuć urazę

reservation [,rezer'wejszyn] s.
zastrzeżenie; zarezerwowanie;
miejsce zarezerwowane;
rezerwat (np. indiański);
rezerwa; zapas; ograniczenie

reserve [ry'ze:rw] v. odkładać;
zastrzegać; rezerwować; s.
rezerwa; zapas; rezerwat;
zastrzeżenie; warunek

reservoir ['reserwa:r] s. zbiornik;
zbiór; pokład kopalniany; v.
składać w zbiorniku

residence ['rezydens] s. miejsce
zamieszkania; pobyt (stały)

residue ['rezydju:] s. reszta;
pozostałość; reszta
spadkowa

resign [ry'zajn] v. zrzekać się;
wyrzekać się; godzić się z
losem

resist [ry'zyst] v. opierać się;
stawiać opór; być opornym;
powstrzymywać się

resolute ['rezelu:t] adj. rezolutny; śmiały; zdecydowany

resolve [ry'zolw] s. postanowienie; decyzja; stanowczość; v. rozkładać; rozwiązywać; uchwalać; decydować; postanawiać; usuwać; przemieniać; skłaniać

resort [ry'zo:rt] v. uciekać się; uczęszczać; s. uzdrowisko; uczęszczanie; ucieczka; uciekanie się; ratunek; wyjście

resource [ry'so:rs] s. zasoby; środki; bogactwa; zaradność; pomysłowość; zasoby naturalne

respect [rys'pekt] v. szanować; dotyczyć; zważać s. wzgląd; szacunek; poważanie; związek; łączność; pozdrowienia

respectable [rys'pektebl] adj. chwalebny; godny szacunku; poważny; pokaźny

respective [rys'pektyw] adj. odpowiedni; poszczególny

respond [rys'pond] v. odpowiadać; reagować; być czułym

rest [rest] s. odpoczynek; spokój; przerwa; przystanek; podpórka; pomieszczenie; schronienie; reszta; v. spoczywać; odpoczywać; dawać odpoczynek; uspokoić; być spokojnym; podpierać się; polegać

restaurant ['resterent] s. restauracja; jadłodajnia

restless ['restlys] adj. niespokojny; bezsenny; niesforny

restore [rys'to:r] v. przywracać; uleczać; odnawiać; restaurować; restytuować; zwracać; rekonstruować; odtwarzać

restrict [rys'trykt] v. ograniczać do; zamykać (w granicach)

rest room ['rest,rum] s. ustęp; toaleta

result [ry'zalt] s. rezultat; wynik; v. wynikać; dawać w wyniku; wypływać; pochodzić

resume [ry'zju:m] v. wznawiać; ponownie podejmować; obejmować; zajmować; odzyskiwać; ciągnąć dalej; streszczać; odzyskać

retain [ry'tejn] v. zatrzymywać; zapamiętywać; zgodzić (do pracy); zachowywać (tradycję)

retire [ry'tajer] v. wycofywać (się); iść na spoczynek; pensjonować; s. sygnał odwrotu

retreat [ry'tri:t] v. cofać się; s. odwrót; wycofanie się w zacisze; kryjówka; odosobnienie; przytułek; ustronie

retrieve [ry'tri:w] v. odzyskać; powetować; odszukać; uratować; uprzytomnić sobie; aportować; s. odzyskanie; odszukanie; powetowanie; uratowanie; ruch wsteczny (powrotny)

retrospect ['retrespekt] s. spojrzenie wstecz; rozważanie przeszłości; v. rzucać okiem wstecz; nawiązywać do (przeszłości); patrzeć w przeszłość

return [ry'te:rn] v. wracać; przynosić dochód; złożyć (zeznanie); obracać w ...; oddawać; odwzajemnić; odpowiedzieć; wybrać; s. powrót; nawrót; dochód; zysk; zwrot; teren; sprawozdanie (np. podatkowe)

reveal [ry'wi:l] v. ujawniać; objawiać; odsłaniać; s. rama okna w karoserii

revenge [ry'wendż] s. zemsta; mściwość; v. pomścić; zemścić się (za zniewagę, krzywdę etc.)

reverse [ry'we:rs] s. odwrotność; rewers; tyl; niepowodzenie; wsteczny bieg; adj. odwrotny; przeciwny; wsteczny; v. odwracać; zmieniać kierunek; obalić (np. przepis)

review [ry'wju:] v. przeglądać; pisać recenzje; przeglądać w myśli; dokonywać przeglądu; s. recenzja; przegląd; rewia; ponowny przegląd

revise [ry'wajz] v. przejrzeć; zrewidować; przerabiać

revival [ry'wajwal] s. ożywienie; odżywanie; powrót do życia; powrót do stanu użyteczności

revolt [ry'woult] s. bunt; powstanie; v. buntować się; wzdrygać się; mieć odrazę; budzić odrazę

revolution [,rewe'lu:szyn] s. obrót; rewolucja

reward [ry'lo:rd] s. nagroda; wynagrodzenie; v. wynagradzać

rhyme [rajm] s. rym; v. rymować się

rib [ryb] s. żebro; żeberko; wręga; v. żeberkować) nabierać; wyśmiewać; droczyć się; płytko orać

ribbon ['ryben] s. taśma; pasek; strzęp; wstążka; v. drzeć na strzępy; paski; ozdabiać wstążką; wić się wstęgą

rice [rajs] s. ryż

rich [rycz] adj. bogaty; kosztowny; suty; obfity; tuczący; pożywny; soczysty; mocny (zapach); pełny; tłusty (np. pokarm); pociesznys (zdarzenie)

rid; rid; ridded [ryd; ryd; 'rydyd]

rid [ryd] v. uwalniać się od ...; oczyszczać się; pozbywać się

riddle ['rydl] s. zagadka; v. zadawać zagadki; mówić zagadkami; rozwiązywać zagadkę

ride; rode; ridden [rajd; roud; 'rydn]

ride [rajd] v. pojechać; jechać (też statkiem); jeździć;

tyranizować; wozić; nosić; dokuczać; s. przejażdżka; jazda; nabieranie (kogoś); droga

ridiculous [ry'dykju:les] adj. śmieszny; bezsensowny

rifle [rajfl] s. karabin; gwintówka; gwint; strzelec; v. gwintować (lufę); strzelać; ograbić; okraść; pokrzyżować

right [rajt] adj. prawa; prawy; poprawny; prawoskrętny; prosty (też kąt); właściwy; słuszny; dobry; odpowiedni; prawidłowy; w porządku; zdrowy; adv. w prawo; na prawo; prosto; bezpośrednio; bezzwłocznie; dokładnie; słusznie; dobrze; s. prawa strona; prawo; dobro; słuszność; sprawiedliwość; pierwszeństwo; v. naprostować; naprawić; sprostować; odpłacać; mścić; usprawiedliwiać

rigid ['rydżyd] adj. sztywny; nieugięty; surowy; nieustępliwy

rigorous ['rygeres] adj. surowy; rygorystyczny

rim [rym] s. brzeg; krawędź; obręcz; powierzchnia wody (przy żeglowaniu); v. robić krawędź; posuwać wzdłuż krawędzi; dawać oprawę (do okularów)

rind [rajnd] s. kora; łupina; skórka (owocu, sera, etc.); v. zdzierać (korę, jarzynę)

ring [ryng] s. pierścień; obrączka; kółko; koło; zmowa; szajka; ślój; arena; ring (bokserski); v. otaczać; kołować; krajać w kółko

ring; rang; rung [ryng; raeng; rang]

ring [ryng] v. dzwonić; dźwięczeć; brzmieć; rozbrzmiewać; wydzwaniać; telefonować; wybijać czas na zegarze kontrolnym; sprawdzać monetę dźwiękiem; s. dzwonek;

dzwony; dźwięk; brzęk;
telefonowanie

rink [ryŋk] s. ślizgawka; tor
jazdy na wrotkach; boisko do
gry w kule

rinse [ryns] v. płukać s.
wypłukanie

riot ['rajot] s. zgiełk; zamęt;
rozruchy; bunty; rozpusta;
hulanka; rozprężenie; orgia; v.
buntować się; robić
rozruchy, zamieszki; hulać;
używać sobie; uprawiać
rozpustę

rip [ryp] v. odrywać; zrywać;
łupać; rozpruwać; piłować
wzdłuż; pękać; pędzić; s.
rozprucie; rozpustnik; hulaka;
szkapa; rzecz nie warta nic;
wir; wzburzona powierzchnia
wody

ripe [rajp] adj. dojrzały

rise; rose; risen [rajz; rouz; 'ryzn]

rise [rajz] v. podnieść się;
stanąć; wstawać; powstać;
buntować się; wzbierać;
wzbijać się; wzmagać się;
sprostać; s. wschód;
wznoszenie się; podwyżka;
wzrost; powodzenie;
początek; stopień

risk [rysk] s. ryzyko;
niebezpieczeństwo; v.
narażać się; ryzykować;
ponosić ryzyko

risky ['rysky] adj. niebezpieczny;
ryzykowny; pikantny;
drastyczny

rival ['rajwel] s. rywal;
współzawodnik; v.
rywalizować

river ['rywer] s. rzeka

road [roud] s. droga; kolej; reda;
v. topić

roam [roum] v. włóczyć się; s.
włóczęga; wędrówka

roar [ro:r] v. ryczeć; huczeć; s.
ryk; huk (armat); ryk
(śmiechu)

roast [roust] v. piec; opiekać;
przypiekać; wypalać;
ośmieszać; krytykować
ostro; s. pieczeń; pieczenie;

kpiny; krytyka ostra; adj.
pieczony

rob [rob] v. grabić; rabować;
ograbić; pozbawiać (czegoś)

robber ['rober] s. rabuś

robe [roub] s. podomka; suknia;
szata; płaszcz kąpielowy;
toga; v. przyodziewać;
przyoblekać

robot ['roubot] s. robot

robust ['roubest] adj. krzepki;
trzeźwy; szorstki; hałaśliwy;
ciężki; silny; mocny

rock [rok] s. kamień; skała;
farba; kołysanie; taniec (rock
and roll); pl. kostki lodu w
napoju; v. kołysać się; bujać
się; huśtać się; wstrząsać;
wypłukiwać piasek; płukać
(się); a. kamienny; skalisty

rocket ['rokyt] s. rakieta; v.
wznosić się

rod [rod] s. pręt; drąg; wędka;
(pręt = 5.029m)

roll [roul] s. rolka; zwój; zwitek;
rulon; bułka; rożek; spis;
wykaz; rejestr; lista; wokanda;
wałek; walec; wałek;
kołysanie (się); werbel; huk; v.
toczyć; wałkować; tarzać;
grzmieć; dudnić; rozlegać
się; zataczać kołysać; toczyć
koło; wręcić; obracać;
wymawiać "r";
rozwałkowywać; wałkować

roll up ['roul,ap] v. zwinąć
(rękawy); kłębić się;
podjeżdżać; skumulować (się)

roller ['rouler] s.wałek; rolka;
narzędzie do wałkowania

roller coaster ['rouler'kouster] s.
kolejka wysokogórska; wesołe
miasteczko

rolling [roulyŋ] s. kołysanie
statku; walcowanie; adj.
toczący się; kołyszący się;
wzburzony; falisty; dudniący

romance [ro'maens] s. romans
średniowieczny; powieść
miłosna; sprawa miłosna; adj.
romański; v. romansować;
popuszczać wodze fantazji;
wymyślać; fantazjować;

koloryzować; przesadzać;
pisać romanse

romantic [rou'mæntyk] adj.
romantyczny; s. romantyk

roof [ru:f] s. dach; v. pokrywać
dachem

room [rum] s. pokój; miejsce;
mieszkanie; izba; wolna
przestrzeń; sposobność;
powód; v. dzielić pokój lub
mieszkanie; mieszkać lub
odnajmować pokój

room-mate ['rum,mejt] s.
współmieszkaniec;
współlokator

root [ru:t] s. korzeń; nasada;
podstawa; istota; źródło;
sedno; pierwiastek; v.
posadzić; zakorzenić; ryć;
szperać; wygrzebywać;
popierać; dopingować

rope [roup] s. sznur; powróz;
lina; stryczek; v. związać;
przywiązać; łapać na lasso;
ogradzać sznurami; ciągnąć
na linie; przyciągać;
zdobywać obśliznąć

rose [rous] s. róża; kolor
różowy; rozetka; v.
zaróżowić; zob. rise

rot [rot] s. zgnilizna; rozkład;
zepsucie; głupstwa; brednie;
motylica; v. gnić; butwieć;
rozkładać się

rotate ['routejt] v. obracać (się);
kolejno zmieniać (się);
wirować; adj. kółkowy

rotten ['rotn] adj. zgniły;
zepsuty; zdemoralizowany;
lichy; kiepski; marny; chory na
motylicę; do niczego; chory od
chrznu

rough [raf] adj. szorstki;
chropowaty; ostry; nierówny;
wyboisty; nieokrzesany;
brutalny; drastyczny; cierpki;
nieprzyjemny; nieociosany;
surowy; gruby; burzliwy;
gwałtowny; hałaśliwy; ciężki;
pobieżny; przybliżony;
prymitywny; wstępny;
szkicowy; adv. ostro;
szorstko; grubiańsko; z

grubsza; s. nierówny teren;
stan naturalny - nieobrobiony;
hacel; chuligan; v. być
szorstkim; szorstko
postępować; hartować (się);
jeżyć (się); burzyć (się); v.
szlifować z grubsza;
pasować z grubsza; obrabiać
z grubsza; szkicować;
przebiedować; ujeżdżać
(konia); robić coś z grubsza;
podkuwać hacelami

round [raund] adj. okrągły;
zaokrąglony; kolisty; okrężny;
tam i nazad; kulisty;
sferyczny; adv. wkoło; kołem;
dookoła; prep. dookoła; s.
koło; obwód; kula; obrót;
krąg; bieg; cykl; ciąg; zasięg;
seria; objazd; obchód; runda;
zaokrąglenie; pasmo (np.
trudności); przechadzka; v.
zaokrąglać; wygładzać; okrążyć; obchodzić; opływać

route [ru:t] s. droga; trasa;
marsz; szlak

routine [ru:'ti:n] s. rutyna; tok
zajęć

row [rou] s. szereg; rząd; jazda
łodzią; v. wiosłować

row [ral] s. zgiełk; hałas; kłótnia;
bójka; burda; nagana; bura; v.
besztać; pokłócić się

royal ['rojel] adj. królewski

royalty ['rojelty] s.
królewskość; honorarium
autorskie

rub [rab] v. trzeć; potrzeć;
wytrzeć; wycierać; głaskać;
nacierać; s. tarcie; nacieranie

rubber ['raber] s. guma;
masażysta; pl. kalosze; v.
pokrywać gumą; odwracać
(głowę)

rubbish ['rabysz] s. śmieć;
gruz; tandeta; nonsens;
brednie; głupstwa; bzdury

rucksack ['ruksak] s. plecak

rude [ru:d] adj. szorstki;
niegrzeczny; ostry; surowy;
prosty; pierwotny; nagły;
gwałtowny; krzepki

rug [rag] s. pled; kilim; dywan

ruin [,ruyn] s. ruina; v. rujnować (się); zniszczyć (się)

rule [ru:l] s. przepis; prawo; reguła; zasada; rządy; panowanie; postanowienie; miarka; linijka; v. rządzić; panować; kierować; orzekać; postanawiać; liniować

ruler ['ru:ler] s. władca; liniał; linijka

rumor ['ru:mer] s. pogłoska; słuchy; w. puszczać pogłoski

run [ran] v. biec; biegać

run [ran] v. biec; biegać; pędzić; spieszyć się; jechać; płynąć; kursować; obracać się; działać; funkcjonować; pracować; uciekać; zbiec; prowadzić; toczyć się; wynosić (sumę); rozpływać się łzawić; głosić; spotykać; narzucać się; molestować; zderzyć się; sprzeciwiać się; wpaść w etc.; s. bieg; przebieg; bieganie; rozbieg; rozpęd; przebieg; passa; sekwens; okres; seria; ciąg; dostęp; wybieg; pastwisko; zjazd; tor

rural ['ruerel] adj. wiejski

rush [rasz] v. pędzić; poganiać; ponaglać; rzucać się na coś; przeskakiwać; wysyłać pospiesznie; zdobywać szturmem; zdzierać (pieniądze); siać sitowiem; s. pęd; ruch; pośpiech; napływ; atak; intensywny popyt; sitowie

Russia [rasz'e] s. Rosja

rust [rast] s. rdza (zbożowa); v. rdzewieć; niszczyć sięrustic ['rastik] adj. wiejski; prostacki; s. wieśniak; prostak

ruthless ['ru:tlys] adj. bezlitosny; bezwzględny; niemiłosierny

rye [raj] s. żyto; żytniówka

S

sack [saek] s. worek; torebka; sak; luźny płaszcz; plądrowanie; v. pakować do worków; zwalniać z pracy; plądrować

sacred ['sejkryd] adj. poświęcony; nienaruszalny

sacrifice ['saekryfajs] s. ofiara; wyrzeczenie (się); v. ofiarowywać; poświęcać; wyrzekać się w zamian za coś innego

sad [saed] adj. smutny; bolesny; posępny; ponury; okropny

saddle ['saedl] s. siodło; v. siodłać; obarczać; wkładać ciężar (komuś) (na kogoś)

safe [sejf] adj. pewny; bezpieczny; s. schowek bankowy; kasa pancerna; spiżarnia wietrzona; (slang); kondon

safety ['sejfty] s. bezpieczeństwo; zabezpieczenie; bezpiecznik; adj. dający bezpieczeństwo

safety pin ['sejfty,pyn] s. agrafka

sag [saeg] v. obwisać; zwisać; wyginać (się); przechylać się; spadać w cenie; s. zwis; wygięcie; spadek (cen)

sail [sejl] s. żagiel; żagle; podróż morska; v. żeglować; kroczyć okazale; sterować okrętem; bawić się modelem statku

sailor ['sejlor] s. żeglarz; marynarz

saint [sejnt] s. & adj. święty

salad ['saeled] s. sałatka

salary ['saeleryj s. pensja; pobory; wynagrodzenie

sale [sejl] s. sprzedaż; wyprzedaż

salesman ['sejlsmen] s. sprzedawca

saliva [se'lajwa] s. ślina

salmon ['saemen] s. łosoś; adj.

łososiowy; łososiowego koloru

salt [so:lt] s. sól; adj. słony; v. solić

salute [se'lu:t] s. pozdrowienie; salutowanie; honory wojskowe; salwa (powitalna); v. pozdrowić; powitać; salutować; odbierać defiladę; przejść przed kompanię honorową

same [sejm] adj. ten sam; taki sam; jednostajny; monotonny; adv. tak samo; identycznie; bez zmiany; pron. to samo

sample ['sa:mpl] s. próbka; wzór; v. próbować; dawać próbki

sanctify ['saenkty,faj] v. uświęcać; poświęcać

sanction ['saenkszyn] v. usankcjonować; s. sankcja

sanctuary ['saenkczuery] s. przybytek; azyl

sand [saend] s. piasek; v. posypywać piaskiem; obrabiać papierem ściernym

sandal ['saendl] s. sandał; rzemyk; v. wkładać sandały; przywiązywać rzemykiem

sandwich ['saendłycz] s. kanapka; sandwicz; v. wkładać (między)

sane [sejn] adj. zdrowy na umyśle; rozsądny; normalny

sanitary ['saenytery] adj. higieniczny; zdrowy

sarcasm ['sa:rkaezam] s. sarkazm

sardine [sa:r'di:n] s. sardynka

satire ['saetajer] s. satyra

satisfaction [,saetys'faekszyn] s. zadowolenie; satysfakcja; spłacenie długu; zaspokojenie

satisfactory [,saetys'faektery] adj. zadowalający; odpowiedni

satisfy ['saetys,faj] v. zaspokoić; uiścić; spełnić; zadowalać; odpowiadać; przekonywać

Saturday ['saeterdy] s. sobota

sauce [so:s] s. sos; kompot; v. przyprawiać jedzenie; nagadać komuś; stawiać

się

saucepan ['so:spen] s. patelnia; rondel

saucer ['so:ser] s. spodek

sausage ['sosydż] s. kiełbasa

save [sejw] v. ratować; oszczędzać; zachowywać pozory; zbawiać; uniknąć; zyskiwać (czas); prep. oprócz; wyjąwszy; poza; pominąwszy; conj. że; poza tym; chyba że; z wyjątkiem

savior ['sejwjer] s. zbawca; zbawiciel

savor ['sejwer] s. smak; aromat; powab; v. mieć smak; pachnieć; smakować; nadawać smak

saw [so:] v. zob. see; piłować; s. piła

say [sej] v. mówić; powiedzieć; odprawiać; twierdzić

scab [skaeb] s. strup; parch; świerzb; łamistrajk

scale [skejl] s. skala; podziałka; układ; drabina; szalka; łuska; kamień nazębny; v. wyłazić; wdzierać się; mierzyć (podziałką); ważyć; łuszczyć; łuskać; złuszczać się

scandal ['skaendl] s. skandal; zgorszenie; oszczerstwo; plotki

scar [ska:r] s. blizna; szrama; wyrwa; urwisko; v. pokiereszować (się); zabliźnić się

scarce [skeers] adj. rzadki; niewystarczający

scare [skeer] s. popłoch; panika; strach; v. nastraszyć; przestraszyć; siać popłoch

scarf [ska:rf] s. szalik; chustka na szyję; szarfa

scatter ['skaeter] v. rozpraszać (się); rozsypywać; rozrzucać; rozwiewać; posypywać; rozpierzchnąć (się)

scene [si:n] s. scena; miejsce zdarzeń; widowisko; widok; obraz; awantura publiczna

sceptic ['skeptyk] s. sceptyk; adj. sceptyczny;

powątpiewający

sceptical ['skeptɪkəl] adj.
sceptyczny; powątpiewający
we wszystko

schedule ['ʃkedʒul] s. rozkład
jazdy; wykaz; zestawienie;
tabela; taryfa; harmonogram;
lista; plan; v. planować;
wciągać na listę; naznaczać
wg planu

scholar ['skɔlər] s. uczony;
stypendysta; uczeń; student

school [sku:l] s. szkoła; katedra;
nauka; ławica; adj. szkolny; v.
szkolić; kształcić; nauczać;
wyćwiczyć; tworzyć ławi-
cę; karcić; sprawdzać naukę

science ['sajəns] s. wiedza;
nauka; umiejętność

scissors ['syzez] s. nożyce;
nożyczki

scoop [skup] v. zaczerpnąć;
wygarnąć; wybrać; s.
czerpak; szufelka; chochla;
kubeł; sensacyjna
wiadomość

scope [skoup] s. zasięg; zakres;
dziedzina; meta;
sposobność; możliwość

score [skɔr] v. zdobyć (punkt)
podkreślać; zanotować;
zapisać; wygrać; osiągnąć;
strzelić bramkę; s. ilość
(zdobytych punktów lub
bramek); zacięcie; rysa; znak;
dwadzieścia

scorn [skɔːrn] s. lekceważenie;
wzgarda; v. lekceważyć;
gardzić; odrzucać z pogardą

scoundrel ['skaundrel] s. kanalia;
łotr

scramble ['skraembl] s. ubijanie
się; gramolenie się; dobijanie
się; robienie jajecznicy; v.
ubijać się; gramolić się;
dobijać się; robić jajecznicę

scrap [skraep] s. szmelc;
odpadki; skrawki; wycinki;
bójka; v. wyrzucać na
szmelc; odrzucać; wycofać;
bić się

scrape [skrejp] s. skrobanie;
tarapaty; szurnięcie; ciułanie;

draśnięcie; v. skrobać;
drasnąć; ciułać; szurnąć

scratch [skraecz] s. draśnięcie;
zadrapanie; rozdarcie;
skrobanie; linia startu; adj. do
pisania (np. brulion);
brulionowy; v. drapać (się);
zadrasnąć; gryzmolić;
wydrapać; naznaczyć

scream [skri:m] s. krzyk; pisk;
gwizd; kawał; v. krzyczeć
przenikliwie; śmiać się
hałaśliwie i histerycznie

screen [skri:n] s. zasłona; osłona;
siatka na komary; ekran; sito;
siewnik; filtr (światła); v.
zasłaniać; osłaniać;
zabezpieczać; wyświetlać;
przesiewać; sortować;
badać; przesłuchiwać;
filmować; izolować

screw [skru:] s. śruba; propeler;
śmigło; zwitek; wyzyskiwacz;
dusigrosz; (slang): stosunek
płciowy; v. przyśrubować;
wyduszać; naciskać;
wykrzywiać; zabałaganić;
obracać się; (slang):
spółkować; wkopać
(kogoś); cisnąć

screwdriver ['skru:,drajwer] s.
śrubokręt; wódka z sokiem
pomarańczowym

scribble ['skrybl] s. gryzmoły;
bazgranina; v. gryzmolić;
bazgrać; pisać naprędce

scrub [skrab] s. zarośle; zagaj-
nik; karłowate drzewo; pętak;
niepozorny człowiek;
szorowanie; v. szorować;
oczyszczać; adj. lichy; marny;
mizerny

scrupulous ['skru,pjuləs] adj.
sumienny; dokładny;
skrupulatny; pedantyczny

scrutinize ['skru:tynajz] v. badać
szczegółowo

sculpture ['skalpczer] s. rzeźba;
v. rzeźbić

sea [si:] s. morze; fala

seafood ['si:fu:d] s. potrawy
morskie (ryby, skorupiaki)

seal [si:l] s. foka; futro foki;

uszczelka; zagadka; plomba;
pieczątka; piętno; znak; v.
polować na foki;
uszczelniać; plombować;
pieczętować; zalakować
seam [si:m] s. szew; rąbek;
pokład; blizna; szpara;
szczelina; v. łączyć szwami;
pękać; pokiereszować
seamstress [semstrys] s.
szwaczka
search [se:rcz] s. poszukiwanie;
badanie; szperanie; rewizja; v.
badać; dociekać; szukać;
przetrząsać; rewidować
seaside [si:sajd] s. wybrzeże
morskie
season [si:zn] s. pora roku;
pora; sezon; v. zaprawiać;
przyprawiać; okrasić
seasoning [si:znyng] s.
przyprawa
seat [si:t] s. siedzenie; ławka;
krzesło; miejsce siedzące;
siedlisko; siedziba; gniazdo; v.
posadzić; usadowić;
wybierać (do sejmu); siąść;
osadzić
secluded [sy'klu:dyd] adj.
odosobniony
second [sekend] adj. drugi;
wtórny; powtórny; ponowny;
zastępczy; zapasowy;
drugorzędny; v. poprzeć;
sekundować; s. sekunda;
moment; chwila; drugi;
sekundant; delegat; zastępca
secondhand [sekend,haend] adj.
z drugiej ręki; używany
secret [si:kryt] adj. tajny;
tajemny; sekretny; skryty;
ustronny; dyskretny; s.
tajemnica; sekret; pl.
wstydliwe części ciała
secretary [sekretry] s. sekretarz;
sekretarka; sekretarzyk
section [sakszyn] s. część;
wycinek; etap; oddział; grupa;
dział; ustęp; paragraf; sekcja;
przekrój; żelazo profilowe;
przedział; drużyna robocza; v.
dzielić na części; robić
przekrój

secular [sekjuler] adj. świecki;
wiekowy; stuletni; s. ksiądz
świecki
secure [sy'kjuer] v. zabezpieczać (się);
umacniać; uzyskiwać;
zapewniać sobie; adj.
spokojny; bezpieczny; pewny
security [sy'kjueryty] s.
bezpieczeństwo;
zabezpieczenie; pewność;
zastaw; papier wartościowy;
zbytnia ufność
sediment [sydyment] s. osad;
nanos; skała osadowa
seduce [sy'du:s] v. uwodzić
see; saw; seen [si:; so:; si:n]
see [si:] v. zobaczyć; widzieć;
ujrzeć; zauważyć;
spostrzegać; doprowadzić;
odprowadzić; zwiedzać;
zrozumieć; odwiedzać;
przeżywać; dożyć;
uważać; zastanawiać się;
dopilnować
seed [si:d] v. obsiewać;
obsypywać się; zasiewać;
wybierać; s. nasienie;
zarodek; plemię
seek; sought; sought [si:k; so:t;
so:t]
seek [si:k] v. szukać; starać
się; chcieć; żądać;
nastawać; usiłować;
próbować; przetrząsać;
dążyć
seem [si:m] v. zdawać się;
robić wrażenie; okazywać
się; mieć wrażenia
seep [si:p] v. sączyć się;
wyciekać
segment [segment] s. odcinek;
segment; v. podzielić na
części
segregate [segry'gejt] v.
oddzielać; segregować
seize [si:z] v. uchwycić;
złapać; zrozumieć;
owładnąć; skorzystać;
zaciąć się; zatrzeć się;
zablokować się
seldom [seldem] adv. rzadko; z
rzadka

select [sy'lekt] v. wybierać;
wyselekcjonować; adj.
wybrany; doborowy;
ekskluzywny

selection [sy'lekszyn] s. wybór;
dobór; selekcja

self [self] prefix samo;
automatyczne samo;
osobowość; s. jaźń;
osobowość; własne dobro;
pl. selves [selwz]

selfish ['selfysz] adj. samolubny;
egoistyczny

self-service ['self'se:rwys] adj.
samo-obsługa

sell; sold; sold [sel; sould; sould]

sell [sel] v. sprzedawać;
zaprzedawać;
sprzeniewierzać; wykiwać;
mieć zbyt; być na sprzedaż;
wyprzedawać

sender ['sender] s. nadawca;
nadajnik (np. radiowy)

senior ['si:njer] adj. starszy (np.
rangą); s. starszy człowiek;
senior; student ostatniego
roku

sensation [sen'sejszyn] s.
wrażenie; doznanie; uczucie;
sensacja

sense [sens] s. zmysł; poczucie;
uczucie (np. zimna);
świadomość (czegoś);
rozsądek; znaczenie; sens; v.
wyczuwać; czuć; rozumieć

sensible ['sensybl] adj. rozsądny;
świadomy; przytomny;
wrażliwy; odczuwalny;
poznawalny; sensowny

sensitive ['sensytyw] adj.
wrażliwy; delikatny

sentence ['sentens] s. zdanie;
powiedzenie; wyrok;
sentencja; v. wydawać
wyrok; skazywać

sentiment ['sentyment] s.
sentyment; uczucie; opinia;
zdanie; życzenie;
sentymentalność

sentimental [,senty'mentl] adj.
uczuciowy; sentymentalny

separate ['seperejt] v.
rozłączyć; rozdzielić;
oddzielić; oderwać;

odseparować (się);
odgrodzić; rozszczepić

separate ['seprejt] adj. odrębny;
oddzielny; osobny;
indywidualny; poszczególny

September [sep'tember] s.
wrzesień

sequence ['si:klens] s.
następstwo; kolejność;
porządek; progresja

serene [sy'ri:n] adj. pogodny;
spokojny; s. spokojne morze;
pogodne niebo etc.; v.
rozpogodzić

series ['sieri:z] s. seria; szereg;
rząd

serious ['sierjes] adj. poważny

servant ['se:rwent] s. służący;
sługa; służąca; urzędnik
(państwowy)

serve [se:rw] v. służyć;
odbywać służbę (też
kadencję, praktykę etc.);
nadawać się; obsługiwać;
podawać; sprzedawać;
dostarczyć; wręczyć;
potraktować; postępować;
spełniać funkcje; sprawować
urząd; odbywać karę
(więzienia); zaserwować

service ['se:rwys] s. służba;
obsługa; praca; urząd;
zaopatrzenie; instalacja;
uprzejmość; grzeczność;
przysługa; pomoc;
użyteczność; nabożeństwo;
serw; serwis (stołowy);
wręczenie; v. doglądać;
naprawić; kryć (samicę)

session ['seszyn] s. posiedzenie;
siedzenie; półrocze

set; set; set [set; set; set]

set [set] v. stawiać; ustawiać
wstawić; urządzić;
umieszczać; przykładać;
nastawiać; osadzać; wbijać;
wyznaczać; ustalać; sądzić;
nakrywać; składać;
wysadzać (czymś); ścinać
się; okrzepnąć; adj. zastygły;
nieruchomy; zdecydowany;
stały; ustalony; s. seria;
garnitur; skład; komplet;

zespół; grupa; szczepek;
zachód; ustawienie; układ;
twardnienie; gęstość;
rozstęp; oszalowanie

setting ['setyŋg] s. otoczenie;
oprawa; ułożenie; układ;
inscenizacja

settle [setl] v. osiedlić (się);
umieścić (się); uregulować;
osadzić (się); ustalić;
rozstrzygnąć; zapłacić (dług);
zamieszkać; usadowić (się);
uspokoić (się); zawierać
(umowę); układać (się)

seven ['sewn] num. siedem; s.
siódemka

seventeen ['sewn'ti:n] num.
siedemnaście; s.
siedemnastka

seventy ['sewnty] num.
siedemdziesiąt; s.
siedemdziesiątka

several ['sewrəl] adj. kilku; kilka;
kilkoro

severe [sy'wier] adj. surowy;
srogi; ostry; dotkliwy; bolesny;
zacięty

sew [sewn] v. sawed; sewn [sou; soud;
soun]

sew [sou] v. szyć; uszyć

sewer ['souer] s. osoba szyjąca

sex [seks] s. płeć

sexual ['seksjuel] adj.
seksualny; płciowy

shack [szaek] s. buda; szałas;
dom

shade [szejd] s. cień; odcień;
abażur; stora; pl. ustronie;
piwnica na wino; v.
zasłaniać; zamroczyć;
cieniować

shadow ['szaedou] s. cień
(czyjś); v. pokrywać cieniem;
śledzić kogoś

shake [szejk] v. shook; shaken [szejk;
szuk; szejken]

shake [szejk] potrząsać;
uściskać dłoń; grozić
(palcem); wstrząsać; drżeć;
dygotać; s. dygotanie;
dreszcz; drżenie; potrząsanie

shall [szael] v. będę; będziemy;
musisz; musi; muszą (zrobić)

shallow ['szaelou] s. mielizna;
adj. płytki; powierzchniowy; v.
spłycać; płycieć; obniżać
poziom (wody)

shame [szejm] s. wstyd; v.
wstydzić się

shampoo [szaem'pu:] s.
szampon; mycie głowy
szamponem; v. myć
szamponem

shape [szejp] v. kształtować;
rzeźbić; modelować;
formułować; wyobrazić; s.
kształt; kondycja; postać;
zjawa; widmo; model

share [szeer] s. udział; należna
część; lemiesz; v.
rozdzielić; dzielić (się);
podzielać; brać udział

shark [sza:rk] s. rekin

sharp [sza:rp] adj. ostry; bystry;
pilny; wyraźny; chytry;
dominujący; inteligentny; adv.
punktualnie; szybko; biegiem

shave; shaved; shaven [szejw;
szejwd; szejwn]

shave [szejw] v. golić (się);
oskrobać; strugać; s.
golenie; muśnięcie

she [szi:] pron. ona

sheep [szi:p] pl. owce

sheer [szier] v. schodzić z
kursu; skręcać nagle; adj.
zwykły; jawny; czysty;
zwyczajny; stromy;
prostopadły; pionowy;
przejrzysty; przewiewny; lekki;
adv. zupełnie; pionowo;
stromo

sheet [szi:t] s. arkusz;
prześcieradło; gazeta; tafla;
obszar; warstwa; v.
pokrywać prześcieradłem;
okrywać brezentem

shelf [szelf] s. półka; rafa;
mielizna; pl. shelves [szelwz]

shell [szel] s. łupina; skorupa;
powłoka; osłona; pancerz;
muszla; szkielet; łuska; pocisk;
granat; gilza; v. ostrzeliwać z
armat; wyłuskiwać

shelter ['szelter] s. schronienie;
ochrona; osłona; v. chronić;

osłaniać; udzielać
schronienia; zabezpieczać
shield [szi:ld] s. tarcza; osłona;
v. osłaniać; ochraniać
shift [szyft] v. zmieniać (np.
biegi); przesuwać;
przełączyć; zwalić; s.
przesunięcie; zmiana; szychta;
wykręt; wybieg
shine [szajn] **; shone; shone** [szajn; szon;
szon]
shine [szajn] v. zabłyszczeć;
zajaśnieć; oczyścić na
połysk; s. jasność; blask;
(slang): granda; awantura;
sympatia
shiny [szajny] adj. błyszczący;
wypolerowany
ship [szyp] s. okręt; statek;
samolot; v. załadować;
zaokrętować; posyłać
shirt [sze:rt] s. koszula
shit [szyt] v. wulg.: srać; s.
gówno
shiver [szywer] v. drżeć;
trząść się; rozbijać się w
kawałki; s. dreszcz; kawałek
shock [szok] s. wstrząs; cios;
uderzenie; starcie; porażenie;
czupryna; kopka; v.
wstrząsać; gorszyć;
oburzać; porazić
shoe [szu:] s. but; półbucik;
trzewik; okucie; podkowa;
nakładka (hamulce); obręcz;
nasada; v. obuwać;
podkuwać
shoelace [szu:,lejs] s.
sznurowadło
shoot [szu:t] **; shot; shot** [szu:t; szot;
szot]
shoot [szu:t] v. strzelić;
wystrzelić; zastrzelić;
rozstrzelać; zrobić zdjęcie;
nakręcić film; mknąć;
przemknąć; spłynąć; rwać;
kiełkować; s. pęd; kiełek;
polowanie; progi; plac zwozu
śmieci
shop [szop] s. sklep; pracownia;
warsztat; zakład; v. robić
zakupy

podpora; v. podpierać;
podstemplować
short [szo:rt] adj. krótki; niski;
zwięzły; oschły; niecały;
niewystarczający; adv. krótko;
nagle; za krótko; s. skrót;
zwarcie; pl. szorty
shortage [szo:rtydż] s. brak;
niedobór; deficyt
shorts [szo:rts] pl. szorty;
kalesony (krótkie)
short-sighted [szo:rt'sajtyd] adj.
krótkowzroczny;
nieprzewidujący
should [szud] v. tryb warunkowy
od shall
shoulder [szoulder] s. ramię;
plecy; łopatka; pobocze; v.
brać na ramię; rozpychać się
shout [szałt] s. krzyk; okrzyk;
wrzask; v. krzyczeć;
wykrzykiwać
shove [szaw] v. popychać;
posuwać (coś); s. pchnięcie
shovel [szawl] s. łopata; szufla;
v. przerzucać łopatą lub
szuflą
show; showed; shown [szou;
szoud; szoun]
show [szou] v. pokazywać;
wskazywać; s. wystawa;
przedstawienie; pokaz
shower [szałer] s. tusz;
prysznic; przelotny deszcz;
grad; stek; v. przelotnie
kropić; obsypywać;
oblewać
shrewd [szru:d] adj. przenikliwy
(np. obserwator)
shriek [szri:k] v. wrzeszczeć;
piszczeć; rechotać; s.
wrzask; pisk; gwizd (ostry)
shrimp [szrymp] s. krewetka;
karzełek; v. łowić krewetki
shrink; shrank; shrunk [szrynk;
szraenk; szraŋk]
shrink [szrynk] v. kurczyć (się);
wzbraniać (się); wzdrygać
się; s. kurczenie się; (slang):
psychiatra
shrub [szrab] s. krzew; krzak
shrug [szrag] s. wzruszenie
ramion; v. wzruszyć

ramionami
shun [szan] v. unikać; wystrzegać się; s. baczność; uwaga
shut; shut; shut [szat; szat; szat]
shut [szat] v. zamykać (się); przytrzasnąć; adj. zamknięty
shy [szaj] adj. płochliwy; wstydliwy; nieśmiały; nieufny; ostrożny; skąpy; szczupły; v. płoszyć się; stronić; rzucać; s. rzut (w coś)
sick [syk] adj. chory; znudzony; chorowity; skażony zarazkami; chorobowy
sickness ['syknys] s. choroba; wymioty; nudności
side [sajd] s. strona; bok; uboczny; v. stać po czyjejś stronie
sidewalk ['sajd-ło:k] s. chodnik; trotuar
siege [si:dż] s. oblężenie
sieve [syw] s. sito; rzeszoto; przetak; v. przesiewać
sift [syft] v. przesiewać; przebierać; oddzielać; prószyć; posypywać
sigh [saj] s. westchnienie; v. wzdychać
sight [sajt] s. wzrok; widok; celownik; przeziernik
sign [sajn] s. znak; omen; godło; napis; wywieszka; szyld; skinienie; oznaka; objaw; ślad; znak drogowy; hasło; odzew; v. znaczyć; naznaczyć; podpisać; skinąć
signal ['sygnl] s. sygnał; znak; v. sygnalizować; zapowiadać; dawać znak
signature ['sygnyczer] s. podpis; sygnatura; klucz
significance [syg'nyfykens] s. wyraz; ważność; znaczenie
silence ['sajlens] s. milczenie; cisza; v. nakazywać milczenie; cichoł
silent ['sajlent] adj. milczący; cichy; małomówny
silk [sylk] s. jedwab; adj.

jedwabny
silly ['syly] s. głupiec; adj. głupi; ogłupiały
silver ['sylwer] s. srebro; v. posrebrzać; adj. srebrny; srebrzysty
similar ['symyler] adj. podobny
simmer ['symer] v. wolno gotować (się); burzyć się wewnątrz; s. gotowanie na wolnym ogniu
simple ['sympl] adj. prosty; zwykły; naturalny; szczery; naiwny; głupkowaty; zwyczajny
simplify ['symplyfaj] v. uprościć; ułatwić
sin [syn] s. grzech; v. grzeszyć
since [syns] adv. odtąd; potem; conj. skoro; ponieważ; od czasu jak
sincere [syn'sier] adj. szczery
sing; sang; sung [syng; saeng; sang]
sing ['syngl] v. śpiewać; wyć; zawodzić; bzykać; świstać; opiewać; s. śpiew; świst
single ['syngl] adj. pojedynczy; jeden; samotny; szczery; uczciwy; s. bilet w jedną stronę; gra pojedyncza; v. wybierać; wyróżniać
sinister ['synyster] adj. zbrodniczy; złowieszczy; lewy
sink; sank; sunk [synk; saenk; sank]
sink [synk] v. zatonąć; zatopić; zagłębić (się); opuścić; obniżać; pogrążyć; zanikać; zmaleć; wykopywać; ukrywać; wyryć; zainwestować; amortyzować; s. zlew; ściek; bagno zepsucia
sip [syp] s. łyk; popijanie; v. popijać
sir [se:r] s. pan; v. nazywać panem; exp.: proszę pana!
sister ['syster] s. siostra
sister-in-law ['syster yn,lo:] s. szwagierka
sit; sat; sat [syt; saet; saet]
sit [syt] v. siedzieć;

przesiadywać; usiąść;
zasiadać; obradować; leżeć;
pozować

site [sajt] s. miejsce; plac (np.
budowy); położenie; v.
umieszczać

sitting-room ['sytyng,ru:m] s.
bawialnia; salon

situation [,sytu'ejszyn] s.
położenie; posada; sytuacja

six [syks] num. sześć; s.
szóstka

sixteen ['syks'ti:n] num.
szesnaście; s. szesnastka

size [sajz] s. wielkość; numer;
format; klajster; krochmal;
rzadki klej; v. sortować wg
wielkości; oceniać
wielkość; nadawać się;
krochmalić; usztywnić klejem

skate [skejt] s. łyżwa; wrotka;
płaszczka; szkapa; pętak;
patałach; v. ślizgać się;
jeździć na wrotkach

skeleton ['skelytn] s. szkielet

skeptic ['skeptyk] adj.
sceptyczny; s. sceptyk

ski [ski:] s. narta; wyrzutnik
bomb; v. jeździć na nartach

skill ['skyl] s. zręczność;
wprawa

skim [skym] v. zbierać
(śmietankę); szumować;
przebiegać wzrokiem;
puszczać po powierzchni;
szybować; s. zbieranie; mleko
zbierane; adj. zbierany

skin [skyn] s. skóra; skórka;
cera; szawłok; (slang): oszust;
v. zdzierać skórę; pokrywać
naskórkiem; ściągać z siebie

skinny ['skyny] adj. chudy; skóra
i kości

skip [skyp] v. skakać;
przeskakiwać; odskakiwać;
pomijać; (slang): uciekać; s.
skok; przeskok; kapitan
sportowy

skirt [ske:rt] s. spódnica; poła;
wulg.: kobietka; przepona;
brzeg; v. jechać brzegiem;
obchodzić; leżeć na skraju

skull [skal] s. czaszka

sky [skaj] s. niebo; klimat

skylark ['skaja:rk] s. skowronek;
v. dokazywać; swawolić

skyscraper ['skaj,skrejper] s.
drapacz chmur

slab [slaeb] s. płytka; v. krajać
na płytki (kromki)

slacks [slaeks] pl. (luźne)
spodnie

slam [slaem] v. zatrzasnąć (się);
(slang): krytykować ostro;
pobić; s. trząśnięcie; ostra
krytyka; ciupa

slang [slaeng] s. gwara; żargon;
slang; adj. gwarowy;
żargonowy; v. nawymyślać
komuś

slant [sla:nt] s. pochyłość;
skos; tendencja; punkt
widzenia; spojrzenie; adj.
ukośny; v. iść skośnie;
pochylać (się); odchylać
(się); być nachylonym

slap [slaep] s. klaps; plaśnięcie;
v. plasnąć; dać klapsa;
uderzyć; narzucić; adv.
nagle; prościutko; regularnie

slaughter ['slo:ter] v. rżnąć;
zabijać; wymordować; s.
ubój; rzeź; masakra

Slav [sla:w] adj. słowiański

slave [slejw] adj. niewolniczy; s.
niewolnik; v. harować

sled [sled] s. sanie; v. wozić
saniami

sleep [sli:p] s. sen; v. spać; slept
[slept]

sleep [sli:p] v. spać;
spoczywać; dawać nocleg;
s. sen; spanie; drzemka

sleepy ['sli:py] adj. śpiący

sleeve [sli:w] s. rękaw; tuleja;
łuska; nasadka; tuba; zanadrze

slender ['slender] adj. wysmukły;
szczupły; wiotki; nikły;
skromny; niewielki; słaby

slice [slajs] s. kromka; płatek;
plasterek; kawałek; łopatka
kuchenna; v. krajać na
kromki,
kawałki etc.; przecinać;
wiosłować; wyjmować
łopatką

slick [slyk] adj. gładki; tłusty; oślizgły; miły; pociągający; pierwszorzędny; adv. gładko; prościutko; s. tłusta plama (na morzu); szerokie dłuto

slid [slyd] v. zob. slide

slide [slajd] v. ślid; ślid [slajd; slyd; slyd] zsuwać (się); ślizgać (się); wyślizgnąć (się); s. ślizganie się; zsuwanie się; poślizg; zasuwka; suwak; osuwisko (ziemi); przeźrocze

slight [slajt] adj. wątły; niewielki; drobny; skromny; nieznaczny; v. lekceważyć; s. lekceważenie

slim [slym] adj. szczupły; wysmukły; słaby; (slang): chytry; v. wyszczuplać; odchudzać (się)

slimy [slajmy] adj. mulisty; zamulony; obleśny; ośligzły (slang); mający ruchy

slip [slyp] v. poślizgnąć (się); wyślizgnąć (się); ześlizgnąć (się); popełnić nietakt; zrobić błąd; przepuścić (np. okazję); wymknąć się; zerwać się; zapomnieć; spuszczać (np. ze smyczy); s. poślizg; potknięcie; pomyłka; błąd; przeniewienie się; zsuw; halka; świstek (papieru); pochylnia

slipper [slyper] s. pantofel

slippery [slypery] adj. śliski; niebezpieczny; ryzykowny; nieuczciwy; nieczysty; drażliwy; delikatny; wykrętny; chytry

slit [slyt] v. rozszczepić; rozedrzeć wzdłuż; s. szpara; szczelina; rozcięcie

slogan [slougen] s. slogan; hasło; powiedzonko (np. reklamowe)

slope [sloup] s. pochyłość; spadek; nachylenie; spadzistość; stok; skarpa; zbocze; pochylnia; v. być pochylonym; mieć nachylenie; nachylać; pochylać; wałęsać się; łazikować

slot [slot] s. szczelina; rozcięcie; trop; ślad; v. rozciąć; naciąć; wyżłobić

slovenly [slawnly] adj. niechlujny; partacki

slow [slou] adj. powolny; niegorliwy; nieskory; opieszały; leniwy; tępy; nudny; adv. wolno; powoli

slumber [slamber] v. spać lekko; drzemać; s. sen; drzemka; spokój; bezczynność

sly [slaj] adj. szczwany; chytry; filuterny

small [smo:l] adj. mały; drobny; niewielki; skromny; ciasny; nieliczny; nieznaczny; małostkowy; adv. drobno; na małą skalę; cicho; s. drobna rzecz; mała część

smart [sma:rt] adj. dotkliwy; cięty; zręczny; żwawy; dowcipny; szykowny; zgrabny; elegancki; v. piec; palić (np. w oczy); cierpieć; szczypać; parzyć; odczuwać boleśnie; pokutować

smash [smaesz] v. rozbić; rozwalić; roztrzaskać; zmiażdżyć; potłuc; palnąć; rozgromić; upadać; zbankrutować; ścinać piłkę

smear [smier] v. osmarować; zasmarować; wlepić komuś smary; s. plama; smar

smell [smel] v. wąch; woń; zapach; odór; smród; v. pachnieć; trącić; mieć zapach; śmierdzieć; mieć powonienie; obwąchiwać; czuć zapach; zwietrzeć; zwąchać; poczuć

smile [smajl] v. uśmiechać się; s. uśmiech

smog [smog] s. mgła zanieczyszczona dymem (Londyn, Los Angeles)

smoke [smouk] s. dym; palenie; papieros; v. dymić; kopcić; wykurzać; wyjawiać; wykadzać; okadzać; okopcić; uwędzić; przypalać; palić (tytoń)

smoker [smouker] s. palący; palacz

smooth [smu:s] adj. gładki; spokojny; łagodny; v. gładzić; łagodzić; adv. gładko; s. wygładzenie

smother ['smaðər] v. stłumić; stłamsić; obcałowywać; zatuszować; okrywać

smudge [smadʒ] v. poplamić; zabrudzić; s. plama; kleks; brud

smuggle ['smagl] v. przemycać

snack [snæk] s. zakąska

snail [sneil] s. ślimak

snake [sneik] s. wąż; v. wić się; wlec (za sobą); pełzać jak wąż; przybierać kształt węża

snap [snæp] v. łapać zębami; warczeć; błysnąć; urwać; złamać; chwytać; zapalić się do; przerwać szorstko; poprawić się; mieć się na baczności; zatrzasnąć (się); strzelać z bicza; pstryknąć; sfotografować; śpiesznie załatwiać; machnąć ręką lekceważąco; s. ugryzienie; warknięcie; trzask; zatrzask; dociskacz; zdjęcie; rzecz łatwa; adj. prosty; łatwy; doraźny; nagły

snare [sneər] v. usidlać; łapać w sidła; s. sidła; pułapka

snatch [snætʃ] v. złapać; wyrwać; s. złapanie; urywek; strzęp; trą

sneak [sni:k] v. chyłkiem zakradać się; przemykać się; zerkać; zwiać; s. podły tchórz

sneakers ['sni:kərs] pl. trzewiki; trampki

sneeze [sni:z] v. kichać; s. kichnięcia

sniff [snif] v. prychać; pociągać nosem; krzywić się na coś; powąchać; obwąchać; zwąchać; wyczuć; s. prychnięcie; pociągnięcie nosem

snob [snob] s. człowiek wywyższający się

snore [sno:r] v. chrapać; s.

chrapanie

snout [snaut] s. ryj; pysk; morda; wylot

snow [snou] s. śnieg; (slang): kokaina; heroina; v. ośnieżyć; śnieg pada; zasypać śniegiem; pobić na głowę; omamiać

so [sou] adv. tak; a więc; w takim razie; a zatem; też; tak samo; bardzo to; także; excl.: to tak! no, no!

soak [souk] v. moczyć (się); nasycać (się); przenikać; namoknąć; (slang): wyciągać (od kogoś) pieniądze; mocno uderzyć; s. moczenie (się); woda do moczenia; popijawa; zastaw

soap [soup] s. mydło; pochlebstwo; wazelinowanie się (komuś); v. mydlić (się); pochlebiać; adj. mydlany; mydlarski

soar [so:r] v. wznosić się; osiągać wyżyny; iść w górę (np. ceny)

sober ['soubər] adj. trzeźwy; wstrzemięźliwy; stateczny; zrównoważony; rzeczowy; poważny; spokojny; v. trzeźwieć; wytrzeźwieć; wytrzeźwiać; otrzeźwieć; opanować się

soccer ['sokər] s. piłka nożna

sociable ['souʃəbl] adj. towarzyski; przyjacielski; gromadny; stadny

social ['souʃəl] adj. społeczny; socjalny; s. zebranie towarzyskie

socialism ['souʃəlyzəm] s. socjalizm

society [sə'sajəty] s. towarzystwo; społeczeństwo; społeczność; spółka (np. akcyjna)

sock [sok] s. skarpetka; cios; szturchaniec; v. cisnąć w kogoś; uderzyć; walnąć; adv. prosto (np. w nos)

sofa ['soufə] s. kanapa; sofa

soft [soft] adj. miękki; delikatny;

przyciszony; łagodny; słaby;
głupi; wygodny
soft drink ['soft,drynk] s. napój
bezalkoholowy
soil [sojl] s. gleba; rola; ziemia;
brud; plama; v. zabrudzić;
powalać; poplamić;
wysmarować
soldier ['souldżer] s. żołnierz
najemni; adj. żołnierski; v.
służyć w wojsku
sole [soul] s. podeszwa;
podwalina; zelówka; stopa;
spodek; sola; adj. jedyny;
wyłączny
solemn ['solem] adj. solenny;
uroczysty; poważny
solid ['solyd] adj. stały;
masywny; lity; trwały; mocny;
rzetelny; solidny; s. ciało stałe;
bryła
solitary ['solytery] adj. samotny;
odosobniony; odludny;
pojedynczy; wyjątkowy; s.
pustelnik; odludek; samotnik
solitude ['solytju:d] s.
samotność; osamotnienie;
odludne miejsce
solo ['soulou] adv. w pojedynkę;
adj. jednoosobowy; s. solo
solve [solw] v. rozwiązywać
(np. problemy)
some [sam] adj. jakiś; pewien;
niejaki; nieco; trochę; kilku;
kilka; kilkoro; niektórzy;
niektóre; sporo; niemało; nie
byle jaki adv. niemało; mniej
więcej; jakieś; pron.
niektórzy; niektóre; kilku; kilka
somebody ['sambedy] pron.
ktoś; s. ktoś ważny
someday ['samdej] adv. kiedyś
somehow ['samhał] adv. jakoś;
w jakiś sposób
someone ['samłan] pron. ktoś;
s. ktoś
something ['samsyng] s. coś;
coś niecoś; ważna osoba;
adv. trochę; nieco; (slang) co
się zowie
sometimes ['samtajmz] adv.
niekiedy; czasem; czasami
somewhere ['samhłe:r] adv.

gdzieś
son [san] s. syn
song [song] s. pieśń; śpiew
son-in-law ['san,ynlo:] s. zięć
soon [su:n] adv. wnet;
niebawem; wkrótce; zaraz;
niedługo
soothing ['su:zyng] adj. kojący;
uspokajający; uśmierzający
sophisticated [se'fystykejtyd]
adj. wyszukany;
wyrafinowany; wymyślny;
doświadczony
sore [so:r] adj. bolesny;
drażliwy; wrażliwy; dotkliwy;
dotknięty; złoszczący się;
zmartwiony; adv. srodze;
bardzo; okrutnie
sorrow ['sorou] s. zmartwienie;
żal; smutek; narzekanie; v.
martwić się; boleć za ...
sorry ['so:ry] adj. żałujący;
zmartwiony; przygnębiony;
nędzny; marny
sort [so:rt] s. rodzaj; gatunek;
sorta; v. sortować
soul [soul] s.dusza
sound [saund] s. dźwięk; ton;
szmer; cieśnina wodna;
pęcherz pławny; sonda; v.
dźwięczeć; brzmieć; grać
(na trąbce); bić na alarm;
głosić; opukiwać;
wymawiać; zabierać głos;
chwalić się; sondować;
zanurzać się do dna
soup [su:p] s. zupa
sour [sauer] adj. kwaśny;
skwaszony; cierpki; v.
kisnąć; kwasić się;
zniechęcać się
source [so:rs] s. źródło
south [saus] adj. południowy; s.
południe; adv. na południe
sovereignty ['sawrenty] s.
suwerenność;
zwierzchnictwo; najwyższa
władza
sow; sowed; sown [sou; soud;
soun]
sow [sou] v. siać; zasiewać;
posiać
space [spejs] s. przestrzeń;

miejsce; obszar; odstęp;
okres; przeciąg (czasu);
chwila; v. robić odstępy;
rozstawiać

spacious ['spejszəs] adj.
przestronny; obszerny

spade [spejd] s. łopata; v.
kopać łopatą

spare [speer] v. oszczędzać;
zaoszczędzić; odstąpować;
obywać się; zachować;
przeznaczać; szanować
(uczucia); szczędzić; adj.
zapasowy; oszczędny;
skromny; drobny; szczupły;
wolny (np. czas); s. część
zapasowa; koło zapasowe

spark [spa:rk] s. iskra; zapłon;
wesołek; zalotnik; v. iskrzyć
się; sypać iskrami; zapalać
się; dawać początek;
zalecać się; grać galanta

sparrow ['spaerou] s. wróbel

spasm ['spaezem] s. skurcz;
spazm; napad (kaszlu)

speak [spi:k] v. mówić;
przemawiać; szczekać na
rozkaz; grać; sygnalizować
do ataku

speaker ['spi:ker] s. mówca;
głośnik; marszałek sejmu;
przewodniczący

special ['speszel] adj. specjalny;
wyjątkowy; osobliwy;
dodatkowy; nadzwyczajny; s.
dodatkowy autobus;
nadzwyczajne wydanie;
reklamowa dzienna zniżka
ceny w sklepie

specialist ['speszelyst] s.
specjalista; specjalistka

specialize ['speszelajz] v.
wyspecjalizować (się); wyszczególniać; ograniczać;
precyzować; różniczkować
(się); ograniczać (się)

specialty ['speszy'aelyty] s. 1.
specjalność; specjalna cecha

species ['speszi:z] s. 2.
fach; specjalizacja; umowa

specific [spy'syfyk] adj.

(ściśle) określony; wyraźny; gatunkowy; właściwy;
charakterystyczny; swoisty;
specyficzny; szczególny

specimen ['spesymyn] s. okaz;
przykład; wzór; typ; próba;
numer okazowy

spectacles ['spektəklz] pl.
okulary

spectator ['spektejter] s. widz

speech [spi:cz] s. mowa;
przemówienie; język;
wymowa; przemowa

speed; sped; sped [spi:d; sped;
sped]

speed [spi:d] v. pośpieszyć;
popędzić; pędzić; odprawić;
kierować śpiesznie;
popierać (np. sprawę); s.
szybkość; prędkość; bieg

spell [spel] v. przeliterować
(poprawnie); napisać
ortograficznie; znaczyć;
mozolnie odczytywać;
sylabizować; zaczarować;
urzec; dać (wytchnienie);
odpoczywać; zaczarować;
pracować na zmiany; s.
chwila pracy; chwila; okres;
pewien czas; zaklęcie; czar

spend; spent; spent [spend;
spent; spent]

spend [spend] v. wydawać (np.
pieniądze); spędzać (czas);
zużywać (się);
wyczerpywać; tracić (np.
siły); składać ikrę

sphere [sfier] s. kula; globus;
ciało niebieskie; sfera (np.
działalności)

spice [spajs] s. wonne korzenie;
pikanteria; v. przyprawiać
korzeniami; dodawać
pikanterii

spicy ['spajsy] adj. korzenny;
zaprawiony korzeniami;
aromatyczny; pikantny; nieco
nieprzyzwoity; elegancki;
żywy; ostry

spider [spajder] s. pająk

spill; spilled; spilt [spyl; spyld;
spylt]

spill [spyl] v. rozlewać (się);

rozsypywać (się); uchylać żagiel z wiatru; wyśpiewać; wygadać (się); powiedzieć wszystko; popsuć sprawę; s. rozlanie; rozsypanie; ilość rozlana, ilość rozsypana; odłamek; zatyczka; upadek; fidybus do zapalania świec

spin [spyn] s. [spyn; span; span]

spin [spyn] v. snuć; prząść; kręcić (się); puszczać bąka; toczyć na tokarni; łowić ryby na błyszczkę; zawirować; s. kręcenie (się); zawirowanie; ruch wirowy; przejażdżka; korkociąg (w locie)

spinach ['spynycz] s. szpinak

spine [spajn] s. kręgosłup; grzbiet; cierń

spirit ['spyryt] s. duch; intelekt; umysł; zjawa; odwaga; nastawienie; nastrój; v. zachęcać; ożywiać; rozweselać; zabierać (potajemnie)

spiritual ['spyryczuel] adj. duchowy; duchowny; natchniony; s. murzyńska pieśń religijna

spit [spyt] v. pluć; zionąć; splunąć; wypluć; lekceważyć; fuknąć; parskać; mżyć; kropić; pryskać; nadziewać na rożen; s. plucie; ślina; parskanie; mżenie; jaja owadów; rożen; języczkowaty półwysep; głębokość łopaty

spiteful ['spajtful] adj. złośliwy; mściwy

splash [splaesz] v. chlapać; pryskać; plusnąć; rozpryskać; upstrzyć; s. rozprysk; plusk; zakropienie; plamka; sensacja

splendid ['splendyd] adj. wspaniały; świetny; doskonały

splinter ['splynter] s. drzazga; odłamek

split; split; split [splyt; splyt; splyt]

split [splyt] v. łupać; pękać; rozszczepiać (się); dzielić; oddzielać (się); odchodzić; s. pęknięcie; rozszczepienie; rozdwojenie; odejście

spoil; spoilt; spoiled [spojl; spojlt; spojld]

spoil [spojl] v. psuć (się); zepsuć (się); (slang): kraść; sprzątnąć; przetrącić

sponge [spandż] s. gąbka; wycior; tampon; pieczeniarz; pasożyt; v. myć gąbką; chłonąć; łowić gąbki; wyłudzać; wsysać; pasożytować

sponsor ['sponser] s. patron; organizator; gwarant; ojciec chrzestny; v. wprowadzać; być gwarantem; popierać; opłacać (np. program telewizyjny)

spontaneous [spon'tejnes] adj. spontaniczny; samorzutny; naturalny; odruchowy

spool [spu:l] s. cewka; rolka; szpulka; v. nawijać (na rolkę etc.)

spoon [spu:n] s. łyżka; v. czerpać (łyżką); durzyć się w kimś

sporadic [spe'raedyk] adj. sporadyczny; rzadki; rzadko zdarzający się

sport [spo:rt] s. sport; zawody; zabawa; rozrywka; sportowiec; (slang): człowiek dobry, elegancki, lubiący zakładać się; v. bawić się; uprawiać sport; obnosić się z czymś; popisywać się; wyśmiewać się

spot [spot] s. plama; skaza; kropka; cętka; plamka; miejsce; lokal; odrobina; punkt; duch; krótkie ogłoszenie; v. plamić (się); umiejscowić (np. zepsucie); poznawać; wyróżniać; rozmieszczać; adj. gotowy; gotówkowy; doryczy

spouse [spauz] s. małżonek; małżonka

spout [spaut] s. wylot; rynna; wylew; dziobek; strumień; pochyłe koryto; v. wyrzucać z siebie płyn; tryskać; chlusnąć; recytować

sprain [sprejn] s. bolesne wykręcenie (nie zwichnięcie); v. wykręcić

spray [sprej] s. rozpylony płyn; krople z rozpylacza; płyn do rozpryskiwania; spryskiwacz; grad (kul); gałązka; v. opryskiwać; rozpryskiwać (się)

spread [spred] v. rozpościerać (się); rozszerzać (się); posiać; rozsmarowywać; rozkładać; pokrywać; nakrywać; naklepywać; s. rozpostarcie; rozpiętość; zasięg; szerokość; pasta; narzuta; (slang); smarowidło na chleb

spring [sprung]; *sprang*; *sprung* [sprung]; *spraeng*; *sprąg*]

spring [sprung] v. skakać; sprężynować; wypłynąć; puścić pędy (pąki); zaskoczyć; spowodować wybuch; paczyć się; puszczać oczko; pękać; s. wiosna; skok; sprężyna; źródło; zdrój; prężność; adj. wiosenny; sprężynowy; źródlany

sprinkle [sprynkl] v. posypać; pokropić; s. deszczyk

sprint [sprynt] s. krótki bieg; krótki zrywny wysiłek; v. biec na krótki dystans

spruce [spru:s] s. świerk; smrek; adj. elegancki; schludny; v. stroić się

spy [spaj] s. szpieg; tajniak; szpiegowanie; v. szpiegować; wybadać; czatować; wypatrzyć

squander [skłonder] s. marnotrawstwo; v. trwonić; marnotrawić

square [skłeer] s. kwadrat;

czworobok (budynków); plac; kątownik; węgielnica; adj. kwadratowy; prostokątny; prostopadły; uporządkowany; zupełny; uczciwy; v. robić kwadratowym, prostym; podnosić do kwadratu; płacić (dług); adj. w sedno; rzetelny; wprost

squeak [skli:k] v. piszczeć; skrzypieć; mówić piskliwie; (slang); zdradzać (sekrety); sypać; przepchać się z trudnością; s. pisk; trudne osiągnięcie czegoś

squeal [skli:l] v. piszczeć; kwiczeć; (slang); awanturować się; sypać; wydawać (kogoś); s. pisk; kwik; sypanie (kogoś, czegoś)

squeeze [skli:z] v. ściskać; wyciskać; wygniatać; wciskać; odciskać; ścieśnić; s. ucisk; nacisk; odcisk; tłok; ściśnięcie

squirrel [skłe:rel] s. wiewiórka

squirt [skłe:rt] v. strzykać; tryskać; s. strzykawka; struga; pętak

stab [staeb] v. dźgnąć; pchnąć; ugodzić; ranić; s. pchnięcie; dźgnięcie; rana kłuta

stability [ste'bylyty] s. stałość; stateczność; stabilność; równowaga

stable [stejbl] s. stajnia; stadnina; v. trzymać konie w stajni; adj. stały; stanowczy; trwały

stack [staek] s. stóg; stos; sterta; komin; kupa; v. układać w stogi; ustawiać w kozły; układać podstępnie przeciwko komuś

stadium [stejdjem] s. stadion; faza; stadium (czegoś)

staff [staef] s. laska; drzewce; sztab; personel; adj. sztabowy; v. obsadzić personelem

stage [stejdż] s. scena; stadium;

etap; rusztowanie; pomost;
postój; tv. wystawiać;
odegrać (sztukę); urządzać;
inscenizować; adj. teatralny;
sceniczny

stagnant ['stægnent] adj.
zastały; stojący; będący w
zastoju

stain [stejn] v. plamić (się);
brudzić; szargać; barwić;
kolorować; farbować;
drukować tapety; s. plama;
barwnik; bejca do drewna

stair [steer] s. stopień; pl.
schody

staircase ['steer,kejs] s. klatka
schodowa

stake [stejk] s. słup; słupek;
kołek; palik; stawka;
kowadełko blacharskie; v.
przywiedzać kołkami;
wytyczać; przywiązywać do
słupa; stawiać na coś

stale [stejl] adj. stęchły;
nieświeży; zwietrzały;
czerstwy; przestarzały; v.
czuć nieświeżym

stall [sto:l] v. działać
opóźniająco; zwlekać;
przewlekać; kręcić;
zwodzić; przetrzymywać;
dławić motor; utykać;
grzęznąć; trzymać bydło w
oborze; zaopatrywać w
przegrody; s. stajnia; obora;
stragan; kiosk; przegroda;
komora (w kopalni); (slang);
trik; kruczek

stand [stænd] v. stać; stanąć;
stud; stud]

stand [stænd] v. stać; stanąć;
wytrzymać; znosić;
przetrzymać; zostać;
utrzymywać się; stawiać
opór; znajdować się; być;
postawić; (slang); płacić; s.
stanie; stanowisko; stojak;
trybuna; postój; łan; ława dla
świadków; unieruchomienie;
umywalka

standard ['stænderd] s.
sztandar; norma; miernik;
wzorzec; wskaźnik; stopa

(życiowa); próba; słup;
podpórka; adj.
znormalizowany; normalny;
typowy; przeciętny;
wzorcowy; klasyczny; literacki
(język)

star [sta:r] s. gwiazda; gwiazdor;
gwiazdka; v. ozdabiać
gwiazdkami; być gwiazdorem;
adj. gwiezdny; występujący w
głównej roli

starch [sta:rcz] s. skrobia;
sztywność; krochmal; v.
nakrochmalić; (slang); siła

stare [steer] v. patrzeć; gapić
się; wpatrywać się; zwracać
uwagę; s. nieruchomy wzrok;
wytrzeszczone oczy;
zagubione spojrzenie

start [sta:rt] v. zacząć; ruszyć;
startować; zerwać się;
podskoczyć; wyruszyć;
zabierać się; uruchamiać;
obsuwać; rozpoczynać;
wszczynać; s. początek;
start; wymarsz; poderwanie
się; obsunięcie się;
zdobywanie przewagi

starve [sta:rw] v. głodować;
zagłodzić; przymierać z
głodu; zimna; łaknąć;
zmuszać (głodem, brakiem)

state [stejt] s. państwo; stan;
zajęcie; parada; pompa;
ceremoniał; stan rzeczy; adj.
państwowy; stanowy;
uroczysty; paradny; formalny;
v. stwierdzać; wyrażać (też
symbolami); określać

statement ['stejtment] s.
wyrażenie; twierdzenie;
sprawozdanie; wyciąg;
oświadczenie; deklaracja;
zeznanie

station ['stejszyn] s. stacja;
stanowisko; stan; pozycja
życiowa; godność; punkt;
stacja telewizyjna, radiowa
etc.

stationary ['stejszneryi] adj.
niezmienny; stały; nieruchomy;
pozycyjny

stationery ['stejszn,eryi] s. pl.

materiały piśmienne; papier listowy

statue ['staetʃu:] s. posąg

stay [stej] s. pobyt; zwłoka; odroczenie; opóźnienie; zawieszenie; podpora; wanta; zatrzymanie; przerwa; wytrzymałość; v. zostać; przebywać; wytrzymać; odraczać; kłaść kres; zaspokajać (głód)

steady ['stedy] adj. mocny; silny; pewny; stały; rzetelny; równy; stateczny; excl.: powoli! prosto naprzód stój!; v. dawać równowagę; odzyskiwać równowagę; s. podpora; (slang): ukochany

steak [stejk] s. stek; befsztyk; płat (np. mięsa)

steal; stole; stolen [sti:l; stoul; stoulen]

steal [sti:l] v. kraść; wykraść; wejść ukradkiem; zakradać się; skradać się; s. kradzież; rzecz ukradziona; rzecz kupiona prawie, że za darmo; darmocha (slang)

steam [sti:m] s. para; v. parować; dymić; płynąć pod parą; gotować w parze; umieszczać pod parą

steamer ['sti:mer] s. parowiec

steel [sti:l] s. stal; pręt stalowy; adj. stalowy; ze stali; v. pokrywać stalą; hartować

steep [sti:p] v. moczyć się; rozmiękczać; impregnować; pogrążyć się; rozpijać się; adj. stromy; nieprawdopodobny; wygórowany; przesadny

steer [stier] v. sterować; kierować; prowadzić; s. wskazówka; młody wół na mięso

steering wheel ['stieryng,hłi:l] s. kierownica; koło sterowe

stem [stem] s. pień; łodyga; szypułka; trzon; trzonek; nóżka; v. pochodzić; tamować; powstrzymywać; iść pod prąd; zwalczać

step [step] s. krok; stopień; takt; szczebel; schodek; v. stąpać; kroczyć; iść; tańczyć; podnosić; wzmagać; przyciskać nogą; mierzyć (krokami)

stepfather ['step,fa:dzer] s. ojczym

stepmother ['step,madzer] s. macocha

sterile ['sterajl] adj. wyjałowiony; jałowy; sterylny; bezpłodny

stew [stu:] v. gotować; dusić (się); martwić się; wkuwać się; s. potrawa duszona; kłopot; staw na ryby

stick; stuck; stuck [styk; stak; stak]

stick [styk] v. wtykać; przekłuwać; kłuć; wbijać; zarzynać; przyklejać; naklejać; utkwić; utknąć; ugrzęznąć; przyczepiać (się); trzymać się (tematu); oszukiwać; s. pałka; patyk; laska; kij; tyczka; żerdź

sticky ['styky] adj. lepki; kleisty; grząski; parny; (slang): marny; nieprzyjemny

stiff [styf] adj. sztywny; twardy; kategoryczny; zdrętwiały; "słony"; wygórowany; trudny; ciężki; silny; s. (slang): trup; umrzyk; niedojda; włóczęga; facet; pedant

still [styl] adj. spokojny; cichy; nieruchomy; martwy (przedmiot); milczący; adv. jeszcze; jednak; wciąż; dotąd; niemniej; mimo to; v. uspokoić (się); uciszyć destylować; s. destylarnia (też wódki)

stimulate ['stymjulejt] v. pobudzać; zachęcać

sting [styng] v. kłuć; parzyć; kąsać; szczypać; palić; rwać; gryźć; s. żądło; ukłucie; poparzenie; piekący ból; uszczypliwość; zjadliwość

stingy ['styndży] adj. skąpy

stink; stank; stunk [stynk;

staenk; stank]
stink [stynk] v. cuchnąć;
śmierdzieć; zasmradzać;
wyganiać smrodem; (slang):
poczuć smród; s. smród
stir [ste:r] v. ruszać; poruszać;
grzebać; mieszać; wzniecać;
podniecać; s. poruszenie;
podniecenie; ruch; (slang):
więzienie
stitch [stycz] s. szew; ścieg;
oczko; klucie; v. szyć;
zaszyć; zeszywać
stock [stok] s. zapas; zasób;
bydło; pień; trzon; kłoda;
łożysko; ród; rasa; surowiec;
kapitał udziałowy; akcje
giełdowe; obligacje; wywar; v.
zaopatrywać;
zagospodarować; zarybiać;
mieć na składzie; adj.
typowy; seryjny; w stałym
zapasie; repertuarowy
stocking ['stokyng] s.
pończocha
stomach ['stamek] s. żołądek;
brzuch; apetyt; ochota; v.
jeść; przełykać (obelgę);
znosić
stone [stoun] s. kamień; głaz;
skała; pestka; adj. kamienny;
v. ukamienować; obkładać
(mur) kamieniem; wyjmować
pestki; upijać (się) na umór
stool [stu:l] s. stołek; sedes;
taboret; stolec; klęcznik;
podnóżek; pniak puszczający
pędy; wabik; v. puszczać
pędy
stop [stop] v. zatrzymywać;
powstrzymywać;
wstrzymywać; zatykać;
zaplombować; zagrodzić;
zablokować; zamknąć;
zaprzestawać; nie dopuścić;
stanąć; przestać; exp.:
przestań stój! dosyć tego!
s. zatrzymanie się; stop;
postój; przystanek; zatkanie;
zator; zatyczka; zderzak;
ogranicznik
store [sto:r] s. zapas; sklep;
skład; mnóstwo; składnica; v.

magazynować; mieścić w
sobie; zaopatrywać;
wyposażać
storm [sto:rm] s. burza; wichura;
sztorm; zawierucha; szturm; v.
szaleć (burza etc.); wpaść
do pokoju; wypaść z pokoju
(jak burza); rzucać gromy;
szturmować; brać szturmem
story ['sto:ry] s. opowiadanie;
opowieść; powiastka;
historia; bajka; anegdota;
gawęda; zmyślanie; nowela;
piętro
stove [stouw] s. piec (też
kuchenny); cieplarnia; v. zob.
stave; hodować w cieplarni
straight [strejt] adj. prosty;
bezpośredni; ceiny; szczery;
otwarty; rzetelny; zwykły; s.
prosta linia; prosty odcinek
(toru); adv. prosto; wprost; na
przełaj; po prostu; pod rząd;
należycie; nieprzerwanie;
ciągiem
strain [strejn] v. prężyć;
naprężać; naciągać;
wytężać; odkształcać;
nadużywać; nadwerężać;
przeciążać; robić gwałtowne
wysiłki; cedzić; przecedzać;
s. naprężenie; napięcie;
obciążenie; przemęczenie;
zwichnięcie; nadwerężenie;
wysiłek; odkształcenie; rasa;
odmiana; rys
strand [straend] s. skręt; zwitek;
pasmo; nitka; warkocz; sznur;
rys; kosmyk; brzeg; plaża; v.
splatać; osedzać na
mieliźnie; osiąść na
mieliźnie
strange [strejndż] adj. obcy;
dziwny; niezwykły; nieznany;
niewprawny
stranger ['strejndżer] s. obcy;
nieznajomy; człowiek
nieobeznany; exp. panie tego!
strangle ['straengl] v. dusić;
trzymać za gardło; zadusić
strap [straep] s. rzemień; pasek;
rzemyk; taśma; uchwyt;
rączka; chłosta; bicie; v. na

pasku umocowywać;
ostrzyć; bić paskiem;
zalepiać plastrem
strategy ['strætɪdʒɪ] s.
strategia; taktyka
straw [strɔː] s. słoma
strawberry ['strɔːbərɪ] s.
truskawka
stray [streɪ] v. zabłądzić;
zabłąkać się; schodzić na
manowce; s. zbłąkane
zwierzę; dziecko bez opieki;
adj. zabłąkany
streak [striːk] s. smuga; pasek;
pasmo; prążek; rys;
pierwiastek; passa; v.
rysować paski, prążki;
błyskawicznie poruszać się;
wpadać nagle dokądś
stream [striːm] s. strumień;
potok; rzeka; struga; prąd; v.
płynąć (strumieniami);
ociekać; tryskać; powiewać
street [striːt] s. ulica
strength [streŋkθ] s. moc; siła;
stężenie; natężenie; ilość;
skład (ludzi)
stress [stres] s. nacisk; akcent;
napór; wysiłek; v. kłaść
nacisk; podkreślać; naciskać
stretch [stretʃ] v. naciągać
(się); naprężać; napinać;
nadużywać; przeciągać;
rozciągać (się); ciągnąć się;
sięgać; powiesić (kogoś); s.
napięcie; rozciąganie;
przeciąganie się; nadużycie;
połać; okres służby; przeciąg
czasu; prosty odcinek toru;
(slang) pobyt w więzieniu
stretcher ['stretʃə] s. nosze
strike [straɪk]; **struck** [strʌk]; **stricken** [strɪkn]; **strike** [straɪk]; **strikn** [strɪkn]
strike [straɪk] v. uderzać; bić
(monetę); walić; kuć;
wykrzesać; zapalić (zapałkę);
natrafić; zastrajkować;
porzucić robotę; chwytać
(przynętę); s. strajk;
strychulec; wybicie monety;
natrafienie (żyły, np.
złotodajnej); chwycenie
przynęty; nieudane uderzenie

palantem; zwalenie wszystkich
kręgli naraz
string [strɪŋ] v. zawiązać;
przywiązać; zaopatrzyć w
struny; stroić; napinać;
podniecać; powiesić kogoś;
ciągnąć się (klej);
obwieszać; s. sznurek;
szpagat; powróz;
sznurowadło; tasiemka;
cięciwa; struna; żyła; włókno;
rząd; stek (głupstw)
strip [strɪp] v. obdzierać;
ogłacać; obnażać;
zdzierać; rozbierać (się);
wydobyć do końca; ścierać
(gwint); ciąć na paski; s.
pasek; skrawek; seria
komiksów
striped ['straɪpt] adj. pasiasty; w
pasy
strive [straɪv]; **strove** [strəʊv]; **striven** ['strɪvn]
strive [straɪv] v. starać się;
usiłować; dążyć; borykać się;
zwalczać
stroke [strəʊk] s. uderzenie;
cios; cięcie; raz; porażenie;
ciąg; pociągnięcie (pióra); rys;
kreska; ruch (wiosła); wysiłek;
suw; skok (tłoka); takt;
głaskanie; v. znaczyć;
przekreślać; nadawać
tempo; głaskać; ugłaskać
stroll [strəʊl] v. przechadzać
się; spacerować; wędrować;
s. przechadzka
strong [strɒŋ] adj. mocny; silny;
będący w liczbie ...;
mocarstwowy; potężny;
trwały; solidny; wyskokowy;
przekonywający; ordynarny
structure ['strʌktʃə] s. budowa;
struktura; budowla; wiązanie;
splot; v. nadawać kształt
struggle ['strʌgl] v. szarpać się;
szamotać się; walczyć;
usiłować; s. walka; borykanie
stubborn ['stʌbən] adj. uparty
student ['stjuːdənt] s. student;
badający coś; znawca
czegoś
studious ['stjuːdjəs] adj. pilny;
staranny; dbały; wyszukany
study ['stʌdɪ] s. pracownia;
gabinet; nauka; przedmiot

nauki, starań, troski, zadumy,
marzenia; v. badać; studiować; dociekać; uczyć się;
pilnie się przypatrywać

stuff [stʌf] v. napychać;
opychać (się); tuczyć (się);
faszerować; wpychać;
wkuwać; s. materia; materiał;
glina; rzecz; rupiecie (brednie)

stumble ['stʌmbl] v. potykać
(się); utykać; natknąć się;
zawahać (kogoś); mieć
skrupuły; czuć się dotkniętym;
s. potknięcie się

stun [stʌn] v. ogłuszać;
oszołomić; s. oszołomienie
(uderzenie hukiem)

stupid ['stju:pɪd] adj. głupi;
odurzony; nudny; s. głupiec

stupidity ['stju:pɪdɪtɪ] s. głupota;
głupstwo

sturdy [ste:rdɪ] adj. krzepki;
dzielny; solidny; s. motylica

style [staɪl] s. styl; maniera;
sposób; fason; wzór; kształt;
rylec; szyjka; tytuł; nazwa;
format; wskazówka; v.
formować stylowo; określać
mianem

subdue [seb'du:] s. ujarzmiać;
poskramiać; przyciszać;
tłumić; łagodzić; podbijać

subject ['sʌbdʒɪkt] s. podmiot;
przedmiot; temat; treść;
tworzywo; [seb'dʒekt] motyw;
poddany; osobnik; v.
podporządkować; ujarzmić;
podbić; narazić; poddać
czemuś; adj. poddany; uległy;
podległy; narażony; podatny;
podlegający; ujarzmiony; adv.
pod warunkiem; z
zastrzeżeniem; z
uwzględnieniem czegoś

submarine [sʌbmə'ri:n] s. łódź
podwodna

submit [seb'mɪt] v. poddawać
(się); przedkładać

subscribe [seb'skraɪb] b.
zaprenumerować;
podpisywać (np. obraz);
pisać się na coś; dawać na
cel

subsidiary [seb'sʏdjerɪ] adj.
pomocniczy; subsydiowany
(zależny); s. pomocnik

subsidize [ˈsʌbsʏdaɪz] v.
zasiłkować; zasilać;
opłacać; przekupywać

substance ['sʌbstens] s. istota;
treść; sens; sedno;
substancja; znaczenie;
rzeczywistość; majątek

substantial [sʌb'staenʃel] adj.
materialny; rzeczywisty;
solidny; zasadniczy; ważny;
bogaty; wpływowy;
konkretny; treściwy

substitute ['sʌbstɪtut] s.
namiastka; zastępca

subtle ['sʌtl] adj. subtelny;
delikatny; cienki; rzadki;
chytry; bystry

subtract [sʌb'traekt] v.
odejmować

suburb ['sʌbe:rb] s.
przedmieście

subway ['sʌbleɪ] s. kolejka
podziemna

succeed [sek'si:d] v. mieć
powodzenie; udawać się;
następować po kimś

success [sek'ses] s. powodzenie;
sukces; rzecz udana; człowiek
mający sukces

successful [sek'sesful] adj.
udały; mający powodzenie

such [sʌcz] adj. taki; tego
rodzaju; pron. taki; tym
podobny

suck [sʌk] v. ssać; korzystać;
wyzyskiwać; wchłaniać;
wciągać; (slang): nabierać;
dać się nabrać; podlizywać
się komuś; s. ssanie;
wciąganie; (slang): łyk

sudden ['sʌdn] adj. nagły

suddenly ['sʌdnlɪ] adv. nagle;
raptownie; nieoczekiwanie

sue [su:] v. skarżyć;
zaskarżać; pozywać;
upraszać; ubiegać się

suffer ['sʌfer] v. cierpieć;
ucierpieć; ścierpieć; doznać
(czegoś); zostać straconym

sufficient [se'fʏszent] adj.

dostateczny; wystarczający
suffocate ['safokejt] v. udusić;
zadusić
sugar ['szuger] s. cukier; słodkie
dziecko; (slang): forsa; v.
słodzić
suggest [se'dżest] v.
sugerować; proponować;
nasuwać; podsuwać;
poddawać (myśl)
suggestion [se'dżesczyn] s.
sugestia; wskazówka; myśl;
poddawanie; podsuwanie;
ślad czegoś
suicide [,su:y'sajd] s.
samobójstwo; samobójca; v.
popełnić samobójstwo
suit [su:t] v. dostosować;
odpowiadać; służyć;
wybrać; być odpowiednim;
zadowalać; pasować; s.
garnitur; ubranie; komplet;
skarga; proces; prośba;
zaloty; staranie się; zestaw
suitable ['su:tebl] adj. właściwy;
stosowny; odpowiedni
suitcase ['su:tkejs] s. walizka
sum [sam] s. suma; w sumie;
rachunek; v. dodawać;
zbierać; podsumowywać
summary ['samery] s.
streszczenie; skrót; adj.
pobieżny; doraźny; krótki
summer ['samer] s. lato; v.
spędzać lato
summer resort ['samer ry'so:rt]
s. letnisko
summer school ['samer,sku:l] s.
szkoła w lecie, w czasie
wakacji
summon ['samen] v. wzywać
(oficjalnie); zdobywać się (na
odwagę)
sun [san] s. słońce; v.
nasłonecznić (się)
Sunday ['sandy] s. niedziela
sunny ['sany] adj. słoneczny
sunrise ['san-rajz] s. wschód
słońca
sunset ['sanset] s. zachód
słońca
sunshine ['sanszajn] s. blask
słońca; pogoda; wesołość

superb [se'pe:rb] adj. wspaniały
superficial [,su:per'fyszell] adj.
powierzchowny;
powierzchniowy
superior [su:'pierjer] adj. wyższy;
nieprzeciętny; pierwszorzędny;
przewyższający; lepszy;
nadęty; wyniosły; s.
zwierzchnik; przełożony;
starszy rangą
superstition [su:per'styszyn] s.
zabobon; przesądy
supervise ['su:perwajz] v.
nadzorować; doglądać
supper ['saper] s. wieczerza;
kolacja
supple ['sapl] adj. giętki; gibki;
v. stawać się gibkim
supply [se'plaj] s. zapas;
aprowizacja; zaopatrzenie;
dostarczenie; dostawy;
kredyty; podaż; dopływ;
zasilanie; v. dostarczać;
zaopatrywać; zaradzić;
zastępować
support [se'po:rt] s. utrzymanie;
podtrzymanie; podpora;
poparcie; pomoc; wspornik;
dźwigar; rama; łożysko;
podłoże; ostoja; v.
podtrzymywać; utrzymywać;
podpierać; popierać;
wytrzymywać; znosić;
tolerować
suppose [se'pouz] v.
przypuszczać; zakładać;
sądzić
suppress [se'pres] v. tłumić;
zgniatać; znosić;
zatrzymywać (krwawienie);
usuwać; taić
supreme [se'pri:m] adj.
najwyższy; doskonały;
ostateczny
sure [szuer] adj. pewny;
niezawodny; niemylny;
bezpieczny; exp.: na pewno!;
zgadza się; adv. z
pewnością; pewnie; na
pewno; niezawodnie;
niechybnie
surf [se:rf] s. (łamiące się) fale
przybrzeżne

surface ['sə:rfys] s.
powierzchnia; v. wypływać
na powierzchnię; wykańczać
powierzchnię

surgery ['sə:rdżery] s. chirurgia;
operacja; sala operacyjna

surname ['sə:rnejm] s. nazwisko;
przydomek; [sə:r'nejm] v.
przezywać; nadawać
przydomek

surpass [sər'paes] v.
przewyższać; przechodzić
(oczekiwania)

surplus ['sə:rplas] s. nadwyżka;
nadmiar; superata; nadwyżka
produkcyjna; wartość
dodatkowa; adj. stanowiący
nadwyżkę; nadwyżkowy;
zbywający

surprise [sər'prajz] s.
niespodzianka; zaskoczenie;
zdziwienie; v. zaskoczyć;
zdziwić; zmuszać; złapać na
gorącym uczynku; adj.
nieoczekiwany;
niespodziewany

surrender [sə'rendər] s. poddanie
się; wyrzeczenie się; v.
poddawać się; oddawać się;
wyrzekać się czegoś

surround [sə'raund] v. otaczać;
okrążać

surroundings [sə'raundyngs] pl.
otoczenie

survive [sər'wajw] v. przeżyć;
dalej żyć

suspect [sə'spekt] v.
podejrzewać kogoś; s. adj.
['saspekt] podejrzany

suspense [səs'pens] s.
niepewność; zawieszenie;
nierozstrzygnięcie

suspicion [səs'pyszyn] s.
podejrzenie; v. podejrzewać

suspicious [səs'pyszəs] adj.
podejrzany; nieufny

sustain [sə's'tejn] v.
podtrzymywać; dźwigać;
cierpieć; doznawać;
ponosić; potwierdzać;
utrzymywać; uznawać
(słuszność)

swallow ['słolou] v. połykać (np.

zniewagę); przełykać; dać
się nabrać; odwołać (słowa);
s. przełykanie; łyk; kęs;
przełyk; jaskółka

swamp ['słomp] s. bagno; v.
zalewać; pochłaniać;
przysłaniać; grzęznąć

swampy ['słompy] adj. bagnisty;
błotnisty

swan [słon] s. łabędź

swap [słop] v. zamieniać (się);
wymieniać (się); s. zamiana;
wymiana

swarm [sło:rm] s. mrowie;
mnóstwo; rój; v. roić (się);
wyroić; obfitować (w coś);
wspinać się; wdrapywać się

swarthy ['sło:rθy] adj. śniady;
smagły

swathe [słejż] v. spowijać; s.
zawinięcie; bandaż

sway [słej] v. kołysać (się);
chwiać (się); zachwiać (się);
rządzić czymś; władać; s.
chwianie się; władza

swear [słeər] v. przysięgać;
poprzysiąc

sweat [słet] s. poty; pot;
harówka; v. pocić się;
pracować ciężko; (slang):
harować; szwejsować;
fermentować

sweep [słi:p] v. zamiatać;
wymiatać; zmiatać;
oczyszczać; wygrywać (np.
wszystkie medale); porywać
(słuchaczy); przewalić się
przez coś (burza, wichura,
powódź); ogarniać;
obejmować; rozciągać się;
sunąć uroczyście; ślizgać
się; śmigać; zwalać (kogoś
z nóg); ostrzeliwać; etc.; s.
zamiatanie; zdobycie;
zagarnięcie; ogołocenie;
śmieci; śmignięcie;
machnięcie; zasięg; robienie

(swear, swore, sworn [słeər;
sło:r; sło:rn])

(sweep, swept, swept [sli:p;
słept; słept])

zakrętu; etc.
sweet [sli:t] adj. słodki;
przyjemny; miły; rozkoszny;
dobrze osłodzony; deserowy;
melodyjny; świeży; łagodny;
zakochany
sweetheart ['sli:t-ha:rt] s.
ukochana; ukochany
swell; swelled; swollen [stel;
steld; 'stoulen]
swell [stel] v. puchnąć;
wzdymać (się); nadymać
(się); wydymać (się);
rozdymać; wzbierać;
wzrastać; potęgować się; s.
wydęcie; zgrubienie;
nabrzmienie; wzbieranie;
wzburzona fala (morze);
(slang): wytworniak; gruba
ryba
swift [słyft] adj. prędki; rączy;
chyży; żywy; s. nawijak
przędzy; traszka; jaszczurka;
jerzyk
swim; swam; swum [słym;
slaem; slam]
swim [słym] v. płynąć;
przepłynąć; pływać (w
wyścigach); pławić; ociekać
czymś; unosić się na
powierzchni; iść z prądem;
kręcić się (w głowie); s.
pływanie; nurt (życia); woda
(do pływania); głębia; pęcherz
pławny
swimming pool ['słymyng,pu:l] s.
pływalnia
swimming suit ['słymyng,sju:t] s.
kostium kąpielowy
swine [słajn] s. świnia
swing; swung; swung [słyng;
slang; slang]
swing [słyng] v. huśtać (się);
kołysać (się); wahać (się);
bujać (się); machać;
wywijać; przerzucać (się) na
coś; porywać (za sobą);
pociągać (za sobą); s.
huśtanie (się); kołysanie (się);
ruch wahadłowy; zmiana
pracy; objazd (terenu); rytm;
przerzucanie się; kołyszący
chód; taniec (swing)

switch [słycz] s. prąt; zwrotnica;
przekładnia; wyłącznik;
przełącznik; kontakt;
śmignięcie; v. bić prątem;
machać; wywijać;
zmieniać; przełączać;
włączać (np. światło);
rozłączać (się); wyłączać
(się)
swop [słop] v. zamieniać;
wymieniać; s. zamiana;
wymiana
sword [so:rd] s. pałasz; szpada;
miecz; szabla; bagnet (slang)
symbol ['symbol] s. symbol; v.
symbolizować
sympathy ['sympety] s.
współczucie; solidarność;
sympatia
symptom ['symptem] s.
symptom; objaw
synagogue ['synegog] s.
bożnica; bóżnica; synagoga
synonym ['synenym] s. synonim
synthetic [syn'tetyk] adj.
sztuczny; syntetyczny
system ['system] s. system;
układ; metoda; sieć
(kolejowa); organizm
(człowieka); formacja; ustrój
systematic [,systy'maetyk] adj.
systematyczny

T

table ['tejbl] s. stół; stolik;
tablica; tabela; tabliczka (np.
mnożenia); płyta; płaskowyż;
blat; v. kłaść na stole;
odraczać (na długo);
wciągać na agendę; adj.
stołowy
tablecloth ['tejbl,klog] s. obrus
tablespoon ['tejbl-spu:n] s. łyżka
stołowa (do zupy)
tablet ['taeblyt] s. tabletka;
tabliczka (do pisania)
tackle ['taekl] s. zestaw
przyborów (do łowienia,

golenia); wielokrążek;
takielunek; złapanie i
trzymanie; v. zewrzeć się;
borykać (się); złapać i
trzymać; zmagać (się); brać
się do czegoś (ostro);
umocowywać; porać (się)

tactful ['taektful] adj. taktowny

tag [taeg] s. skuwka; etykieta;
kartka; strzęp; przywieszka;
znaczek tożsamości; marka;
mandat karny (pisany); ucho;
igliczka; wieszadło (przyszyte);
błyszczka; dodatek; morał;
frazes; banał; cytat; refren;
ogon; zabawa w gonionego;
v. przyczepiać: skuwkę, kartkę,
znaczek, markę, ucho,
wieszadło, igliczkę, ogon;
dawać: mandat karny, morał;
bawić się w gonionego;
tańczyć odbijanego;
wymierzać wyrok;
przeznaczać; włóczyć się za
kimś; dołączyć do czegoś

tail [tejl] s. ogon; tył; koniec;
tren; poła; pośladki;
buńczuk; warkocz; świta;
cień (chodzący za kimś); v.
dodawać ogon; obrywać
ogonki; śledzić (krok w
krok); zamykać pochód

tailor ['tejler] s. krawiec; v. szyć
odzież

take [tejk] = took; taken [tejk; tuk;
'tejkn]

take [tejk] s. brać; wziąć;
łapać;chwytać; zdobywać
(twierdzę); zajmować
(miejsce); rezerwować
zażywać; pić; jeść;
odczuwać; rozumieć;
pojechać; notować; zrobić
(zdjęcie); zadać sobie (trud);
dostawać (napadu);
przyjmować (radę, karę etc.);
mierzyć swoją temperaturę;
godzić się (na traktowanie);
nabierać (połysku); iść (za
przykładem); s. połów;
zdjęcie; wpływy (do kasy)

tale [tejl] s. opowiadanie; plotka;
wymysł

talent ['taelent] s. talent (do
czegoś); dar; uzdolnienie

talk [to:k] v. mówić;
rozmawiać; plotkować;
namawiać; s. rozmowa;
dyskusja; pogadanka; plotka;
gadanie; mowa

tame ['tejm] v. oswajać;
poskramiać; ujarzmiać;
okiełznać; łagodzić;
przytłumić; upokorzyć

tan [taen] s. opalenizna; kolor
(brązowy) brunatny; kora
garbarska; v. garbować;
opalać się (na słońcu);
brązowieć; wyłoić komuś
skórę

tangerine [taendże'ri:n] s.
mandarynka

tangle ['taengl] s. plątanina; v.
plątać (się); wikłać (się);
(slang): pobić się z kimś

tank [taenk] s. tank; zbiornik;
cysterna; czołg; (slang):
więzienie; v. nabierać do
zbiornika; (slang): popić sobie

tap [taep] v. stukać;
odszpuntować; napoczynać;
robić punkcje; naciąć;
ciągnąć sok;
wykorzystywać; gwintować;
podsłuchiwać (telefon); s.
czop; szpunt; kurek; zawór;
gwintownik; zaczep; odczep

tape [tejp] s. taśma; tasiemka;
tasiemiec; (slang): wódka; v.
wiązać taśmą (przylepcem);
mierzyć; (slang): oceniać
kogoś

tape recorder ['tejp-ry,ko:rder] s.
magnetofon

tapestry ['taepystry] s. gobelin;
arras; v. zdobić gobelinami

target ['ta:rgyt] s. cel; obiekt;
tarcza strzelnicza; v.
kierować do celu; celować;
ustalać cel

tarnish ['ta:rnysz] v. matowieć;
przyćmiewać; brudzić (się);
brukać (się); tracić połysk; s.
matowienie; skaza

tart ['ta:rt] adj. cierpki;
zgryźliwy; s. ciastko

owocowe; (slang): kurewka

task ['taesk] s. zadanie
(specjalne); lekcja zadana;
przedsięwzięcie; v.
wyznaczać zadanie;
wystawiać na próbę; rugać

taste [tejst] s. smak; gust;
posmak; zamiłowanie; v.
smakować; kosztować;
czuć smak; mieć smak;
doznawać (czegoś)

tasty ['tejsty] adj. smakowity;
smaczny

tax [taeks] s. podatek; wysiłek;
ciężar; obciążenie; v.
opodatkować; obarczać;
obciążać; nadwerężać;
sprawdzać; wymagać
wysiłku; zarzucać coś

taxi ['taeksy] s. taksówka; v.
jechać taksówką; wieźć
taksówką

tea [ti:] s. herbata; herbatka;
podwieczorek; v. pić i
częstować herbatą

teach [ti:cz] v. uczyć; nauczać;
to:t]

teach [ti:cz] v. uczyć; nauczać;
wykładać

teacher ['ti:czer] s. nauczyciel

teapot ['ti:pot] s. mały czajnik

tear; tore; torn [teer; to:r; to:rn]

tear [teer] v. drzeć; targać;
rwać; kaleczyć; wydzierać
(ranę); pędzić; s. dziura;
rozdarcie; wybuch pasji;
kropla; łza; (slang): hulanka

tease [ti:z] v. drażnić; nudzić;
s. dokuczanie; nudziarstwo

technique [tek'ni:k] s. technika
malowania, rzeźby etc.

tedious ['ti:dies] adj. nudny

teenager ['ti:,nejdżer] s.
nastolatek; nastolatka

telephone ['telyfoun] s. telefon;
v. telefonować

television ['telywyżyn] s.
telewizja

tell; told; told [tel; tould; tould]

tell [tel] v. (o kimś; o czymś):
mówić; opowiadać;
powiedzieć; wskazywać;
pokazywać; poznać;

sprawdzić; policzyć;
poznawać; wiedzieć;
donieść; oskarżyć;
skarżyć; mieć znaczenie;
odbijać się na kimś;
odróżniać

temper ['temper] s.
usposobienie; humor; gniew;
złość; domieszka;
mieszanka; stan;
hartowność; v. łagodzić;
hartować

temperature ['tempereczer] s.
temperatura; ciepłota

temple ['templ] s. świątynia;
skroń; ucho od okularów;
rozciągacz tkacki

temporary ['temperery] adj.
chwilowy; tymczasowy

tempt [tempt] v. kusić; nęcić

temptation [temp'tejszyn] s.
pokusa; kuszenie

tempting ['temptyng] adj.
ponętny; nęcący; kuszący

ten [ten] num. dziesięć; s.
dziesiątka

tenant ['tenent] s. lokator;
dzierżawca; v. zamieszkiwać;
dzierżawić

tend [tend] v. skłaniać się;
zmierzać; służyć; doglądać;
obsługiwać

tendency ['tendensy] s.
skłonność; tendencja

tender ['tender] adj. delikatny;
miękki; kruchy; wrażliwy;
czuły; niedojrzały; młody;
młodociany; uważający;
dbały; łamliwy; drażliwy;
wywrotny; v. oferować;
przedłożyć; założyć; s.
oferta; środek płatniczy;
dozorca; tender; statek
pomocniczy-zaopatrzeniowy

tennis ['tenys] s. tenis

tense [tens] s. czas (np.
przyszły); adj. naprężony;
napięty

tension ['tenszyn] s. naprężenie;
napięcie; prężność

tent [tent] s. namiot

term [te:rm] s. okres; czas
trwania; przeciąg; semestr;

kadencja; termin; wyrażenie;
określenie; kres; v.
określać; nazywać

terminal ['te:rmynel] adj.
końcowy; terminowy;
ostateczny; s. zakończenie;
końcówka; uchwyt;
końcowa stacja

terminate ['te:rmynejt] v.
skończyć; zakończyć;
kończyć (się); ograniczać;
upływać; rozwiązywać
(umowę); ustawać;
wygasać; wymawiać pracę

terrible ['terybl] adj. straszliwy;
straszny; okropny

terrific [te'ryfyk] adj.
przerażający; (slang):
fantastyczny; pierwszej klasy

terrify ['teryfaj] v. przerażać

territory ['teryto:ry] s. obszar;
rejon; terytorium bez praw
stanu (np. w USA)

terror ['terer] s. terror;
przerażenie; postrach

test [test] s. próba; sprawdzian;
test; egzamin; odczynnik;
skontać; v. sprawdzać;
poddawać próbie;
oczyszczać (metal)

testify ['testyfaj] v. świadczyć;
dawać świadectwo;
zaświadczać; poświadczać

testimony ['testymouny] s.
świadectwo

texture ['teksczer] s. budowa;
tkanina; struktura; tkanie

than [dzaen] conj. aniżeli; niż;
od

thank [taenk] v. dziękować; s.
podziękowanie; dzięki
thank you ['taenkju:] exp.:
dziękuję
thank you very much
['taenkju:'wery,macz] exp.:
bardzo dziękuję

that [daet] adj. & pron. pl. those
[dzous]; tamten; tamta;
tamto; ten; ta; to; ów; owa;
owo; pl. tamci; tamte; ci; te;
owi; owe; adv. tyłu; tyle; conj.
że; żeby; aby; skoro

thaw [to:] s. odwilż;

rozkrochmalenie się; v. tajać;
odtajać; taje; jest odwilż

the [przed samogłoską dy; przed
spółgłoską de:; z naciskiem
dy:] przyimek określony
rzadko kiedy tłumaczony; ten;
ta; to; pl. ci; te; ten właśnie
etc.; adv. tym; im ... tym

theater ['tieter] s. teatr; kino;
widowisko; amfiteatr

theft [teft] s. kradzież

their [dzeer] zaimek: ich

theme [ti:m] s. temat; zadanie;
wypracowanie

then [dzen] adv. wtedy;
wówczas; po czym; potem;
następnie; później; zatem;
zaraz; poza tym; ponadto;
conj. a więc; no to; wobec
tego; ale przecież; adj.
ówczesny; s. przedtem;
uprzednio; dotąd; odtąd

there [dzeer] adv. tam; w tym;
co
do tego; oto; właśnie; potem;
tędy; dlatego; z tego; na to; s.
ta miejscowość; to miasto;
to miejsce

therefore [dzeer,fo:r] adv.
dlatego; zatem więc

thermometer [ter'momyter] s.
termometr

these [di:z] pl. od this

they [dzej] pl. pron. oni; one (ci;
którzy)

thick [tyk] adj. gruby; gęsty;
zbity; rzęsisty; stłumiony;
niewyraźny; mętny; ponury;
tępy; ochrypły; (slang): blatny;
spoufalony; s. gruba część;
dureń; głuptas; adv. gęsto;
grubo; ochrypie; tępo

thickness ['tyknys] s. grubość;
warstwa; gęstość

thief [ti:f] s. złodziej; pl. thieves
[ti:ws]

thigh [taj] s. udo

thin [tyn] adj. cienki (sos, głos
etc.); rzadki; szczupły; słaby
(kolor etc.); (slang): paskudny;
v. rozcieńczać; szczuplić;
przerzedzać (się)

thing [tyng] s. rzecz; przedmiot;

uczynek; coś; krzyk mody;
warunek; urojenia;
przywidzenia; pl. zwierzęta;
rzeczy; odzież; ubrania;
ruchomości; sytuacja;
koniunktura; wszystko;
nieruchomości; głupstwa

think; thought; thought [tynk;
'to:t; 'to:t]

think [tynk] v. myśleć;
pomyśleć; zastanawiać się;
rozważać; rozmyślać (się);
wymyślić; wyobrażać
sobie; uważać za; mieć
zdanie; mieć za; zapomnieć
(rozmyślnie); mieć na myśli;
rozwiązywać; etc.

third [tə:rd] adj. trzeci

thirsty ['tə:rstyj adj. spragniony;
żądny; suchy; wyschnięty;
(slang); ciężki

this [tys] adj. & pron. pl. these
[ti:z] ten; ta; to; tak; w ten
sposób; tyle; obecnie; bieżący;
adv. tak; tak daleko; tyle; tak
dużo

thorn ['to:rn] s. kolec; cierń;
krzak cierniowy; v. kłuć;
drażnić

thorough ['terou] adj. dokładny;
zupełny; całkowity; sumienny;
adv. na wskroś; na wylot

those [douz] pl. od that

thought [to:t] v. zob. think; s.
myśl; namysł; zastanowienie
się; pomysł; oczekiwanie;
rozwaga; zamiar; pl. zdanie;
pogląd; odrobina; troszkę

thoughtful ['to:tful] adj.
zamyślony; zadumany;
rozważny; uważający; dbały;
uprzejmy; (oryginalnie)
myślący

thousand ['tauzend] num. tysiąc

thousandth ['tauzendθ] adj.
tysięczny

thrash [traesz] s. młócić; walić;
bić; prać; dyskutować; s.
młócenie; walenie

thread [tred] s. nić; nitka;
przędza; sznurek; wątek;
żyłka; krok (śruby); zwojnik
(nici); gwint; v. nawlekać

(igłę); przetykać; nacinać
gwint (zwojnik); przepychać
się

threat [tret] s. groźba; pogróżka

threaten ['tretn] v. grozić;
zagrażać; odgrażać się

three [tri:] num. trzy; s. trójka

threshold ['treszould] s. próg

thrifty ['tryfty] adj. oszczędny;
rozrastający się; kwitnący

thrill [tryl] v. przejmować (się);
drgać; s. dreszcz; dreszczyk;
drganie; powieść
sensacyjna; szmer (serca)

thrilling ['trylyng] adj.
podniecający; przejmujący;
sensacyjny

throat [trout] s. gardło; szyja;
wlot; gardziel; wąskie
przejście; v. żłobić;
żłobkować; mówić gardłowo

throne [troun] s. tron; v.
tronować; wprowadzać na
tron

through [tru:] prep. przez;
poprzez; po; wskroś; na
wylot; że; z; skutkiem; na
skutek; za; dzięki; z powodu;
adv. na wskroś; na wylot;
adj. przelotowy; bezpośredni;
skończony (np. życiowo)

throw; threw; thrown [trou; tru:;
troun]

throw [trou] v. rzucać; ciskać;
zarzucać; zrzucać; skręcać;
powalić; narzucać;
modelować na kole;
odrzucać; marnować; s. rzut;
ryzyko; szal; narzuta; uskok

thrust; thrust; thrust [trast; trast;
trast]

thrust [trast] v. wpychać;
wsadzać; wtykać; wrazić;
pchać (się); przepychać się;
wysuwać (się); szturchać;
przebijać; wepchnąć;
narzucać (się); wtrącać
(się); zadawać pchnięcie;
pchnąć; s. pchnięcie;
dźgnięcie; wypad;
wypchnięcie; nacisk; siła;
napędu; ciągu; pędu; zrzut;
parcie; uwaga; przytyk

thumb ['tʌm] s. kciuk; duży
palec; władza (domowa);
talent ogrodniczy; zasada
(praktyczna); v. kartkować;
brudzić palcami; niszczyć;
walać; grać niezgrabnie;
prosić o podwiezienie;
wyprosić (gestem)

thunder ['θʌndər] s. grzmot;
burza; grom; piorun; v.
grzmieć; rzucać gromy;
piorunować; miotać
(groźby)

thunderstorm ['θʌndər-stɔ:rm] s.
burza z piorunami

Thursday ['θə:r-zdej] s. czwartek

thus [ðʌs] adv. tak; w ten
sposób; tak więc; a zatem

tick [tyk] s. kleszcz; tykanie;
moment; wsyp; kredyt;
sprawne działanie; v. tykać;
kupować na kredyt;
sprzedawać na kredyt;
(slang): ustalać sprawne
działanie

ticket ['tykyt] s. bilet; kwit;
znaczek; wywieszka; lista
kandydatów (USA); v.
zaopatrywać w bilet,
etykietkę; umieszczać na
liście kandydatów

tickle ['tykl] v. łaskotać;
łechtać; swędzić;
rozśmieszać; bawić;
cieszyć; s. łaskotanie;
łechtanie; swędzenie

tide [tajd] s. przypływ i odpływ
morza; fala; okres; v.
przypływać falą; płynąć z
falą; wybrnąć

tidy ['tajdy] adj. schludny;
czysty; niemały; spory; s.
zbiornik na odpadki; pokrowiec
na mebel; v. oporządzić;
sporządzać; oporządzać
(się); porządkować

tie [taj] v. wiązać; zawiązać;
przywiązać; łączyć;
sznurować; remisować;
zawrzeć ślub; unieruchomić;
s. węzeł; krawat; podkład
kolejowy; próg; remis; sznur;
rozgrywka; półbucik

tiger ['tajgər] s. tygrys; jaguar;
kuguar; zawadiaka; pracujący
zapamiętale

tight [tajt] adj. zaciśnięty;
mocny; zwarty; szczelny;
spoisty; obcisły; wąski;
nabity; wstawiony; zalany;
skąpy; niewystarczający;
silny; mocny; uparty; adv.
zwarcie; ciasno; szczelnie;
obciśle; mocno; silnie

tights [tajts] pl. trykot baletnicy,
akrobaty etc.; w Anglii
rajstopy

tile [tajl] s. dachówka; kafelek;
dren; (slang): cylinder; v.
pokrywać dachówkami;
wykładać kaflami (płytami)

till [tyl] prep. aż do; dopiero;
dotychczas; aż; dopóki nie;
dotąd; v. uprawiać (ziemią);
s. szufladka na pieniądze;
kasa podręczna

tilt [tylt] s. przechylenie;
przechył; nachylanie; natarcie
kopią; piandeka; daszek; v.
przechylać (się); nachylać
(się); nacierać kopią;
(pełnym) pędem lecieć;
zaopatrywać w daszek

timber ['tymbər] s. drzewo;
budulec; drewno; belka;
wręga; las; charakter; v.
zaopatrywać w budulec;
podpierać belką

time [tajm] s. czas; pora; raz;
takt; v. obliczać czas zużyty;
ustalać czas; wybierać czas;
robić we właściwym czasie;
nastawiać (przyrząd);
regulować (zegar);
synchronizować;
harmonizować; trzymać takt;
excl.: czas! (zamykać lokal
etc.)

timid ['tymyd] adj. nieśmiały;
bojaźliwy

tin [tyn] s. cyna; blacha; puszka
blaszana; blaszanka; folia
cynowa; pieniądze; adj.
cynowany; blaszany;
dziadowski (kubek); v.
cynować

tint [tynt] s. odcień;
zabarwienie; v. zabarwiać

tiny ['tajny] adj. drobny;
malusieńki; malutki

tip [typ] s. koniec (np. palca);
koniuszek; szczyt;
zakończenie; skuwka; okucie;
napiwek; poufna informacja;
wiadomość; rada;
wskazówka; trącenie;
przechylenie; skład śmieci; v.
wykańczać koniec; okuwać;
przechylać (się); ważyć;
przewracać (się); dać
napiwek; informować
(poufnie); trącać lekko;
dotykać; uderzać ukosem
(piłkę); przeważać

tipsy ['typsy] adj. podchmielony;
pijany; chwiejny; niepewny

tire [tajer] v. męczyć (się);
nudzić (się); nakładać
obręcz, oponę; przystroić; s.
obręcz; opona; strój

tired ['tajerd] adj. zmęczony;
znużony; znudzony

tissue ['tyszu:] s. tkanka;
tkanina; siatka; bibułka

title ['tajtl] s. tytuł; nagłówek;
napis; tytuł rodowy; tytuł
prawny; prawo; czystość
złota w karatach

to [tu:; tu] prep. do; aż do; ku;
przy; w stosunku do; w
porównaniu z; w stosunku jak;
stosownie do; dla; wobec;
względem; za (zależnie od
ustaleń zwyczajowych)

toad [toud] s. ropucha

toast [toust] s. grzanka; toast; v.
robić grzanki; wznosić toast

today [te'dej] adv. dzisiaj; dziś;
s. dzień dzisiejszy

toe [tou] s. palec u nogi; nosek;
szpic; stopa wału (tamy);
występ z przodu; przednia
część kopyta; hacel; dno
odwiertu; v. kopnąć;
cerować palce u pończochy;
podporządkować się;
stawać na starcie; stosować
się do linii (też partyjnej);
ukośnie wbijać gwoździe;

krzywo chodzić (palcami zbyt
do wewnątrz lub na zewnątrz)

together [te'gedzer] adv. razem;
wspólnie; naraz;
równocześnie

toilet ['tojlyt] s. ustęp; toaleta;
ubrania; adj. toaletowy

token ['toukn] s. znak; dowód
autentyczności; symbol;
pamiątka; żeton; bon; adj.
symboliczny; niewiążący

tolerant ['tolerent] adj.
tolerancyjny; wyrozumiały

tolerate ['tolerejt] v. znosić;
tolerować; cierpieć

toll [toul] s. opłata (np.
telefoniczna); myto; mostowe,
drogowe; miejski podatek;
trybut; danina; dzwonienie; v.
uiszczać opłatę;
wydzwaniać; dzwonić
jednostajnie; wabić
(zwierzyną)

tomato [te'mejtou] s. pomidor

tomb [tu:m] s. grób; grobowiec;
pochowanie

tomorrow [te'mo:rou] s. & adv.
jutro

ton [tan] s. tona (2000 funtów);
(slang): mnóstwo

tone [toun] s. ton; normalny stan
(np. ciała, organizmu);
brzmienie; v. stonować się;
stroić; harmonizować

tongue [tan] s. język; mowa;
ozór; v. dotykać językiem;
łajać; mleć językiem

tonight [te'najt] s. dziś wieczór;
dzisiejsza noc; adv. dziś
wieczorem; gwara; dzisiaj;
nocy; wczoraj wieczór

too [tu:] adv. też; także;
ponadto; do tego; zbytnio;
zanadto; zbyt; za; na dodatek;
też

tool [tu:l] s. narzędzie;
obrabiarka; v. obrabiać;
oporządzać

tooth [tu:s] s. ząb; pl. teeth [ti:s]
v. uzębiać; wcinać zęby;
ząbkować; sczepiać zębami
trybów

toothbrush ['tu:s,brasz] s.

szczotka do zębów
toothpaste ['tu:speɪst] s. pasta
do zębów
top [tɒp] s. wierzchołek; czubek;
szczyt; wierzch; powierzchnia;
góra; bociania gniazdo;
przykrywka; bąk; fryga; adj.
wierzchni; zewnętrzny; górny;
wyższy; najwyższy;
szczytowy; maksymalny; v.
nakrywać; wieńczyć;
uwieńczać; przewyższać;
stanowić wierzch; osiągnąć
szczyt; ścinać szczyt;
przeskoczyć (przez coś);
położyć kres; mierzyć
wysokość; wznosić się
torch [tɔːrʃ] s. pochodnia
torment ['tɔːrment] s. męka;
udręka; [tɔːrˈment] v.
męczyć/dręczyć
torture ['tɔːrʃər] s. tortura;
męka; v. torturować;
męczyć; dręczyć;
wykręcać/przekręcać
toss [tɒs] v. rzucać się;
podrzucać; zarzucać;
podnosić; niepokoić;
kłopotać; przewracać się (w
łóżku); podbijać (piłką);
wypaść z pokoju; kołysać
się na boki; s. rzut; losowanie;
upadek (z konia)
total ['toutɫ] adj. ogólny;
zupełny; całkowity; totalny;
kompletny; v. zliczać;
wynosić ogółem; (slang)
niszczyć całkowicie (np.
samochód w wypadku)
touch [tʌʃ] v. dotykać; stykać
(się); wzruszać (się);
poruszać (coś); brać;
wydobywać; zabarwiać;
lekko uszkadzać; cechować;
mierzyć; retuszować;
rąbnąć kogoś na pieniądze
(slang); s. dotyk; dotknięcie;
pociągnięcie; odrobina;
kontakt; lekka choroba; rys;
nuta (np. złości);
obmacywanie; cecha; probierz;
naciąganie na pieniądze
(slang)

touchy ['tʌʃɪ] adj. drażliwy;
obraźliwy; przewrażliwiony
tough [tʌf] adj. twardy; trudny;
ciężki; łobuzerski; adv. trudno;
s. człowiek: trudny, twardy;
łobuz; chuligan
tour [tuːr] s. objazd; wycieczka;
tura; przechadzka; służba
(wojskowa); v. objeżdżać;
obwozić
tourist ['tuːrɪst] s. turysta; klasa
turystyczna
tow [tou] v. holować; ciągnąć;
s. holowanie; lina holownicza;
przedmiot holowany; włókna
lniane; paździory
towards [tɔːrdz; 'tɔːrdz] prep.
ku; w kierunku; dla; w celu;
na (coś)
towel ['tauəl] s. ręcznik; v.
wycierać ręcznikiem
tower ['tauər] s. wieża; v.
wznosić się; sterczeć;
wzbijać się
town [taɪn] s. miasto
toy [tɔɪ] s. zabawka; cacko;
bawić się; cackać się; robić
niedbale; flirtować (też np. z
pomysłem)
toxic ['tɒksɪk] adj. trujący;
jadowity
trace [treɪs] s. ślad; postronek;
drążek przekaźnikowy; v.
iść śladami; kopiować
rysunek; przypisywać
czemuś; wytyczać;
nakreślać; kreślić
track [træk] s. tor; koleina;
ślad; trop; bieżnia; rozstaw
kół; v. śledzić; tropić;
zostawiać ślady; zabłocić;
zawalać; zakładać tor; mieć
rozstęp kół; ciągnąć liną z
brzegu
trade [treɪd] s. zawód; zajęcie;
rzemiosło; handel; wymiana;
klientela; branża; kupiectwo;
v. handlować; wymieniać;
frymarczyć; przewozić
towary; kupczyć;
przehandlować
tradition [trəˈdɪʃən] s. tradycja
traditional [trəˈdɪʃənl] adj.

tradycyjny

traffic ['træfyk] s. ruch (kołowy,
pasażerski, towarowy,
telegraficzny, telefoniczny,
drogowy etc.); handel czymś;
v. frymarczyć; kupczyć

tragedy ['trædžydy] s. tragedia

tragic ['trædžyk] adj. tragiczny

trail [trejl] v. pociągnąć (się);
powlec (się); holować; wlec
(się); pozostawać w tyle;
iść za tropem; ścigać;
wydeptywać (ścieżkę);
nosić (karabin poziomo przy
boku); s. szlak; ścieżka; trop;
ogon; smuga; struga; bruzda;
kolejna

training ['trejnyng] s. zaprawa;
trening; ćwiczenie; szkolenie

traitor ['trejtor] s. zdrajca

tram [træm] s. tramwaj

tranquil ['trænkłyl] adj. spokojny

tranquility [træn'kłylyty] s.
spokój

transaction [træn'sækšyn] s.
transakcja; przeprowadzenie
sprawy; pl. sprawozdania
naukowe; rozprawy

transcend [træn'send] v.
przewyższać; prześcignąć;
górować

transfer [træns'fe:r] v.
przemieścić; przenieść
(się); przewozić; przekazać;
s. ['transfe:r] przeniesienie;
przewóz; przedruk; przekaz;
przelew; odstąpienie

transform [træns'fo:rm] v.
przekształcić; zmienić
postać

translate [træns'lejt] v.
przetłumaczyć; przełożyć

translation [træns'lejšyn] s.
tłumaczenie; przekład

transparent [træns'peerent] adj.
przezroczysty

transportation
[,transpo:r'tejšyn] s.
przewóz; transport;
deportacja; zesłanie

trap [træp] s. pułapka; potrzask;
sidła; zasadzka; podstęp;
syfon; skała wylewna; (slang):

jadaczka; pl. manatki; v.
złapać w pułapkę;
zaopatrywać w pułapkę;
zatrzymywać (w czymś);
przykrywać czaprakiem;
puszczać rzutki

trash [træsz] s. śmieci; rupieci;
tandeta; odpadki; bzdury;
hołota; v. obdzierać (z liści,
gałązek)

travel ['træwl] v. podróżować
(też w interesach); poruszać
się (części maszyny);
przesuwać się; biec (w
terenie); przechodzić (oczami
po czymś); poruszać się
żwawo; błądzić; s. (daleka)
podróż; ruch (pojazdów); suw
(maszynowy); przesunięcie

traveler ['træwler] s. podróżnik;
wodzik nitkowy; komiwojażer

tray [trej] s. taca; szufladka (też
wkładowa)

treacherous ['traczeres] adj.
zdradziecki; niebezpieczny;
zdradliwy; zawodny; perfidny

treason ['tri:zn] s. zdrada

treasure ['trežer] s. skarb; v.
zaskarbiać; cenić; strzec
skarbu

treat [tri:t] v. traktować;
potraktować; obchodzić się
z kimś; uważać kogoś za;
brać coś (za żart); leczyć
coś; poddawać działaniu;
pertraktować; fundować
(komuś); s. przyjęcie; uczta;
majówka; poczęstunek;
zabawa; przyjemność;
rozkosz

treaty ['tri:ty] s. traktat; układ;
umowa

tree [tri:] s. drzewo; forma;
kopyto; rama siodła; belka;
nadproże; krokiew; szubienica;
v. zapędzić (na drzewo);
wsadzić (na kopyto)

tremble ['trembl] v. trząść się;
drżeć; dygotać; s. drżenie;
drżączka

tremendous [try'mendes] adj.
straszny; olbrzymi

trend [trend] s.dążność

trespass ['trespəs] v. wdzierać się w cudze; nadużywać; naruszać; wykraczać; grzeszyć; v. przekroczenie; wykroczenie; grzech; szkoda wyrządzona na cudzym terenie

trial ['trajəl] s. próba; proces sądowy; zmartwienie; zawody eliminacyjne; adj. próbny; doświadczalny

triangle ['trajaengl] s. trójkąt

tribe [trajb] s. plemię; szczep

trick [tryk] s. podstęp; chwyt; sztuczka; sposób; nawyk; maniera; psota; fortel; (slang): dziecko; dziewczynka; v. oszukać; okpić; wyłudzić; płatać figla; zawodzić; zaskakiwać

trickle ['trykl] v. sączyć (się); przeciekać; przesączyć; puszczać ciurkiem, kroplami; s. struga (mała)

tricky ['tryky] adj. podstępny; chytry; sprytny; trudny; zawiły; zręczny

trifle ['trajfl] s. drobiazg; drobnostka; błahostka; bagatela; odrobina; głupstewko; byle co; stop cyny i ołowiu; biszkopt z kremem; v. nie brać poważnie; poflirtować; baraszkować; paplać; bagatelizować

trigger ['trygər] s. spust; cyngiel; zapadka; v. pociągać za spust; wywoływać; dawać początek; zaczynać (akcję)

trim [trym] v. oporządzać; usuwać niepotrzebne (gałęzie, tłuszcz etc.); przybierać (listwą, taśmą etc.); rozkładać poprawnie ładunek; poprawiać (opinię); być oportunistą; zmyć komuś głowę; dać komuś lanie; wyprowadzić w pole; besztać; rugać; s. stan; forma; nastrój; gotowość; porządek; strój; ozdoby; listwy; taśmy; wstążki do

poprawienia wyglądu; dekoracja wystawy; oporządzanie; obcięcie; równowaga lotu; wyposażanie wnętrza (np. samochodu, domu etc.); adj. schludny; porządny; uporządkowany; wysprzątany

trip [tryp] s. podróż; wycieczka; jazda; trans narkomana; potknięcie; podstawienie nogi; zgrabny krok; wyzwalanie zapadkowe lub wychwytowe; błąd; pomyłka; v. potknąć się; iść lekkim krokiem; drobić nóżkami; tańczyć (lekko); pomylić się; podstawiać nogę; złapać na błędzie; wyzwalać; odczepiać kotwicę; przesuwać wychwytem kotwicowym; obracać reje; spuszczać nagle część maszyny

triple [trypl] adj. potrójny; s. potrójna ilość; trójka; v. potrajać (się)

triumph ['trajəmf] s. triumf; v. triumfować

troop [tru:p] s. grupa; gromada; trupa teatralna; rota; pół szwadronu; s. iść gromadą; gromadzić się; formować w roty (pułk)

trouble ['trabl] s. kłopot; zmartwienie; zaburzenie; niepokój; trud; dolegliwość; fatyga; bieda; awaria; uszkodzenie; defekt; v. martwić (się); dręczyć (się); dokuczać; niepokoić (się); kłopotać (się)

trousers ['trauzez] pl. spodnie

trout [traut] s. pstrąg; v. łowić pstrągi

truce [tru:s] s. rozejm; zawieszenie broni

truck [trak] s. ciężarówka; taczki; wózek; podwozie na kołach; lora; drobne towary; warzywa; wymiana; interes; śmieci; brednie; stosunki z kimś; v. przewozić wozem;

ładować na wóz; wymieniać się z kimś; obnosić towar; utrzymywać stosunki z kimś

true [tru:] adj. prawdziwy; wierny; ścisły; dokładny; prawdomówny; czysty; faktyczny; szczery; lojalny; dobrze dopasowany; s. prawda; właściwe położenie; v. regulować; wyregulować; adv. prawdziwie; dokładnie; exp.: to jest prawda!

trumpet ['trampyt] s. trąbka; dźwięk; trąbacz; v. grać na trąbie; trąbić; roztrąbić

trunk [trank] s. pień; trzon; tułów; tors; kadłub; główny kanał; główna linia; trąba słoniowa; kufer; bagażnik; pl. spodnie (krótkie)

trust [trast] s. pewność; zaufanie; wiara; nadzieja; kredyt; opieka; powiernictwo; trust; v. zaufać; mieć zaufanie; ufać; wierzyć; polegać (na pamięci swojej etc.); powierzać; kredytować

truth [tru:s] s. prawda; prawdziwość; rzetelność

try [traj] v. próbować; wypróbować; sądzić; sprawdzić; kosztować; doświadczyć; starać się; męczyć; s. próba; usiłowanie; wysiłek

tub [tab] s. balia; ceber; kadź; wanna; kąpiel; łódź treningowa (wiosłowa); oszalowanie; v. wsadzać do wanny; prać; szalować

tube [tju:b] s. rura; wąż; dętka; tubka; tunel (kolei podziemnej); v. zamykać w rurze; zaopatrywać w rury; nadawać kształt rury

Tuesday ['tju:zdy] s. wtorek

tumble ['tambl] v. upaść; zwalić (się);potknąć się; zataczać się; kołysać się; huśtać się; wywalić się; gramolić się; rzucać się; biegać na oślep; cisnąć; zwichrzyć; (slang): kapować;

iść do łóżka; s. zwalenie; pobicie rekordu; upadek; sztuka akrobatyczna; bałagan

tune [tu:n] s. melodia; nastrój; harmonia; v. stroić; dostroić; harmonizować; nucić

tunnel ['tanl] s. tunel; nora; v. przekopywać tunel, korytarz, norę; przekopywać się

turbulent ['te:rbjulent] adj. wzburzony; burzliwy; gwałtowny; buntowniczy

turkey ['te:rky] s. indyk; v. mówić bez ogródek

turn [te:rn] v. odwrócić (się); odkręcić (się); przekręcać (się); skręcać (się); zwracać (się); odwracać (się); odpierać (atak); napadać; zmieniać się; nawracać (się); popełniać (zdradę); stawać się (np. katolikiem); wyświadczać; obracać; kierować; robić skręt; wyprawiać; odprawiać; toczyć (na kole); puścić w ruch; okazać się; zdarzać się; zwolnić; wyganiać; wyrzucać etc.; s. obrót; kolej; z kolei; po kolei; tura; zakręt; zwrot; skręt; punkt zwrotny; przełom; kształt; forma; przechadzka; transakcja; wstrząs; atak; przysługa; numer (popisowy); kolejność; postępowanie wobec kogoś

turn off ['te:rn,of] v. zakręcić (kurek); skręcić; wyłączać (wodę); włączać (światło); odprawić

turn on ['te:rn,on] v. puszczać (wodę); włączać (światło); odkręcać (kurek)

turtle ['te:rtl] s. żółw (morski)

tweezers ['tli:zez] s. szczypczyki (kosmetyczne itp.)

twelve [tlelw] num. dwanaście; s. dwunastka

twenty ['tlenty] num. dwadzieścia; s. dwudziestka

twin [tłyn] s. bliźniak; adj. bliźniaczy; v. rodzić się jako bliźnięta; łączyć (się) ściśle ze sobą

twist [tłyst] v. skręcać (się); zwijać (się); zwichnąć (się); zawirować; wykrzywiać (twarz); przekręcać; pokręcić (się); wić (się); powikłać (się); tańczyć (twista); wykręcać; przewijać się (przez tłum); s. skręt; szpagat; przędza; lina (skręcona); splot; obrót; przekręcenie (znaczenia); zwichnięcie; skłonność; strucla

two [tu:] num. dwa; s. dwójka

type [tajp] s. typ; wzór; przykład; symbol; klasa; okaz; czcionka; kaszta (drukarska); v. pisać na maszynie; ustalać typ; symbolizować; wyznaczać rolę

typewriter [tajp,rajter] s. maszyna do pisania

typical [typykйl] adj. typowy; charakterystyczny

typist [tajpyst] s. maszynistka

tyrant [tajrent] s. tyran

U

ugly [agly] adj. brzydki; paskudny

ulcer [alser] s. wrzód

ultimate [altymyt] adj. ostateczny; ostatni; końcowy; podstawowy; s. ostateczny wynik; podstawowy fakt

umbrella [am'brelá] s. parasol

unable [an'ejbl] adj. niezdolny; nieudolny

unanimous [ju'naenymes] adj. jednogłośny

unarmed [an'a:rmd] adj. bezbronny; nie uzbrojony

unbearable [an'beerbl] adj. nieznośny; nie do wytrzymania

unbelievable [,anby'li:webl] adj.

niewiarygodny; nieprawdopodobny

unbutton [an'batn] v. odpiąć; rozpiąć (się)

uncanny [an'kaeny] adj. niesamowity

uncle [ankl] s. wujek; stryjek

uncommon [an'komen] adj. niezwykły; rzadki; adv. niezwykle; nadzwyczaj

uncover [an'kawer] v. odkryć; demaskować

under [ander] prep. pod; poniżej; w; w trakcie; zgodnie z; z; adv. podrzędny; podwładny

underdeveloped [,anderdy'welept] adj. zacofany; nie wywołany poprawnie; niedorozwinięty

underdog [ander'dog] s. człowiek upośledzony, przegrywający

underestimate [ander'estymejt] v. niedoceniać; za nisko oszacować

undergraduate [,ander'graedjuit] s. student bez stopnia bachelor

underground [ander,graund] adj. podziemny; zaskórny; tajny; s. kolej podziemna; ruch oporu; adv. [,ander'graund] pod ziemią; skrycie; tajnie

underline [ander'lajn] v. podkreślać; s. podkreślenie; podpis pod ilustracją; zawiadomienie (u spodu afisza teatralnego) o następnej sztuce

undermine [,ander'majn] v. podkopywać (zdrowie etc.); podmywać (brzegi etc.)

underneath [,ander'ni:s] adv. pod spodem; poniżej; na dole; pod spód

underpants [ander,paents] s. kalesony

underprivileged [ander'prywylydżd] adj. upośledzony

undershirt [andersze:rt] s. podkoszulek

understand; understood;
understood [,ander'staend;
,ander'stud; ,ander'stud]

understatement
[,ander'stejtment] s. zbyt
skromne wyrażenie się;
niedomówienie

underwear ['ander,łeer] s.
bielizna

undesirable [andy'zajerebl] adj.
niepożądany; niedogodny; s.
człowiek niepożądany

undisciplined [an'dysyplind] adj.
niezdyscyplinowany; niekarny

undo; undid; undone [an'du:;
'an'dyd; an'dan]

undo [an'du:] v. robić
niebyłym; unieważniać;
usuwać; niszczyć; rujnować;
rozpakować; rozwiązać;
otwierać; rozpinać;
przekreślać

undress [an'dres] v. rozbierać
(się); odbandażowywać; s.
negliż; zwykłe ubranie

uneasy [an'i:zy] adj. niespokojny;
niepokojący; nieswój;
zażenowany; nieprzyjemny;
krępujący; budzący niepokój

unemployed [,anem'plojd] adj.
bez pracy; bezrobotny;
niewykorzystany; nie
zużytkowany

unemployment [an'emplojment]
s. bezrobocie

uneven [an'i:wen] adj.
nieparzysty; niejednolity;
nierówny

unexpected [,anyks'pektyd] adj.
niespodziewany;
nieoczekiwany

unfair [an'feer] adj.
niesprawiedliwy; krzywdzący;
nieuczciwy; nieprzepisowy

unfaithful [an'fejsful] adj.
niewierny; wiarołomny;
nieścisły

unfamiliar [anfe'myljer] adj.
nieznany; nie obznajomiony;
obcy; słabo zorientowany

unfit [an'fyt] adj. nie nadający
się; niezdatny; niezdolny;
nieodpowiedni; v. czynić

niezdolnym do czegoś

unfold [an'fould] v. ujawniać
(się); rozwijać (się);
otwierać; odsłonić

unfortunate [an'fo:rcznyt] adj.
niefortunny; pechowy;
niepomyślny; nieszczęśliwy

unfriendly [an'frendly] adj.
nieprzyjazny; nieprzychylny

unfurnished [an'fe:rnyszt] adj.
nieumeblowany

unhealthy [an'helgy] adj.
niezdrowy

uniform ['ju:nyfo:rm] adj.
jednolity; równomierny
jednostajny; s. mundur;
uniform

union ['ju:njen] s. połączenie;
złącze; łączność; związek;
zjednoczenie; klub;
małżeństwo; zgoda; łącznik;
złączka; godło

unique [ju:'ni:k] adj. wyjątkowy;
jedyny; niezrównany; s. unikat

unit ['ju:nyt] s. jednostka; zespół

unite [ju:'najt] v. łączyć;
jednoczyć; zjednoczyć

universe ['ju:nywers] s.
wszechświat; świat;
ludzkość; kosmos

university [,ju:ny'wersyty] s.
uniwersytet; wszechnica;
uczelnia

unjust [an'dżast] adj.
niesprawiedliwy

unknown [an'noun] adj.
nieznany; niewiadomy

unless [an'les] conj. jeżeli nie;
chyba że

unlike [an'lajk] adj. niepodobny;
odmienny; prep. odmiennie;
inaczej; w przeciwieństwie

unlikely [an'lajkly] adj.
nieprawdopodobny;
nieoczekiwany; nie rokujący

unload [an'loud] v.
rozładowywać; zrzucać
ciężar

unlock [an'lok] v. otwierać
zamek; otworzyć

unnatural [an'naeczrel] adj.
sztuczny; nienaturalny; wbrew
naturze; nienormalny

unpack ['an'paek] v. rozpakowywać (się)

unpleasant [an'plezent] adj. nieprzyjemny; przykry; niemiły

unprepared [an'anpry'peard] adj. nieprzygotowany; nieprzyrządzony

unreal ['an'ryel] adj. nierealny; zmysłowy; iluzoryczny; wyimaginowany

unreliable ['anry'lajebl] adj. niepewny; niesolidny

unrest [an'rest] s. niepokój; zamieszki; niepokoje

unruly [an'ru:ly] adj. niesforny

unsanitary [an'saenytery] adj. niehigieniczny; szkodliwy; niezdrowy

unstable [an'stejbl] adj. niepewny; chwiejny; niezrównoważony

untidy [an'tajdy] adj. niechlujny; niestarany; rozczochrany; zaniedbany; nie posprzątany

until [an'tyl] prep. & conj. do; dotychczas; dopiero; aż

unusual [an'ju:żyl] adj. niezwykły; wyjątkowy

up [ap] adv. do góry; w górę; wzwyż; w górze; wyżej; na; tam (gdzie); na górze; wysoko; aż (do); aż (po); na (piętro); pod (górę); v. podnosić; zrywać się; podbijać (cenę); zaczynać

upbringing ['ap,bryngyng] s. wychowanie; wychowywanie

upon [e'pon] prep. = on; na; po

upper ['aper] adj. wyższy; górny; wierzchni; s. przyszwa

upright ['ap'rajt] adj. wyprostowany; prosty; uczciwy; prawy; adv. pionowo; s. pionowy słup; podpora; pianino; pozycja pionowa

uprising [ap'rajzyng] s. powstanie; wstawanie

upset [ap'set] v. zob. set; przewracać (się); pokonywać; wzburzać; rozstrajać; rozkuwać; rozklepywać; s. ['ap,set] wywrócenie (się); porażka; podniecenie; zaburzenie; rozstrój; niepokój; bałagan; sztanca do kucia

upside-down ['apsajd'daln] adv. do góry nogami; do góry dnem; adj. odwrócony do góry nogami

upstairs ['ap'steerz] adv. na górę; na górze

up-to-date ['ap-tu-'dejt] adj. bieżący; nowoczesny

urge [e:rdż] v. poganiać; popędzać; ponaglać; przyśpieszać; nalegać; pilić; namawiać; s. pragnienie; impuls; tęsknota; pociąg; bodziec

urgent ['e:rdżent] adj. pilny; naglący; gwałtowny; natarczywy; nalegający

urine ['jueryn] s. mocz; uryna

use [ju:s] s. użytek; używanie; użycie; posługiwanie; zastosowanie; pożytek; korzyść; zwyczaj; praktyka; obrządek; przyzwyczajanie się; v. używać; korzystać; wykorzystać; zużywać; zużyć; wyczerpać; traktować; obejść się; mieć zwyczaj

useful ['ju:sful] adj. użyteczny; pożyteczny; dogodny; wygodny; (slang): doskonały; sprawny; biegły; zdolny

useless ['ju:zlysi adj. niepotrzebny; bezużyteczny; zbyteczny; bezcelowy; nieużyteczny; do niczego

usher ['aszer] s. odźwierny; woźny; bileter; rozprowadzający na miejsca (w kinie, w kościele etc.); v. wprowadzać; zapoczątkować

usual ['ju:żuel] adj. zwykły; zwyczajny; normalny; zwyczajowy; utarty

usually ['ju:żuely] adv. zwykle; zazwyczaj

utmost ['atmoust] adj.

najwyższy; ostateczny;
skrajny; największy; najdalszy;
ostatni

utter ['ater] adj. całkowity;
zupełny; kompletny;
skończony; skrajny; ostatni;
v. wydawać (głos);
powiedzieć; wypowiedzieć
(hasło itp.); wyrażać;
wystawiać (czeki); podrabiać
(np. dokumenty); puszczać
(w obieg)

V

vacancy ['wejkensy] s. wolne
mieszkanie; wolne pokoje
motelowe; wakans; próżnia;
pustka; bezczynność

vacant ['wejkent] adj. pusty;
próżny; wolny; wakujący;
bezczynny; bezmyślny;
obojętny

vacation [we'kejszyn] s. ferie;
wakacje; opróżnienie;
zwolnienie (mieszkania);
ewakuacja

vaccinate ['weaksynejt] v.
szczepić

vacuum cleaner
['weakjuem'kli:ner] s.
odkurzacz

vague [wejg] adj. niejasny;
niewyraźny; nieokreślony;
nieuchwytny; wymijający;
niezdecydowany

vain [wejn] adj. próżny;
zarozumiały; czczy; pusty;
gołosłowny; daremny;
bezcelowy

valiant ['waeljent] adj. dzielny; s.
zuch

valid ['waelyd] adj. słuszny;
ważny; uzasadniony

valley ['waely] s. dolina; koryto
fali; wewnętrzny kąt
płaszczyzn dachu

valuable ['waeljuebl] adj.

wartościowy; cenny;
kosztowny; s. (pl.)
kosztowności; biżuteria

value ['waelju:] s. wartość;
cena; stopień jasności barwy
(w obrazie); v. szacować;
cenić; oceniać

valve [waelw] s. zawór; wentyl;
klapa; zastawka

van [waen] s. kryty wóz
(ciężarowy); czoło armii; v.
przewozić krytym wozem;
badać rudę pukaniem

vanilla [we'nyla] s. wanilia

vanish ['waenysz] v. znikać;
zanikać

vanity ['waenyty] s. próżność;
pycha; marność; czczość;
toaleta; źródło próżności;
rzecz bez wartości

variable ['weerjebl] adj. zmienny;
niestały; s. zmienny wiatr

variation [,weery'ejszyn] s.
zmiana; odmiana; wariant;
wariacja

variety [we'rajety]
s.rozmaitość; urozmaicenie;
różnorodność;
wielostronność; teatr
rozmaitości; kabaret; szereg;
odmiana

various ['weerjes] adj. różny;
rozmaity; urozmaicony; wiele;
kilka; kilkakrotnie

varnish ['wa:rnysz] s. pokost;
politura; werniks; polewa; v.
pokostować; werniksować

vary ['weery] v. zmieniać (się);
urozmaicać; różnić się; nie
podzielać zdania

vase [wejz] s. waza; wazon

veal [wi:l] s. cielęcina

vegetable ['wedżytebl] s. jarzyna

vehicle ['wi:ykl] s. pojazd;
środek; narzędzie;
przymieszka do farby

veil [wejl] s. welon; woalka;
wstąpienie do klasztoru;
zasłona (maska); chrypka; v.
zasłaniać; ukrywać

vein [wejn] s. żyła (też złota);
usposobienie; natura; nastrój;
wena; v. żyłkować

velvet ['welwyt] s. aksamit;
delikatna skórka; (slang);
zarobek; forsa; adj. aksamitny

venereal [wy'njerjel] adj.
weneryczny; chory
wenerycznie;
przeciwweneryczny; płciowy

vengeance ['wendżens] s.
zemsta; pomsta

venison ['wenzn] s. dziczyzna

vent [went] s. odwietrznik;
wentyl; otwór wentylacyjny;
rozcięcie w tyle marynarki;
ujście; upust; v. dawać
upust czemuś;
wyładowywać (złość);
rozgłaszać; wietrzyć;
wiercić otwór wentylacyjny

venture ['wenczer] s. ryzyko;
stawka; spekulacja; impreza;
interes; próba; v. odważyć
się; ośmielać się;
ryzykować; śmieć; narazić
się

verb [we:rb] s. czasownik; słowo

verbal ['we:rbel] adj. ustny;
słowny; werbalny;
czasownikowy

verdict ['we:rdykt] s. wyrok;
werdykt; osąd; orzeczenie

verge ['we:rdż] s. skraj; brzeg;
krawędź; v. graniczyć;
zbliżać się; chylić się;
skłaniać się

verify ['weryfaj] v. sprawdzać;
potwierdzać; udowadniać

versatile ['we:rsetail] adj.
wszechstronny

vertical ['we:rtykel] adj.
pionowy; szczytowy; s.
pionowa płaszczyzna; linia

very ['wery] adv. bardzo;
absolutnie; zaraz; właśnie;
adj. prawdziwy; sam;
skończony (drań)

vest [west] s. kamizelka; v.
nadawać; przekazać;
przysługiwać komuś;
przypadać komuś; odziewać
w szaty; przykrywać ołtarz

veto [wi:tou] s. weto; v.
zakładać weto

vex [weks] v. złościć;

drączyć; dokuczać

via ['waje] prep. przez; via

vibrate [waj'brejt] v. zadrgać;
zadrżeć; oscylować;
wprawiać w drganie lub ruch
wahadłowy

vice [wajs] s. imadło; zacisk;
rozpusta; występek; nałóg;
narów; wada; zastąpca; v.
zaciskać w imadle

vicious ['wyszes] adj. błędny;
występny; złośliwy; wadliwy;
zepsuty; dokuczliwy;
narowisty; rozpustny

victim ['wyktym] s. ofiara

victory ['wyktery] s. zwycięstwo

view [wju:] v. oglądać;
rozpatrywać; zbadać;
zapatrywać się; s. obejrzenie;
spojrzenie; wizja; zasięg
wzroku; widok; przegląd
umysłowy; pogląd;
zapatrywanie; intencja; zamiar;
cel; ocena

vigorous ['wygeres] adj. krzepki;
mocny; jędrny; energiczny

village ['wylydż] s. wieś

villain ['wylen] s. łajdak; łotr;
nikczemnik; łobuziak

vine [wajn] s. winna latorośl;
winorośl

vinegar ['wynyger] s. ocet; v.
kwasić

violate ['wajelejt] v. gwałcić;
zgwałcić (kobietę)

violence ['wajelens] s.
gwałtowność; gwałt;
przemoc

violent ['wajelent] adj.
gwałtowny; niepohamowany;
wściekły

violet ['wajelyt] s. fiołek; adj.
fioletowy (np. promień)

violin [,waje'lyn] s. skrzypce

virgin ['we:rdżyn] s. dziewica

virile ['wyrajl] adj. męski

virtue ['we:rczju:] s. cnota;
prawość; czystość;
skuteczność; siła; moc

visa ['wi:za] s. wiza; v.
wizować

visibility [wyzy'bylyty] s.
widoczność

vision ['wyżyn] s. widzenie; wzrok; wizja; dar przewidywania; v. okazywać wizję; mieć wizję

visit ['wyzyt] v. odwiedzać; wizytować; zwiedzać; nawiedzać; karać; udzielać się; gawędzić; s. wizyta; odwiedziny; pobyt

visitor ['wyzyter] s. gość; przyjezdny; zwiedzający; inspektor

vital ['wajtl] adj. witalny; życiowy; żywotny; zasadniczy; śmiertelny

vitamin ['wajtemyn] s. witamina

vivid ['wywyd] adj. żywy

vocabulary [wou'kaebjulary] s. słownik (specjalny); słownictwo

vocal ['woukel] s. samogłoska; adj. głosowy; wokalny; głośny; natarczywy

vogue [woug] s. moda; popularność

voice [wois] s. głos; dźwięk samogłoskowy; strona (czasownika); v. wymawiać; wyrażać; dawać wyraz czemuś; wymawiać dźwięcznie; udźwięczniać; pisać partie głosowe do muzyki; stroić

void [woid] s. próżnia; pustka; adj. próżny; pusty; pozbawiony czegoś; wolny od czegoś; wakujący; nieważny; v. unieważniać; wydalać; wypróżniać (się); oddawać (mocz)

volcano [wol'kejnou] s. wulkan

volume ['wolju:m] s. tom; objętość; masa; ilość; pojemność; rozmiar; siła

voluntary ['wolentery] adj. ochotniczy; dobrowolny; kontrolowany; spontaniczny; samorzutny; s. specjalny wyczyn z wyboru sportowego; gra solo na organie

vomit ['womyt] v. wymiotować; wyrzucać; pobudzać do wymiotów; s. wymioty;

środek wymiotny

vote [wout] s. głos; głosy; głosowanie; prawo głosowania; uchwała; wotum (zaufania); v. głosować; uchwalać; orzekać; uznawać powszechnie za coś

vow [wau] s. ślub (też zakonny); przymierze; v. przysięgać; ślubować; składać śluby

voyage ['wojdż] s. podróż (statkiem)

vulgar ['walger] adj. ordynarny; wulgarny; prostacki; gminny; pospolity; powszechny

vulnerable ['walnerebl] adj. czuły; wrażliwy; mający słabe miejsce; narażony na cios; podatny na zranienie; niezabezpieczony

vulture ['walczer] s. sęp; (slang): szakal

W

wade [łejd] v. brodzić, brnąć; przechodzić w bród, torować sobie drogę

waffle ['łofl] s. wafel z ciasta naleśnikowego

wage [łejdż] s. płaca; zarobek; zapłata; v. prowadzić (np. wojnę)

wagon ['łaegen] s. ciężki wóz (kryty); lora; wóz policyjny; furgon

wail [łejl] v. zawodzić; lamentować; opłakiwać; v. zawodzenie; lament; płacz

waist [łejst] s. talia; stan; pas; kibić; stanik; śródokręcie; zwężenie

wait [łejt] v. czekać; oczekiwać; czyhać; czatować; czaić się; obsługiwać; obsługiwać kogoś; s. czekanie; oczekiwanie; zasadzka; czaty

waiter ['lejter] s. kelner

waitress [lejtrys] s. kelnerka

wake: woke; woken [łejk; łouk; łoukn]

wake [łejk] v. obudzić (się); nie spać; pobudzić; rozbudzić; wzbudzić; wskrzesić; czuwać przy (zwłokach); s. niespanie; czuwanie przy zwłokach; kilwater; fala w ślad za statkiem (motorówką); ślad (po kimś, po czymś)

walk [ło:k] v. iść; przechadzać się; chodzić; kroczyć; iść stępa; jechać stępa; wejść; zejść; s. chód; krok; przechadzka; spacer; marsz; deptak; aleja; odległość przebyta

wall [ło:l] s. ściana; mur; przepierzenie; wał; v. obmurować

wallet ['łolyt] s. portfel

wallow ['łolou] v. tarzać się; kłębić się; kołysać się; s. tarzanie się

walnut ['ło:lnat] s. orzech włoski

wander ['łonder] v. wędrować; błądzić; błąkać się

want [ło:nt] s. brak; potrzeba; niedostatek; niedopatrzenie; bieda; nędza; v. pragnąć; chcieć; brakować; potrzebować; pożądać

war [łor] s. wojna; v. wojować; zawojować

warden ['ło:rdn] s. dyrektor więzienia; dozorca; nadzorca; gatunek twardej gruszki

wardrobe ['ło:droub] s. garderoba; szafa na ubranie

warehouse ['łeerhaus] s. magazyn; składnica; dom składowy; v. magazynować

warm [ło:rm] adj. ciepły; świeży (trop); bliski znalezienia; zadomowiony (na posadzie); zamożny

warn [ło:rn] v. ostrzegać; przypominać; wzywać;

warning ['ło:rnyng] adj. ostrzegawczy; s. ostrzeżenie; przestroga; znak ostrzegawczy; wypowiedzenie (posady)

warp ['ło:rp] v. wypaczyć (się); zwichrować (się); wykrzywić (się); spaczyć (się); przyholowywać do miejsca utwierdzenia liny lub łańcucha; użyźniać (przez zalewanie osadem); s. spaczenie; wypaczenie; osnowa; szew skośny; lina holownicza; osad

warrant ['łorent] v. usprawiedliwiać; uzasadniać; gwarantować; s. upoważnienie; gwarancja; nakaz prawny (aresztu, rewizji etc.); pełnomocnictwo dla adwokatów; patent starszego podoficera (USA)

warrior ['ło:rjor] s. wojownik; żołnierz; adj. wojowniczy

wash [ło:sz] v. myć (się); prać (się); oczyszczać; zraszać; lekko barwić; lawować; umyć się; sunąć; płynąć z pluskiem; płukać (rudę); s. mycie; pranie; płyn (czyszczący); fale; plusk; pomyje; lura; wypłukane miejsce w ziemi; ględzenie; zaburzenie wody za statkiem; zaburzenie powietrza za samolotem; ziemia na tacy zawierająca złoto; podmywanie przez fale; mielizna; kanał wyżłobiony przez wodę; mielizna naniesiona wodą; lawowanie; cienka warstwa metalu; kilwater; ślad wodny

washing machine ['ło:szyng,me'szi:n] s. pralka; maszyna do prania

wasp [ło:sp] s. osa; (slang): biały -anglosaksonin-protestant

waste [łejst] adj. pustynny; pusty; nieużyty (ziemia); opustoszały; wyludniony;

niepotrzebny; zbyteczny;
odpadowy; v. pustoszyć;
psuć; niszczyć (się); stracić
(też zabić); zmarnować;
ginąć; zużywać (się);
zapuścić; zaniedbać; s.
pustynia; marnowanie;
trwonienie; zniszczenie;
ubytek; zużycie; odpady;
bezmiar (np. wody);
zaniedbanie; marnotrawstwo

wasteful ['lejstful] adj. rozrzutny;
marnotrawny

watch [lo:cz] s. czuwanie;
pilnowanie; czaty; czujność;
wachta; zegarek; oczekiwanie
na coś; wyglądanie czegoś;
v. czuwać; oczekiwać;
czatować; pilnować;
opiekować się; uważać;
mieć na oku; mieć się na
baczności; wyglądać
czegoś; obserwować;
szpiegować; przyglądać się;
patrzyć; oczekiwać
sposobności; śledzić

water [lo:ter] s. woda; wysięk;
przypływ; odpływ; pl. zdrój;
wody lecznicze; ocean; morze;
jezioro; rzeka; v. polewać;
podlewać; pokropić; poić;
iść do wodopoju;
nawadniać; rozwadniać;
rozcieńczać; skrapiać;
łzawić się; ślinić się

watermelon [lo:ter,melen] s.
arbuz; kawon

wave [lejw] s. fala; falistość;
ondulacja; pokiwanie ręką;
gest ręką; v. falować;
ondulować; machać do
kogoś

wavy ['lejwy] adj. falisty;
sfalowany; drżący; migocący;
karbowany

wax [łaeks] s. wosk; adj.
woskowy; v. woskować;
stawać się

wey [łej] s. droga; szlak; trakt;
przejście; wolna droga;
odległość; kierunek; strona;
sposób; zwyczaj; bieg; tok;
sens; stan; położenie

we [łi:] pron. my

weak [łik] adj. słaby

weaken ['łi:kn] v. osłabiać;
słabnąć; rozcieńczać

weakness [łi:knys] s. słabość;
słabostka

wealth [łels] s. bogactwo;
dobrobyt

wealthy ['łelsy] adj. bogaty

weapon ['łepn] s. broń

wear; wore; worn [łeer; ło:r;
ło:rn]

wear [łeer] v. nosić; chodzić w
czymś; ścierać się;
wycierać się; żłobić;
zacierać się; przechodzić;
mijać; zdzierać; nużyć;
męczyć; wyczerpywać;
długo trwać; długo służyć;
s. noszenie; rzeczy noszone;
moda; zużycie;
wytrzymałość

weary ['łiery] adj. zmęczony;
znużony; znudzony; męczący;
nużący; nudny; v. męczyć;
nudzić; naprzykrzać się;
uprzykrzać sobie

weather ['łedzer] s. pogoda; adj.
atmosferyczny; odwietrzny;
pogodny; v. zwietrzać;
okrywać się patyną
(śniedzią)

weave; wove; woven [łi:w;
łouw; łouwn]

weave [łi:w] v. tkać (tkaninę);
knuć (spisek); układać
(intrygę, opowiadanie);
spleść; splatać; zajmować
się tkactwem

web [łeb] s. tkanina; sztuka
(materiału); stek (kłamstw);
pajęczyna; błona (nietoperza);
tkanka łączna; usztywnienie

wedding ['łedyng] s. ślub;
wesele; adj. ślubny; weselny

Wednesday ['łenzdy] s. środa

weed [łi:d] s. chwast; zielsko;
cygaro; (slang): chuchro;
cherlak; mizerak; szkapa; v.
pielić; odchwaszczać

week [łi:k] s. tydzień

weekend ['łi:kend] s. niedziela
oraz części wolne soboty i

poniedziałku; v. spędzać
weekend

weep; wept; wept [li:p; łept;
łept]

weep [li:p] v. płakać;
opłakiwać; zapłakać;
lamentować; cieknąć;
wyciekać; ociekać; s. płacz;
cieknięcie

weigh [łej] v. ważyć (się);
rozważać; mierzyć;
równoważyć; podnosić
(kotwicę); s. ważenie

weight [łejt] s. ciężar; waga;
obciążenie; ciężarek;
odważnik; przycisk; grubość
(odzieży); znaczenie;
doniosłość;
odpowiedzialność; v.
obciążać; pogrubiać
sztucznie tkaninę

weird [łierd] adj. niesamowity;
tajemniczy; nadprzyrodzony;
dziwny; dziwaczny; s. los

welcome [łełkem] exp.: witaj!
witajcie! s. powitanie; adj.
mile widziany; mający
pozwolenie; mogący
korzystać; v. powitać;
witać (z radością)

well; better; best [łel; beter;
best] adv. dobrze; lepiej;
najlepiej

well [łel] s. studnia; otwór
wiertniczy; odwiert; źródło;
klatka (schodowa); adv.
dobrze; należycie; porządnie;
mocno; solidnie; szczęśliwie;
całkowicie; wyraźnie; łatwo;
lekko; słusznie; adj. dobry;
zdrowy; zadowalający;
pomyślny; w porządku; exp.:
dobrze! a więc?

well-off [łel'o:f] adj. dobrze
sytuowany; zamożny

west [łest] s. zachód; adj.
zachodni; adv. na zachód; ku
zachodowi

wet [łet] adj. mokry; wilgotny;
zmoczony; przemoczony;
słotny; deszczowy; dżdżysty;
(slang): w błędzie; s. wilgoć;
wilgotność; trunek; v.

moczyć (się); zwilżać;
zraszać

whale [hłejl] s. wieloryb; rzecz
wspaniała; v. polować na
wieloryby; (slang): bić

what [hłot] adj. jaki; jaki tylko;
ten; który; ten ... co; taki ...
jaki; tyle ... ile; pron. co; to
co; coś; excl.: co? czego? jak
to!

whatever ['hłot'ewer] adj.
jakikolwiek; pron. cokolwiek;
wszystko co; co tylko; bez
względu; obojętnie co

wheat [hłi:t] s. pszenica

wheel [hłi:l] s. koło; kółko; ster;
kierownica; v. obracać (się);
wrócić (się); prowadzić
taczki (rower); wozić
taczkami etc.

when [hłen] adv. kiedy; kiedyż;
wtedy; kiedy to; gdy; przy;
podczas gdy; s. czas
(zdarzenia)

whenever [hłenewer] adv. kiedy
tylko; skoro tylko

whether ['hłedzer] conj. czy-czy;
czy tak, czy owak

which [hłycz] pron. który; co;
którędy; dokąd; w jaki
(sposób)

while [hłajl] s. chwila; pewien
czas; po chwili; niebawem;
wkrótce; conj. podczas gdy;
jak długo; dopóki; póki;
natychmiast; chociaż co
prawda

whip [hłyp] s. bat; bicz;
pomocnik; woźnica;
naganiacz; uderzenie biczem;
bita śmietana; v. chłostać;
zacinać (batem); ubijać
(śmietanę); smagać;
przyrządzać naprędce;
zwyciężyć; zakasować
(kogoś); owijać; windować;
śmigać; zbierać; wyjechać
(pośpiesznie)

whirl [hłe:rl] v. kręcić (się);
wirować; zawirować;
porywać w wir; s. wirowanie;
ruch wirowy; wir; (slang):
próba (czegoś)

whisk [hłysk] s. wiechać; śmignięcie; trzepaczka (do jajek etc.); miotełka; v. otrzepać; odpędzać; porywać; szybko odwozić; przywozić; czmychać; wymachiwać; śmigać

whiskers ['hłyskers] pl. baki; bokobrody; wąsy

white [hłajt] adj. biały; bezbarwny; blady; czysty; niepokalany; uczciwy; rzetelny; niewinny; s. biel; biały (człowiek); białko; białe wino

who [hu:] pron. kto; który

whoever [hu:'ewer] pron. ktokolwiek

whole [houl] adj. cały; pełnowartościowy; zdrowy; s. całość

whom [hu:m] pron. kogo? zob. who

whose [hu:z] pron. & adj. czyj; czyja; czyje; którego

why [hłaj] adv. dlaczego; czemu; czemuż; dlatego; właśnie; s. przyczyna; powód; exp.: jak to! właśnie patrzcie; no wiesz!; no to co!

wicked [łykyd] adj. niegodziwy; niedobry; frywolny; paskudny; złośliwy; zły; nikczemny

wide [łajd] adj. szeroki; rozległy; szeroko otwarty; obszerny; wielki; pokaźny; znaczny; duży; daleki; adv. szeroko; z dala (od czegoś)

widow ['łydou] s. wdowa; v. wdowieć

widower ['łydouer] s. wdowiec

wife [łajf] s. żona; pl. wives [łajwz]

wig [łyg] s. peruka; v. zaopatrywać w perukę

wild [łajld] adj. dziki; dziko rosnący; gwałtowny; wściekły; szalony; burzliwy; rozwichrzony; pustynny; zdziczały; rozwydrzony; fantastyczny; nierealny; podniecony; s. pustynia; dziki teren; adv. na chybił trafił

will [łyl] s. wola; testament; siła woli; v. postanowić; zarządzać; zapisywać (w testamencie); zmuszać; chcieć

willing [,łylyng] adj. skłonny (coś zrobić); chętny; pełen dobrej woli

willow ['łyłou] s. wierzba

win; won; won [łyn; łon; łon]

win [łyn] v. wygrywać; zwyciężać; zdobywać; zarabiać; osiągać; pozyskać; przedostać się; przezwyciężać; s. wygrana; zwycięstwo

wind; wound; wound [łajnd; łaund; łaund]

wind [łajnd] v. nawijać; zwijać; zwinąć; owinąć (się); wić (się); zakończyć [łynd] s. wiatr; podmuch; oddech; dech; zapach; puste słowa; gadanie; v. trąbić; dąć w róg; przewietrzyć; zwietrzyć; poczuć; zmęczyć; dać wytchnąć

window ['łyndou] s. okno; okienko

windy ['łyndy] adj. wystawiony na wiatr; wietrzny; gadatliwy

wine [łajn] s. wino

wing [łyng] s. skrzydło; ramię; kulisa; dywizjon; lot; v. uskrzydlać; przewozić na skrzydłach; przelecieć (przez coś); lecieć; szybować

winner ['łyner] s. zdobywca nagrody; człowiek wygrywający; laureat

winter ['łynter] s. zima; adj. zimowy; v. zimować

wipe [łajp] v. wycierać; ocierać; ścierać; wymazać; zamachnąć się; s. starcie; wytarcie; bicie

wire [łajer] s. drut; przewód; telegram; kabel; struna metalowa; sidła; v. drutować; zadrutować; złapać (w sidła); założyć przewody (w domu); zatelegrafować; ciągnąć za sznurki zakulisowe

wisdom ['łyzdem] s. mądrość

wise [łajz] s. sposób; adj. mądry; roztropny

wish [łysz] v. życzyć (sobie); pragnąć; chcieć; s. pragnienie; życzenie; chęć; powinszowanie; ochota; rzecz upragniona

wit [łyt] s. umysł; rozum; dowcip; człowiek dowcipny; inteligencja; olej w głowie

witch [łycz] s. czarownica; czarodziejka; v. zaczarować; oczarować

with [łyś] prep. z (kimś, czymś); u (kogoś); przy (kimś); za pomocą; (stosownie) do; (cierpliwość) dla

withdraw [łyś'dro:] v. zob. draw; cofać (się); wycofywać (się); odwołać (coś); odebrać (ze szkoły); odsuwać (zasłonę)

wither ['łydzer] v. powodować więdnięcie, usychanie; zabijać (spojrzeniem); usychać; usuwać się (w cień itp.)

within [łyś'yn] adv. wewnątrz; w domu; u siebie; w (czymś); w duchu; do wnętrza; w obrębie; w odległości (np. mili); w ciągu (np. dnia); w zasięgu (wzroku); s. wnętrze

without [łysałt] prep. bez; poza; na zewnątrz; adv. na zewnątrz; poza domem; s. strona zewnętrzna

witness ['łytnys] s. świadek; widz; świadectwo; v. być świadkiem; świadczyć (też podpisem)

witty [łyty] adj. dowcipny

wives [łajwz] pl. żony; zob. wife

wizard ['łyzerd] s. czarownik; czarodziej; adj. czarodziejski; (slang) wspaniały

woe [łoł] s. nieszczęście

wolf [łulf] s. pl. wolves [łulwz]; wilk; (slang) kobieciarz; v. żreć; pożerać; połykać jak wilk; polować na wilki

woman ['łumen] s. pl. women ['łymyn]; kobieta; baba; żona; v. mówić per "kobieta"; umieszczać między kobietami

wonder ['łander] s. zdumienie; cud; v. dziwić się; być ciekaw; zastanawiać się

wonderful ['łanderful] adj. cudowny

wood [łud] s. drzewo; drewno; lasek; pl. lasy; puszcza; v. obsadzać drzewami; dostarczać drzewo

wooden ['łudn] adj. drewniany; tępy

wool [łul] s. wełna (czesana, strzyżona, zgrzebna); czupryna; włosy (wełniste); owcze runo; wełniane rzeczy

woolen ['łuln] adj. wełniany; s. wyrób wełniany

word [łe:rd] s. słowo; wyraz; słówko; komplement; przechwałka; obelga; mowa; wieść; rozkaz; adv. ustnie; słownie; adj. słowami; wyrażony n. wyrazić; redagować; sformułować; ubierać w szatę słowną; przybierać w słowa

work [łe:rk] s. praca; robota; zajęcie; energia; zadanie; dzieło; utwór; uczynek; pl. fabryka; huta; fortyfikacje; ozdoby; v. pracować; działać; funkcjonować; skutkować; oddziaływać; wywoływać; sprawiać; wykonywać; kazać robić; prowadzić; obsługiwać; poruszać (motor); posuwać (się); przesuwać (się); wprawiać w (pasję); nadawać kształt; przeprowadzać przez coś; obrabiać; urabiać (się); wyszywać; robić robótkę; (slang) wykorzystywać (znajomości); drgać; burzyć; falować; fermentować; trzeszczeć (statek); źle działać (maszyna); wyczerpać się; odrabiać;

wypracować; wytwarzać;
uzyskiwać z trudem;
podniecać (się) stopniowo;
zaznajamiać się z czymś;
mieszać w całość;
dokazywać (cudów);
wywierać (wpływ); urabiać;
fasonować; eksploatować
(kopalnie itp.)

worker ['ɫə:rkər] s. pracownik;
robotnik

world [ɫə:rld] s. świat; ziemia;
kula ziemska; sfery; masa;
mnóstwo; zatrzęsienie
czegoś; bezmiar; wielka
ilość; adj. światowy

worm [ɫə:rm] s. robak; robaczek;
glista; dżdżownica; gwint;
zwojnik; śruba (nie ostra);
wężownica; v. wkradać się;
wykradać; czyścić (zwierzę) z
robaków; czyścić (grządką)
z robaków

worry [ɫə:ry] v. dręczyć (się);
martwić (się); trapić (się);
zadręczać; zamartwiać;
naprzykrzać (się); narzucać
(się); napastować; kąsać;
szarpać zębami; s.
zmartwienie; troska; kłopot;
kąsanie (zdobyczy przez psa)

worse [ɫə:rs] adj. gorszy (niż:
bad; evil; ill); pondniszczony;
słabszy; bardziej chory; s.
coś gorszego; to co
najgorsze; najgorszy stan;
najgorszy wypadek; v.
pogarszać się; adv. gorzej;
bardziej (źle)

worship ['ɫə:rszyp] s. cześć;
kult; uwielbienie;
nabożeństwo;
bałwochwalstwo; v. czcić;
wielbić; uwielbiać; brać
udział w nabożeństwie

worst [ɫə:rst] adj. najgorszy; s.
coś najgorszego; najgorszy
wypadek; adv. najgorzej;
najbardziej; (slang): bardzo; v.
pokonać; wziąć nad kimś
górę; zadać klęskę; pobić

worth [ɫə:rθ] s. wartość; cena;
adj. wart; opłacający się

worthless ['ɫə:rθlys] adj.
bezwartościowy

worthy ['ɫə:rθy] adj. godny;
wartościowy; poczciwy; s.
godny człowiek; wybitny
człowiek (też żartem)

would [ɫud] v. zob. will (forma
warunkowa)

wound [ɫu:nd] s. rana; v. ranić;
zob. v. wind

wrap; wrapt; wrapt [ræp; ræpt;
ræpt]

wrap [ræp] v. zawijać; owijać;
zapakowywać; spowijać;
otulać się; okrywać (się);
zachodzić na siebie; s. szal;
chusta; okrycie

wreath [ri:θ] s. wieniec

wreck [rek] s. ruina; wrak;
rozbicie się (np. statku);
katastrofa; szczątki (np. na
wodzie); zniszczenie; rozbitek
życiowy; kaleka; wypadek; v.
rozbić (pojazd); zniweczyć
(nadzieje); burzyć; być
rozbitym; spowodować
rozbicie; zrujnować; mieć
wypadek

wrestle ['resl] v. mocować się;
zmagać się; borykać się;
walczyć; s. zapasy; walka

wring; wrung; wrung [ryŋg;
raŋg; raŋg]

wring [ryŋg] v. wyżymać;
wykręcać; ukręcić (łeb);
przekręcać (słowa); ściskać
(serce); uściskać (rękę);
wymóc (coś na kimś);
znieksztalcić; s. wyżymanie;
uścisk; ściskanie; wyżęcie;
wyciśnięcie

wrinkle ['ryŋkl] s. zmarszczka;
fałda; zmarszczenie; (slang):
ciekawy pomysł; rada; v.
marszczyć (się); być
pomarszczonym; zmiąć (się)

wrist [ryst] s. przegub; ruch ręki
w przegubie

write; wrote; written [rajt; rout;
rytn]

write [rajt] v. pisać; napisać;

zapisać; wypisać;
komponować; wystawiać
(czek); spisywać; sławić
(piórem)

writer ('rajter) s. pisarz; niżej
podpisany; powieściopisarz

writing ('rajtyng) s. pismo;
utwór; artykuł; pokwit;
piśmiennictwo; sztuka
pisania; praca literacka;
napisana rzecz

wrong (ro:ng) adj. zły;
niewłaściwy; błędny; nie w
porządku; mylny;
niekorzystny; niesprawiedliwy;
s. zło; wykroczenie; krzywda;
wina; pomyłka; grzech; strata;
niesprawiedliwie v.
skrzywdzić; niesłusznie
posądzać; być
niesprawiedliwym; adv.
mylnie; niewłaściwie; błędnie;
źle; zdrożnie; niekorzystnie

wry (raj) adj. krzywy; skrzywiony

X

Xmas ('krysmes) = Christmas
x-ray ('eks'rej) adj.
rentgenowski; v.
prześwietlać; robić zdjęcie
rentgenowskie

xylophone ('zylefoun) s. ksylofon

Y

yacht (jot) s. jacht; v. płynąć
jachtem; urządzać wyścigi
jachtowe; brać (wziąć) udział
w regatach

yachting (jotyng) v. jachting;
sport żeglarski

yah (ja:) excl.: fe!

yak (jaek) s. jak (byk
tybetański); (slang):

gadanie; śmiech; v. gadać;
śmiać się

yam (jaem) s. słodki ziemniak
(amerykański)

yap (jaep) v. wrzaskliwie
szczekać; trajkotać;
trajkotać

yard (ja:rd) s. jard (91.44 cm);
podwórze; dziedziniec; v.
umieszczać w ogrodzeniu

yarn (ja:rn) s. włókno; przędza;
historyjka; v. opowiadać
historyjki

yawn (jo:n) v. ziewać; ziąć;
zionąć; s. ziewnięcie;
ziewanie

year (je:r) s. rok

yearn (je:rn) v. tęsknić,
zatęsknić

yeast (ji:st) s. drożdże; ferment;
piana; v. fermentować;
pienić (się)

yell (jel) v. wrzeszczeć; s.
wrzask; dopingowanie

yellow ('jelou) adj. żółty; (slang):
tchórzliwy; zawistny; żółty z
zazdrości; n. żółty kolor;
żółtko; v. żółknąć;
powodować żółknięcie

yes (jes) adv. tak; v. potakiwać

yesterday ('jesterdy) adv. & s.
wczoraj

yet (jet) adv. & conj. dotąd;
jeszcze do tej pory; na razie;
jak dotąd; jednak; ani też;
mimo to

yield (ji:ld) v. wydawać;
dawać; rodzić; przynosić;
oddawać (się); porzucać;
ustępować; s. plon; zysk;
wydajność

yolk (jouk) s. żółtko; rodzaj łoju

you (ju:) pron. ty; wy; pan; pani;
panowie; panie

young (jang) adj. młody;
młodzieńczy; młodociany

your (ju:r) adj. twój; wasz;
pański

yourself (,juer'self) pron. ty sam

youth (ju:s) s. młodość,
młodzieniec

youthful ('ju:sful) adj. młody;
młodzieńczy

Z

zany ['zejny] adj. pocieszny;
błazeński; s. błazen; głupek
zealous ['zeles] adj. gorliwy
zebra ['zi:bre] s. zebra; (slang):
mulat; adj. pręgowany
zenith ['senit] s. zenit; szczyt
(sławy)
zero ['zierou] s. zero; v.
ustawiać na zero; brać na
cel
zest [zest] s. smak; pikanteria;
rozkosz; zamiłowanie; v.
dodawać pikanterii
zip [zyp] s. świst; wigor; v.
śmigać; gnać; zapinać
zamek błyskawiczny
zipper ['zyper] s. zamek
błyskawiczny
zone [zoun] s. strefa; zona; v.
opasywać; dzielić na zony
zoo [zu:] s. ogród zoologiczny

Pogonowski
Phonetic Notation

PRONUNCIATION
AS IN COMMON,
EVERYDAY SPEECH

Complete Phonetics
for
English and Polish
Speakers

POGONOWSKI PHONETIC NOTATION
POLISH PRONUNCIATION
FOR ENGLISH SPEAKERS

Pronunciation related to familiar English sounds
Pronunciation explained with speech organ diagrams

GUIDE TO PRONUNCIATION
AS IN COMMON, EVERYDAY SPEECH

The phonetic transcription follows all entries. It is subdivided into syllables.

In multi-syllable words the stressed syllables are printed in bold letters.

Polish vowels are pure and consist of one sound only.

Polish vowels are never drawled as happens often in English.

Schematic Ellipse of the
Tip of the Tongue Positions
Of Six Basic Polish Vowels

Polish nasalized vowels "ą" and "ę" are discussed on the next page.

Polish vowels:

A, a   as in: father, car;
                      in the phonetic guide: **a**

E, e, as in: let, met, get;   -"-   : **e**

I, i, as in: feel, keel;   -"-   : **ee**

O, o, as in: bought, not;   -"-   : **o**

U, u, as in: hook, too;   -"-   : **oo**

Y, y, as in: it, big, bib;   -"-   : **i**

The two *Polish nasalized vowels* can not be exactly described by English sounds.

The two Polish nasalized vowels:

A̧, a̧, shown in the phonetic guide as: <u>own</u> =
              French sound of "on."
it is a single nasalized sound composed of:
a clear "o" as in "bought" followed by "w"
      and the ending with a trace of "n"

Ȩ, ę, shown in the phonetic guide as: <u>an</u> =
              French sound of "un."
it is a single nasalized sound composed of:
a clear "e" as in "pen" and the ending with
              a trace of "n"

POLISH CONSONANTS

Most Polish consonants are to be read as in English. However, voiced consonants become unvoiced at the end of any Polish word and immediately in front or behind of any unvoiced cosonat.

There are *no silent* Polish letters, except "c" in "ch" pronounced as [kh].

UNVOICED CONSONANTS: (without sounding the vocal cords)	VOICED CONSONANTS: (with sounding the vocal cords)
p = p	b = b
t = t	d = d
k = k	g = g
k in kie = <u>k</u>	g in gie = <u>g</u>
f = f	w = v
s = s	z = z
ś = śh	ź = źh
sz = sh	ż = zh
(sz = sh	rz = zh)
c = ts	dz = dz
ć = ćh	dź = dźh
cz = ch	dż = dzh
h & ch = kh	
l = l	

GLIDES:	NASALS:
r = r	m = m
j = y	n = n
ł = w	ń & ni = ń

231

PRONUNCIATION OF POLISH CONSONANTS SPELLED OR VOICED DIFFERENTLY THAN IN ENGLISH

cz = ch in the phonetic guide - it is pronounced exactly like "ch" in English.

sz = sh in the phonetic guide - it is pronounced exactly like "sh" in English.

szcz = shch pronounced exactly like in "fresh cheese" in English.

h & ch = kh pronounced like in Scottish "loch."

ń & ni = n with an apostrophe - a nasal consonant as in "onion," or Spanish "n" as in "manana". It also occurs in Polish when "n" is followed by the vowel "i."

ni = ń when the "i" is followed by a vowel

ni = ń + "ee" when the "i" is followed by a consonant.

j = y - a gliding consonant - pronounced exactly like "y" in the English word "yes."

ł = w - a gliding consonant - pronounced like "w" in English.

r = r - a gliding consonant - it is trilled with the tip of the tongue.

g = g - in Polish it is always pronounced as in the English word "good."

gie = g underlined indicates a trace of an "e" sound after "g" and before the sound of "e" as in "let."

kie = k underlined indicates a trace of an "ee" sound after "k" and before the "e" sound, as in "pet."

PRONUNCIATION OF POLISH PALATAL CONSONANTS

Polish palatal consonants are pronounced by touching the upper palate with the tongue. They are:

ć = ch with an apostrophe over the "c"

ci = ć when the "i" is followed by a vowel

ci = ć + "ee" when the "i" is followed by a consonant

ć is pronounced like "t" in nature.

dź = dźh with an apostrophe over the "z" - pronounced like "dz" while touching the tooth ridge.

dż = dzh - pronounced like "dzh" while touching the upper palate.

ś = śh with an apostrophe over the "s" - pronounced like "sh" while touching the tooth ridge.

si = ś when the "i" is followed by a vowel

si = ś + "ee" when the "i" is followed by a consonant

ź = źh with an apostrophe over the "z" - pronounced like "zh" while touching the upper palate.

zi = ź when the "i" is followed by a vowel

zi = ź + "ee" when the "i" is followed by a consonant

(ż = rz) = zh (note: a dot over the "z"). It is pronounced like the "s" in measure.

ść = śhćh with apostrophes over "s" and "c" - two consonants produced by touching the ridge of the teeth ridge with the tongue while pronouncing each consonant separately.

SPEECH ORGAN DIAGRAM
for Polish palatal consonants
not used in the English language.

Explosives: air compressed behind lips and teeth, then
suddenly released: dź, dzi, [dźh]
and ć, ci, [ćh]

Fricatives: air flow with a continuous friction:
ż, zi, [żh], and ś, si, [śh].

The tip of the tongue is at the tooth ridge.

POLISH SOUND "R"
is fluttered and may be pronounced
like the Scottish "r"

Mouth is slightly open; tip of the tongue is raised;
it vibrates on the exhaling impulse and strikes the
tooth-ridge; sides of the tongue touch back teeth.
The tongue does not glide as far back as is needed
in the English "r."

ZAPIS FONETYCZNY POGONOWSKIEGO
WYMOWA ANGIELSKA DLA POLAKÓW
ENGLISH PRONUNCIATION FOR POLES

Pronunciation related to familiar Polish sounds
Pronunciation explained with speech organ diagrams.

Uproszczona wymowa wyrażona zapisem polskim
i wytłumaczona przekrojami narządów mowy.

Nie ulega wątpliwości, że zapoznanie się z językiem angielskim w dużej mierze polega na zapoznaniu się z angielskimi dzwiękami, których wiele różni się od wymowy polskiej.

Akcent, rytm i intonacja mają zasadnicze znaczenie w porozumiewaniu się.

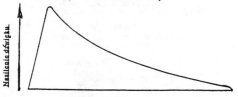

Często angielskie wyrazy można graficznie przedstawić powyższym wykresem dzwięku, intonacji, oraz akcentu (nacisku). Często początek słowa jest wymawiany w silniejszy sposób a następnie dźwięk *zamiera* ku końcowi słowa. Jednocześnie wymowa słów musi być jak najbardziej *swobodna*.

Należy unikać **wszelkiego zmuszania się do mówienia w sposób sztuczny i nienaturalny.**

Szkice narządów mowy są pomocne w nauce wymowy słów angielskich. Ilustrują one różnice w używaniu narządów mowy przez mówiących po polsku i po angielsku. Ważne jest żeby pamiętać że przecinek u góry oznacza akcent na następującą po nim zgłoskę. Przecinek u dołu oznacza akcent słabszy, drugorzędny. Litery polskiego alfabetu są zastosowane jako podstawa znaków fonetycznych. Dwukropek zwiększa długość samogłoski.

Przy szkicach narządów mowy pokazane są angielskie samogłoski na obwodzie schematycznej elipsy ilustrującej pozycje języka. Oprócz dwunastu angielskich samogłosek, trzy postawowe dwugłoski angielskie zaznaczone są wewnątrz elipsy między początkową i końcową samogłoską dwugłoski. Początkowa część dwugłoski jest silniejsza niż końcowa. Cechą samogłosek angielskich, w przeciwieństwie do polskich, jest ich skłonność do przybierania dźwięków przejściowych i stawania się dwugłoskami. Trzeba pamiętać że w języku angielskim oznakowanie fonetyczne samogłosek może być tylko przybliżone. Zwłaszcza "e" fonetyczne jest mniej wyraźne niż po polsku. Samogłoska w końcówce, jak np. "nal" lub "bei" jest w fonetycznej wersji pominięta tak, że wymowa tych końcówek wymaga użycia dźwięku naturalnego zbliżonego do polskiego "y".

SPÓŁGŁOSKI ANGIELSKIE

Lista spółgłosek angielskich jest
uzupełniona szkicami narządów mowy w
układach odpowiadających dźwiękom,
których się nie używa w języku polskim.
Spółgłoski "seplenione" oznaczone literami
"th" są jednymi z trudniejszych dźwięków
angielskich. Jest ich pięć. Są one
oznaczone podkreśleniem: s̲, t̲, d̲, dz̲, z̲.
Wymowa ich jest wytłumaczona przy pomocy
szkiców narządów mowy.

Angielskie "r" przypomina słabe rzężenie i
jest inaczej a zarazem dużo słabiej
wymawiane niż polskie "r". Angielskie "r"
nie może być wymówione samodzielnie,
jedynie przed lub po samogłosce.

Zmiękczone angielskie "n" [n] jak w "sing"
[syn] różni się od polskiego "ń", które jest
bliższe dźwiękowi w angielskim słowie
"new" [nju]. Zapis fonetyczny [n] zawiera w
sobie ślad następującego dźwięku "g" lub
"k."

Angielskie "h" jest prawie nieme w
porównaniu do polskiego "h". Język i usta
są w pozycji do następnego dźwięku i tylko
lekkie tchnienie zaznacza dźwięk angielski
"h."

Angielska przejściowa spółgłoska "w" [ł]
jest niemożliwa do wypowiedzenia samodzielnie. Usta zaokrąglone w pozycji jak do
"u," przejściowy dźwięk bliski jest polskiemu
"ł." Usta i język szybko przechodzą do
układu dla następującej samogłoski. W
zapisie fonetycznym "ou" wymawia się jak

"oł" a dźwięk "au" jak "ał."

Poza omówionymi powyżej, spółgłoski angielskie i polskie nie różnią się.

Większość angielskich współgłosek czyta się tak samo jak w języku polskim.

Dźwięczne spółgłoski na końcu słów angielskich pozostają dźwięczne w przeciwieństwie do polskich.

SPÓŁGŁOSKI BEZDŹWIĘCZNE:	SPÓŁGŁOSKI DŹWIĘCZNE:
(bez dźwięku strun głosowych)	(z dźwiękiem strun głosowych)
p = p	b = b
t = t	d = d
k & q = k	g = g
x = ks	
f = f	w = v
th = t & s	th = d, dz & z
s = s	z = z
sh = sz	zh = ż
c = ts	dz = dz
ch = cz	dzh = dż
hw = hł (why = hłaj)	l = l
h = prawie nieme	

GŁOSKI PRZEJŚCIOWE:	GŁOSKI NOSOWE:
r = r	m = m
y = j	n = n
w = ł	ng & nk = n

PREKRÓJ NARZĄDÓW MOWY
ANGIELSKI DŹWIĘK "TH"

Angielska "sepleniona" spółgłoska "th": koniec i przód języka szeroko spłaszczony, widzialny między zębami; ciągły przelot powietrza między zębami i wargami.
Głoska bezdźwięczna: [s̲] bath [ba:s̲]
[t̲] thank [t̲aenk]
Głoska dźwięczna: [d̲] those [d̲ouz]
[dz̲] they [dz̲ej]
[z̲] bathing [bej̲zyng]

ANGIELSKI DŹWIĘK "R"

Andielska spółgłoska "r": usta nieco otwarte; koniec języka uniesiony wklęsłym podgięciem ku tyłowi, nie dotyka podniebienia; boki języka dotykają zębów; wymowa możliwa tylko w przejściu od lub do samogłski -- przypomina lekkie rzężenie.

SCHEMATYCZNA ELIPSA POZYCJI KOŃCA JĘZYKA DLA DWUNASTU SAMOGŁOSEK ANGIELSKICH (WYMOWA AMERYKAŃSKA)

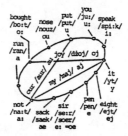

Trzy podstawowe dwugłoski angielskie -- diphtongs ['dyftons] -- są zaznaczone wewnątrz schematycznej elipsy pozycji końca języka przy wymawianiu dwunastu samogłosek angielskich.

STRUNY GŁOSOWE CZYLI FAŁDY GŁOSOWE VOCAL CHORDS OR RATHER VOCAL FOLDS

SOUND

PRODUCTION OF HUMAN VOICE

ENGLISH CONVERSATIONS
FOR POLES
$9.95 pb
0-87052-873-4

ENGLISH FOR
POLES SELF-TAUGHT
$19.95pb
0-7818-0273-3

POLISH-ENGLISH UNABRIDGED
$150.00 hc, 2 volume set
0-7818-0441-8

POLISH-ENGLISH/
ENGLISH-POLISH PRACTICAL
$11.95 pb
0-7818-0085-4

POLISH-ENGLISH/
ENGLISH-POLISH STANDARD
Revised Edition with
Business Terms
$19.95 pb
0-7818-0282-2

POLISH PHRASEBOOK &
DICTIONARY
$9.95 pb
0-7818-0134-6

MASTERING POLISH
$14.95pb
0-7818-0015-4
2 audiocassettes:
$12.95
0-7818-0016-1

GRADED READER OF
CLASSIC POLISH LITERATURE
Polish literary texts with grammar
and vocabulary lessons
$9.95pb
0-7818-0326-8

HIGHLANDER POLISH-ENGLISH/
ENGLISH-HIGHLANDER POLISH
$9.95 pb
0-7818-0303-9

THE FORGOTTEN FEW
The Polish Air Force in the
Second World War
by Adam Zamoyski
$24.95 pb
0-7818-0421-3

THE POLISH HERITAGE
SONGBOOK
$14.95 pb
0-7818-0425-6

POLISH CUSTOMS, TRADITIONS
AND FOLKLORE
$19.95 hc
0-7818-0068-4

POLISH HERBS, FLOWERS
& FOLK MEDICINE
$19.95 hc
0-7818-0319-5

THE LITTLE TRIOLOGY
by Henryk Sienkiewicz
newly translated by Miroslaw
Lipinski
$19.95 hc
0-7818-0293-8

IN DESERT AND WILDERNESS
by Henryk Sienkiewicz
edited by Miroslaw Lipinski
$19.95 hc
0-7818-0235-0

QUO VADIS?
by Henryk Sienkiewicz
translated by Rev. Stanley F.
Conrad
$14.95 pb
0-7818-0185-0

4119